보세사

최단기 문제풀이

신념을 가지고 도전하는 사람은 반드시 그 꿈을 이룰 수 있습니다.

처음에 품은 신념과 열정이 취업 성공의 그 날까지 빛바래지 않도록

서원각이 수험생 여러분을 응원합니다.

Preface

보세사는 보세화물관리에 전문적인 지식을 지니고 보세화물관리에 대한 세관공무원의 업무 중 일부를 위탁받아 수행하고 있으며, 보세창고 운영인이나 보세공장 운영인이 반드시 채용하여야 하는 보세화물 전문관리자이다. 또한 지정보세구역의 화물관리인이나 특허보세구역 운영인이 자신의 보세구역을 세관으로부터 자율관리보세구역으로 지정받기 위해서도 반드시 채용하여야 하는 보세화물 전문관리자이다.

본서는 보세사 시험을 준비하는데 있어서 문제집만으로도 충분히 내용을 파악할 수 있도록 단원별 순서에 따라 문제를 출제하였다.

문제풀이를 통하여 이론서를 대체할 수 있도록 모든 범위에 대해 가능한 한 상세한 내용을 문제로 전환하여 집필한 것으로 보세사를 준비하는 수험생에게 커다란 도움이 될 것을 약속한다.

첫째, 과목별 단원별 순서에 따라 문제를 출제하였다.
둘째, 가능한 과목의 전체 내용을 숙지할 수 있도록 보다 구체적이고 광범위한 내용을 수록하였다.
셋째, 충분하고 상세한 해설을 통하여 반복적인 내용을 숙지하도록 충실하게 꾸몄다.
넷째, 시험을 앞두고 충분한 마무리를 할 수 있도록 하였다.

본서가 합격의 길잡이가 되어 합격의 행운이 이뤄질 수 있도록 응원하겠습니다.

편저자 씀

Structure

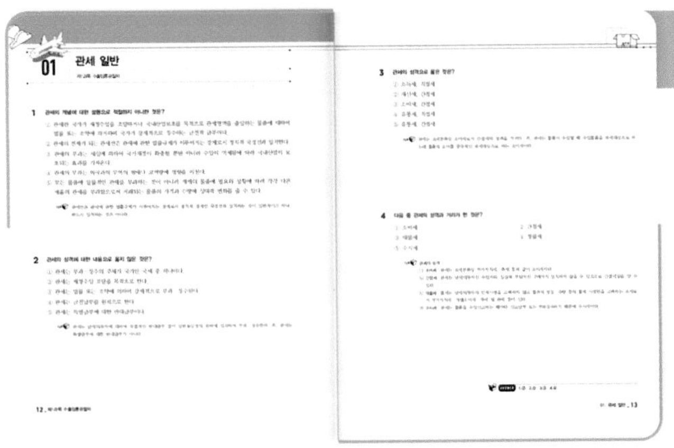

핵심예상문제

그동안 치러진 시험을 완벽 분석하여 적중도 높은 출제예상문제를 수록하였습니다. 다양한 난도와 유형의 문제로 연습하여 확실하게 시험에 대비할 수 있습니다.

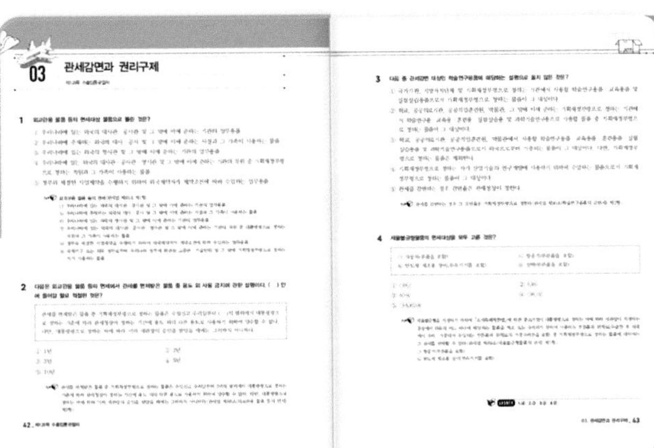

상세한 해설

개정된 법령, 고시를 더하였으며, 문제마다 상세한 해설을 수록하여 문제에 대한 완벽한 이해를 돕도록 하였습니다.

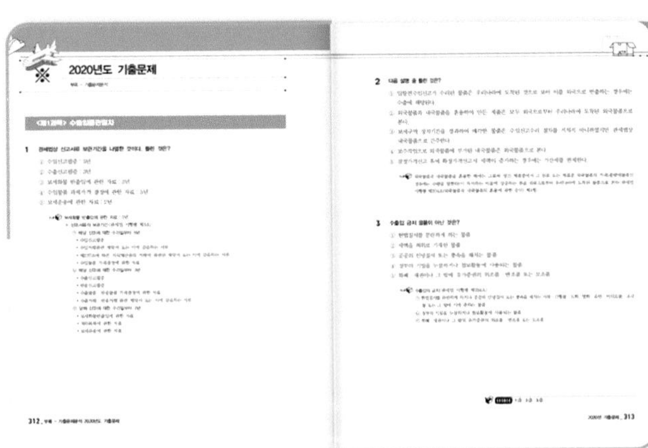

기출문제분석

상세한 해설과 함께 최신기출문제를 수록하여 실제 시험에 반복되는 출제경향을 파악하고 해설을 통하여 이론을 다시 한 번 정리할 수 있도록 하였습니다.

Scheduler

8주 완성 / 매일을 계획해보자!						Weekly Tracker		
	제1과목 수출입통관절차 01~03					문제풀기	오답노트	이론정리
1주차	MON	TUE	WED	THU	FRI	☆☆☆☆☆	☆☆☆☆☆	☆☆☆☆☆
	제1과목 수출입통관절차 04~06					문제풀기	오답노트	이론정리
2주차	MON	TUE	WED	THU	FRI	☆☆☆☆☆	☆☆☆☆☆	☆☆☆☆☆
	제2과목 보세구역관리					문제풀기	오답노트	이론정리
3주차	MON	TUE	WED	THU	FRI	☆☆☆☆☆	☆☆☆☆☆	☆☆☆☆☆
	제3과목 보세구역관리					문제풀기	오답노트	이론정리
4주차	MON	TUE	WED	THU	FRI	☆☆☆☆☆	☆☆☆☆☆	☆☆☆☆☆
	제4과목 자율관리 및 관세벌칙					문제풀기	오답노트	이론정리
5주차	MON	TUE	WED	THU	FRI	☆☆☆☆☆	☆☆☆☆☆	☆☆☆☆☆
	제5과목 수출입 안전관리 01~02					문제풀기	오답노트	이론정리
6주차	MON	TUE	WED	THU	FRI	☆☆☆☆☆	☆☆☆☆☆	☆☆☆☆☆
	제5과목 수출입 안전관리 03~06					문제풀기	오답노트	이론정리
7주차	MON	TUE	WED	THU	FRI	☆☆☆☆☆	☆☆☆☆☆	☆☆☆☆☆
	부록 2020년도 문제풀이					문제풀기	오답노트	이론정리
8주차	MON	TUE	WED	THU	FRI	☆☆☆☆☆	☆☆☆☆☆	☆☆☆☆☆

Information

▶▶ 보세사(Bonded goods caretaker)

① 특허보세구역운영인이 보세구역을 운영하기 위해서 반드시 채용해야 하는 국가공인전문자격사이다.

② 보세사는 보세화물관리에 전문적인 지식을 지니고 보세화물관리에 대한 세관공무원의 업무 중 일부를 위탁받아 수행하는 보세화물 전문관리자이다.

③ 보세사는 지정보세구역의 화물관리인이나 특허보세구역 운영인이 자신의 보세구역을 세관으로부터 자율관리보세구역으로 지정받기 위해서는 보세사 채용이 의무화되어 있다.

▶▶ 보세사의 자격

보세사는 관세법 제175조 제1호 내지 제7호의 결격사유에 해당하지 아니하는 사람으로서, '일반직공무원으로서 5년 이상 관세행정에 종사한 경력이 있는 사람' 또는 '보세화물의 관리업무에 관한 전형에 합격한 사람'을 말한다.

▶▶ 보세사의 직무

① 보세화물 및 내국물품의 반입 또는 반출에 대한 입회 및 확인

② 보세구역 안에 장치된 물품의 관리 및 취급에 대한 입회 및 확인

③ 보세구역출입문의 개폐 및 열쇠관리의 감독

④ 보세구역의 출입자관리에 대한 감독

⑤ 견품의 반출 및 회수

⑥ 기타 보세화물의 관리를 위하여 필요한 업무로서 관세청장이 정하는 업무

⑦ 보수작업과 화주의 수입신고 전 장치물품 확인시 입회 · 감독

⑧ 세관봉인대의 시봉 및 관리

⑨ 환적화물 컨테이너 적출입시 입회 · 감독

⑩ 「보세사제도 운영에 관한 고시」에서 규정한 각종 대장 등 비치대장 작성과 확인

▶▶ 보세사의 의무

① 보세화물 관리에 지장이 없는 범위 내에서 타 업무를 겸임할 수 있다.

② 당해 보세구역에 작업이 있는 시간에는 상주하여야 한다.

③ 직무와 관련하여 부당한 금품을 수수하거나 알선 · 중개하여서는 안 된다.

④ 보세사는 자기명의를 타인에게 대여하여 그 명의를 사용하게 할 수 없다.

⑤ 보세사는 보세구역 내에 장치된 화물의 관리와 관련하여 법령 및 화물관계 제반규정과 자율관리보세구역 관리에 관한 규정을 항상 숙지하고 이를 준수하여야 한다.

보세사의 결격사유

① 미성년자

② 피성년후견인과 피한정후견인

③ 파산선고를 받고 복권되지 아니한 자

④ 관세법을 위반하여 징역형의 실형을 선고받고 그 집행이 종료(집행이 종료된 것으로 보는 경우를 포함)되거나 면제된 후 2년이 경과되지 아니한 자

⑤ 관세법을 위반하여 징역형의 집행유예의 선고받고 그 유예기간 중에 있는 자

⑥ 관세법의 규정에 의하여 특허보세구역의 설치 · 운영에 관한 특허가 취소된 후 2년이 경과되지 아니한 자

⑦ 관세법의 규정에 의하여 벌금형 또는 통고처분을 받은 자로서 그 벌금형을 선고받거나 통고처분을 이행한 후 2년이 경과되지 아니한 자. 다만, 규정에 의하여 처벌된 본인 또는 법인은 제외

보세사 자격전형

① 보세사의 전형

보세사 자격은 보세화물의 관리에 관한 전형에 합격하면 취득할 수 있다. 보세사 자격을 취득하려는 일반인은 보세사 전형을 신청하여 전형에 응시하여야 한다. 보세사전형은 한국관세물류협회장이 매년 실시한다. 다만, 보세구역 및 보세사의 수급상황을 고려하여 격년제로 실시할 수 있다.

② 보세사 전형 시행의 공고

한국관세물류협회장이 보세사 전형을 실시하고자 할 때에는 전형의 일시, 장소, 방법 기타 필요한 사항을 전형 시행일 90일 전까지 공고하고, 공고는 일간신문 또는 한국관세물류협회 홈페이지 공고로 하되, 필요하다고 인정될 경우에는 세관관서, 한국관세물류협회 본회 및 지회 사무소의 게시판에 게시하는 공고로 갈음할 수 있다. 전형을 실시하는 데에 소요되는 비용은 전형에 응시하고자하는 자가 부담한다.

③ 전형 신청절차

보세사 전형공고에 따라 보세사 전형접수기간에 한국관세물류협회 홈페이지에서 전형을 신청하면 된다.

④ 합격기준

㉠ **보세사 전형과목**(총 5과목)

1. 수출입통관절차
2. 보세구역관리
3. 보세화물관리
4. 자율관리 및 관세벌칙
5. 수출입안전관리

㉡ **합격기준** : 전형과목별 필기시험에서 각각 매 과목 100점을 만점으로 하여 매 과목 40점 이상, 전 과목 평균 60점 이상 득점을 하면 합격이 된다.

Contents

PART 제1과목 수출입통관절차

01 관세 일반 ··· 12
02 관세법 일반 ··· 18
03 관세감면과 권리구제 ··· 42
04 통관 일반 ··· 70
05 수입통관절차 ··· 80
06 수출통관절차 ··· 86

PART 제2과목 보세구역관리

01 보세제도 및 보세구역 일반 ··· 92
02 지정보세구역 ··· 98
03 특허보세구역 ··· 104
04 특정보세구역 ··· 146

PART 제3과목 보세화물관리

01 보세화물관리제도 ··· 152
02 수출입 · 환적화물관리 ··· 186
03 보세운송제도 ··· 202

PART 제4과목 자율관리 및 관세벌칙

01 자율관리 ······ **214**
02 자유무역지역제도 ······ **228**
03 관세범 조사와 처분 ······ **248**

PART 제5과목 수출입 안전관리

01 국경감시제도 ······ **270**
02 세계 AEO 제도의 도입과 확산 ······ **290**
03 AEO 제도 및 공인기준 ······ **296**
04 AEO 공인신청과 심사 ······ **302**
05 AEO 사후관리 ······ **308**
06 AEO 공인 혜택 ······ **316**

PART 부록 기출문제분석

2020년도 기출문제 ······ **320**

제1과목

수출입통관절차

01 관세 일반

02 관세법 일반

03 관세감면과 권리구제

04 통관 일반

05 수입통관절차

06 수출통관절차

01 관세 일반

제1과목 수출입통관절차

1 관세의 개념에 대한 설명으로 적절하지 아니한 것은?

① 관세란 국가가 재정수입을 조달하거나 국내산업보호를 목적으로 관세영역을 출입하는 물품에 대하여 법률 또는 조약에 의거하여 국가가 강제적으로 징수하는 금전적 급부이다.

② 관세의 전제가 되는 관세선은 관세에 관한 법률규제가 이루어지는 경계로서 정치적 국경선과 일치한다.

③ 관세의 부과는 세입에 의하여 국가재정이 확충될 뿐만 아니라 수입이 억제됨에 따라 국내산업이 보호되는 효과를 가져온다.

④ 관세의 부과는 외국과의 무역의 형태나 교역량에 영향을 미친다.

⑤ 모든 물품에 일률적인 관세를 부과하는 것이 아니라 개개의 물품에 필요와 상황에 따라 각각 다른 세율의 관세를 부과함으로써 거래되는 물품의 가격과 수량에 상대적 변화를 줄 수 있다.

TIP 관세선은 관세에 관한 법률규제가 이루어지는 경계로서 정치적 경계인 국경선과 일치하는 것이 일반적이긴 하나, 반드시 일치하는 것은 아니다.

2 관세의 성격에 대한 내용으로 옳지 않은 것은?

① 관세는 부과 · 징수의 주체가 국가인 국세 중 하나이다.

② 관세는 재정수입 조달을 목적으로 한다.

③ 관세는 법률 또는 조약에 의하여 강제적으로 부과 · 징수된다.

④ 관세는 금전납부를 원칙으로 한다.

⑤ 관세는 특별급부에 대한 반대급부이다.

TIP 관세는 납세의무자에 대하여 직접적인 반대급부 없이 일반보상성의 원리에 입각하여 부과 · 징수한다. 즉, 관세는 특별급부에 대한 반대급부가 아니다.

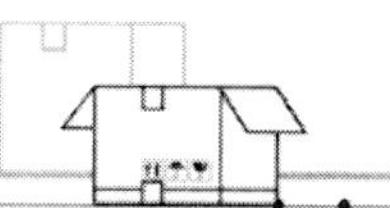

3 **관세의 성격으로 옳은 것은?**

① 소득세, 직접세
② 재산세, 간접세
③ 소비세, 간접세
④ 유통세, 직접세
⑤ 유통세, 간접세

TIP 관세는 조세분류상 소비세로서 간접세의 성격을 가진다. 즉, 관세는 물품이 수입될 때 수입물품을 과세대상으로 하는데 물품의 소비를 궁극적인 과세대상으로 하는 소비세이다.

4 **다음 중 관세의 성격과 거리가 먼 것은?**

① 소비세
② 간접세
③ 대물세
④ 정률세
⑤ 수시세

TIP 관세의 성격

㉠ **소비세** : 관세는 조세분류상 부가가치세, 주세 등과 같이 소비세이다.
㉡ **간접세** : 관세는 납세의무자인 수입자와 실질적 부담자인 구매자가 일치하지 않을 수 있으므로 간접세임을 알 수 있다.
㉢ **대물세** : 물세는 납세의무자의 인적사정을 고려하지 않고 물건의 성질 · 수량 등의 물적 사정만을 고려하는 조세로서 부가가치세 · 개별소비세 · 주세 및 관세 등이 있다.
㉣ **수시세** : 관세는 물품을 수입신고하는 때마다 신고납부 또는 부과징수하기 때문에 수시세이다.

ANSWER 1.② 2.⑤ 3.③ 4.④

5 **관세의 특수성격에 대한 설명으로 옳지 않은 것은?**

① 관세는 내국세와 유사한 조세적 성격과 소비세적 성격을 지닌다.
② 관세는 관세영역을 전제로 한다.
③ 관세는 수입세, 수출세 또는 통과세로 분류한다.
④ 관세는 자유무역의 장벽이 된다.
⑤ 관세는 무역장벽의 성격상 직접통제수단이 된다.

TIP 무역의 3대 장벽은 수량제한 및 외환관리 그리고 관세가 있다. 수량제한과 외환관리는 직접통제수단이며, 관세는 간접통제수단이 된다.

6 **관세의 분류방법에 따른 내용으로 옳지 않은 것은?**

① 과세기회에 따른 분류 : 수출세, 수입세, 통과세
② 과세목적에 따른 분류 : 차별관세, 탄력관세
③ 과세방법에 따른 분류 : 종가세, 종량세, 혼합세
④ 세율결정방법에 따른 분류 : 국정관세, 협정관세, 편익관세
⑤ 적용세율의 수에 따른 분류 : 단일세, 다수세

TIP 관세의 분류방법에 따른 구분

구분	내용
과세기회에 따른 분류	수출세, 수입세, 통과세
과세목적에 따른 분류	재정관세, 보호관세
과세방법에 따른 분류	종가세, 종량세, 혼합세
세율결정방법에 따른 분류	국정관세, 협정관세, 편익관세
적용관세율의 수에 따른 분류	단일세, 다수세
과세방법의 차등에 의한 분류	차별관세, 탄력관세

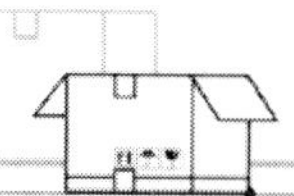

7 **부과기회에 따른 관세의 분류에 대한 설명으로 틀린 것은?**

① 수출세는 수출상품에 부과하는 관세로 저개발국에서 유치산업을 보호할 목적으로 부과된다.
② 수입세는 수입상품에 대하여 부과하는 관세이다.
③ 통과세는 국경을 통과하는 물품에 대하여 부과하는 관세이다.
④ 부과기회에 따른 분류로 수출세, 수입세, 통과세 등으로 분류된다.
⑤ 오늘날 수출세나 통과세를 채택하고 있는 국가는 거의 없으므로 관세라 하면 일반적으로 수입세를 의미한다.

TIP 수출세는 수출상품에 부과하는 관세로 국가 재정 수입을 주목적으로 부과한다.

8 **부과목적에 의한 관세의 분류에 대한 내용으로 적절하지 아니한 것은?**

① 관세는 부과목적에 따라 재정관세와 보호관세로 분류할 수 있다.
② 재정관세는 정부가 재정수입을 확보하기 위한 관세를 말한다.
③ 보호관세는 국내유치산업을 보호 · 육성하거나 기존산업의 유지를 목적으로 부과하는 관세를 말한다.
④ 재정관세는 무역정책의 수단으로서 주로 선진국에서 채택한다.
⑤ 보호관세는 저개발국에서 주로 유치산업을 보호할 목적으로 부과된다.

TIP 부과목적에 의한 관세의 분류

재정관세	정부가 재정수입을 확보하기 위한 관세로, 이는 무역정책의 수단이라기보다는 재정상의 수단으로 재정상태가 좋지 않은 저개발국들이 주로 채택한다.
보호관세	국내유치산업을 보호 · 육성하거나 기존산업의 유지를 목적으로 부과하는 관세이다. 선진국에서는 사양산업을 보호할 목적으로, 저개발국에서는 유치산업을 보호할 목적으로 부과된다.

ANSWER 5.⑤ 6.② 7.① 8.④

9 **과세표준에 따른 관세의 분류에 대한 내용으로 옳지 아니한 것은?**

① 종가세는 가장 일반적인 관세율의 형태로서 물품의 가격을 세액결정의 기준으로 삼는다.
② 종량세는 물품의 수량을 세액결정의 기준으로 삼는다.
③ 혼합관세는 종가세 및 종량세의 장점을 서로 결합시켜 사용하는 과세방법이다.
④ 종가세는 가격의 조사결정이라는 절차와 비용이 필요 없어 간단하고 명료하게 세액을 산정할 수 있다.
⑤ 종량세는 물가가 등귀할 때에는 관세부담이 가격에 비해 매우 가볍고, 물가가 하락할 때에는 관세부담이 가격에 비해 과중하게 되므로, 가격변동에 적응성이 없다.

TIP 종가세와 종량세의 장단점

구분	장점	단점
종가세	• 과세의 부담이 물품의 가격에 균등하고 공평하게 적용된다. • 시장가격의 변동에 관계없이 과세부담의 균형을 유지한다. 즉 가격의 등락에 따라 과세표준이 변동하기 때문에 관세부담의 균형 및 관세수입의 안정성이 있다.	• 과세표준으로서의 적정한 가격을 산출하기 어렵고, 과세가격을 확정하기 위해서 송품장을 받거나 세관의 가격조사를 하는 등 복잡한 절차와 많은 비용이 필요하다. • 동일물품이더라도 수출국 또는 수입시기에 따라 가격이 변동함에 따라 관세부담의 차이가 발생한다.
종량세	• 가격의 조사결정이라는 절차와 비용이 필요 없어 간단하고 명료하게 세액을 산정할 수 있다. • 동일물품일 경우 수출국 또는 수입시기의 차이로 인한 관세부담의 차이가 없다.	• 관세부담의 공평성이 상실된다. • 물가가 등귀할 때에는 관세부담이 가격에 비해 매우 가볍고, 물가가 하락할 때에는 관세부담이 가격에 비해 과중하게 되어 가격변동에 적응성이 없다. • 상품의 중량산정 및 계량단위의 차이에 따른 과세기술상의 곤란이 있다.

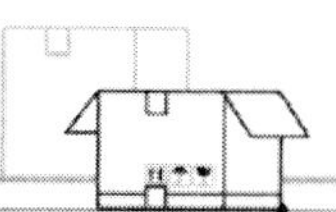

10 **세율결정방법에 따른 관세의 분류에서 협정관세에 대한 내용이 아닌 것은?**

① 일국의 국내법에 의하여 정하여진 관세율에 의해 부과
② 개발도상국가간 무역특혜의 양허관세
③ WTO협정 개발도상국간의 양허관세
④ 특정국가와 관세협상에 따른 양허관세
⑤ 일반특혜관세

TIP 세율결정방법에 따른 관세의 분류

국정관세	• 일국의 국내법에 의하여 정하여진 관세율에 의해서 부과되는 관세이다. • 기본관세율과 잠정관세율이 정해져 있다.
협정관세	• 한 나라가 다른 나라와의 협정에 의하여 특정물품에 대하여 관세율을 협정하고 그 협정의 유효기간 중에는 그 세율을 변경하지 아니하는 의무를 지는 관세이다. • 주요 협정관세의 종류 – WTO 협정 일반양허관세 – WTO 협정 개발도상국간의 양허관세 – 아시아 · 태평양협정(APTA)관세 – 개발도상국가간 무역특혜(GSTP)의 양허관세 – 일반특혜관세 – FTA 협정관세
편익관세	협정관세의 적용을 받지 아니하는 특정국의 상품에 대해 협정세율의 범위 내에서 그 나라에 유리한 세율을 적용하는 관세

ANSWER 9.④ 10.①

02 관세법 일반

제1과목 수출입통관절차

1 **다음 중 관세법의 목적과 거리가 먼 것은?**

① 관세의 부과 · 징수
② 수출입물품의 통관 적정
③ 수출과 수입의 활성화
④ 관세수입의 확보
⑤ 국민경제의 발전에 이바지

TIP 이 법은 관세의 부과 · 징수 및 수출입물품의 통관을 적정하게 하고 관세수입을 확보함으로써 국민경제의 발전에 이바지함을 목적으로 한다〈관세법 제1조(목적)〉.

2 **관세법상 '수입'으로 보지 아니하는 소비 또는 사용이 아닌 것은?**

① 우리나라의 운송 수단 안에서의 소비 또는 사용하는 경우
② 선(기)용품 또는 차량용품을 운송수단 안에서 그 용도에 따라 소비 또는 사용하는 경우
③ 선(기)용품 또는 차량용품을 지정보세구역에서 출국자나 환승자에게 제공하여 그 용도에 따라 소비 또는 사용하는 경우
④ 여행자가 휴대품을 운송수단 또는 관세통로에서 소비 또는 사용하는 경우
⑤ 관세법의 규정에 의하여 인정된 바에 따라 소비 또는 사용하는 경우

TIP 수입으로 보지 아니하는 소비 또는 사용〈관세법 제239조〉
㉠ 선용품 · 기용품 또는 차량용품을 운송수단 안에서 그 용도에 따라 소비하거나 사용하는 경우
㉡ 선용품 · 기용품 또는 차량용품을 세관장이 정하는 지정보세구역에서 「출입국관리법」에 따라 출국심사를 마치거나 우리나라에 입국하지 아니하고 우리나라를 경유하여 제3국으로 출발하려는 자에게 제공하여 그 용도에 따라 소비하거나 사용하는 경우
㉢ 여행자가 휴대품을 운송수단 또는 관세통로에서 소비하거나 사용하는 경우
㉣ 이 법에서 인정하는 바에 따라 소비하거나 사용하는 경우

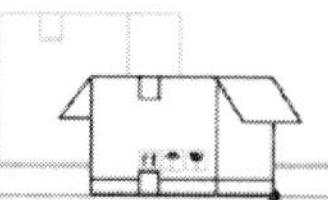

3 관세법상의 수입의 개념과 거리가 먼 것은?

① 외국물품을 우리나라에 반입하거나 우리나라에서 소비 또는 사용하는 것이다.
② 국경(관세선)을 중심으로 우리나라에 반입하는 개념으로 파악하는 것이 일반적이다.
③ 수입승인에서부터 대금지급까지 포함하여 일련의 수입절차로 파악한다.
④ 여행자가 휴대품을 운송수단 또는 관세통로에서 소비 또는 사용하는 경우는 수입으로 보지 않는다.
⑤ 선(기)용품 또는 차량용품을 지정보세구역에서 출국자나 환승자에게 제공하여 그 용도에 따라 소비 또는 사용하는 경우는 수입으로 보지 않는다.

TIP 수입을 수입승인에서부터 대금지급까지 포함하여 일련의 수입절차로 파악하는 것은 대외무역법상의 수입 개념이다.

4 관세법상 '외국물품'에 해당하지 아니하는 것은?

① 수입신고수리전 반출승인을 받아 반출된 물품
② 수출신고가 수리된 물품
③ 외국으로부터 우리나라에 도착한 물품으로서 수입신고 수리전의 물품
④ 보세구역에 장치된 물품의 보수작업 결과 외국물품에 부가된 내국물품
⑤ 보세공장에서 외국물품과 내국물품을 원료나 재료로 하여 작업을 한 경우 그로써 생긴 물품

TIP ① 내국물품에 해당한다.
※ 외국물품〈관세법 제2조(정의) 제4호〉
㉠ 외국으로부터 우리나라에 도착한 물품[외국의 선박 등이 공해(외국의 영해가 아닌 경제수역을 포함한다)에서 채집하거나 포획한 수산물 등을 포함한다]으로서 수입의 신고가 수리(受理)되기 전의 것
㉡ 수출의 신고가 수리된 물품

ANSWER 1.③ 2.① 3.③ 4.①

5 **관세법상 '내국물품'이 아닌 것은?**

① 외국의 선박 등이 공해에서 채집하거나 포획한 수산물로서 수입신고처리전의 물품

② 우리나라에 있는 물품으로서 외국물품이 아닌 물품

③ 입항전수입신고가 수리된 물품

④ 수입신고수리전 반출승인을 받아 반출된 물품

⑤ 수입신고전 즉시 반출신고를 하고 반출된 물품

TIP 내국물품〈관세법 제2조(정의) 제5호〉

㉠ 우리나라에 있는 물품으로서 외국물품이 아닌 것

㉡ 우리나라의 선박 등이 공해에서 채집하거나 포획한 수산물 등

㉢ 입항전수입신고가 수리된 물품

㉣ 수입신고수리전 반출승인을 받아 반출된 물품

㉤ 수입신고전 즉시반출신고를 하고 반출된 물품

6 **관세징수의 우선과 내국세 등의 부과징수에 관련된 내용으로 적절하지 아니한 것은?**

① 관세를 납부하여야 할 물품에 대하여는 다른 조세, 기타 공과금과 채권에 우선하여 관세를 징수한다.

② 담보제공이 없거나 징수한 금액이 부족한 관세의 징수에 관하여는 관세법에 규정된 것을 제외하고는 국세기본법과 국세징수법의 예에 따른다.

③ 수입물품에 대하여 세관장이 부과 · 징수하는 내국세등의 체납이 발생하였을 때에는 징수의 효율성 등을 고려하여 필요하다고 인정되는 경우 대통령령으로 정하는 바에 따라 납세의무자의 주소지(법인의 경우 그 법인의 등기부에 따른 본점이나 주사무소의 소재지)를 관할하는 세무서장이 체납세액을 징수할 수 있다.

④ 국세징수의 예에 따라 관세를 징수하는 경우 체납처분의 대상이 해당 관세를 납부하여야 하는 물품이 아닌 재산인 때에는 관세의 우선순위는 국세징수법에 따른 국세보다 우선한다.

⑤ 세관장은 납세담보의 제공을 받은 관세, 가산금 및 체납체분비가 납부되었을 때에는 지체 없이 담보해제의 절차를 밟아야 한다.

TIP 관세징수의 우선〈관세법 제3조〉

㉠ 관세를 납부하여야 하는 물품에 대하여는 다른 조세, 그 밖의 공과금 및 채권에 우선하여 그 관세를 징수한다.

㉡ 국세징수의 예에 따라 관세를 징수하는 경우 체납처분의 대상이 해당 관세를 납부하여야 하는 물품이 아닌 재산인 경우에는 관세의 우선순위는 「국세기본법」에 따른 국세와 동일하게 한다.

7 관세법상 용어의 설명으로 틀린 것은?

① '반송'이란 국내에 도착한 외국물품이 수입통관절차 후 다시 외국으로 반출되는 것이다.
② '통관'이란 관세법에서 규정한 절차를 이행하여 물품을 수출 · 수입 또는 반송하는 것을 의미한다.
③ '환적'이란 동일한 세관의 관할구역에서 입국 또는 입항하는 운송수단에서 출국 또는 출항하는 운송수단으로 물품을 옮겨 싣는 것을 의미한다.
④ '복합환적'이란 입국 또는 입항하는 운송수단의 물품을 다른 세관의 관할구역으로 운송하여 출국 또는 출항하는 운송수단으로 옮겨 싣는 것을 의미한다.
⑤ '선용품'이란 음료, 식품, 연료, 소모품, 밧줄, 수리용 예비부분품, 부속품, 집기 그 밖에 이와 유사 물품으로서 해당 선박에서만 사용되는 물품을 말한다.

TIP 반송이란 국내에 도착한 외국물품이 수입통관절차를 거치지 아니하고 다시 외국으로 반출되는 것을 말한다〈관세법 제2조(정의) 제3호〉.

8 법 해석의 기준 및 소급과세의 금지에 대한 설명으로 틀린 것은?

① 관세법을 해석하고 적용할 때에는 과세의 형평과 해당 조항의 합목적성에 비추어 납세자의 재산권을 부당하게 침해하지 아니하도록 하여야 한다.
② 법의 해석이나 관세행정의 관행이 일반적으로 납세자에게 받아들여진 후에는 그 해석이나 관행에 따른 행위 또는 계산은 정당한 것으로 보며, 새로운 해석이나 관행에 따라 소급하여 과세되지 아니한다.
③ 기준에 맞는 이 법의 해석에 관한 사항은 「국세기본법」에 따른 국세예규심사위원회에서 심의할 수 있다.
④ 기획재정부장관 및 관세청장은 법의 해석과 관련된 질의에 대하여 관세법에 따른 해석의 기준에 따라 해석하여 회신하여야 한다.
⑤ 관세청장은 회신한 문서의 사본을 해당 문서의 시행일이 속하는 달의 다음 달 말일까지 당사자에게 송부하여야 한다.

TIP 관세청장은 회신한 문서의 사본을 해당 문서의 시행일이 속하는 달의 다음 달 말일까지 기획재정부장관에게 송부하여야 한다〈관세법 시행령 제1조의3(관세법 해석에 관한 질의회신의 절차와 방법) 제2항〉.

ANSWER 5.① 6.④ 7.① 8.⑤

9 관세법령상 관세법 해석에 관한 질의회신의 절차와 방법에 대한 설명으로 틀린 것은?

① 기획재정부장관 및 관세청장은 법의 해석과 관련된 질의에 대하여 관세법 해석의 기준에 따라 해석하여 회신하여야 한다.

② 관세청장은 회신한 문서의 사본을 해당 문서의 시행일이 속하는 달의 다음 달 말일까지 기획재정부장관에게 송부하여야 한다.

③ 관세청장은 기획재정부장관의 해석에 이견이 있는 경우에는 그 이유를 붙여 재해석을 요청할 수 있다.

④ 기획재정부장관에게 제출된 법해석과 관련된 질의는 관세청장에게 이송하고 그 사실을 민원인에게 알려야 한다.

⑤ 관세청장은 법을 적용할 때 우리나라가 가입한 관세에 관한 조약에 대한 해석에 의문이 있는 경우에는 외교부장관에게 의견을 첨부하여 해석을 요청하여야 한다.

TIP 관세청장은 법을 적용할 때 우리나라가 가입한 관세에 관한 조약에 대한 해석에 의문이 있는 경우에는 기획재정부장관에게 의견을 첨부하여 해석을 요청하여야 한다〈관세법 시행령 제1조의3(관세법 해석에 관한 질의회신의 절차와 방법) 제6항〉.

10 기간 및 기한과 관련된 설명으로 옳지 않은 것은?

① 기간을 계산할 때 수입신고수리전 반출승인을 받은 경우에는 그 승인일을 수입신고의 수리일로 본다.

② 이 법에 따른 기간의 계산은 이 법에 특별한 규정이 있는 것을 제외하고는 「민법」에 따른다.

③ 이 법에 따른 기한이 공휴일(근로자의 날과 토요일을 포함한다) 또는 대통령령으로 정하는 날에 해당하는 경우에는 그 다음 날을 기한으로 한다.

④ 국가관세종합정보망 또는 전산처리설비가 대통령령으로 정하는 장애로 가동이 정지되어 이 법에 따른 기한까지 이 법에 따른 신고, 신청, 승인, 허가, 수리, 교부, 통지, 통고, 납부 등을 할 수 없게 되는 경우에는 그 장애가 복구된 날을 기한으로 한다.

⑤ 기간을 일 · 주 · 월 또는 연으로 정한 때에는 기간의 초일은 산입하지 아니하나, 그 기간이 오전 영시로부터 시작하는 때에는 초일을 산입한다.

TIP 국가관세종합정보망 또는 전산처리설비가 대통령령으로 정하는 장애로 가동이 정지되어 이 법에 따른 기한까지 이 법에 따른 신고, 신청, 승인, 허가, 수리, 교부, 통지, 통고, 납부 등을 할 수 없게 되는 경우에는 그 장애가 복구된 날의 다음 날을 기한으로 한다〈관세법 제8조(기간 및 기한의 계산) 제4항〉.

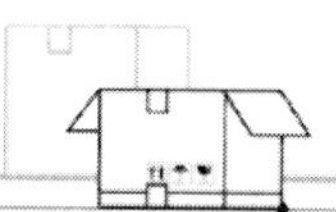

11 다음 중 관세납부기한이 옳게 연결된 것은?

> ㉠ 신고납부의 경우 : 납세신고수리일부터 ( )일 이내
> ㉡ 부과고지한 경우 : 납세고지를 받은 날부터 ( )일 이내
> ㉢ 수입신고전 즉시반출신고를 한 경우 : 수입신고일부터 ( )일 이내

	㉠	㉡	㉢
①	10	10	10
②	10	15	10
③	15	10	15
④	15	15	10
⑤	15	15	15

TIP 관세의 납부기한 등〈관세법 제9조 제1항〉
㉠ 신고납부에 따른 납세신고를 한 경우 : 납세신고 수리일부터 15일 이내
㉡ 부과고지에 따른 납세고지를 한 경우 : 납세고지를 받은 날부터 15일 이내
㉢ 수입신고전의 물품 반출에 따른 수입신고전 즉시반출신고를 한 경우 : 수입신고일부터 15일 이내

12 관세법령상 천재지변 등으로 인한 기한의 연장에 관한 설명이다. ( ) 안에 들어갈 말로 적당한 것은?

> 세관장은 천재지변이나 그 밖에 대통령령으로 정하는 사유로 이 법에 따른 신고, 신청, 청구, 그 밖의 서류의 제출, 통지, 납부 또는 징수를 정하여진 기한까지 할 수 없다고 인정되는 경우에는 ( )을 넘지 아니하는 기간을 정하여 대통령령으로 정하는 바에 따라 그 기한을 연장할 수 있다.

① 3개월
② 6개월
③ 1년
④ 3년
⑤ 5년

TIP 세관장은 천재지변이나 그 밖에 대통령령으로 정하는 사유로 이 법에 따른 신고, 신청, 청구, 그 밖의 서류의 제출, 통지, 납부 또는 징수를 정하여진 기한까지 할 수 없다고 인정되는 경우에는 1년을 넘지 아니하는 기간을 정하여 대통령령으로 정하는 바에 따라 그 기한을 연장할 수 있다〈관세법 제10조(천재지변 등으로 인한 기한의 연장)〉.

ANSWER 9.⑤ 10.④ 11.⑤ 12.③

13 관세의 월별납부에 대한 내용으로 적절하지 아니한 것은?

① 납부기한이 동일한 달에 속하는 세액을 월별로 일괄하여 납부(이하 "월별납부"라 한다)하고자 하는 자는 납세실적 및 수출입실적에 관한 서류 등 관세청장이 정하는 서류를 갖추어 세관장에게 월별납부의 승인을 신청하여야 한다.

② 세관장은 월별납부의 승인을 신청한 자가 관세청장이 정하는 요건을 갖춘 경우에는 세액의 월별납부를 승인하여야 한다.

③ 월별납부 승인의 유효기간은 승인일부터 그 후 2년이 되는 날이 속하는 달의 마지막 날까지로 한다.

④ 세관장은 월별납부의 대상으로 납세신고된 세액에 대하여 필요하다고 인정하는 때에는 담보를 제공하게 할 수 있다.

⑤ 승인을 갱신하려는 자는 서류를 갖추어 그 유효기간 만료일 3개월 전까지 승인갱신 신청을 하여야 한다.

TIP 승인을 갱신하려는 자는 서류를 갖추어 그 유효기간 만료일 1개월 전까지 승인갱신 신청을 하여야 한다〈관세법 시행령 제1조의5(월별납부) 제5항〉.

14 세관장은 월별납부의 대상으로 납세신고된 세액에 대하여 필요하다고 인정하는 때에는 법 제24조에 규정된 담보를 제공하게 할 수 있다. 여기서 법 제24조에 규정된 담보가 아닌 것은?

① 금전

② 국채, 지방채, 회사채

③ 납세보증보험증권

④ 토지

⑤ 보험에 가입된 등기

TIP 담보의 종류〈관세법 제24조 제1항〉

㉠ 금전
㉡ 국채 또는 지방채
㉢ 세관장이 인정하는 유가증권
㉣ 납세보증보험증권
㉤ 토지
㉥ 보험에 가입된 등기 또는 등록된 건물 · 공장재단 · 광업재단 · 선박 · 항공기 또는 건설기계
㉦ 세관장이 인정하는 보증인의 납세보증서

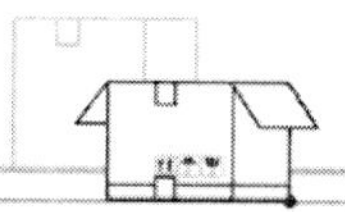

15 관세법령상 천재지변 등으로 인한 기한의 연장사유에 해당하지 아니하는 경우는?

① 전쟁 · 화재 등 재해나 도난으로 인하여 재산에 심한 손실을 입은 경우
② 사업에 현저한 손실을 입은 경우
③ 사업이 중대한 위기에 처한 경우
④ 그 밖에 세관장이 위의 규정에 준하는 사유가 있다고 인정하는 경우
⑤ 사업의 폐업, 경영상의 중대한 위기, 파산선고 및 법인의 해산 등의 사유로 월별납부를 유지하기 어렵다고 세관장이 인정하는 경우

TIP 월별납부 승인 취소사유에 해당한다〈관세법 시행령 제1조의5(월별납부) 제4항〉.

16 다음 중 관세의 4대 과세요건에 해당하지 아니하는 것은?

① 과세대상　　② 과세표준
③ 관세율　　④ 납세의무자
⑤ 과세권자

TIP 과세요건이란 조세를 부과함에 있어서 갖추어야 할 요건으로 과세대상(과세물건, 과세객체), 과세표준, 관세율, 납세의무자를 관세의 4대 과세요건이라고 한다.

17 납세고지서의 송달에 관한 설명으로 틀린 것은?

① 관세의 납세고지서는 납세의무자에게 직접 발급하는 경우에 한한다.
② 세관장은 관세의 납세의무자의 주소, 거소(居所), 영업소 또는 사무소가 모두 분명하지 아니하여 관세의 납세고지서를 송달할 수 없을 때에는 해당 세관의 게시판이나 그 밖의 적당한 장소에 납세고지사항을 공시(公示)할 수 있다.
③ 납세고지사항을 공시하였을 때에는 공시일부터 14일이 지나면 관세의 납세의무자에게 납세고지서가 송달된 것으로 본다.
④ 관세의 납세고지서는 인편으로 송달할 수 있다.
⑤ 관세의 납세고지서는 우편으로 송달할 수 있다.

TIP 관세 납세고지서의 송달은 납세의무자에게 직접 발급하는 경우를 제외하고는 인편, 우편 또는 전자송달의 방법으로 한다〈관세법 제11조(납세고지서의 송달) 제1항〉.

ANSWER 13.⑤ 14.② 15.⑤ 16.⑤ 17.①

18 다음은 관세법상 신고서류의 보관기간에 대한 내용이다. (　) 안에 적당한 말은?

> 가격신고, 납세신고, 수출입신고, 반송신고, 보세화물반출입신고, 보세운송신고를 하거나 적하목록을 제출한 자는 신고 또는 제출한 자료(신고필증을 포함한다)를 신고 또는 제출한 날부터 (　)의 범위에서 대통령령으로 정하는 기간 동안 보관하여야 한다.

① 1년　　② 2년
③ 3년　　④ 5년
⑤ 10년

TIP 가격신고, 납세신고, 수출입신고, 반송신고, 보세화물반출입신고, 보세운송신고를 하거나 적하목록을 제출한 자는 신고 또는 제출한 자료(신고필증을 포함한다)를 신고 또는 제출한 날부터 5년의 범위에서 대통령령으로 정하는 기간 동안 보관하여야 한다〈관세법 제12조(신고 서류의 보관기간)〉.

19 다음 중 신고서류 등의 보관기간이 다른 하나는?

① 수출신고필증
② 수입신고필증
③ 반송신고필증
④ 수출물품 · 반송물품 가격결정에 관한 자료
⑤ 수출거래 · 반송거래 관련 계약서 또는 이에 갈음하는 서류

TIP 신고서류의 보관기간〈관세법 시행령 제3조 제1항〉

구분	서류
해당 신고에 대한 수리일부터 5년	• 수입신고필증 • 수입거래관련 계약서 또는 이에 갈음하는 서류 • 지식재산권의 거래에 관련된 계약서 또는 이에 갈음하는 서류 • 수입물품 가격결정에 관한 자료
해당 신고에 대한 수리일부터 3년	• 수출신고필증 • 반송신고필증 • 수출물품 · 반송물품 가격결정에 관한 자료 • 수출거래 · 반송거래 관련 계약서 또는 이에 갈음하는 서류
당해 신고에 대한 수리일부터 2년	• 보세화물반출입에 관한 자료 • 적하목록에 관한 자료 • 보세운송에 관한 자료

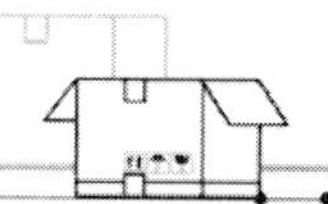

20 관세의 과세 관련 내용으로 틀린 것은?

① 과세요건이란 조세를 부과함에 있어서 갖추어야 할 요건을 말한다.
② 과세물건은 수입물품이다.
③ 과세물건에 수출물품이나 통과화물도 포함된다.
④ 우리나라는 관세의무주의(관세포괄주의)를 취한다.
⑤ 관세의 과세표준은 수입물품의 가격 또는 수량으로 한다.

TIP 과세물건은 수입물품이다. 즉, 수입물품 모두를 과세대상으로 한다. 그러므로 수출물품이나 통과화물은 과세대상이 아니다.

21 수입신고시 원산지증명서를 제출하지 않아도 되는 경우가 아닌 것은?

① 세관장이 물품의 종류 · 성질 · 형상 또는 그 상표 · 생산국명 · 제조자 등에 의하여 원산지를 확인할 수 있는 물품
② 우편물(수출입신고대상 우편물 제외)
③ 과세가격(종량세의 경우에는 규정에 준하여 산출한 가격을 말한다)이 30만 원 이하인 물품
④ 개인에게 무상으로 송부된 탁송품 · 별송품 또는 여행자의 휴대품
⑤ 기타 관세청장이 관계행정기관의 장과 협의하여 정하는 물품

TIP 원산지증명서를 제출하지 않아도 되는 경우〈관세법 시행령 제236조(원산지증명서의 제출) 제2항〉
㉠ 세관장이 물품의 종류 · 성질 · 형상 또는 그 상표 · 생산국명 · 제조자 등에 의하여 원산지를 확인할 수 있는 물품
㉡ 우편물(수출입신고대상 우편물 제외)
㉢ 과세가격(종량세의 경우에는 이를 과세표준의 규정에 준하여 산출한 가격을 말한다)이 15만 원 이하인 물품
㉣ 개인에게 무상으로 송부된 탁송품 · 별송품 또는 여행자의 휴대품
㉤ 기타 관세청장이 관계행정기관의 장과 협의하여 정하는 물품

22 원산지증명서에 기재하여야 할 사항과 거리가 먼 것은?

① 수입물품의 품명
② 수입물품의 수량
③ 수입물품의 생산지
④ 수입물품의 수입자
⑤ 수입물품의 수출자

TIP 원산지증명서에는 해당 수입물품의 품명, 수량, 생산지, 수출자 등 관세청장이 정하는 사항이 적혀 있어야 하며, 제출일부터 소급하여 1년 이내에 발행된 것이어야 한다〈관세법 시행령 제236조(원산지증명서의 제출 등) 제4항〉.

ANSWER 18.④ 19.② 20.③ 21.③ 22.④

23 과세물건의 확정시기로 적당하지 아니한 것은?

① 외국물품인 선(기)용품과 외국무역선(기)에서 판매할 물품이 허가받은 대로 적재되지 아니하였을 때 : 물품조사 및 신고시

② 보세구역 밖에서 보수작업을 하는 물품이 기간 내 미반입시 : 보수작업 승인을 받은 때

③ 보세운송기간 경과시 : 보세운송을 신고하거나 승인 받은 때

④ 우편으로 수입되는 물품 : 통관우체국에 도착한 때

⑤ 도난물품이나 분실물품 : 도난되거나 분실된 때

TIP 과세물건 확정의 시기 … 관세는 수입신고(입항전수입신고를 포함)를 하는 때의 물품의 성질과 그 수량에 따라 부과한다. 다만, 다음의 어느 하나에 해당하는 물품에 대하여는 각각에 규정된 때의 물품의 성질과 그 수량에 따라 부과한다〈관세법 제16조〉.

㉠ 선용품 및 기용품의 하역에 따라 관세를 징수하는 물품 : 하역을 허가받은 때
㉡ 보수작업에 따라 관세를 징수하는 물품 : 보세구역 밖에서 하는 보수작업을 승인받은 때
㉢ 장치물품의 폐기에 따라 관세를 징수하는 물품 : 해당 물품이 멸실되거나 폐기된 때
㉣ 보세공장 외 작업허가에 따라 관세를 징수하는 물품 : 보세공장 외 작업, 보세건설장 외 작업 또는 종합보세구역 외 작업을 허가받거나 신고한 때
㉤ 보세운송기간 경과시의 징수에 따라 관세를 징수하는 물품 : 보세운송을 신고하거나 승인받은 때
㉥ 수입신고가 수리되기 전에 소비하거나 사용하는 물품(소비 또는 사용을 수입으로 보지 아니하는 물품은 제외) : 해당 물품을 소비하거나 사용한 때
㉦ 수입신고전 즉시반출신고를 하고 반출한 물품 : 수입신고전 즉시반출신고를 한 때
㉧ 우편으로 수입되는 물품(우편물통관에 대한 결정규정의 우편물은 제외) : 통관우체국에 도착한 때
㉨ 도난물품 또는 분실물품 : 해당 물품이 도난되거나 분실된 때
㉩ 이 법에 따라 매각되는 물품 : 해당 물품이 매각된 때
㉪ 수입신고를 하지 아니하고 수입된 물품(㉠ ~ ㉩에 규정된 것은 제외) : 수입된 때

24 관세 부과 시 원칙적으로 적용하는 법령에 해당하는 것은?

① 수입신고 당시의 법령
② 과세물건 확정시기 당시의 법령
③ 사용전 수입신고가 수리된 날의 법령
④ 수입자에게 유리한 법령 적용
⑤ 수입 상대국의 법령 적용

TIP 적용법령 … 관세는 수입신고 당시의 법령에 따라 부과한다. 다만, 다음의 어느 하나에 해당하는 물품에 대하여는 규정된 날에 시행되는 법령에 따라 부과한다〈관세법 제17조〉.

㉠ 과세물건의 확정시기에 해당되는 물품 : 그 사실이 발생한 날
㉡ 보세건설장에 반입된 외국물품 : 사용 전 수입신고가 수리된 날

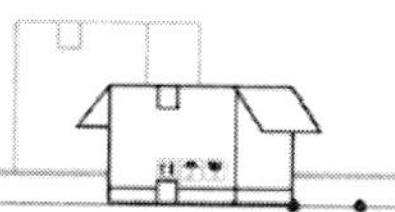

25 관세과세환율을 정하는 자는?

① 기획재정부장관
② 관세청장
③ 세관장
④ 시 · 도지사
⑤ 시장 · 군수 · 구청장

TIP 과세가격을 결정하는 경우 외국통화로 표시된 가격을 내국통화로 환산할 때에는 적용법령에 따른 날(보세건설장에 반입된 물품의 경우에는 수입신고를 한 날을 말한다)이 속하는 주의 전주(前週)의 외국환매도율을 평균하여 관세청장이 그 율을 정한다〈관세법 제18조(과세환율)〉.

26 관세율에 대한 설명으로 틀린 것은?

① 관세액은 과세표준에 일정한 비율을 곱하여 산출되는데 이때 관세의 과세표준에 적용되는 비율이 관세율이다.
② 관세율 중 종가세는 세율이 백분비 또는 천분비로 표시되고, 종량세는 세율이 금액으로 표시된다.
③ 관세율은 조세법률주의에 의해 법률에 규정되는 것이 원칙이다.
④ 국내외 경제여건 등의 변동에 신속하고 탄력적으로 대응할 수 있도록 대통령령 또는 총리령으로 관세율을 조정할 수 있고 또한 외국과의 조약 · 협약 등에 의하여 협정세율을 정할 수 있다.
⑤ 여행자 휴대품, 우편물, 탁송품, 별송품 등에 대하여는 신속 · 간이한 통관을 위하여 별도로 간이세율을 정하여 운영하고 있다.

TIP 관세율을 조정할 수 있는 것은 대통령령, 기획재정부령으로 할 수 있다.

27 관세율표에 대한 설명으로 틀린 것은?

① 관세의 세율은 관세법상의 관세율표에 의한다.
② 관세율표는 수입물품을 분류하기 위한 상품품목표와 각 품목마다의 관세율로 구성되어 있다.
③ 우리나라는 관세포괄주의를 채택하고 있다.
④ 우리나라는 유세품과 무세품의 구분 없이 모든 물품이 관세율표에 포함된다.
⑤ 현재 품목분류는 21부, 99류로 되어 있다.

TIP 현재 품목분류는 21부, 97류로 되어 있다.

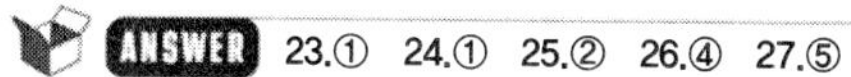
ANSWER 23.① 24.① 25.② 26.④ 27.⑤

28 HS의 분류체계 배열방식으로 틀린 것은?

① 농업생산품에서 공업생산품 순으로
② 원료에서 가공단계 순으로
③ 기초생활용품에서 문화생활용품 순으로
④ 단순기능제품에서 기술제품 순으로
⑤ 저가상품에서 고가상품순으로

TIP HS(Harmonized System) 분류체계
- 농업생산품에서 공업생산품 순
- 원료에서 가공단계 순
- 기초생활용품에서 문화생활용품 순
- 단순기능제품에서 기술제품 순

29 관세 중 탄력세율이 적용되는 대표적인 예와 거리가 먼 것은?

① 상계관세
② 기본관세
③ 덤핑방지관세
④ 긴급관세
⑤ 조정관세

TIP 관세율의 종류

구분	내용
기본세율	• 관세법에서 정한 가장 기본이 되는 세율이다. • 국회의 의결을 거쳐서 제정된다. • 관세율표에는 수입가능성이 있는 전 품목에 대해 기본세율을 정하고 있다.
잠정세율	• 관세율표에 기본세율과 함께 표시된다. • 국회의 의결로 확정되나 물품의 전부 또는 일부에 대하여 대통령령으로 잠정세율의 적용을 정지하거나 기본세율과의 세율차를 좁히도록 잠정세율을 인상하거나 인하할 수 있다.
탄력세율	• 관세법에 의하여 대통령령 또는 기획재정부령이 정하는 세율이다. • 조세법률주의의 예외이다. • 대표적인 예로서 덤핑방지관세, 상계관세, 긴급관세, 조정관세, 계절관세 등이 있다.

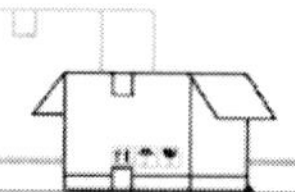

30 **관세법상 납세의무자에 대한 내용으로 옳지 않은 것은?**

① 수입대행 시 : 물품의 수입을 위탁한 자

② 수입물품을 수입신고전에 양도한 경우 : 그 양도인

③ 보세구역의 장치물품이 도난되거나 분실된 경우 : 그 운영인 또는 화물관리인

④ 보세운송 중 도난되거나 분실된 경우 : 보세운송을 신고하거나 승인을 받은 자

⑤ 수입을 위탁받아 수입업체가 대행수입한 물품이 아닌 경우 : 대통령령으로 정하는 상업서류에 적힌 수하인

TIP 납세의무자〈관세법 제19조 제1항〉

㉠ 수입신고를 한 물품인 경우에는 그 물품을 수입신고하는 때의 화주(화주가 불분명할 때에는 다음의 어느 하나에 해당하는 자를 말한다. 이하 이 조에서 같다). 다만, 수입신고가 수리된 물품 또는 수입신고수리전 반출승인을 받아 반출된 물품에 대하여 납부하였거나 납부하여야 할 관세액이 부족한 경우 해당 물품을 수입신고하는 때 화주의 주소 및 거소가 분명하지 아니하거나 수입신고인이 화주를 명백히 하지 못하는 경우에는 그 신고인이 해당 물품을 수입신고하는 때의 화주와 연대하여 해당 관세를 납부하여야 한다.

- 수입을 위탁받아 수입업체가 대행수입한 물품인 경우 : 그 물품의 수입을 위탁한 자
- 수입을 위탁받아 수입업체가 대행수입한 물품이 아닌 경우 : 상업서류에 적힌 수하인(受荷人)
- 수입물품을 수입신고전에 양도한 경우 : 그 양수인

㉡ 선용품 및 기용품의 하역에 따라 관세를 징수하는 물품인 경우에는 하역허가를 받은 자

㉢ 보수작업에 따라 관세를 징수하는 물품인 경우에는 보세구역 밖에서 하는 보수작업을 승인받은 자

㉣ 장치물품의 폐기에 따라 관세를 징수하는 물품인 경우에는 운영인 또는 보관인

㉤ 보세공장 외 작업허가에 따라 관세를 징수하는 물품인 경우에는 보세공장 외 작업, 보세건설장 외 작업 또는 종합보세구역 외 작업을 허가받거나 신고한 자

㉥ 보세운송기간 경과시의 징수에 따라 관세를 징수하는 물품인 경우에는 보세운송을 신고하였거나 승인을 받은 자

㉦ 수입신고가 수리되기 전에 소비하거나 사용하는 물품(소비 또는 사용을 수입으로 보지 아니하는 물품은 제외한다)인 경우에는 그 소비자 또는 사용자

㉧ 수입신고전의 물품 반출에 따라 관세를 징수하는 물품인 경우에는 해당 물품을 즉시 반출한 자

㉨ 우편으로 수입되는 물품인 경우에는 그 수취인

㉩ 도난물품이나 분실물품인 경우에는 다음에 규정된 자

- 보세구역의 장치물품(藏置物品) : 그 운영인 또는 물품에 대한 보관 책임에 따른 화물관리인
- 보세운송물품 : 보세운송을 신고하거나 승인을 받은 자
- 그 밖의 물품 : 그 보관인 또는 취급인

㉪ 관세법 또는 다른 법률에 따라 따로 납세의무자로 규정된 자

㉫ ㉠ ~ ㉪ 외의 물품인 경우에는 그 소유자 또는 점유자

ANSWER 28.⑤ 29.② 30.②

31 납세의무자에 대한 설명으로 적절하지 아니한 것은?

① 원칙적인 납세의무자는 수입신고를 한 물품인 경우에는 그 물품을 수입한 화주가 납세의무자이다.
② 납부하였거나 납부하여야 할 관세액에 미치지 못하는 경우 화주의 주소 및 거소가 분명하지 아니하거나 신고인이 화주를 명백히 하지 못한 경우에는 그 신고인이 화주와 연대하여 해당 관세를 납부하여야 한다.
③ 원칙적인 납세의무자와 특별납세의무자가 경합하는 경우에는 특별납세의무자가 납세의무자가 된다.
④ 특별납세의무자란 수입신고에 의해 수입되는 물품에 대한 관세의 납세의무자를 말하는 것이다.
⑤ 법령, 조약, 협약 등에 따라 관세납부를 보증한 자는 보증액의 범위에서 납세의무를 지게 된다.

TIP 특별납세의무자란 수입신고에 의하지 않고 수입되는 물품에 대한 관세의 납부의무자를 말한다.

32 관세의 납부의무가 소멸되는 경우로 옳지 아니한 것은?

① 관세를 납부하거나 관세에 충당한 때
② 관세부과가 취소된 때
③ 관세를 부과할 수 있는 기간에 관세가 부과되지 아니하고 그 기간이 만료된 때
④ 관세징수권의 소멸시효가 완성된 때
⑤ 관세부과에 대한 이의신청 및 심사청구가 완료된 때

TIP 납부의무의 소멸〈관세법 제20조〉
㉠ 관세를 납부하거나 관세에 충당한 때
㉡ 관세부과가 취소된 때
㉢ 관세를 부과할 수 있는 기간에 관세가 부과되지 아니하고 그 기간이 만료된 때
㉣ 관세징수권의 소멸시효가 완성된 때

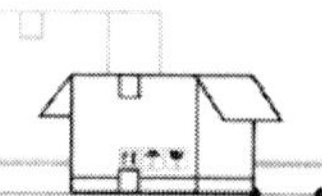

33 다음은 관세부과의 제척기간에 대한 내용이다. (　) 안에 차례대로 들어갈 말로 적당한 것은?

> 관세는 해당 관세를 부과할 수 있는 날부터 (　)년이 지나면 부과할 수 없다. 다만, 부정한 방법으로 관세를 포탈하였거나 환급 또는 감면받은 경우에는 관세를 부과할 수 있는 날부터 (　)년이 지나면 부과할 수 없다.

① 5, 5
② 5, 10
③ 10, 10
④ 10, 5
⑤ 3, 10

TIP 관세는 해당 관세를 부과할 수 있는 날부터 5년이 지나면 부과할 수 없다. 다만, 부정한 방법으로 관세를 포탈하였거나 환급 또는 감면받은 경우에는 관세를 부과할 수 있는 날부터 10년이 지나면 부과할 수 없다〈관세법 제21조(관세부과의 제척기간) 제1항〉.

34 관세부과제척기간의 기산일에 대한 설명으로 틀린 것은?

① 원칙적으로 과세를 부과할 수 있는 날은 수입신고한 날의 다음날이다.
② 과세물건 확정시기의 예외적인 경우에 해당하는 때에는 그 사실이 발생한 날의 다음날이다.
③ 의무불이행 등의 사유로 감면된 관세를 징수하는 경우 그 사유가 발생한 날의 다음날이다.
④ 보세건설장 반입물품의 경우는 건설공사 완료보고일과 특허기간만료일 중 나중에 도래한 날의 다음날이다.
⑤ 과다환급 또는 부정환급 등의 사유로 관세를 징수하는 경우에는 환급한 날의 다음날이다.

TIP 관세부과제척기간의 기산일 … 관세부과의 제척기간을 산정할 때 수입신고한 날의 다음날을 관세를 부과할 수 있는 날로 한다. 다만, 다음의 경우에는 규정된 날을 관세를 부과할 수 있는 날로 한다〈관세법 시행령 제6조〉.

㉠ 과세물건 확정의 시기의 예외적인 경우에 해당되는 경우에는 그 사실이 발생한 날의 다음날
㉡ 의무불이행 등의 사유로 감면된 관세를 징수하는 경우에는 그 사유가 발생한 날의 다음날
㉢ 보세건설장에 반입된 외국물품의 경우에는 다음 각목의 날 중 먼저 도래한 날의 다음날
- 건설공사완료보고를 한 날
- 특허기간(특허기간을 연장한 경우에는 연장기간을 말한다)이 만료되는 날

㉣ 과다환급 또는 부정환급 등의 사유로 관세를 징수하는 경우에는 환급한 날의 다음날
㉤ 잠정가격을 신고한 후 확정된 가격을 신고한 경우에는 확정된 가격을 신고한 날의 다음 날(다만, 잠정가격의 신고에 따른 기간 내에 확정된 가격을 신고하지 아니하는 경우에는 해당 기간의 만료일의 다음날)

ANSWER 31.④ 32.⑤ 33.② 34.④

35 관세부과제척기간의 예외 중 결정 또는 판결이 확정된 날부터 1년이 지나기 전까지는 해당 결정 · 판결 · 회신에 따라 경정이나 그 밖에 필요한 처분을 할 수 있는 경우가 아닌 것은?

① 이의신청, 심사청구 또는 심판청구에 대한 결정이 있는 경우

② 경정청구 또는 조정신청에 대한 결정통지가 있는 경우

③ 감사원법에 따른 심사청구에 대한 결정이 있은 경우

④ 행정소송법에 따른 소송에 대한 판결이 있은 경우

⑤ 압수물품의 반환결정이 있는 경우

TIP 다음의 어느 하나에 해당하는 경우에는 결정 · 판결이 확정되거나 회신을 받은 날부터 1년, ㉥에 따른 경정청구일 및 ㉦에 따른 결정통지일로부터 2개월이 지나기 전까지는 해당 결정 · 판결 · 회신 또는 경정청구에 따라 경정이나 그 밖에 필요한 처분을 할 수 있다〈관세법 제21조(관세부과의 제척기간) 제2항〉.

㉠ 이의신청, 심사청구 또는 심판청구에 대한 결정이 있은 경우

㉡ 「감사원법」에 따른 심사청구에 대한 결정이 있은 경우

㉢ 「행정소송법」에 따른 소송에 대한 판결이 있은 경우

㉣ 압수물품의 반환결정이 있은 경우

㉤ 이 법과 「자유무역협정의 이행을 위한 관세법의 특례에 관한 법률」 및 조약 · 협정 등이 정하는 바에 따라 양허세율의 적용여부 및 세액 등을 확정하기 위하여 원산지증명서를 발급한 국가의 세관이나 그 밖에 발급권한이 있는 기관에게 원산지증명서 및 원산지증명서 확인자료의 진위 여부, 정확성 등의 확인을 요청하여 회신을 받은 경우

㉥ 경정청구가 있는 경우

㉦ 조정 신청에 대한 결정통지가 있는 경우

36 5억 원 이상의 관세의 징수권 소멸시효는?

① 1년

② 3년

③ 5년

④ 10년

⑤ 30년

TIP 관세징수권 등의 소멸시효〈관세법 제22조 제1항〉

㉠ 5억 원 이상의 관세(내국세를 포함) : 10년

㉡ ㉠외의 관세 : 5년

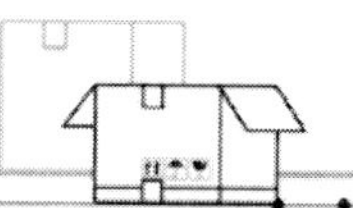

37 관세징수권 소멸시효의 기산일에 대한 내용으로 틀린 것은?

① 신고납부하는 관세에 있어서는 수입신고가 수리된 날의 다음날
② 보정신청과 함께 납부한 관세는 보정신청일의 다음날의 다음날
③ 수정신고와 함께 납부한 관세는 수정신고일의 다음날의 다음날
④ 부과고지하는 관세는 납세고지를 받은 날부터 15일이 경과한 날의 다음날
⑤ 수입신고전 즉시 반출신고하고 반출한 물품은 수입신고한 날부터 15일이 경과한 날의 다음날

TIP 관세징수권 소멸시효의 기산일〈관세법 시행령 제7조 제1항〉
㉠ 신고납부하는 관세에 있어서는 수입신고가 수리된 날부터 15일이 경과한 날의 다음날. 다만, 월별납부의 경우에는 그 납부기한이 경과한 날의 다음 날로 한다.
㉡ 보정의 규정에 의하여 납부하는 관세에 있어서는 부족세액에 대한 보정신청일의 다음날의 다음날
㉢ 수정 및 경정의 규정에 의하여 납부하는 관세에 있어서는 수정신고일의 다음날의 다음날
㉣ 부과고지의 규정에 의하여 부과고지하는 관세에 있어서는 납세고지를 받은 날부터 15일이 경과한 날의 다음날
㉤ 수입한 상태 그대로 수출되는 자가사용물품에 대한 환급의 경우에는 수출신고가 수리된 날. 다만, 수출신고가 생략되는 물품의 경우에는 운송수단에 적재된 날로 한다.
㉥ 수입신고전의 물품 반출의 규정에 의하여 납부하는 관세에 있어서는 수입신고한 날부터 15일이 경과한 날의 다음날
㉦ 기타 법령에 의하여 납세고지하여 부과하는 관세에 있어서는 납부기한을 정한 때에는 그 납부기한이 만료된 날의 다음날

38 관세징수권의 소멸시효 중단사유가 아닌 것은?

① 납세고지
② 경정처분
③ 사해행위 취소소송기간
④ 교부청구
⑤ 압류

TIP 시효의 중단 및 정지〈관세법 제23조 제1항〉
㉠ 납세고지
㉡ 경정처분
㉢ 납세독촉[(납부최고(納付催告) 포함]
㉣ 통고처분
㉤ 고발
㉥ 「특정범죄 가중처벌 등에 관한 법률」에 따른 공소제기
㉦ 교부청구
㉧ 압류

ANSWER 35.② 36.④ 37.① 38.③

39 관세법령상 관세환급청구권을 행사할 수 있는 날로 옳지 않은 것은?

① 경정으로 인한 환급의 경우 : 경정결정일
② 착오납부 또는 이중납부로 인한 환급의 경우 : 그 납부일
③ 계약과 상이한 물품 등에 대한 환급의 경우 : 당해 물품의 수출신고수리일 또는 보세공장반입신고일
④ 적법하게 납부한 후 법률의 개정으로 인하여 환급하는 경우 : 그 법률의 개정일
⑤ 수입신고 또는 입항전수입신고를 하고 관세를 납부한 후 신고가 취하 또는 각하된 경우 : 신고의 취하일 또는 각하일

TIP 관세환급청구권을 행사할 수 있는 날은 다음의 날로 한다〈관세법 시행령 제7조(관세징수권 소멸시효의 기일) 제2항〉.
㉠ 경정으로 인한 환급의 경우에는 경정결정일
㉡ 착오납부 또는 이중납부로 인한 환급의 경우에는 그 납부일
㉢ 계약과 상이한 물품 등에 대한 환급의 경우에는 당해 물품의 수출신고수리일 또는 보세공장반입신고일
㉣ 폐기, 멸실, 변질, 또는 손상된 물품에 대한 환급의 경우에는 해당 물품이 폐기, 멸실, 변질 또는 손상된 날
㉤ 수입한 상태 그대로 수출되는 자기사용물품에 대한 환급의 경우에는 수출신고가 수리된 날 다만, 수출신고가 생략되는 물품의 경우에는 운송수단에 적재된 날로 한다.
㉥ 서류의 제출일
㉦ 수입신고 또는 입항전수입신고를 하고 관세를 납부한 후 신고가 취하 또는 각하된 경우에는 신고의 취하일 또는 각하일
㉧ 적법하게 납부한 후 법률의 개정으로 인하여 환급하는 경우에는 그 법률의 시행일

40 가격신고를 생략할 수 있는 물품이 아닌 것은?

① 정부조달물품
② 과세가격이 미화 3만 불 이하인 물품으로 관세청장이 정하는 물품
③ 관세 및 내국세 등이 부과되지 아니하는 물품
④ 정부 또는 지방자치단체가 수입하는 물품
⑤ 수출용 원재료

TIP 가격신고의 생략〈관세법 시행규칙 제2조 제1항〉
㉠ 정부 또는 지방자치단체가 수입하는 물품
㉡ 정부조달물품
㉢ 공공기관의 운영에 관한 법률에 따른 공공기관이 수입하는 물품
㉣ 관세 및 내국세 등이 부과되지 아니하는 물품
㉤ 방위산업용 기계와 그 부분품 및 원재료로 수입하는 물품. 다만, 당해 물품과 관련된 중앙행정기관의 장의 수입확인 또는 수입추천을 받은 물품에 한한다.
㉥ 수출용 원재료
㉦ 특정연구기관 육성법의 규정에 의한 특정연구기관이 수입하는 물품
㉧ 과세가격이 미화 1만 불 이하인 물품으로 관세청장이 정하는 물품
㉨ 그 밖에 과세가격의 결정에 문제가 없다고 관세청장이 인정하는 물품

41 가격신고에 대한 설명으로 옳지 않은 것은?

① 관세의 납세의무자는 수입신고를 할 때 대통령령으로 정하는 바에 따라 세관장에게 해당 물품의 가격에 대한 신고(이하 "가격신고"라 한다)를 하여야 한다. 다만, 통관의 능률을 높이기 위하여 필요하다고 인정되는 경우에는 대통령령으로 정하는 바에 따라 물품의 수입신고를 하기 전에 가격신고를 할 수 있다.

② 가격신고를 할 때에는 대통령령으로 정하는 바에 따라 과세가격의 결정에 관계되는 자료(이하 "과세가격결정자료"라 한다)를 제출하여야 한다.

③ 과세가격을 결정하기가 곤란하지 아니하다고 인정하여 기획재정부령으로 정하는 물품에 대하여는 가격신고를 생략할 수 있다.

④ 가격신고를 하려는 자는 수입관련거래에 관한 사항, 과세가격산출내용에 관한 사항을 적은 서류를 세관장에게 제출하여야 한다.

⑤ 가격신고를 할 때에 제출하여야 하는 과세자료는 화물운송장, 양도책임각서 등이다.

TIP 가격신고를 할 때에 제출하여야 하는 과세자료는 다음과 같다. 다만, 당해 물품의 거래의 내용, 과세가격결정방법 등에 비추어 과세가격결정에 곤란이 없다고 세관장이 인정하는 경우에는 자료의 일부를 제출하지 아니할 수 있다 〈관세법 시행령 제15조(가격신고) 제5항〉.

㉠ 송품장
㉡ 계약서
㉢ 각종 비용의 금액 및 산출근거를 나타내는 증빙자료
㉣ 기타 가격신고의 내용을 입증하는 데에 필요한 자료

42 관세징수권의 소멸시효 정지사유가 아닌 것은?

① 관세의 분할납부기간

② 징수유예기간

③ 체납처분유예기간

④ 납세독촉

⑤ 사해행위 취소소송기간

TIP 관세징수권의 소멸시효는 관세의 분할납부기간, 징수유예기간, 체납처분유예기간 또는 사해행위(詐害行爲) 취소소송기간 중에는 진행하지 아니한다〈관세법 제23조(시효의 중단 및 정지) 제3항〉.

ANSWER 39.④ 40.② 41.⑤ 42.④

43 **관세법령에 의한 잠정가격의 신고 등에 대한 설명으로 틀린 것은?**

① 납세의무자는 가격신고를 할 때 신고하여야 할 가격이 확정되지 아니한 경우로서 대통령령으로 정하는 경우에는 잠정가격으로 가격신고를 할 수 있다. 이 경우 신고의 방법과 그 밖에 필요한 사항은 대통령령으로 정한다.

② 잠정가격으로 가격신고를 한 자는 1년의 범위 안에서 구매자와 판매자 간의 거래계약의 내용 등을 고려하여 세관장이 지정하는 기간 내에 확정된 가격을 신고하여야 한다.

③ 세관장은 구매자와 판매자간의 거래계약내용이 변경되는 등 잠정가격을 확정할 수 없는 불가피한 사유가 있다고 인정되는 경우에는 납세의무자의 요청에 따라 지정한 신고기간을 연장할 수 있다.

④ 세관장은 납세의무자가 기간 내에 확정된 가격을 신고하지 아니하는 경우에는 해당 물품에 적용될 가격을 확정할 수 있다.

⑤ 세관장은 확정된 가격을 신고받거나 가격을 확정하였을 때에는 대통령령으로 정하는 바에 따라 잠정가격을 기초로 신고납부한 세액과 확정된 가격에 따른 세액의 차액을 징수하거나 환급하여야 한다.

TIP 잠정가격으로 가격신고를 한 자는 2년의 범위 안에서 구매자와 판매자 간의 거래계약의 내용 등을 고려하여 세관장이 지정하는 기간 내에 확정된 가격을 신고하여야 한다〈관세법 시행령 제16조(잠정가격의 신고 등) 제3항〉.

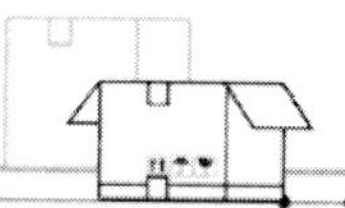

44 관세법상 과세가격에 가산되는 요소로 틀린 것은?

① 구매자가 부담하는 수수료 및 중개료(구매수수료 포함)

② 해당 수입물품과 동일체로 취급되는 용기의 비용과 해당 수입물품의 포장에 드는 노무비와 자재비로서 구매자가 부담하는 비용

③ 구매자가 해당 수입물품의 생산 및 수출거래를 위하여 대통령령으로 정하는 물품 및 용역을 무료 또는 인하된 가격으로 직접 또는 간접으로 공급한 경우에는 그 물품 및 용역의 가격 또는 인하차액을 해당 수입물품의 총생산량 등 대통령령으로 정하는 요소를 고려하여 적절히 배분한 금액

④ 특허권, 실용신안권, 디자인권, 상표권 및 이와 유사한 권리를 사용하는 대가로 지급하는 것으로서 대통령령으로 정하는 바에 따라 산출된 금액

⑤ 해당 수입물품을 수입한 후 전매 · 처분 또는 사용하여 생긴 수익금액 중 판매자에게 직접 또는 간접으로 귀속되는 금액

TIP 수입물품의 과세가격은 우리나라에 수출하기 위하여 판매되는 물품에 대하여 구매자가 실제로 지급하였거나 지급하여야 할 가격에 다음의 금액을 더하여 조정한 거래가격으로 한다. 다만, 다음의 금액을 더할 때에는 객관적이고 수량화할 수 있는 자료에 근거하여야 하며, 이러한 자료가 없는 경우에는 이 조에 규정된 방법으로 과세가격을 결정하지 아니하고 규정된 방법으로 과세가격을 결정한다〈관세법 제30조(과세가격 결정의 원칙) 제1항〉.

㉠ 구매자가 부담하는 수수료와 중개료. 다만, 구매수수료는 제외한다.

㉡ 해당 수입물품과 동일체로 취급되는 용기의 비용과 해당 수입물품의 포장에 드는 노무비와 자재비로서 구매자가 부담하는 비용

㉢ 구매자가 해당 수입물품의 생산 및 수출거래를 위하여 대통령령으로 정하는 물품 및 용역을 무료 또는 인하된 가격으로 직접 또는 간접으로 공급한 경우에는 그 물품 및 용역의 가격 또는 인하차액을 해당 수입물품의 총생산량 등 대통령령으로 정하는 요소를 고려하여 적절히 배분한 금액

㉣ 특허권, 실용신안권, 디자인권, 상표권 및 이와 유사한 권리를 사용하는 대가로 지급하는 것으로서 대통령령으로 정하는 바에 따라 산출된 금액

㉤ 해당 수입물품을 수입한 후 전매 · 처분 또는 사용하여 생긴 수익금액 중 판매자에게 직접 또는 간접으로 귀속되는 금액

㉥ 수입항(輸入港)까지의 운임 · 보험료와 그 밖에 운송과 관련되는 비용으로서 대통령령으로 정하는 바에 따라 결정된 금액. 다만, 기획재정부령으로 정하는 수입물품의 경우에는 이의 전부 또는 일부를 제외할 수 있다.

ANSWER 43.② 44.①

45 관세법령상 과세가격 결정에 관한 설명으로 적절하지 아니한 것은?

① 과세가격으로 인정된 사실이 있는 동종 · 동질물품의 거래가격이라 하더라도 그 가격의 정확성과 진실성을 의심할만한 합리적인 사유가 있는 경우 그 가격은 과세가격 결정의 기초자료에서 제외한다.

② 동종 · 동질물품의 거래가격이 둘 이상 있는 경우에는 생산자, 거래 시기, 거래 단계, 거래 수량 등이 해당 물품과 가장 유사한 것에 해당하는 물품의 가격을 기초로 하고, 거래내용등이 같은 물품이 둘 이상이 있고 그 가격도 둘 이상이 있는 경우에는 가장 낮은 가격을 기초로 하여 과세가격을 결정한다.

③ 유사물품의 거래가격이 둘 이상이 있는 경우에는 거래내용 등이 해당 물품과 가장 유사한 것에 해당하는 물품의 가격을 기초로 하고, 거래내용 등이 같은 물품이 둘 이상이 있고 그 가격도 둘 이상이 있는 경우에는 가장 높은 가격을 기초로 하여 과세가격을 결정한다.

④ 국내에서 판매되는 단위가격이라 하더라도 그 가격의 정확성과 진실성을 의심할만한 합리적인 사유가 있는 경우에는 규정을 적용하지 아니할 수 있다.

⑤ 과세가격을 결정할 수 없을 때에는 국제거래시세 · 산지조사가격을 조정한 가격을 적용하는 방법 등 거래의 실질 및 관행에 비추어 합리적으로 인정되는 방법에 따라 과세가격을 결정한다.

TIP 유사물품의 거래가격이 둘 이상이 있는 경우에는 거래내용 등이 해당 물품과 가장 유사한 것에 해당하는 물품의 가격을 기초로 하고, 거래내용 등이 같은 물품이 둘 이상이 있고 그 가격도 둘 이상이 있는 경우에는 가장 낮은 가격을 기초로 하여 과세가격을 결정한다〈관세법 제32조(유사물품의 거래가격을 기초로 한 과세가격의 결정) 제3항〉.

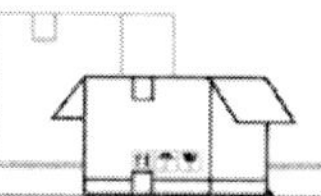

46 과세가격결정의 사전심사에 관련된 내용으로 적절하지 아니한 것은?

① 납세신고를 하여야 하는 자는 과세가격 결정과 관련하여 의문이 있을 때에는 가격신고를 하기 전에 대통령령으로 정하는 바에 따라 관세청장에게 미리 심사하여 줄 것을 신청할 수 있다.

② 신청을 받은 관세청장은 대통령령으로 정하는 기간 이내에 과세가격의 결정방법을 심사한 후 그 결과를 신청인에게 통보하여야 한다.

③ 의문이 있어 사전심사를 신청하여 결과를 통보받은 자가 그 결과에 이의가 있는 경우에는 그 결과를 통보받은 날부터 30일 이내에 대통령령으로 정하는 바에 따라 관세청장에게 재심사를 신청할 수 있다.

④ 세관장은 관세의 납세의무자가 통보된 과세가격의 결정방법에 따라 납세신고를 한 경우 대통령령으로 정하는 요건을 갖추었을 때에는 그 결정방법에 따라 과세가격을 결정하여야 한다.

⑤ 사전심사의 결과에 대하여 재심사를 신청하려는 자는 재심사 신청의 요지와 내용이 기재된 신청서에 서류 및 자료를 첨부하여 기획재정부장관에게 제출하여야 한다.

TIP 사전심사의 결과에 대하여 재심사를 신청하려는 자는 재심사 신청의 요지와 내용이 기재된 신청서에 다음의 서류 및 자료를 첨부하여 관세청장에게 제출하여야 한다〈관세법 시행령 제31조(과세가격 결정방법의 사전심사) 제4항〉.

㉠ 과세가격 결정방법 사전심사서 사본

㉡ 재심사 신청의 요지와 내용을 입증할 수 있는 자료

ANSWER 45.③ 46.⑤

03 관세감면과 권리구제

제1과목 수출입통관절차

1 외교관용 물품 등의 면세대상 물품으로 틀린 것은?

① 우리나라에 있는 외국의 대사관 · 공사관 및 그 밖에 이에 준하는 기관의 업무용품
② 우리나라에 주재하는 외국의 대사 · 공사 및 그 밖에 이에 준하는 사절과 그 가족이 사용하는 물품
③ 우리나라에 있는 외국의 영사관 및 그 밖에 이에 준하는 기관의 업무용품
④ 우리나라에 있는 외국의 대사관 · 공사관 · 영사관 및 그 밖에 이에 준하는 기관의 직원 중 기획재정부령으로 정하는 직원과 그 가족이 사용하는 물품
⑤ 정부와 체결한 사업계약을 수행하기 위하여 외국계약자가 계약조건에 따라 수입하는 업무용품

TIP 외교관용 물품 등의 면세〈관세법 제88조 제1항〉
㉠ 우리나라에 있는 외국의 대사관 · 공사관 및 그 밖에 이에 준하는 기관의 업무용품
㉡ 우리나라에 주재하는 외국의 대사 · 공사 및 그 밖에 이에 준하는 사절과 그 가족이 사용하는 물품
㉢ 우리나라에 있는 외국의 영사관 및 그 밖에 이에 준하는 기관의 업무용품
㉣ 우리나라에 있는 외국의 대사관 · 공사관 · 영사관 및 그 밖에 이에 준하는 기관의 직원 중 대통령령으로 정하는 직원과 그 가족이 사용하는 물품
㉤ 정부와 체결한 사업계약을 수행하기 위하여 외국계약자가 계약조건에 따라 수입하는 업무용품
㉥ 국제기구 또는 외국 정부로부터 우리나라 정부에 파견된 고문관 · 기술단원 및 그 밖에 기획재정부령으로 정하는 자가 사용하는 물품

2 다음은 외교관용 물품 등의 면세에서 관세를 면제받은 물품 중 용도 외 사용 금지에 관한 설명이다. ( ) 안에 들어갈 말로 적절한 것은?

> 관세를 면제받은 물품 중 기획재정부령으로 정하는 물품은 수입신고 수리일부터 ( )의 범위에서 대통령령으로 정하는 기준에 따라 관세청장이 정하는 기간에 용도 외의 다른 용도로 사용하기 위하여 양수할 수 없다. 다만, 대통령령으로 정하는 바에 따라 미리 세관장의 승인을 받았을 때에는 그러하지 아니하다.

① 1년 ② 2년
③ 3년 ④ 5년
⑤ 10년

TIP 관세를 면제받은 물품 중 기획재정부령으로 정하는 물품은 수입신고 수리일부터 3년의 범위에서 대통령령으로 정하는 기준에 따라 관세청장이 정하는 기간에 용도 외의 다른 용도로 사용하기 위하여 양수할 수 없다. 다만, 대통령령으로 정하는 바에 따라 미리 세관장의 승인을 받았을 때에는 그러하지 아니하다〈관세법 제88조(외교관용 물품 등의 면세) 제2항〉.

3 다음 중 관세감면 대상인 학술연구용품에 해당하는 설명으로 옳지 않은 것은?

① 국가기관, 지방자치단체 및 기획재정부령으로 정하는 기관에서 사용할 학술연구용품·교육용품 및 실험실습용품으로서 기획재정부령으로 정하는 물품이 그 대상이다.

② 학교, 공공의료기관, 공공직업훈련원, 박물관, 그 밖에 이에 준하는 기획재정부령으로 정하는 기관에서 학술연구용·교육용·훈련용·실험실습용 및 과학기술연구용으로 사용할 물품 중 기획재정부령으로 정하는 물품이 그 대상이다.

③ 학교, 공공의료기관, 공공직업훈련원, 박물관에서 사용할 학술연구용품·교육용품·훈련용품·실험실습용품 및 과학기술연구용품으로서 외국으로부터 기증되는 물품이 그 대상이다. 다만, 기획재정부령으로 정하는 물품은 제외한다.

④ 기획재정부령으로 정하는 자가 산업기술의 연구개발에 사용하기 위하여 수입하는 물품으로서 기획재정부령으로 정하는 물품이 그 대상이다.

⑤ 관세를 감면하는 경우 감면율은 관세청장이 정한다.

TIP 관세를 감면하는 경우 그 감면율은 기획재정부령으로 정한다〈관세법 제90조(학술연구용품의 감면세) 제2항〉.

4 세율불균형물품의 면세대상을 모두 고른 것은?

㉠ 자동차(부품을 포함)	㉡ 항공기(부분품을 포함)
㉢ 반도체 제조용 장비(부속기기를 포함)	㉣ 선박(부분품을 포함)

① ㉠㉡
② ㉡㉢
③ ㉢㉣
④ ㉠㉡㉢
⑤ ㉠㉡㉢㉣

TIP 세율불균형을 시정하기 위하여 「조세특례제한법」에 따른 중소기업이 대통령령으로 정하는 바에 따라 세관장이 지정하는 공장에서 다음의 어느 하나에 해당하는 물품을 제조 또는 수리하기 위하여 사용하는 부분품과 원재료(수출한 후 외국에서 수리·가공되어 수입되는 부분품과 원재료의 가공수리분을 포함) 중 기획재정부령으로 정하는 물품에 대하여는 그 관세를 면제할 수 있다〈관세법 제89조(세율불균형물품의 면세) 제1항〉.
㉠ 항공기(부분품을 포함)
㉡ 반도체 제조용 장비(부속기기를 포함)

ANSWER 1.④ 2.③ 3.⑤ 4.②

5 **관세법령상 외교관 면세물품 중 양수제한 물품이 아닌 것은?**

① 자동차
② 비행기
③ 선박
④ 피아노
⑤ 엽총

TIP 양수 제한 물품〈관세법 시행규칙 제34조(외교관용 물품 등에 대한 면세 신청) 제4항〉
㉠ 자동차(삼륜자동차와 이륜자동차를 포함)
㉡ 선박
㉢ 피아노
㉣ 전자오르간 및 파이프오르간
㉤ 엽총

6 **관세법상 종교 · 자선 · 장애인용품 등의 면세 대상 물품으로 틀린 것은?**

① 교회, 사원 등 종교단체의 예배용품과 식전용품(式典用品)으로서 외국으로부터 기증되는 물품. 다만, 기획재정부령으로 정하는 물품은 제외
② 자선 또는 구호의 목적으로 기증되는 물품 및 기획재정부령으로 정하는 자선시설 · 구호시설 또는 사회복지시설에 기증되는 물품으로서 해당 용도로 직접 사용하는 물품. 다만, 기획재정부령으로 정하는 물품은 제외
③ 국제적십자사 · 외국적십자사 및 기획재정부령으로 정하는 국제기구가 국제평화봉사활동 또는 국제친선활동을 위하여 기증하는 물품
④ 시각장애인, 청각장애인, 언어장애인, 지체장애인, 만성신부전증환자, 희귀난치성질환자 등을 위한 용도로 특수하게 제작되거나 제조된 물품 중 기획재정부령으로 정하는 물품
⑤ 「장애인복지법」에 따른 장애인복지시설 및 장애인의 재활의료를 목적으로 국가 · 지방자치단체 또는 대형종합병원이 운영하는 재활 병원 · 의원에서 장애인을 진단하고 치료하기 위하여 사용하는 의료용구

TIP 종교용품, 자선용품, 장애인용품 등의 면세〈관세법 제91조〉
㉠ 교회, 사원 등 종교단체의 예배용품과 식전용품(式典用品)으로서 외국으로부터 기증되는 물품. 다만, 기획재정부령으로 정하는 물품은 제외한다.
㉡ 자선 또는 구호의 목적으로 기증되는 물품 및 기획재정부령으로 정하는 자선시설 · 구호시설 또는 사회복지시설에 기증되는 물품으로서 해당 용도로 직접 사용하는 물품. 다만, 기획재정부령으로 정하는 물품은 제외한다.
㉢ 국제적십자사 · 외국적십자사 및 기획재정부령으로 정하는 국제기구가 국제평화봉사활동 또는 국제친선활동을 위하여 기증하는 물품
㉣ 시각장애인, 청각장애인, 언어장애인, 지체장애인, 만성신부전증환자, 희귀난치성질환자 등을 위한 용도로 특수하게 제작되거나 제조된 물품 중 기획재정부령으로 정하는 물품
㉤ 「장애인복지법」에 따른 장애인복지시설 및 장애인의 재활의료를 목적으로 국가 · 지방자치단체 또는 사회복지법인이 운영하는 재활 병원 · 의원에서 장애인을 진단하고 치료하기 위하여 사용하는 의료용구

7 관세가 감면되는 학술연구용품이 아닌 것은?

① 도서
② 음반
③ 개당 과세가격이 50만 원 이상인 기기 중 당해 물품의 생산에 관한 업무를 담당하는 중앙행정기관의 장 또는 그가 지정하는 자가 추천하는 물품
④ 녹음된 테이프
⑤ 시험지 및 시약류

TIP 관세가 감면되는 학술연구용품의 대상〈관세법 시행규칙 제37조 제1항〉
㉠ 표본, 참고품, 도서, 음반, 녹음된 테이프, 녹화된 슬라이드, 촬영된 필름, 시험지, 시약류, 그 밖에 이와 유사한 물품 및 자료
㉡ 다음의 하나에 해당하는 것으로서 국내에서 제작하기 곤란한 것 중 당해 물품의 생산에 관한 업무를 담당하는 중앙행정기관의 장 또는 그가 지정하는 자가 추천하는 물품
- 개당 또는 셋트당 과세가격이 100만 원 이상인 기기
- 개당 또는 셋트당 과세가격이 100만 원 이상인 기기의 부분품 및 부속품

㉢ 부분품(㉡ 규정에 의한 기기의 부분품을 제외하며, 학술연구용 등에 직접 사용되는 것에 한한다) · 원재료 및 견품

8 학술연구용품의 과세감면율에 대한 내용이다. (　) 안에 순서대로 옳게 된 것은?

> 학술연구용품 관세의 감면율은 100분의 (　)으로 한다. 다만, 공공의료기관(국립암센터 및 국립중앙의료원은 제외한다) 및 학교부설의료기관에서 사용할 물품에 대한 관세의 감면율은 100분의 (　)으로 한다.

① 50, 50
② 80, 50
③ 80, 80
④ 100, 80
⑤ 100, 50

TIP 학술연구용품 관세의 감면율은 100분의 80으로 한다. 다만, 공공의료기관(국립암센터 및 국립중앙의료원은 제외) 및 학교부설의료기관에서 사용할 물품에 대한 관세의 감면율은 100분의 50으로 한다〈관세법 시행규칙 제37조(관세가 감면되는 학술연구용품) 제5항〉.

ANSWER 5.② 6.⑤ 7.③ 8.②

9 **관세법령상 특정물품의 면세대상물품의 내용으로 틀린 것은?**

① 동식물의 번식 · 양식 및 종자개량을 위한 물품 중 기획재정부령으로 정하는 물품

② 박람회, 국제경기대회, 그 밖에 이에 준하는 행사 중 기획재정부령으로 정하는 행사에 사용하기 위하여 그 행사에 참가하는 자가 수입하는 물품 중 기획재정부령으로 정하는 물품

③ 핵사고 또는 방사능 긴급사태 시 그 복구지원과 구호를 목적으로 외국으로부터 기증되는 물품으로서 기획재정부령으로 정하는 물품

④ 우리나라 선박이 외국의 선박과 협력하여 기획재정부령으로 정하는 방법으로 채집하거나 포획한 수산물로서 기획재정부장관이 추천하는 것

⑤ 해양수산부장관의 허가를 받은 자가 기획재정부령으로 정하는 요건에 적합하게 외국인과 합작하여 채집하거나 포획한 수산물 중 해양수산부장관이 기획재정부장관과 협의하여 추천하는 것

TIP 특정물품의 면세 등〈관세법 제93조〉

㉠ 동식물의 번식 · 양식 및 종자개량을 위한 물품 중 기획재정부령으로 정하는 물품

㉡ 박람회, 국제경기대회, 그 밖에 이에 준하는 행사 중 기획재정부령으로 정하는 행사에 사용하기 위하여 그 행사에 참가하는 자가 수입하는 물품 중 기획재정부령으로 정하는 물품

㉢ 핵사고 또는 방사능 긴급사태 시 그 복구지원과 구호를 목적으로 외국으로부터 기증되는 물품으로서 기획재정부령으로 정하는 물품

㉣ 우리나라 선박이 외국 정부의 허가를 받아 외국의 영해에서 채집하거나 포획한 수산물(이를 원료로 하여 우리나라 선박에서 제조하거나 가공한 것을 포함한다. 이하 이 조에서 같다)

㉤ 우리나라 선박이 외국의 선박과 협력하여 기획재정부령으로 정하는 방법으로 채집하거나 포획한 수산물로서 해양수산부장관이 추천하는 것

㉥ 해양수산부장관의 허가를 받은 자가 기획재정부령으로 정하는 요건에 적합하게 외국인과 합작하여 채집하거나 포획한 수산물 중 해양수산부장관이 기획재정부장관과 협의하여 추천하는 것

㉦ 우리나라 선박 등이 채집하거나 포획한 수산물과 제5호 및 제6호에 따른 수산물의 포장에 사용된 물품으로서 재사용이 불가능한 것 중 기획재정부령으로 정하는 물품

㉧ 「중소기업기본법」에 따른 중소기업이 해외구매자의 주문에 따라 제작한 기계 · 기구가 해당 구매자가 요구한 규격 및 성능에 일치하는지를 확인하기 위하여 하는 시험생산에 필요한 원재료로서 기획재정부령으로 정하는 요건에 적합한 물품

㉨ 우리나라를 방문하는 외국의 원수와 그 가족 및 수행원의 물품

㉩ 우리나라의 선박이나 그 밖의 운송수단이 조난으로 인하여 해체된 경우 그 해체재(解體材) 및 장비

㉪ 우리나라와 외국 간에 건설될 교량, 통신시설, 해저통로, 그 밖에 이에 준하는 시설의 건설 또는 수리에 필요한 물품

㉫ 우리나라 수출물품의 품질, 규격, 안전도 등이 수입국의 권한 있는 기관이 정하는 조건에 적합한 것임을 표시하는 수출물품에 붙이는 증표로서 기획재정부령으로 정하는 물품

㉬ 우리나라의 선박이나 항공기가 해외에서 사고로 발생한 피해를 복구하기 위하여 외국의 보험회사 또는 외국의 가해자의 부담으로 하는 수리 부분에 해당하는 물품

㉭ 우리나라의 선박이나 항공기가 매매계약상의 하자보수 보증기간 중에 외국에서 발생한 고장에 대하여 외국의 매도인의 부담으로 하는 수리 부분에 해당하는 물품

㉮ 국제올림픽 · 장애인올림픽 · 농아인올림픽 및 아시아운동경기 · 장애인아시아운동경기 종목에 해당하는 운동용구(부분품을 포함한다)로서 기획재정부령으로 정하는 물품

㉯ 국립묘지의 건설 · 유지 또는 장식을 위한 자재와 국립묘지에 안장되는 자의 관 · 유골함 및 장례용 물품

㉰ 피상속인이 사망하여 국내에 주소를 둔 자에게 상속되는 피상속인의 신변용품

㉱ 보석의 원석(原石) 및 나석(裸石)으로서 기획재정부령으로 정하는 것

10 정부용품 등의 면세 대상 물품으로 틀린 것은?

① 국가기관이나 지방자치단체에 기증된 물품으로서 공용으로 사용하는 물품. 다만, 기획재정부령으로 정하는 물품은 제외한다.

② 정부가 외국으로부터 수입하는 군수품(정부의 위탁을 받아 정부 외의 자가 수입하는 경우를 제외) 및 국가원수의 경호용으로 사용하는 물품. 다만, 기획재정부령으로 정하는 물품은 제외한다.

③ 외국에 주둔하는 국군이나 재외공관으로부터 반환된 공용품

④ 미래창조과학부장관이 국가의 안전보장을 위하여 긴요하다고 인정하여 수입하는 비상통신용 물품 및 전파관리용 물품

⑤ 정부가 직접 수입하는 간행물, 음반, 녹음된 테이프, 녹화된 슬라이드, 촬영된 필름, 그 밖에 이와 유사한 물품 및 자료

TIP 정부용품 등의 면세〈관세법 제92조〉

㉠ 국가기관이나 지방자치단체에 기증된 물품으로서 공용으로 사용하는 물품. 다만, 기획재정부령으로 정하는 물품은 제외한다.

㉡ 정부가 외국으로부터 수입하는 군수품(정부의 위탁을 받아 정부 외의 자가 수입하는 경우를 포함한다) 및 국가원수의 경호용으로 사용하는 물품. 다만, 기획재정부령으로 정하는 물품은 제외한다.

㉢ 외국에 주둔하는 국군이나 재외공관으로부터 반환된 공용품

㉣ 과학기술정보통신부장관이 국가의 안전보장을 위하여 긴요하다고 인정하여 수입하는 비상통신용 물품 및 전파관리용 물품

㉤ 정부가 직접 수입하는 간행물, 음반, 녹음된 테이프, 녹화된 슬라이드, 촬영된 필름, 그 밖에 이와 유사한 물품 및 자료

㉥ 국가나 지방자치단체(이들이 설립하였거나 출연 또는 출자한 법인을 포함한다)가 환경오염(소음 및 진동을 포함한다)을 측정하거나 분석하기 위하여 수입하는 기계·기구 중 기획재정부령으로 정하는 물품

㉦ 상수도 수질을 측정하거나 이를 보전·향상하기 위하여 국가나 지방자치단체(이들이 설립하였거나 출연 또는 출자한 법인을 포함한다)가 수입하는 물품으로서 기획재정부령으로 정하는 물품

㉧ 국가정보원장 또는 그 위임을 받은 자가 국가의 안전보장 목적의 수행상 긴요하다고 인정하여 수입하는 물품

11 다음 중 과세경감률이 가장 적은 것은?

① 정부용품 등의 면세
② 종교·자선·장애인용품 등의 면세
③ 학술연구용품의 감면세
④ 세율불균형물품의 면세
⑤ 특정물품의 면세

TIP ①②④⑤는 전액 면세이나, 학술연구용품 관세의 감면율은 100분의 80으로 한다. 다만, 공공의료기관(국립암센터 및 국립중앙의료원은 제외) 및 학교부설의료기관에서 사용할 물품에 대한 관세의 감면율은 100분의 50으로 한다〈관세법 시행규칙 제37조(관세가 감면되는 학술연구용품) 제5항〉.

ANSWER 9.④ 10.② 11.③

12 **우리나라 수출물품의 품질, 규격, 안전도 등이 수입국의 권한 있는 기관이 정하는 조건에 적합한 것임을 표시하는 수출물품에 부착하는 증표로 연결이 잘못된 것은?**

① 미국 공인검사기관에서 발행하는 증표 : C · S · A 증표

② 호주 공인검사기관에서 발행하는 증표 : S · A · A 증표

③ 독일 공인검사기관에서 발행하는 증표 : V · D · E 증표

④ 영국 공인검사기관에서 발행하는 증표 : B · S · I 증표

⑤ 유럽공동시장 공인검사기관에서 발행하는 증표 : E · E · C 증표

TIP 관세가 면제되는 특정물품〈관세법 시행규칙 제43조 제9항〉

㉠ 카나다 공인검사기관에서 발행하는 시 · 에스 · 에이(C · S · A)증표
㉡ 호주 공인검사기관에서 발행하는 에스 · 에이 · 에이(S · A · A)증표
㉢ 독일 공인검사기관에서 발행하는 브이 · 디 · 이(V · D · E)증표
㉣ 영국 공인검사기관에서 발행하는 비 · 에스 · 아이(B · S · I)증표
㉤ 불란서 공인검사기관에서 발행하는 엘 · 시 · 아이 · 이(L · C · I · E)증표
㉥ 미국 공인검사기관에서 발행하는 유 · 엘(U · L)증표
㉦ 유럽경제위원회 공인검사기관에서 발행하는 이 · 시 · 이(E · C · E)증표
㉧ 유럽공동시장 공인검사기관에서 발행하는 이 · 이 · 시(E · E · C)증표
㉨ 유럽공동체 공인검사기관에서 발행하는 이 · 시(E · C)증표

13 **관세법령상 관세가 면제되는 휴대품에 대한 설명으로 틀린 것은?**

① 여행자가 휴대하는 것이 통상적으로 필요하다고 인정하는 신변용품 및 신변장식품일 경우 관세가 면제된다.

② 비거주자인 여행자가 반입하는 물품으로서 본인의 직업상 필요하다고 인정되는 직업용구일 경우에는 관세가 면제된다.

③ 세관장이 반출 확인한 물품으로서 재반입되는 물품일 경우에는 관세가 면제된다.

④ 물품의 성질 · 수량 · 가격 · 용도 등으로 보아 통상적으로 여행자의 휴대품 또는 별송품인 것으로 인정되는 물품일 경우 관세가 면제된다.

⑤ 면제 한도는 여행자 1명의 휴대품 또는 별송품으로서 각 물품의 과세가격 합계 기준으로 미화 400달러 이하로 한다.

TIP 관세의 면제 한도는 여행자 1명의 휴대품 또는 별송품으로서 각 물품(세관장이 반출 확인한 물품으로서 재반입되는 물품은 제외한다)의 과세가격 합계 기준으로 미화 600달러 이하(이하 "기본면세범위"라 한다)로 하고, 구매한 내국물품이 포함되어 있을 경우에는 기본면세범위에서 해당 내국물품의 구매가격을 공제한 금액으로 한다. 다만, 농림축산물 등 관세청장이 정하는 물품이 휴대품 또는 별송품에 포함되어 있는 경우에는 기본면세범위에서 해당 농림축산물 등에 대하여 관세청장이 따로 정한 면세한도를 적용할 수 있다〈관세법 시행규칙 제48조(관세가 면제되는 휴대품 등) 제2항〉.

14 특정물품에 대한 관세의 면제신청에 대한 설명으로 적절하지 아니한 것은?

① 동식물의 번식 · 양식 및 종자개량을 위한 물품 중 기획재정부령으로 정하는 물품 중 관세를 면제받으려는 자는 신청서에 주무부처의 장 또는 그 위임을 받은 기관의 장의 확인을 받아야 한다.

② 핵사고 또는 방사능 긴급사태 시 그 복구지원과 구호를 목적으로 외국으로부터 기증되는 물품으로서 기획재정부령으로 정하는 물품 중 관세를 면제받으려는 자는 해당 기증사실을 증명하는 서류를 신청서에 첨부하여 제출하여야 하며, 해당 기증목적에 관하여 행정안전부장관의 확인을 받아야 한다.

③ 우리나라 수출물품의 품질, 규격, 안전도 등이 수입국의 권한 있는 기관이 정하는 조건에 적합한 것임을 표시하는 수출물품에 부착하는 증표로서 기획재정부령으로 정하는 물품 중 관세를 면제받으려는 자는 해당 증표 공급국의 권한있는 기관과의 공급 및 관리에 관한 계약서 또는 이에 갈음할 서류를 신청서에 첨부하여 제출하여야 한다.

④ 우리나라의 선박이나 그 밖의 운송수단이 조난으로 인하여 해체된 경우 그 해체재(解體材) 및 장비 중 관세를 면제받으려는 자는 관세감면 신청사항 외에 운수기관명 · 조난장소 및 조난연월일을 신청서에 적고 주무부장관이 확인한 서류를 첨부하여 제출하여야 한다.

⑤ 우리나라와 외국 간에 건설될 교량, 통신시설, 해저통로, 그 밖에 이에 준하는 시설의 건설 또는 수리에 필요한 물품 중 관세를 면제받으려는 자는 관세감면신청 사항 외에 사용계획 · 사용기간과 공사장의 명칭 및 소재지를 신청서에 적어 제출하여야 한다.

TIP 핵사고 또는 방사능 긴급사태 시 그 복구지원과 구호를 목적으로 외국으로부터 기증되는 물품으로서 기획재정부령으로 정하는 물품 중 관세를 면제받으려는 자는 해당 기증사실을 증명하는 서류를 신청서에 첨부하여 제출하여야 하며, 해당 기증목적에 관하여 원자력안전위원회의 확인을 받아야 한다〈관세법 시행규칙 제44조(특정물품에 대한 관세의 면제신청) 제2항〉.

ANSWER 12.① 13.⑤ 14.②

15 **관세법상 소액물품 등의 면세 대상물품의 내용으로 틀린 것은?**

① 우리나라의 거주자에게 수여된 훈장 · 기장(紀章) 또는 이에 준하는 표창장 및 상패는 관세를 면제할 수 있다.

② 물품이 천공 또는 절단되었거나 통상적인 조건으로 판매할 수 없는 상태로 처리되어 견품으로 사용될 것으로 인정되는 물품은 관세가 면제된다.

③ 과세가격이 미화 500달러 이하인 물품으로서 견품으로 사용될 것으로 인정되는 물품은 관세가 면제된다.

④ 물품가격이 미화 150달러 이하의 물품으로서 자가사용 물품으로 인정되는 것. 다만, 반복 또는 분할하여 수입되는 물품으로서 관세청장이 정하는 기준에 해당하는 것을 제외한다.

⑤ 박람회 기타 이에 준하는 행사에 참가하는 자가 행사장 안에서 관람자에게 무상으로 제공하기 위하여 수입하는 물품(전시할 기계의 성능을 보여주기 위한 원료를 포함한다)은 관세가 면제된다.

TIP 관세가 면제되는 소액물품〈관세법 제94조, 시행규칙 제45조〉

㉠ 우리나라의 거주자에게 수여된 훈장 · 기장(紀章) 또는 이에 준하는 표창장 및 상패

㉡ 기록문서 또는 그 밖의 서류

㉢ 상용견품(商用見品) 또는 광고용품으로서 기획재정부령으로 정하는 물품

- 물품이 천공 또는 절단되었거나 통상적인 조건으로 판매할 수 없는 상태로 처리되어 견품으로 사용될 것으로 인정되는 물품
- 판매 또는 임대를 위한 물품의 상품목록 · 가격표 및 교역안내서 등
- 과세가격이 미화 250달러 이하인 물품으로서 견품으로 사용될 것으로 인정되는 물품
- 물품의 형상 · 성질 및 성능으로 보아 견품으로 사용될 것으로 인정되는 물품

㉣ 우리나라 거주자가 받는 소액물품으로서 기획재정부령으로 정하는 물품

- 물품가격이 미화 150달러 이하의 물품으로서 자가사용 물품으로 인정되는 것. 다만, 반복 또는 분할하여 수입되는 물품으로서 관세청장이 정하는 기준에 해당하는 것을 제외한다.
- 박람회 기타 이에 준하는 행사에 참가하는 자가 행사장 안에서 관람자에게 무상으로 제공하기 위하여 수입하는 물품(전시할 기계의 성능을 보여주기 위한 원료를 포함한다). 다만, 관람자 1인당 제공량의 정상도착가격이 미화 5달러 상당액 이하의 것으로서 세관장이 타당하다고 인정하는 것에 한한다.

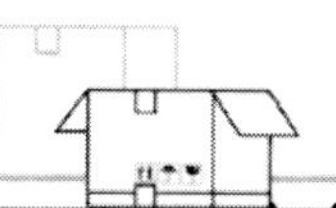

16 여행자 휴대품 또는 별송품에 대해 기본세율과 관계없이 별도로 부과하는 품목을 모두 고른 것은?

㉠ 술	㉡ 담배
㉢ 향수	㉣ 시계
㉤ 가방 · 지갑	

① ㉠㉡㉢

② ㉡㉢㉣

③ ㉢㉣㉤

④ ㉠㉡㉢㉣

⑤ ㉠㉡㉢㉣㉤

TIP 술 · 담배 · 향수에 대해서는 기본면세범위와 관계없이 다음 표(이하 "별도면세범위"라 한다)에 따라 관세를 면제하되, 19세 미만인 사람이 반입하는 술 · 담배에 대해서는 관세를 면제하지 않고, 구매한 내국물품인 술 · 담배 · 향수가 포함되어 있을 경우에는 별도면세범위에서 해당 내국물품의 구매수량을 공제한다. 이 경우 해당 물품이 다음 표의 면세한도를 초과하여 관세를 부과하는 경우에는 해당 물품의 가격을 과세가격으로 한다〈관세법 시행규칙 제48조(관세가 면제되는 휴대품 등) 제3항〉.

<table>
<tr><th>구분</th><th colspan="3">면세한도</th><th>비고</th></tr>
<tr><td>술</td><td colspan="3">1병</td><td>1리터 이하이고, 미화 400달러 이하인 것으로 한정한다.</td></tr>
<tr><td rowspan="6">담배</td><td colspan="2">궐련</td><td>200개비</td><td rowspan="6">2이상의 담배 종류를 반입하는 경우에는 한 종류로 한정한다.</td></tr>
<tr><td colspan="2">엽궐련</td><td>50개비</td></tr>
<tr><td rowspan="3">전자담배</td><td>궐련</td><td>200개비</td></tr>
<tr><td>니코틴용액</td><td>20ml</td></tr>
<tr><td>기타유형</td><td>110그램</td></tr>
<tr><td colspan="2">그 밖의 담배</td><td>250그램</td></tr>
<tr><td>향수</td><td colspan="3">60ml</td><td></td></tr>
</table>

ANSWER 15.③ 16.①

17 다음은 여행자 휴대품 · 이사물품 등의 면세에 대한 내용이다. (　) 안에 들어갈 말로 적당한 것은?

> 여행자가 휴대품 또는 별송품(세관장이 타당하다고 인정하는 물품은 제외)을 기획재정부령으로 정하는 방법으로 자진신고하는 경우에는 15만 원을 넘지 아니하는 범위에서 해당 물품에 부과될 관세의 (　)에 상당하는 금액을 경감할 수 있다.

① 100분의 10
② 100분의 20
③ 100분의 30
④ 100분의 50
⑤ 100분의 80

TIP 여행자가 휴대품 또는 별송품(여행자의 입국 사유, 체재기간, 직업, 그 밖의 사정을 고려하여 기획재정부령으로 정하는 기준에 따라 세관장이 타당하다고 인정하는 물품은 제외한다)을 기획재정부령으로 정하는 방법으로 자진신고하는 경우에는 15만 원을 넘지 아니하는 범위에서 해당 물품에 부과될 관세의 100분의 30에 상당하는 금액을 경감할 수 있다〈관세법 제96조(여행자 휴대품 및 이사물품 등의 감면세) 제2항〉.

18 관세법령상 재수출면세에 대한 설명으로 틀린 것은?

① 기획재정부령으로 정하는 물품을 수입신고 수리일부터 1년의 범위에서 대통령령으로 정하는 기준에 따라 세관장이 정하는 기간에 다시 수출하는 경우에 대하여는 그 관세를 면제할 수 있다.
② 1년을 초과하여 수출하여야 할 부득이한 사유가 있는 물품으로서 기획재정부령으로 정하는 물품을 수입신고 수리일부터 세관장이 정하는 기간에 다시 수출하는 경우에 대하여는 그 관세를 면제할 수 있다.
③ 수출기간을 연장받고자 하는 자는 당해 물품의 수입신고수리 연월일 · 신고번호 · 품명 · 규격 및 수량, 연장기간과 연장사유를 기재한 신청서를 당해 물품의 수입지세관장에게 제출하여야 한다.
④ 관세를 면제받은 물품은 정한 용도 외의 다른 용도로 사용되거나 양도될 수 없다. 다만, 대통령령으로 정하는 바에 따라 미리 세관장의 승인을 받았을 때에는 그러하지 아니하다.
⑤ 세관장은 관세를 면제받은 물품 중 기획재정부령으로 정하는 물품이 규정된 기간 내에 수출되지 아니한 경우에는 500만 원을 넘지 아니하는 범위에서 해당 물품에 부과될 관세의 100분의 50에 상당하는 금액을 가산세로 징수한다.

TIP 세관장은 관세를 면제받은 물품 중 기획재정부령으로 정하는 물품이 규정된 기간 내에 수출되지 아니한 경우에는 500만 원을 넘지 아니하는 범위에서 해당 물품에 부과될 관세의 100분의 20에 상당하는 금액을 가산세로 징수한다〈관세법 제97조(재수출면제) 제4항〉.

19 장기간에 걸쳐 사용할 수 있는 물품으로서 그 수입이 임대차계약에 의하거나 도급계약의 이행과 관련하여 국내에서 일시적으로 사용하기 위하여 수입하는 물품 중 기획재정부령으로 정하는 물품이 그 수입신고 수리일부터 2년(장기간의 사용이 부득이한 물품으로서 기획재정부령으로 정하는 것 중 수입하기 전에 세관장의 승인을 받은 것은 4년의 범위에서 대통령령으로 정하는 기준에 따라 세관장이 정하는 기간을 말한다) 이내에 재수출되는 것에 대하여는 구분에 따라 그 관세를 경감할 수 있다. 다음 중 그 구분에 해당되지 않는 것은?

① 재수출기간이 6개월 이내인 경우 : 해당 물품에 대한 관세액의 100분의 80

② 재수출기간이 6개월 초과 1년 이내인 경우 : 해당 물품에 대한 관세액의 100분의 70

③ 재수출기간이 1년 초과 2년 이내인 경우 : 해당 물품에 대한 관세액의 100분의 55

④ 재수출기간이 2년 초과 3년 이내인 경우 : 해당 물품에 대한 관세액의 100분의 40

⑤ 재수출기간이 3년 초과 4년 이내인 경우 : 해당 물품에 대한 관세액의 100분의 30

TIP 재수출기간이 6개월 이내인 경우 해당 물품에 대한 관세액의 100분의 85이다〈관세법 제98조(재수출감면세) 제1항 제1호〉.

20 관세법령상 손상감세에 관한 설명으로 틀린 것은?

① 수입신고한 물품이 수입신고가 수리되기 전에 변질되거나 손상되었을 때에는 대통령령으로 정하는 바에 따라 그 관세를 경감할 수 있다.

② 이 법이나 그 밖의 법률 또는 조약 · 협정 등에 따라 관세를 감면받은 물품에 대하여 관세를 추징하는 경우 그 물품이 변질 또는 손상되거나 사용되어 그 가치가 떨어졌을 때에는 대통령령으로 정하는 바에 따라 그 관세를 경감할 수 있다.

③ 변질 · 손상 등의 관세경감액은 수입물품의 변질 · 손상 또는 사용으로 인한 가치의 감소에 따르는 가격의 저하분에 상응하는 관세액과 수입물품의 관세액에서 그 변질 · 손상 또는 사용으로 인한 가치의 감소 후의 성질 및 수량에 의하여 산출한 관세액을 공제한 차액 중 적은 금액으로 한다.

④ 변질 · 손상 또는 사용으로 인한 가치감소의 산정기준은 관세청장이 정할 수 있다.

⑤ 손상감면을 신청하고자 하는 자는 감면을 받고자 하는 자의 주소 · 성명 및 상호, 사업의 종류, 품명 · 규격 · 수량 · 가격 · 용도와 설치 및 사용장소, 감면의 법적 근거, 기타 참고사항 외에 당해 물품의 수입신고번호와 멸실 또는 손상의 원인 및 그 정도, 당해 물품에 대하여 관세를 경감받고자 하는 금액과 그 산출기초를 신청서에 기재하여야 한다.

TIP 경감하는 관세액은 다음의 관세액 중 많은 금액으로 한다〈관세법 시행령 제118조(변질 · 손상 등의 관세경감액) 제1항〉.
㉠ 수입물품의 변질 · 손상 또는 사용으로 인한 가치의 감소에 따르는 가격의 저하분에 상응하는 관세액
㉡ 수입물품의 관세액에서 그 변질 · 손상 또는 사용으로 인한 가치의 감소 후의 성질 및 수량에 의하여 산출한 관세액을 공제한 차액

17.③ 18.⑤ 19.① 20.③

21 **관세법령상 재수출면세대상물품 및 가산세징수대상물품으로 틀린 것은?**

① 수입물품 또는 수출물품의 포장용품

② 우리나라에 일시입국하는 자가 본인이 사용하고 재수출할 목적으로 직접 휴대하여 반입하거나 별도로 반입하는 신변용품

③ 산업기계의 수리용 또는 정비용의 것으로서 유상으로 수입되는 기계 또는 장비

④ 국제적인 회의 · 회합 등에서 사용하기 위한 물품

⑤ 항공 및 해상화물운송용 파렛트

TIP 재수출면세대상물품 및 가산세징수대상물품〈관세법 시행규칙 제50조 제1항〉

㉠ 수입물품의 포장용품. 다만, 관세청장이 지정하는 물품을 제외한다.
㉡ 수출물품의 포장용품. 다만, 관세청장이 지정하는 물품을 제외한다.
㉢ 우리나라에 일시입국하는 자가 본인이 사용하고 재수출할 목적으로 직접 휴대하여 반입하거나 별도로 반입하는 신변용품. 다만, 관세청장이 지정하는 물품을 제외한다.
㉣ 우리나라에 일시입국하는 자가 본인이 사용하고 재수출할 목적으로 직접 휴대하여 반입하거나 별도로 반입하는 직업용품 및 「신문 등의 자유와 기능보장에 관한 법률」에 따라 지국 또는 지사의 설치허가를 받은 자가 취재용으로 반입하는 방송용의 녹화되지 아니한 비디오테이프
㉤ 관세청장이 정하는 시설에서 국제해운에 종사하는 외국선박의 승무원의 후생을 위하여 반입하는 물품과 그 승무원이 숙박기간중 당해 시설에서 사용하기 위하여 선박에서 하역된 물품
㉥ 박람회 · 전시회 · 공진회 · 품평회 기타 이에 준하는 행사에 출품 또는 사용하기 위하여 그 주최자 또는 행사에 참가하는 자가 수입하는 물품중 당해 행사의 성격 · 규모 등을 감안하여 세관장이 타당하다고 인정하는 물품
㉦ 국제적인 회의 · 회합 등에서 사용하기 위한 물품
㉧ 학교, 공공의료기관, 공공직업훈련원, 박물관 등 및 「국방과학연구소법」에 따른 국방과학연구소에서 학술연구 및 교육훈련을 목적으로 사용하기 위한 학술연구용품
㉨ 학교, 공공의료기관, 공공직업훈련원, 박물관 등 및 「국방과학연구소법」에 따른 국방과학연구소에서 과학기술연구 및 교육훈련을 위한 과학장비용품
㉩ 주문수집을 위한 물품, 시험용 물품 및 제작용 견품
㉪ 수리를 위한 물품[수리를 위하여 수입되는 물품과 수리 후 수출하는 물품이 관세 · 통계통합품목분류표상(이하 "품목분류표"라 한다) 10단위의 품목번호가 일치할 것으로 인정되는 물품만 해당한다]
㉫ 수출물품 및 수입물품의 검사 또는 시험을 위한 기계 · 기구
㉬ 일시입국자가 입국할 때에 수송하여 온 본인이 사용할 승용자동차 · 이륜자동차 · 캠핑카 · 캬라반 · 트레일러 · 선박 및 항공기와 관세청장이 정하는 그 부분품 및 예비품
㉭ 관세청장이 정하는 수출입물품 · 반송물품 및 환적물품을 운송하기 위한 차량
㉮ 이미 수입된 국제운송을 위한 컨테이너의 수리를 위한 부분품
㉯ 수출인쇄물 제작원고용 필름(빛에 노출되어 현상된 것에 한한다)
㉰ 광메모리매체 제조용으로 정보가 수록된 마스터테이프 및 니켈판(생산제품을 수출할 목적으로 수입되는 것임을 당해 업무를 관장하는 중앙행정기관의 장이 확인한 것에 한한다)
㉱ 항공기 및 그 부분품의 수리 · 검사 또는 시험을 위한 기계 · 기구
㉲ 항공 및 해상화물운송용 파렛트
㉳ 수출물품 사양확인용 물품
㉴ 항공기의 수리를 위하여 일시 사용되는 엔진 및 부분품
㉵ 산업기계의 수리용 또는 정비용의 것으로서 무상으로 수입되는 기계 또는 장비
㉶ 외국인투자기업이 자체상표제품을 생산하기 위하여 일시적으로 수입하는 금형 및 그 부분품

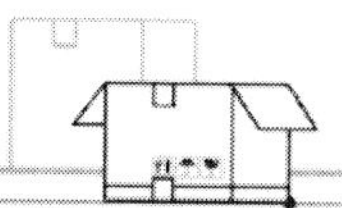

22 해외임가공물품 등의 감세의 규정에서 정한 관세가 경감되지 않는 경우를 모두 고른 것은?

> ㉠ 원재료 또는 부분품을 수출하여 기획재정부령으로 정하는 물품으로 제조하거나 가공한 물품
> ㉡ 가공 또는 수리할 목적으로 수출한 물품으로서 기획재정부령으로 정하는 기준에 적합한 물품
> ㉢ 해당 물품 또는 원자재에 대하여 관세를 감면받은 경우
> ㉣ 관세법 또는 「수출용 원재료에 대한 관세 등 환급에 관한 특례법」에 따른 환급을 받은 경우
> ㉤ 보세가공 또는 장치기간경과물품을 재수출조건으로 매각함에 따라 관세가 부과되지 아니한 경우

① ㉠㉡㉢
② ㉡㉢㉣
③ ㉢㉣㉤
④ ㉠㉡㉢㉣
⑤ ㉡㉢㉣㉤

TIP 해외임가공물품 등의 감세〈관세법 101조〉

㉠ 다음의 어느 하나에 해당하는 물품이 수입될 때에는 대통령령으로 정하는 바에 따라 그 관세를 경감할 수 있다.
- 원재료 또는 부분품을 수출하여 기획재정부령으로 정하는 물품으로 제조하거나 가공한 물품
- 가공 또는 수리할 목적으로 수출한 물품으로서 기획재정부령으로 정하는 기준에 적합한 물품

㉡ ㉠의 물품이 다음의 어느 하나에 해당하는 경우에는 그 관세를 경감하지 아니한다.
- 해당 물품 또는 원자재에 대하여 관세를 감면받은 경우. 다만, 가공 또는 수리할 목적으로 수출한 물품으로서 기획재정부령으로 정하는 기준에 적합한 물품의 경우는 제외한다.
- 이 법 또는 「수출용 원재료에 대한 관세 등 환급에 관한 특례법」에 따른 환급을 받은 경우
- 보세가공 또는 장치기간경과물품을 재수출조건으로 매각함에 따라 관세가 부과되지 아니한 경우

ANSWER 21.③ 22.③

23 다음은 재수출 감면에 관한 설명이다. (　) 안에 들어갈 말로 적당한 것은?

> 장기간에 걸쳐 사용할 수 있는 물품으로서 그 수입이 임대차계약에 의하거나 도급계약의 이행과 관련하여 국내에서 일시적으로 사용하기 위하여 수입하는 물품 중 기획재정부령으로 정하는 물품이 그 수입신고 수리일부터 (　)년(장기간의 사용이 부득이한 물품으로서 기획재정부령으로 정하는 것 중 수입하기 전에 세관장의 승인을 받은 것은 4년의 범위에서 대통령령으로 정하는 기준에 따라 세관장이 정하는 기간을 말한다) 이내에 재수출되는 것에 대하여는 각각의 구분에 따라 그 관세를 경감할 수 있다. 다만, 외국과 체결한 조약 · 협정 등에 따라 수입되는 것에 대하여는 상호 조건에 따라 그 관세를 면제한다.

① 1
② 2
③ 3
④ 4
⑤ 5

TIP 장기간에 걸쳐 사용할 수 있는 물품으로서 그 수입이 임대차계약에 의하거나 도급계약의 이행과 관련하여 국내에서 일시적으로 사용하기 위하여 수입하는 물품 중 기획재정부령으로 정하는 물품이 그 수입신고 수리일부터 2년 내에 재수출되는 것에 대하여는 다음 구분에 따라 그 관세를 경감할 수 있다. 다만, 외국과 체결한 조약 · 협정 등에 따라 수입되는 것에 대하여는 상호 조건에 따라 그 관세를 면제한다〈관세법 제98조(재수출감면세) 제1항〉.

㉠ 재수출기간이 6개월 이내인 경우 : 해당 물품에 대한 관세액의 100분의 85
㉡ 재수출기간이 6개월 초과 1년 이내인 경우 : 해당 물품에 대한 관세액의 100분의 70
㉢ 재수출기간이 1년 초과 2년 이내인 경우 : 해당 물품에 대한 관세액의 100분의 55
㉣ 재수출기간이 2년 초과 3년 이내인 경우 : 해당 물품에 대한 관세액의 100분의 40
㉤ 재수출기간이 3년 초과 4년 이내인 경우 : 해당 물품에 대한 관세액의 100분의 30

24 다음 중 관세법상 재수입면세대상에 해당하는 것은?

① 해당 물품 또는 원자재에 대하여 관세를 감면받은 경우
② 이 법 또는 「수출용 원재료에 대한 관세 등 환급에 관한 특례법」에 따른 환급을 받은 경우
③ 이 법 또는 「수출용 원재료에 대한 관세 등 환급에 관한 특례법」에 따른 환급을 받을 수 있는 자 외의 자가 해당 물품을 재수입하는 경우
④ 재수입하는 물품에 대하여 환급을 받을 수 있는 자가 환급받을 권리를 포기하였음을 증명하는 서류를 재수입하는 자가 세관장에게 제출하는 경우
⑤ 보세가공 또는 장치기간경과물품을 재수출조건으로 매각함에 따라 관세가 부과되지 아니한 경우

TIP 재수입면세 … 우리나라에서 수출된 물품으로서 해외에서 제조 · 가공 · 수리 또는 사용되지 아니하고 수출신고수리일부터 2년 내에 다시 수입되는 물품. 다만, 다음 각 목의 어느 하나에 해당하는 경우에는 관세를 면제하지 아니한다 〈관세법 제99조〉.

㉠ 해당 물품 또는 원자재에 대하여 관세를 감면받은 경우

㉡ 관세법 또는 「수출용 원재료에 대한 관세 등 환급에 관한 특례법」에 따른 환급을 받은 경우

㉢ 관세법 또는 「수출용 원재료에 대한 관세 등 환급에 관한 특례법」에 따른 환급을 받을 수 있는 자 외의 자가 해당 물품을 재수입하는 경우. 다만, 재수입하는 물품에 대하여 환급을 받을 수 있는 자가 환급받을 권리를 포기하였음을 증명하는 서류를 재수입하는 자가 세관장에게 제출하는 경우는 제외한다.

㉣ 보세가공 또는 장치기간경과물품을 재수출조건으로 매각함에 따라 관세가 부과되지 아니한 경우

25 **관세법령상 관세감면물품의 용도 외 사용의 금지기간 및 양수 · 양도의 금지기간(사후관리기간)으로 틀린 것은?**

① 내용연수가 5년 이상인 물품 : 3년. 다만, 관세의 감면을 받는 물품의 경우는 2년으로 한다.

② 내용연수가 4년인 물품 : 2년

③ 내용연수가 3년 이하인 물품 : 1년 이내의 기간에서 관세청장이 정하여 고시하는 기간

④ 관세감면물품이 다른 용도로 사용될 가능성이 적은 경우의 사후관리기간 : 1년 이내

⑤ 관세감면물품이 원재료 · 부분품 또는 견품인 경우의 사후관리기간 : 2년 이내

TIP 감면물품의 용도외 사용 등의 금지기간 〈관세법 시행령 제110조〉

㉠ 물품의 내용연수를 기준으로 하는 사후관리기간 : 다음의 구분에 의한 기간

- 내용연수가 5년 이상인 물품 : 3년. 다만, 학술연구용품의 감면세 규정에 의해 관세의 감면을 받는 물품의 경우는 2년으로 한다.
- 내용연수가 4년인 물품 : 2년
- 내용연수가 3년 이하인 물품 : 1년 이내의 기간에서 관세청장이 정하여 고시하는 기간

㉡ 관세감면물품이 다른 용도로 사용될 가능성이 적은 경우의 사후관리기간 : 1년 이내의 기간에서 관세청장이 정하여 고시하는 기간. 다만, 장애인 등 특정인만이 사용하거나 금형과 같이 성격상 다른 용도로 사용될 수 없는 물품의 경우에는 수입신고 수리일까지로 하며, 박람회 · 전시회 등 특정행사에 사용되는 물품의 경우에는 당해 용도 또는 행사가 소멸 또는 종료되는 때까지로 한다.

㉢ 관세감면물품이 원재료 · 부분품 또는 견품인 경우의 사후관리기간 : 1년 이내의 기간에서 관세청장이 정하여 고시하는 기간. 다만, 원재료 · 부분품 또는 견품 등이 특정용도에 사용된 후 사실상 소모되는 물품인 경우에는 감면용도에 사용하기 위하여 사용 장소에 반입된 사실이 확인된 날까지로 하며, 해당 기간이 경과될 때까지 감면받은 용도에 사용되지 아니하고 보관되는 경우에는 해당 물품이 모두 사용된 날까지로 한다.

㉣ 관세감면물품에 대한 세율 적용의 우선순위에 의한 세율에 감면율을 곱한 율을 기준으로 하는 사후관리기간 : 3퍼센트 이하인 경우에는 1년 이내의 기간에서 관세청장이 정하여 고시하는 기간, 3퍼센트 초과 7퍼센트 이하인 경우에는 2년 이내의 기간에서 관세청장이 정하여 고시하는 기간

ANSWER 23.② 24.④ 25.⑤

26 계약 내용과 다른 물품 등에 대한 관세 환급에 대한 설명으로 틀린 것은?

① 수입신고가 수리된 물품이 계약 내용과 다르고 수입신고 당시의 성질이나 형태가 변경되지 아니한 경우 해당 물품이 수입신고 수리일부터 1년 이내에 보세공장에서 생산된 물품이 보세공장에 이를 다시 반입하였을 경우에 그 관세를 환급한다.

② 수입물품으로서 세관장이 환급세액을 산출하는 데에 지장이 없다고 인정하여 승인한 경우에는 그 수입물품의 일부를 수출하였을 때에도 그 관세를 환급할 수 있다.

③ 수입물품의 수출을 갈음하여 이를 폐기하는 것이 부득이하다고 인정하여 그 물품을 수입신고 수리일부터 1년 내에 보세구역에 반입하여 미리 세관장의 승인을 받아 폐기하였을 때에는 그 관세를 환급한다.

④ 수입신고가 수리된 물품이 수입신고 수리 후에도 지정보세구역에 계속 장치되어 있는 중에 재해로 멸실되거나 변질 또는 손상되어 그 가치가 떨어졌을 때에는 대통령령으로 정하는 바에 따라 그 관세의 전부 또는 일부를 환급할 수 있다.

⑤ 해당 수입물품에 대한 관세의 납부기한이 종료되기 전이거나 징수유예 중 또는 분할납부기간이 끝나지 아니하여 해당 물품에 대한 관세가 징수되지 아니한 경우에는 세관장은 해당 관세를 환급할 수 있다.

TIP 해당 수입물품에 대한 관세의 납부기한이 종료되기 전이거나 징수유예 중 또는 분할납부기간이 끝나지 아니하여 해당 물품에 대한 관세가 징수되지 아니한 경우에는 세관장은 해당 관세의 부과를 취소할 수 있다〈관세법 제106조(계약 내용과 다른 물품 등에 대한 관세 환급) 제5항〉.

27 관세징수권 소멸시효의 기산일(관세징수권을 행사할 수 있는 날)로 틀린 것은?

① 신고납부하는 관세에 있어서는 수입신고가 수리된 날부터 15일이 경과한 날의 다음날

② 부족세액에 대한 보정신청일로부터 15일이 경과한 날의 다음날

③ 수정신고일의 다음날의 다음날

④ 부과고지하는 관세에 있어서는 납세고지를 받은 날부터 15일이 경과한 날의 다음날

⑤ 기타 법령에 의하여 납세고지하여 부과하는 관세에 있어서는 납부기한을 정한 때에는 그 납부기한이 만료된 날의 다음날

TIP 관세징수권 소멸시효의 기산일(관세징수권을 행사할 수 있는 날)〈관세법 시행령 제7조 제1항〉

㉠ 신고납부하는 관세에 있어서는 수입신고가 수리된 날부터 15일이 경과한 날의 다음날. 다만, 월별납부의 경우에는 그 납부기한이 경과한 날의 다음 날로 한다.
㉡ 부족세액에 대해 보정을 신청한 경우 부족세액에 대한 보정신청일의 다음날의 다음날
㉢ 수정신고 규정에 의하여 납부하는 관세에 있어서는 수정신고일의 다음날의 다음날
㉣ 부과고지하는 관세에 있어서는 납세고지를 받은 날부터 15일이 경과한 날의 다음날
㉤ 수입신고전의 물품 반출 규정에 의하여 납부하는 관세에 있어서는 수입신고한 날부터 15일이 경과한 날의 다음날
㉥ 기타 법령에 의하여 납세고지하여 부과하는 관세에 있어서는 납부기한을 정한 때에는 그 납부기한이 만료된 날의 다음날

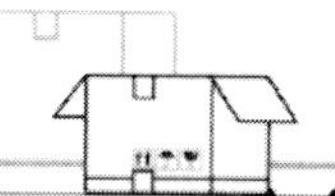

28 관세의 분할납부에 대한 설명이다. (　) 안에 들어갈 말로 적당한 것은?

> 세관장은 천재지변이나 그 밖에 대통령령으로 정하는 사유로 이 법에 따른 신고, 신청, 청구, 그 밖의 서류의 제출, 통지, 납부 또는 징수를 정하여진 기한까지 할 수 없다고 인정될 때에는 (　)을 넘지 아니하는 기간을 정하여 대통령령으로 정하는 바에 따라 관세를 분할하여 납부하게 할 수 있다.

① 1년　　② 2년
③ 3년　　④ 4년
⑤ 5년

TIP 세관장은 천재지변이나 그 밖에 대통령령으로 정하는 사유로 이 법에 따른 신고, 신청, 청구, 그 밖의 서류의 제출, 통지, 납부 또는 징수를 정하여진 기한까지 할 수 없다고 인정될 때에는 1년을 넘지 아니하는 기간을 정하여 대통령령으로 정하는 바에 따라 관세를 분할하여 납부하게 할 수 있다〈관세법 제107조(분할납부) 제1항〉.

29 관세환급청구권을 행사할 수 있는 날로 틀린 것은?

① 경정으로 인한 환급의 경우 : 경정결정일
② 착오납부 또는 이중납부로 인한 환급의 경우 : 그 납부일
③ 계약과 상이한 물품 등에 대한 환급의 경우 : 당해 물품의 수출신고수리일 또는 보세공장반입신고일
④ 수입신고 또는 입항전수입신고를 하고 관세를 납부한 후 법 제250조의 규정에 의하여 신고가 취하 또는 각하된 경우 : 수입신고일
⑤ 적법하게 납부한 후 법률의 개정으로 인하여 환급하는 경우 : 그 법률의 시행일

TIP **관세환급청구권 행사 가능일**〈관세법 시행령 제7조(관세징수권 소멸시효의 기산일) 제2항〉
㉠ 경정으로 인한 환급의 경우에는 경정결정일
㉡ 착오납부 또는 이중납부로 인한 환급의 경우에는 그 납부일
㉢ 계약과 상이한 물품 등에 대한 환급의 경우에는 당해 물품의 수출신고수리일 또는 보세공장반입신고일
㉣ 폐기, 멸실, 변질, 또는 손상된 물품에 대한 환급의 경우에는 해당 물품이 폐기, 멸실, 변질 또는 손상된 날
㉤ 수입한 상태 그대로 수출되는 자가사용물품에 대한 환급의 경우에는 수출신고가 수리된 날. 다만, 수출신고가 생략되는 물품의 경우에는 운송수단에 적재된 날로 한다.
㉥ 종합보세구역에서 물품을 판매하는 자가 환급받고자 하는 경우에는 환급에 필요한 서류의 제출일
㉦ 수입신고 또는 입항 전 수입신고를 하고 관세를 납부한 후 신고가 취하 또는 각하된 경우에는 신고의 취하일 또는 각하일
㉧ 적법하게 납부한 후 법률의 개정으로 인하여 환급하는 경우에는 그 법률의 시행일

ANSWER 26.⑤ 27.② 28.① 29.④

30 **관세의 분할납부규정 중 납부하지 아니한 관세의 전액을 즉시 징수하여야 하는 경우가 아닌 것은?**

① 관세의 분할납부를 승인받은 물품을 5년을 넘지 않는 기간에 해당 용도 외의 다른 용도로 사용하거나 해당 용도 외의 다른 용도로 사용하려는 자에게 양도한 경우

② 관세를 지정된 기한까지 납부하지 아니한 경우. 다만, 관세청장이 부득이한 사유가 있다고 인정하는 경우는 제외

③ 파산선고를 받은 경우

④ 법인이 해산한 경우

⑤ 수입이 취소된 경우

TIP 다음의 어느 하나에 해당하는 경우에는 납부하지 아니한 관세의 전액을 즉시 징수한다〈관세법 제107조(분할납부)〉.

㉠ 관세의 분할납부를 승인받은 물품을 정한 기간에 해당용도 외의 다른 용도로 사용하거나 해당용도 외의 다른 용도로 사용하려는 자에게 양도한 경우

㉡ 관세를 지정된 기한까지 납부하지 아니한 경우. 다만, 관세청장이 부득이한 사유가 있다고 인정하는 경우는 제외한다.

㉢ 파산선고를 받은 경우

㉣ 법인이 해산한 경우

31 **관세의 분할납부와 관련된 내용으로 틀린 것은?**

① 관세의 분할납부를 승인받은 자가 해당 물품의 용도를 변경하거나 그 물품을 양도하려는 경우에는 미리 세관장의 승인을 받아야 한다.

② 관세의 분할납부를 승인받은 법인이 합병 · 분할 · 분할합병 또는 해산을 하거나 파산선고를 받은 경우 또는 관세의 분할납부를 승인받은 자가 파산선고를 받은 경우에는 그 관세를 납부하여야 하는 자는 지체 없이 그 사유를 세관장에게 신고하여야 한다.

③ 관세의 분할납부를 승인받은 물품을 동일한 용도로 사용하려는 자에게 양도한 경우에는 그 양수인이 관세를 납부하여야 하며, 해당 용도 외의 다른 용도로 사용하려는 자에게 양도한 경우에는 그 양도인이 관세를 납부하여야 한다. 이 경우 양도인으로부터 해당 관세를 징수할 수 없을 때에는 그 양수인으로부터 징수한다.

④ 관세의 분할납부를 승인받은 법인이 합병 · 분할 또는 분할합병된 경우에는 합병 · 분할 또는 분할합병 후에 존속하거나 합병 · 분할 또는 분할합병으로 설립된 법인이 연대하여 관세를 납부하여야 한다.

⑤ 관세의 분할납부를 승인받은 자가 파산선고를 받은 경우에는 그 청산인이 관세를 납부하여야 한다.

TIP 관세의 분할납부를 승인받은 자가 파산선고를 받은 경우에는 그 파산관재인이 관세를 납부하여야 한다〈관세법 제107조(분할납부) 제7항〉.

32 관세분할납부의 요건으로 옳지 않은 것은?

① 관세율표에서 부분품으로 분류되지 아니할 것
② 법 기타 관세에 관한 법률 또는 조약에 의하여 관세를 감면받지 아니할 것
③ 당해 관세액이 200만 원 이상일 것
④ 「중소기업기본법」의 규정에 의한 중소기업이 수입하는 물품의 경우에는 100만 원 이상일 것
⑤ 덤핑관세, 계절관세 등의 규정을 적용 받는 물품이 아닐 것

TIP 관세분할납부의 요건〈관세법 시행규칙 제59조 제1항〉
㉠ 관세율표에서 부분품으로 분류되지 아니할 것
㉡ 법 기타 관세에 관한 법률 또는 조약에 의하여 관세를 감면받지 아니할 것
㉢ 당해 관세액이 500만 원 이상일 것. 다만, 「중소기업기본법」의 규정에 의한 중소기업이 수입하는 경우에는 100만 원 이상일 것
㉣ 덤핑방지관세 부과대상 내지 계절관세의 규정을 적용받는 물품이 아닐 것

33 관세법령상 납세자권리헌장의 제정 및 교부 등에 관한 설명으로 틀린 것은?

① 관세청장은 납세자권리헌장을 제정하여 고시하여야 한다.
② 세관공무원은 납세자를 긴급히 체포·압수·수색하는 경우 또는 현행범인 납세자가 도주할 우려가 있는 등 조사목적을 달성할 수 없다고 인정되는 경우에는 납세자권리헌장을 내주어야 한다.
③ 세관공무원은 관세포탈, 부정감면 또는 부정환급(「수출용 원재료에 대한 관세 등 환급에 관한 특례법」에 따른 부정환급을 포함)에 대한 범칙사건을 조사하는 경우 납세자권리헌장의 내용이 수록된 문서를 납세자에게 내주어야 한다.
④ 세관공무원은 관세의 과세표준과 세액의 결정 또는 경정을 위하여 납세자를 방문 또는 서면으로 조사하는 경우 납세자권리헌장의 내용이 수록된 문서를 납세자에게 내주어야 한다.
⑤ 세관공무원은 징수권의 확보를 위하여 압류를 하는 경우나 보세판매장에 대한 조사를 하는 경우 납세자권리헌장의 내용이 수록된 문서를 납세자에게 내주어야 한다.

TIP 세관공무원은 납세자를 긴급히 체포·압수·수색하는 경우 또는 현행범인 납세자가 도주할 우려가 있는 등 조사목적을 달성할 수 없다고 인정되는 경우에는 납세자권리헌장을 내주지 아니할 수 있다〈관세법 제110조(납세권리헌장의 제정 및 교부) 제3항〉.

ANSWER 30.⑤ 31.⑤ 32.③ 33.②

34 관세조사권 남용 금지의 예외사유에 해당하지 아니하는 것은?

① 관세포탈 등의 혐의를 인정할 만한 명백한 자료가 있는 경우
② 이미 조사받은 자의 거래상대방을 조사할 필요가 있는 경우
③ 이 법에 따른 재조사 결정에 따라 재조사를 하는 경우
④ 이미 수입절차가 완료된 경우
⑤ 밀수출입, 부정 · 불공정무역 등 경제질서 교란 등을 통한 탈세혐의가 있는 자에 대하여 일제조사를 하는 경우

TIP 관세조사권 남용 금지〈관세법 제111조 제2항〉
㉠ 관세포탈 등의 혐의를 인정할 만한 명백한 자료가 있는 경우
㉡ 이미 조사받은 자의 거래상대방을 조사할 필요가 있는 경우
㉢ 재조사 결정에 따라 재조사를 하는 경우(결정서 주문에 기재된 범위의 재조사에 한정한다)
㉣ 납세자가 세관공무원에게 직무와 관련하여 금품을 제공하거나 금품제공을 알선한 경우
㉤ 그 밖에 탈세혐의가 있는 자에 대한 일제조사 등 대통령령으로 정하는 경우
※ "탈세혐의가 있는 자에 대한 일제조사 등 대통령령으로 정하는 경우"란 밀수출입, 부정 · 불공정무역 등 경제 질서 교란 등을 통한 탈세혐의가 있는 자에 대하여 일제조사를 하는 경우를 말한다〈관세법 시행령 제136조(중복조사의 금지)〉.

35 관세법령상 납세자의 성실성 추정 등에 관한 설명으로 옳지 않은 것은?

① 세관공무원은 납세자가 이 법에 따른 신고 등의 의무를 이행하지 아니한 경우 또는 납세자에게 구체적인 관세포탈 등의 혐의가 있는 경우 등 대통령령으로 정하는 경우를 제외하고는 납세자가 성실하며 납세자가 제출한 신고서 등이 진실한 것으로 추정하여야 한다.
② 세관공무원이 납세자가 제출한 신고서 등의 내용에 관하여 질문을 하거나 신고한 물품에 대하여 확인을 하는 행위 등 대통령령으로 정하는 행위를 하는 것을 제한한다.
③ 납세자가 법에서 정하는 신고 및 신청, 과세자료의 제출 등의 납세협력의무를 이행하지 아니한 경우는 납세자의 성실성 추정 등의 배제사유에 해당한다.
④ 납세자에 대한 구체적인 탈세정보가 있는 경우 또는 신고내용에 탈루나 오류의 혐의를 인정할 만한 명백한 자료가 있는 경우는 납세자의 성실성 추정 등의 배제사유에 해당한다.
⑤ 납세자의 신고내용이 관세청장이 정한 기준과 비교하여 불성실하다고 인정되는 경우는 납세자의 성실성 추정 등의 배제사유에 해당한다.

TIP 세관공무원이 납세자가 제출한 신고서 등의 내용에 관하여 질문을 하거나 신고한 물품에 대하여 확인을 하는 행위 등 대통령령으로 정하는 행위를 하는 것을 제한하지 아니한다〈관세법 제113조(납세자의 성실성 추정) 제2항〉.

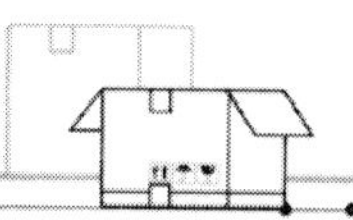

36 다음은 관세법상 관세조사의 사전통지에 관한 설명이다. ( ) 안에 들어갈 말로 적당한 것은?

> 세관공무원은 관세 조사를 하기 위하여 해당 장부, 서류, 전산처리장치 또는 그 밖의 물품 등을 조사하는 경우에는 조사를 받게 될 납세자(그 위임을 받은 자를 포함)에게 조사 시작 ( ) 전에 조사 대상, 조사 사유, 그 밖에 대통령령으로 정하는 사항을 통지하여야 한다.

① 3일
② 5일
③ 7일
④ 10일
⑤ 15일

TIP 세관공무원은 조사를 하기 위하여 해당 장부, 서류, 전산처리장치 또는 그 밖의 물품 등을 조사하는 경우에는 조사를 받게 될 납세자(그 위임을 받은 자를 포함)에게 조사 시작 15일 전에 조사 대상, 조사 사유, 그 밖에 대통령령으로 정하는 사항을 통지하여야 한다〈관세법 제114조(관세조사의 사전통지) 제1항〉.

37 관세법령상 관세조사의 사전통지서에 기재하여야 할 사항과 거리가 먼 것은?

① 조사 예정금액
② 조사기간
③ 조사대상
④ 조사사유
⑤ 납세자의 성명

TIP 관세조사의 사전통지서〈관세법 시행령 제139조〉
㉠ 납세자 또는 그 위임을 받은 자의 성명과 주소 또는 거소
㉡ 조사기간
㉢ 조사대상 및 조사사유
㉣ 기타 필요한 사항

ANSWER 34.④ 35.② 36.⑤ 37.①

38 관세법령상 관세조사의 연기신청 사유에 해당하지 아니하는 것은?

① 화재 등으로 사업상 심한 어려움이 있는 경우

② 납세자가 질병 등으로 관세조사가 곤란하다고 판단되는 경우

③ 조사공무원이 장기 출장 등으로 관세조사가 곤란하다고 판단되는 경우

④ 그 밖의 재해로 사업상 심한 어려움이 있는 경우

⑤ 권한있는 기관에 의하여 장부 및 증빙서류가 압수 또는 영치된 경우

TIP 관세조사의 연기신청〈관세법 시행령 제140조 제1항〉

㉠ 화재나 그 밖의 재해로 사업상 심한 어려움이 있는 경우

㉡ 납세자 또는 그 위임을 받은 자의 질병, 장기출장 등으로 관세조사가 곤란하다고 판단되는 경우

㉢ 권한있는 기관에 의하여 장부 및 증빙서류가 압수 또는 영치된 경우

㉣ 그 밖에 ㉠ ~ ㉢의 규정에 준하는 사유가 있는 경우

39 관세조사에 있어서 결과통지를 하지 않아도 되는 경우가 아닌 것은?

① 납세자에게 통고처분을 하는 경우

② 범칙사건을 고발하는 경우

③ 폐업한 경우

④ 휴업한 경우

⑤ 납세자의 주소 및 거소가 불명하거나 그 밖의 사유로 통지를 하기 곤란하다고 인정되는 경우

TIP 관세조사에 있어서의 결과통지〈관세법 시행령 제141조〉

㉠ 납세자에게 통고처분을 하는 경우

㉡ 범칙사건을 고발하는 경우

㉢ 폐업한 경우

㉣ 납세자의 주소 및 거소가 불명하거나 그 밖의 사유로 통지를 하기 곤란하다고 인정되는 경우

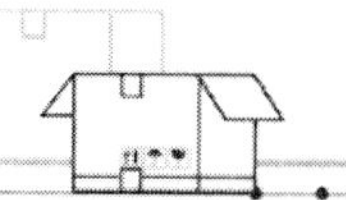

40 **관세법상 사용 목적에 맞는 범위에서 납세자의 과세정보를 제공할 수 있는 경우가 아닌 것은?**

① 국가기관이 관세에 관한 쟁송이나 관세범에 대한 소추(訴追)를 목적으로 과세정보를 요구하는 경우
② 이해관계인의 요청이 있는 경우
③ 법원의 제출명령이나 법관이 발부한 영장에 따라 과세정보를 요구하는 경우
④ 세관공무원 상호간에 관세를 부과·징수, 통관 또는 질문·검사하는 데에 필요하여 과세정보를 요구하는 경우
⑤ 통계청장이 국가통계작성 목적으로 과세정보를 요구하는 경우

TIP 세관공무원은 납세자가 이 법에서 정한 납세의무를 이행하기 위하여 제출한 자료나 관세의 부과·징수 또는 통관을 목적으로 업무상 취득한 자료 등(이하 "과세정보"라 한다)을 타인에게 제공하거나 누설하여서는 아니 되며, 사용 목적 외의 용도로 사용하여서도 아니 된다. 다만, 다음의 어느 하나에 해당하는 경우에는 그 사용 목적에 맞는 범위에서 납세자의 과세정보를 제공할 수 있다〈관세법 제116조(비밀유지) 제1항〉.
㉠ 국가기관이 관세에 관한 쟁송이나 관세범에 대한 소추(訴追)를 목적으로 과세정보를 요구하는 경우
㉡ 법원의 제출명령이나 법관이 발부한 영장에 따라 과세정보를 요구하는 경우
㉢ 세관공무원 상호간에 관세를 부과·징수, 통관 또는 질문·검사하는 데에 필요하여 과세정보를 요구하는 경우
㉣ 통계청장이 국가통계작성 목적으로 과세정보를 요구하는 경우
㉤ 다른 법률에 따라 과세정보를 요구하는 경우

41 **관세법상 고액·상습체납자의 명단 공개에 대한 설명으로 옳지 않은 것은?**

① 관세청장은 체납발생일부터 1년이 지난 관세 및 내국세등(체납관세등)이 2억 원 이상인 체납자에 대하여는 그 인적사항과 체납액 등을 공개할 수 있다.
② 체납자의 인적사항과 체납액 등에 대한 공개 여부를 심의하거나 재심의하기 위하여 관세청에 관세정보 공개심의위원회를 둔다.
③ 관세청장은 심의위원회의 심의를 거친 공개대상예정자에게 체납자 명단 공개대상예정자임을 통지하여 소명할 기회를 주어야 한다.
④ 관세청장은 명단 공개대상예정자임을 통지한 날부터 3개월이 지나면 심의위원회로 하여금 체납액의 납부이행 등을 고려하여 체납자의 명단 공개 여부를 재심의하게 한다.
⑤ 공개는 관보에 게재하거나 관세청장이 지정하는 정보통신망 또는 관할 세관의 게시판에 게시하는 방법으로 한다.

TIP 관세청장은 명단공개대상예정자임을 통지한 날부터 6개월이 지나면 심의위원회로 하여금 체납액의 납부이행 등을 고려하여 체납자의 명단 공개 여부를 재심의하게 한다〈관세법 제116조의2(고액·상습체납자의 명단공개) 제4항〉.

ANSWER 38.③ 39.④ 40.② 41.④

42 **관세법령상 납세증명서의 제출 및 발급에 관한 설명으로 틀린 것은?**

① 국가, 지방자치단체 또는 대통령령으로 정하는 정부관리기관으로부터 대금을 지급받을 경우 납세증명서를 제출하여야 한다.

② 관세를 납부할 의무가 있는 외국인이 출국할 경우 납세증명서를 제출하여야 한다.

③ 내국인이 외국으로 이주하거나 3개월을 초과하여 외국에 체류할 목적으로 외교부장관에게 거주목적의 여권을 신청하는 경우 납세증명서를 제출하여야 한다.

④ 세관장은 납세자로부터 납세증명서의 발급신청을 받았을 때에는 그 사실을 확인하고 즉시 납세증명서를 발급하여야 한다.

⑤ 납세증명서를 발급받으려는 자는 기획재정부령으로 정하는 서식에 따른 신청서를 세관장에게 제출하여야 한다.

TIP 납세자(미과세된 자를 포함)는 다음의 어느 하나에 해당하는 경우에는 대통령령으로 정하는 바에 따라 납세증명서를 제출하여야 한다〈관세법 제116조의3(납세증명서의 제출 및 발급) 제1항〉.

㉠ 국가, 지방자치단체 또는 대통령령으로 정하는 정부관리기관으로부터 대금을 지급받을 경우

㉡ 「출입국관리법」에 따른 외국인등록 또는 「재외동포의 출입국과 법적 지위에 관한 법률」에 따른 국내거소신고를 한 외국인이 체류기간 연장허가 등 대통령령으로 정하는 체류허가를 법무부장관에게 신청하는 경우

㉢ 해외이주 목적으로 「해외이주법」에 따라 외교부장관에게 해외이주신고를 하는 경우

43 **관세법상 세관장은 납부세액이나 납부하여야 하는 세액에 미치지 못한 금액을 징수하려는 경우에는 미리 납세의무자에게 그 내용을 서면으로 통지하여야 한다. 이에 대한 예외 사유가 아닌 것은?**

① 통지하려는 날부터 1년 이내에 관세부과의 제척기간이 만료되는 경우

② 납세의무자가 잠정가격으로 가격신고를 하였을 때에는 대통령령으로 정하는 기간 내에 해당 물품의 확정된 가격을 세관장에게 신고한 경우

③ 수입신고 수리전에 세액을 심사하는 경우로서 그 결과에 따라 부족세액을 징수하는 경우

④ 관세포탈죄로 고발되어 포탈세액을 징수하는 경우

⑤ 그 밖에 관세의 징수가 곤란하게 되는 등 사전통지가 적당하지 아니한 경우로서 대통령령으로 정하는 경우

TIP 세관장은 납부세액이나 납부하여야 하는 세액에 미치지 못한 금액을 징수하려는 경우에는 미리 납세의무자에게 그 내용을 서면으로 통지하여야 한다. 다만, 다음의 어느 하나에 해당하는 경우에는 그러하지 아니하다〈관세법 제118조(과세전적부심사) 제1항〉.

㉠ 통지하려는 날부터 3개월 이내에 관세부과의 제척기간이 만료되는 경우

㉡ 납세의무자가 확정가격을 신고한 경우

㉢ 수입신고 수리전에 세액을 심사하는 경우로서 그 결과에 따라 부족세액을 징수하는 경우

㉣ 감면된 관세를 징수하는 경우

㉤ 관세포탈죄로 고발되어 포탈세액을 징수하는 경우

㉥ 그 밖에 관세의 징수가 곤란하게 되는 등 사전통지가 적당하지 아니한 경우로서 대통령령으로 정하는 경우

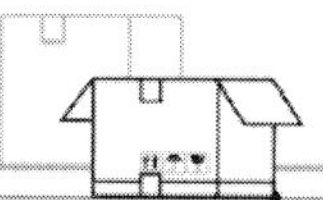

44 관세부과에 대한 불복의 신청에 관한 설명으로 틀린 것은?

① 이 법이나 그 밖의 관세에 관한 법률 또는 조약에 따른 처분으로서 위법한 처분 또는 부당한 처분을 받거나 필요한 처분을 받지 못하여 권리나 이익을 침해당한 자는 규정에 따라 그 처분의 취소 또는 변경를 청구하거나 그 밖에 필요한 처분을 청구할 수 있다.

② 관세청장이 조사 · 결정 또는 처리하거나 할 것인 경우를 제외하고는 그 처분에 대하여 심사청구 또는 심판청구에 앞서 규정에 따른 이의신청을 할 수 있다.

③ 「감사원법」에 따라 심사청구를 한 처분이나 그 심사청구에 대한 처분의 심사청구는 그 처분을 한 것을 안 날(처분의 통지를 받았을 때에는 그 통지를 받은 날을 말한다)부터 30일 이내에 하여야 한다.

④ 「감사원법」에 따라 심사청구를 한 처분이나 그 심사청구에 대한 처분의 심사청구를 거친 처분에 대한 행정소송은 그 심사청구에 대한 결정을 통지받은 날부터 90일 내에 처분청을 당사자로 하여 제기하여야 한다.

⑤ 동일한 처분에 대하여는 심사청구와 심판청구를 중복하여 제기할 수 없다.

TIP 심사청구 또는 심판청구에 대한 처분에 대해서는 이의신청, 심사청구 또는 심판청구를 제기할 수 없다. 다만, 보정기간 내에 필요한 보정을 하지 아니한 경우(심판청구에서 「국세기본법」을 준용하는 경우를 포함한다)의 재조사 결정에 따른 처분청의 처분에 대해서는 해당 재조사 결정을 한 재결청에 심사청구 또는 심판청구를 제기할 수 있다〈관세법 제119조(불복의 신청) 제3항〉.

45 이의신청, 심사청구, 심판청구 등의 대리인에 대한 설명으로 적절하지 않은 것은?

① 이의신청인 · 심사청구인 또는 심판청구인은 변호사나 관세사를 대리인으로 선임할 수 있다.

② 대리인의 권한은 서면으로 증명하여야 한다.

③ 대리인은 본인을 위하여 청구에 관한 모든 행위를 할 수 있다.

④ 대리인은 청구의 취하도 자유롭게 할 수 있다.

⑤ 대리인을 해임하였을 때에는 그 뜻을 서면으로 해당 재결청에 신고하여야 한다.

TIP 대리인은 본인을 위하여 청구에 관한 모든 행위를 할 수 있다. 다만, 청구의 취하는 특별한 위임을 받은 경우에만 할 수 있다〈관세법 제126조(대리인) 제4항〉.

ANSWER 42.③ 43.① 44.③ 45.④

46 **심사청구 시 관세청장은 관세심사위원회의 심의를 거쳐 이를 결정한다. 그러나 대통령령으로 정하는 사유에 해당하는 경우에는 그러하지 아니한다. 다음 중 대통령령으로 정하는 경미한 사유에 해당하지 않는 것은?**

① 심사청구기간이 도래되지 않은 경우

② 심사청구의 대상이 되는 처분이 존재하지 아니하는 경우

③ 해당 처분으로 권리 또는 이익을 침해당하지 아니한 자가 심사청구를 제기한 경우

④ 보정기간 내에 필요한 보정을 하지 아니한 경우

⑤ 심사청구의 대상이 되는 처분의 내용 · 쟁점 · 적용법령 등이 이미 관세심사위원회의 심의를 거쳐 결정된 사항과 동일한 경우

TIP 경미한 사항〈관세법 시행령 제150조〉

㉠ 심사청구기간이 지난 경우
㉡ 심사청구의 대상이 되는 처분이 존재하지 아니하는 경우
㉢ 해당 처분으로 권리 또는 이익을 침해당하지 아니한 자가 심사청구를 제기한 경우
㉣ 심사청구의 대상이 되지 아니하는 처분에 대하여 심사청구가 제기된 경우
㉤ 보정기간 내에 필요한 보정을 하지 아니한 경우
㉥ 심사청구의 대상이 되는 처분의 내용 · 쟁점 · 적용법령 등이 이미 관세심사위원회의 심의를 거쳐 결정된 사항과 동일한 경우
㉦ 그 밖에 신속히 결정하여 상급심에서 심의를 받도록 하는 것이 권리구제에 도움이 된다고 판단되는 경우

47 **심사청구기간에 관한 설명으로 틀린 것은?**

① 심사청구는 해당 처분을 한 것을 안 날(처분하였다는 통지를 받았을 때에는 통지를 받은 날을 말한다)부터 90일 이내에 제기하여야 한다.

② 이의신청을 거친 후 심사청구를 하려는 경우에는 이의신청에 대한 결정을 통지받은 날부터 90일 이내에 하여야 한다.

③ 부득이한 사유로 심사청구 결정기간 내에 결정을 통지받지 못한 경우에는 결정을 통지받기 전이라도 그 결정기간이 지난 날부터 심사청구를 할 수 있다.

④ 기한 내에 우편으로 제출(「국세기본법」에서 정한 날을 기준으로 한다)한 심사청구서가 청구기간이 지나 세관장 또는 관세청장에게 도달한 경우에는 그 기간의 만료일에 청구된 것으로 본다.

⑤ 심사청구인이 규정하는 사유(신고, 신청, 청구, 그 밖의 서류의 제출 및 통지에 관한 기한 연장 사유로 한정)로 정한 기간 내에 심사청구를 할 수 없을 때에는 그 사유가 소멸한 날부터 30일 이내에 심사청구를 할 수 있다.

TIP 심사청구인이 규정하는 사유(신고, 신청, 청구, 그 밖의 서류의 제출 및 통지에 관한 기한 연장 사유로 한정한다)로 정한 기간 내에 심사청구를 할 수 없을 때에는 그 사유가 소멸한 날부터 14일 이내에 심사청구를 할 수 있다. 이 경우 심사청구인은 그 기간 내에 심사청구를 할 수 없었던 사유, 그 사유가 발생한 날과 소멸한 날, 그 밖에 필요한 사항을 적은 문서를 함께 제출하여야 한다〈관세법 제121조(심사청구기간) 제4항〉.

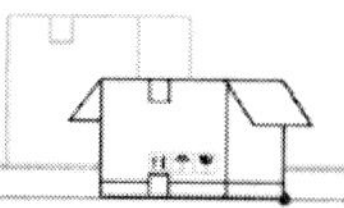

48 심사청구의 결정 및 통지 등에 대한 설명으로 틀린 것은?

① 결정은 심사청구를 받은 날부터 90일 이내에 하여야 한다. 다만, 부득이한 사유가 있을 때에는 그러하지 아니하다.

② 결정을 하였을 때에는 결정기간 내에 그 이유를 적은 결정서를 심사청구인에게 통지하여야 한다.

③ 보정기간은 결정기간에 산입한다.

④ 결정 또는 불복방법의 통지를 하는 때에는 인편 또는 등기우편에 의하여야 하며, 인편에 의하는 경우에는 수령증을 받아야 한다.

⑤ 심사청구인의 주소 또는 거소가 불명하거나 기타의 사유로 인하여 인편 또는 등기우편 의한 방법으로 결정 등을 통지할 수 없는 때에는 그 요지를 당해 재결관서의 게시판 기타 적절한 장소에 공고하여야 한다.

TIP 보정기간은 결정기간에 산입하지 아니한다〈관세법 제128조(결정) 제4항〉.

49 관세심사위원회의 위원 및 위원장에 대한 설명으로 옳지 않은 것은?

① 관세심사위원회의 위원장은 관세심사위원회를 대표하고, 관세심사위원회의 업무를 총괄한다.

② 관세심사위원회의 위원장이 부득이한 사유로 직무를 수행할 수 없는 경우에는 위원 중 관세심사위원회의 위원장(관세청에 두는 관세심사위원회의 경우에는 관세청장을 말한다)이 미리 지명한 위원이 그 직무를 대행한다.

③ 위원 중 관세심사위원회의 위원장이 위촉하는 위원(민간위원)의 임기는 3년으로 한다.

④ 관세심사위원회의 위원장은 민간위원이 심신장애, 직무태만, 품위손상, 그 밖의 사유로 위원으로 적합하지 아니하다고 인정되는 경우에는 임기 중이라도 위촉을 해제할 수 있다.

⑤ 관세청에 두는 관세심사위원회 위원장은 관세청차장이 된다.

TIP 위원 중 관세심사위원회의 위원장이 위촉하는 위원(민간위원)의 임기는 2년으로 하되, 한번만 연임할 수 있다. 다만, 보궐위원의 임기는 전임위원 임기의 남은 기간으로 한다〈관세법 시행령 제147조(관세심사위원회의 기능 및 구성 등) 제7항〉.

ANSWER 46.① 47.⑤ 48.③ 49.③

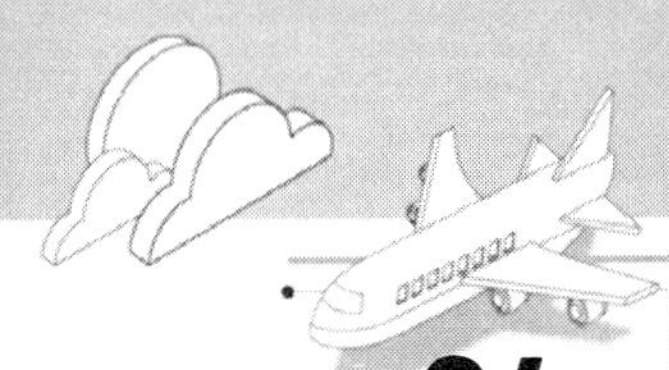

04 통관 일반

제1과목 수출입통관절차

1 **세관장확인대상 수출물품과 구비요건의 연결이 옳지 못한 것은?**

① 마약류관리에 관한 법률 해당 물품 : 식품의약품안전처장의 수출승인서

② 문화재보호법 해당 물품 : 문화체육관광부장관의 문화재 국외반출 허가서

③ 폐기물의 국가 간 이동 및 그 처리에 관한 법률 해당 물품 : 유역(지방)환경청장의 폐기물 수출허가 확인서

④ 야생생물 보호 및 관리에 관한 법률상 야생동물 : 시장 · 군수 · 구청장의 야생동물 수출허가증

⑤ 남북교류협력에 관한 법률 해당 물품 : 통일부장관의 반출승인서

TIP 대상법령 및 물품의 범위와 구비요건

대상법령 및 물품의 범위	구비요건
㉠「마약류 관리에 관한 법률」 해당물품	식품의약품안전처장의 수출승인(요건확인)서
㉡「폐기물의 국가 간 이동 및 그 처리에 관한 법률」 해당물품	유역(지방)환경청장의 폐기물 수출허가(신고)확인서
㉢「외국환거래법」 해당물품	• 세관장의 지급수단 등의 수출신고필증 • 한국은행총재 또는 외국환은행장의 지급등의 방법(변경) 신고서 또는 외국환신고(확인)필증
㉣「총포·도검·화약류 등의 안전관리에 관한 법률」 해당물품 • 권총, 소총, 기관총, 포, 화약, 폭약 • 그 외의 총 및 그 부분품, 도검, 화공품, 분사기, 전자충격기, 석궁	• 경찰청장의 수출허가증 • 지방경찰청장의 수출허가증
㉤「야생생물 보호 및 관리에 관한 법률」 해당물품 • 야생동물 • 멸종위기에 처한 야생동·식물(국제적 멸종위기종 포함)	• 시장·군수·구청장의 야생동물 수출허가증 • 유역(지방)환경청장의 멸종위기 야생동·식물(국제적 멸종위기종) 수출허가서
㉥「문화재보호법」 해당물품	문화재청장의 문화재 국외반출 허가서 또는 비문화재확인서
㉦「남북교류협력에 관한 법률」 해당물품	통일부장관의 반출승인서
㉧「원자력안전법」 해당물품 • 핵물질 • 방사성동위원소 및 방사선발생장치	• 원자력안전위원회의 수출요건확인서 • 한국원자력안전재단의 수출요건확인서
㉨「가축전염병 예방법」 해당물품	농림축산검역본부장의 검역증명서
㉩「농업생명자원의 보존 · 관리 및 이용에 관한 법률」 해당물품 중 인삼종자	농촌진흥청장의 수출승인서
㉪「방위사업법」 해당물품 중 군용 총포, 도검, 화약류	방위사업청장의 수출허가서
㉫「생물다양성 보전 및 이용에 관한 법률」 해당물품 • 국외반출승인대상 생물자원	유역(지방)환경청장의 생물자원 국외반출 승인서
㉬「생활주변방사선 안전관리법」 해당물품 • 원료물질 · 공정부산물	원자력안전위원회의 수출신고 적합 통보서

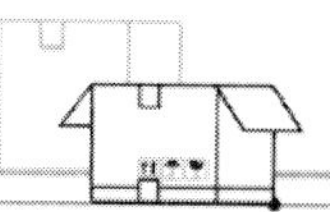

2 **특정물품 물품별 통관지세관의 연결이 옳지 않은 것은?**

① 고철 : 서울, 인천공항, 김해, 인정, 익산, 서울국제우편, 부산국제우편세관장
② 해체용 선박 : 관할지 세관장이 인정하는 선박해체작업 시설을 갖춘 입항지 세관
③ 수산물 : 수입물품의 입항지 세관
④ 수입쇠고기 및 관련제품 : 관할구역 내 축산물 검역시행장 및 보세구역으로 지정받은 냉장 · 냉동창고가 있는 세관
⑤ 활어 : 관할구역 내 활어장치장이 있는 세관

TIP 특정물품의 통관지세관 지정〈수입통관 사무처리에 관한 고시 별표5〉

특정물품	특정세관
한약재 (원료에 한함)	서울, 부산, 북부산, 인천, 김해공항세관과 한약재 보관에 적합한 보세구역으로 지정받은 저온 · 냉장창고가 있는 세관
귀석과 반귀석 (HS 7103호 내지 7104호의 물품. 다만, 원석은 제외)	서울, 인천, 김해공항, 전주세관 익산세관비즈니스센터, 인천공항우편, 북부산세관 부산국제우편세과비즈니스센터
고철	수입물품의 입항지 세관, 관할지 세관장이 인정하는 고철창고가 있는 내륙지 세관. 다만, 제75조에 따라 고철화작업의 특례를 적용받는 실수요자 관할세관에서도 통관가능
해체용 선반	관할지 세관장이 인정하는 선박해체작업 시설을 갖춘 입항지 세관
수산물 (0302, 0303, 0305 단, 0305는 염수장한 것에 한함)	수입물품의 입항지 세관, 보세구역으로 지정받은 냉장 · 냉동 창고가 있는 내륙지세관. 다만, 수출용 원자재는 관할지 세관장이 인정하는 냉장 · 냉동시설이 있는 수산물 제조 · 가공업체 관할세관에서도 통관가능
수입쇠고기 및 관련제품(별표 18 해당물품에 한함)	관할구역 내 축산물검역시행장 및 보세구역으로 지정받은 냉장 · 냉동 창고가 있는 세관
활어(HS 0301호, 관상용 및 양식용은 제외)	관할구역 내 활어장치장이 있는 세관
쌀(HS 1006.20호, 1006.30호 해당물품)	부산, 인천, 평택직할, 군산, 목포, 동해, 울산, 광양, 마산세관
중고 승용차	서울, 인천, 북부산, 마산, 부산, 평택

ANSWER 1.② 2.①

3 **통관 시 수출입물품의 요건구비 여부를 확인요청하려는 경우 관세청장에게 제출하여야 하는 것이 아닌 것은?**

① 대상물품
② 대상물품별 HSK 10단위번호
③ 요청사유
④ 관련법령
⑤ 원산지증명서

TIP 세관장에게 통관 시 수출입물품의 요건구비 여부를 확인요청하려는 기관의 장은 관련법령 · 대상물품 · 대상물품별 HSK 10단위번호 및 요청사유를 관세청장에게 제출하여야 한다〈세관장확인물품 및 확인방법 지정고시 제8조(확인요청) 제1항〉.

4 **통관 후 유통이력 신고에 관한 설명으로 틀린 것은?**

① 대상자 : 외국물품을 수입하는 자와 수입물품을 국내에서 거래하는 자
② 대상물품 : 사회안전 또는 국민보건을 해칠 우려가 현저한 물품 등으로서 관세청장이 지정하는 물품
③ 유통이력 신고의무가 있는 자는 유통단계별 거래명세를 관세청장에게 신고하여야 한다.
④ 유통이력을 장부에 기록하고 그 자료를 거래일로부터 3년간 보관하여야 한다.
⑤ 관세청장은 세관공무원으로 하여금 유통이력 신고의무자의 사업장에 출입하여 영업관계의 장부나 서류를 열람하여 조사하게 할 수 있다.

TIP 유통이력 신고의 의무가 있는 자는 유통이력을 장부에 기록(전자적 기록방식을 포함한다)하고, 그 자료를 거래일부터 1년간 보관하여야 한다〈관세법 제240조의2(통관 후 유통이력 신고) 제2항〉.

5 **정품 대비 병행수입품의 특성으로 틀린 것은?**

① 가격이 상대적으로 저렴하다.
② 애프터서비스가 미흡하다.
③ 품질차이가 크다.
④ 소규모 매장 또는 인터넷을 통해 판매된다.
⑤ 본사 또는 공식 수입업체의 마케팅에 편승한다.

TIP 정품이나 병행수입품의 품질차이는 거의 없다.

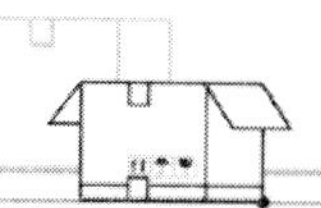

6 **통관보류 사유로 옳지 않은 것은?**

① 수출 · 수입 또는 반송에 관한 신고서의 기재사항에 보완이 필요한 경우
② 국세 및 지방세법에 따른 의무사항을 위반한 경우
③ 국민보건 등을 해칠 우려가 있는 경우
④ 안전성 검사가 필요한 경우
⑤ 「국세징수법」에 따라 세관장에게 체납처분이 위탁된 해당 체납자가 수입하는 경우

TIP 관세법에 따른 의무사항을 위반하거나 국민보건 등을 해칠 우려가 있는 경우이다〈관세법 제237조(통관의 보류) 제3호〉.

7 **통관 및 통관제도에 대한 설명으로 적절하지 않은 것은?**

① 최근에는 물품 통관과 관세징수가 동시에 이루어지는 체제로 운영되고 있다.
② 통관이란 무역거래 내용, 수출입 승인사항 또는 관련법규의 허가사항과 세관에 신고된 물품이 일치하는지 여부를 확인하는 세관장의 확인행위이다.
③ 수입통관이란 외국물품을 우리나라로 반입하는 것이며, 수출통관이란 내국물품을 외국으로 반출하는 것이다.
④ 반송통관이란 외국물품을 보세구역에서 다시 외국으로 반출하는 것을 말한다.
⑤ 협의의 통관이란 수출 · 수입, 반송신고에서 그 신고수리까지의 세관절차를 말한다.

TIP 종전에는 물품 통관과 관세징수가 동시에 이루어졌으나, 오늘날 물류의 흐름을 신속히 하기 위하여 통관절차와 징수절차를 분리하여 선통관 후납부제도로 운영되고 있다.

8 **원산지제도 관련 설명으로 적당하지 아니한 것은?**

① 원산지규정이란 국제무역에서 특정상품이 어느 국가에서 생산되고 제조되었는지를 판단하는 기준을 말한다.
② 우리나라는 1991년 7월부터 원산지제도를 시행하였다.
③ 우리나라는 1990년 5월 교토협약의 원산지규정(D1), 원산지증명(D2)에 가입하였다.
④ 원산지 규정은 소비자 및 생산자 보호의 필요성이 있다.
⑤ 통일원산지규정은 1995년 IMF에서 제정하였다.

TIP 1995년 WTO 원산지 규정에 관한 협정에 따라 WCO 및 WTO에서 통일원산지규정을 제정하였다.

ANSWER 3.⑤ 4.④ 5.③ 6.② 7.① 8.⑤

9 **원산지증명서의 제출에 관한 내용으로 적절하지 아니한 것은?**

① 관세법, 조약 · 협정 등에 따라 원산지 확인이 필요한 물품을 수입하는 자는 해당 물품의 원산지증명서를 제출하여야 한다.
② 수입신고시 원산지증명서를 제출하지 못하는 경우에는 관세청장은 수입신고 수리전 반출을 승인할 수 있다.
③ 원산지증명서를 제출하지 않는 경우에는 일반특혜관세 · 국제협력관세 또는 편익관세 등의 적용을 배제하는 등 관세의 편익을 적용하지 아니할 수 있다.
④ 세관장은 원산지증명서의 내용을 확인하기 위하여 필요한 자료를 제출하게 할 수 있다.
⑤ 원산지증명서 확인자료를 제출한 자가 정당한 사유를 제시하여 자료 비공개를 요청한 경우에는 제출자의 명시적인 동의 없이 공개하여서는 아니된다.

TIP 수입신고시 원산지증명서를 세관장에게 제출하지 못한 경우에는 세관장이 수입신고 수리전 반출을 승인할 수 있다〈원산지제도 운영에 관한 고시 제40조(특혜관세 적용물품 신고수리전 반출) 제1항〉.

10 **지식재산권을 침해하는 물품의 효율적인 단속을 위하여 지식재산권자로 하여금 상표권 또는 저작권 등에 관한 사항을 어디에 신고하게 하고 있는가?**

① WTO
② TIPA
③ IMF
④ 통관세관
⑤ 관세청장

TIP TIPA … 사단법인 무역 관련 지식재산권보호협회이다. 지식재산권을 침해하는 물품을 효율적으로 단속하기 위하여 지식재산권자로 하여금 상표권 또는 저작권 등에 관한 사항을 TIPA에 신고하도록 하고 있다.

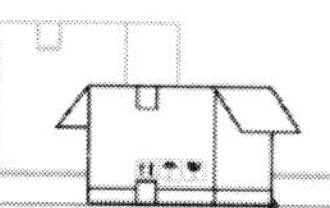

11 다음은 지식재산권 침해에 따른 통관보류 기간에 대한 내용이다. ( )안에 공통적으로 들어갈 알맞은 말은?

> 세관장은 지식재산권 침해에 따라 통관보류 등을 요청한 자가 해당 물품에 대한 통관보류 등의 사실을 통보받은 후 ( )(휴일 및 공휴일을 제외한다) 이내에 법원에의 제소사실 또는 무역위원회에서 조사신청 사실을 입증하였을 때에는 해당 통관보류 등을 계속할 수 있다. 이 경우 통관보류 등을 요청한 자가 부득이한 사유로 인하여 ( ) 이내에 법원에 제소하지 못하거나 무역위원회에 조사신청을 하지 못하는 때에는 상기 입증기간은 ( )간 연장될 수 있다.

① 5일
② 10일
③ 15일
④ 20일
⑤ 25일

TIP 세관장은 통관보류 등을 요청한 자가 해당 물품에 대한 통관보류 등의 사실을 통보받은 후 10일(휴일 및 공휴일을 제외한다) 이내에 법원에의 제소사실 또는 무역위원회에서 조사신청 사실을 입증하였을 때에는 해당 통관보류 등을 계속할 수 있다. 이 경우 통관보류 등을 요청한 자가 부득이한 사유로 인하여 10일 이내에 법원에 제소하지 못하거나 무역위원회에 조사신청을 하지 못하는 때에는 상기 입증기간은 10일간 연장될 수 있다〈관세법 시행령 제239조(통관보류 등) 제3항〉.

12 지식재산권 신고에 관련된 내용으로 옳지 않은 것은?

① 지식재산권을 침해하는 물품을 효율적으로 단속하기 위하여 필요한 경우에는 해당 지식재산권을 관계 법령에 따라 등록 또는 설정 등록한 자 등으로 하여금 해당 지식재산권에 관한 사항을 신고하게 할 수 있다.
② 지식재산권의 신고서 접수 및 보완요구 업무를 사단법인 무역관련 지식재산권보호협회의 장에게 위탁하여 운영한다.
③ 지식재산권 신고내용에 변경이 있는 경우 지식재산권 신고인은 그 변경일로부터 30일 이내에 해당 지식재산권 신고서에 변경 내용을 작성하여 지식재산권보호협회장에게 제출하여야 한다.
④ 권리보호신고의 유효기간은 3년으로 한다. 다만, 지식재산권의 존속기간이 3년 이내에 만료되는 경우에는 존속기간 만료일까지로 한다.
⑤ 지식재산권 권리보호신고는 처리결과 통보를 한 날의 다음날부터 효력이 발생한다.

TIP 권리보호신고는 통보를 한 날로부터 효력이 발생한다〈지식재산권 보호를 위한 수출입통관 사무처리에 관한 고시 제11조(신고의 효력발생시점) 제1항〉.

ANSWER 9.② 10.② 11.② 12.⑤

13 지식재산권침해 우려 수출입물품 수출입사실을 통보 받은 지식재산권자는 통보를 받은 날로부터 7일 이내에 담보를 제공하고 당해 물품의 통관 보류를 요청할 수 있다. 이때의 담보제공 금액은?

① 당해 수출입물품의 신고(과세)가격의 80/100 상당하는 금액
② 당해 수출입물품의 신고(과세)가격의 100/100 상당하는 금액
③ 당해 수출입물품의 신고(과세)가격의 110/100 상당하는 금액
④ 당해 수출입물품의 신고(과세)가격의 120/100 상당하는 금액
⑤ 당해 수출입물품의 신고(과세)가격의 150/100 상당하는 금액

TIP 지식재산권 권리자 등은 통관보류 요청 시 세관장에게 과세가격의 100분의 120에 상당하는 금액(「조세특례제한법」에 따른 중소기업인 경우에는 100분의 40)을 담보로 제공하여야 한다〈지식재산권 보호를 위한 수출입통관 사무처리에 관한 고시 제14조(지식재산권 권리사 통관보류 등 요청) 제3항〉.

14 지식재산권 침해로 세관장의 직권에 의한 통관보류 대상이 아닌 것은?

① 세관직원의 침해여부 확인과정에 의한 통관보류
② 침해물품임이 명백한 경우
③ 법원의 확정판결이 있는 경우
④ 권한 있는 기관의 침해여부에 대한 감정이 있는 경우
⑤ 수출입자가 침해물품임을 서면으로 제출한 경우

TIP ①의 경우는 권리자의 요청으로 통관보류되는 사유이다.
※ 침해가 명백한 물품 통관 보류 대상〈지식재산권 보호를 위한 수출입통관 사무처리에 관한 고시 제18조〉
㉠ 법원의 확정판결이 있는 경우
㉡ 권한 있는 기관(저작권위원회, 무역위원회 등)의 침해여부에 대한 감정, 판정 · 결정이 있는 경우
㉢ 수출입자등이 침해물품임을 서면으로 제출한 경우
㉣ 물품의 성상, 포장상태, 원산지, 적출국, 신고금액 등을 종합적으로 판단하여 해당 물품이 지식재산권을 침해하였음이 명백하다고 세관장이 인정하는 경우

15 지식재산권을 신고할 수 있는 자가 아닌 사람은?

① 상표권자
② 수출입신고자
③ 품종보호권자
④ 저작권자
⑤ 지리적표시(권)자

TIP 지식재산권을 신고할 수 있는 자
㉠ 상표권자(전용사용권자), 저작권자, 품종보호권자, 지리적표시(권)자
㉡ 정당하게 권한을 위임 받은 대리인

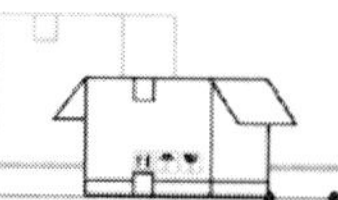

16 외국에서 적법하게 상표가 부착되어 유통되는 상품을 제3자가 합법적으로 국내의 상표권자 또는 전용사용권자의 허락 없이 수입하는 행위를 무엇이라고 하는가?

① 전략적 수입
② 병행수입
③ 특별수입
④ 직접수입
⑤ 제3자수입

TIP 병행수입이란 외국에서 적법하게 상표가 부착되어 유통되는 상품을 제3자가 합법적으로 국내의 상표권자 또는 전용사용권자의 허락 없이 수입하는 행위이다.

17 수입신고전 반출에 대한 설명으로 틀린 것은?

① 수입하려는 물품을 수입신고전에 운송수단, 관세통로, 하역통로 또는 관세법에 따른 장치 장소로부터 즉시 반출하고자 하는 자는 세관장에게 즉시반출신고를 하여야 한다.
② 즉시반출신고 후 반출한 자는 즉시반출신고일부터 10일 이내 수입신고를 하여야 한다.
③ 세관장은 반출신고일로부터 10일 이내에 수입신고를 하지 않는 경우 관세를 부과 · 징수하고, 관세의 20/100에 상당하는 금액을 가산세로 징수하고, 수입신고전 즉시반출대상자의 지정을 취소할 수 있다.
④ 관세 등은 수입신고일부터 10일 이내에 납부하여야 한다.
⑤ 수입신고전 즉시반출신고를 하고 반출된 물품은 내국물품으로 본다.

TIP 관세의 납부기한 등〈관세법 제9조〉
㉠ 신고납부에 따른 납세신고를 한 경우 : 납세신고 수리일부터 15일 이내
㉡ 부과고지에 따른 납세고지를 한 경우 : 납세고지를 받은 날부터 15일 이내
㉢ 수입신고전 즉시반출신고를 한 경우 : 수입신고일부터 15일 이내

18 다음 중 보세구역 반입명령인이 될 수 없는 자는?

① 관세청장
② 수입신고 수리 세관장
③ 보세구역 반입명령대상 사항을 조사한 세관장
④ 반입명령 대상물품 소재지를 관할하는 세관장
⑤ 보세구역 소재지를 관할하는 세관장

TIP 보세구역 반입명령은 관세청장, 수입신고 수리 세관장, 조사한 세관장, 반입명령 대상물품의 소재지를 관할하는 세관장이 할 수 있다〈수입통관 사무처리에 관한 고시 제108조(반입명령인) 제1항〉.

13.④ 14.① 15.② 16.② 17.④ 18.⑤

19 수입으로 보지 아니하는 소비 또는 사용으로 보아 비과세처리하는 대상으로 틀린 것은?

① 물품이 사실상 국내에 반입된 것이라고 볼 수 없는 경우

② 선(기)용품을 운송수단 안에서 그 용도 외 소비 또는 사용하는 경우

③ 선(기)용품을 관세청장이 정하는 지정보세구역에서 출국심사를 마치거나 우리나라를 경유하여 제3국으로 출발하려는 자에게 제공하여 그 용도에 따라 소비 또는 사용하는 경우

④ 여행자가 휴대품을 관세통로, 운수수단에서 소비, 사용하는 경우

⑤ 관세법에서 인정하는 바에 따라 소비, 사용하는 경우

TIP 수입으로 보지 아니하는 소비 또는 사용〈관세법 제239조〉

㉠ 선(기)용품 또는 차량용품을 운송수단 안에서 그 용도에 따라 소비하거나 사용하는 경우

㉡ 선용품 · 기용품 또는 차량용품을 세관장이 정하는 지정보세구역에서 「출입국관리법」에 따라 출국심사를 마치거나 우리나라에 입국하지 아니하고 우리나라를 경유하여 제3국으로 출발하려는 자에게 제공하여 그 용도에 따라 소비하거나 사용하는 경우

㉢ 여행자가 휴대품을 운송수단 또는 관세통로에서 소비하거나 사용하는 경우

㉣ 관세법에서 인정하는 바에 따라 소비하거나 사용하는 경우

20 신고수리전 반출대상으로 적절하지 않은 것은?

① 완성품 세 번으로 수입신고수리 받고자 하는 물품이 미조립 상태로 분할선적 수입된 경우

② 조달사업에 관한 법률에 의한 비축물자로 신고된 물품으로서 실수요자가 결정되지 아니한 경우

③ 사전세액심사 대상물품(부과고지물품 제외)으로서 세액 결정에 오랜 시간이 소요되는 경우

④ 품목분류 또는 세율결정에 오랜 시간이 소요되는 경우

⑤ 수입신고시 낮은 세율을 적용 받기 위해 원산지 확인이 필요하나 원산지증명서를 세관장에게 제출하지 못한 경우

TIP 사전세액심사 대상물품(부과고지물품도 포함된다)으로서 세액 결정에 오랜 시간이 소요되는 경우〈수입통관 사무처리에 관한 고시 제38조(신고수리전 반출) 제1항 제3호〉

21 다음 중 수입의제대상이 아닌 것은?

① 체신관서가 외국으로 발송한 우편물
② 관세법에 따라 매각된 물품
③ 관세법에 따라 몰수된 물품
④ 관세법에 따른 통고처분으로 납부된 물품
⑤ 법령에 따라 국고에 귀속된 물품

TIP 수출입의 의제〈관세법 제240조〉

㉠ 다음 어느 하나에 해당하는 외국물품은 이 법에 따라 적법하게 수입된 것으로 보고 관세 등을 따로 징수하지 아니한다.
- 체신관서가 수취인에게 내준 우편물
- 관세법에 따라 매각된 물품
- 관세법에 따라 몰수된 물품
- 관세법에 따른 통고처분으로 납부된 물품
- 법령에 따라 국고에 귀속된 물품
- 몰수를 갈음하여 추징된 물품

㉡ 체신관서가 외국으로 발송한 우편물은 관세법에 따라 적법하게 수출되거나 반송된 것으로 본다.

22 보세구역 반입명령에 대한 설명으로 틀린 것은?

① 보세구역 반입명령이란 관세청장 또는 세관장이 수출입신고 수리를 받은 물품이라 하더라도 신고 수리 후에 불법 수출입물품으로 파악된 경우에 당해 물품을 보세구역에 반입시켜 위법사실을 치유한 후 반출하게 하거나, 통관이 허용될 수 없는 경우 반송 또는 폐기토록 하는 것을 말한다.
② 보세구역 반입명령의 범위로는 수출신고가 수리되어 외국으로 반출되기 전에 있는 물품이나, 수입신고가 수리되어 반출된 물품이다.
③ 반입명령 대상으로는 수입신고가 수리된 후 3월이 경과하였거나 관련법령에 의하여 행정기관의 시정조치가 있는 경우이다.
④ 세관장은 반입명령을 받은 자에게 반송 또는 폐기를 명하거나 보완 또는 정정 후 반출하게 할 수 있다.
⑤ 반송이나 폐기할 것을 명한 경우 반송이나 폐기에 드는 비용은 반입명령수령인이 부담한다.

TIP 관세청장이나 세관장은 수입신고수리물품이 다음 어느 하나에 해당하는 경우에는 해당물품을 보세구역으로 반입할 것을 명령할 수 있다. 다만, 해당물품이 수입신고수리를 받은 후 3월이 경과하였거나 관련법령에 의하여 관계행정기관의 장의 시정조치가 있는 경우에는 그러하지 아니하다〈수입통관 사무처리에 관한 고시 제107조(보세구역 반입명령대상) 제1항〉.

㉠ 의무를 이행하지 아니한 경우
㉡ 원산지표시가 적법하게 표시되지 아니하였거나 수입신고수리 당시와 다르게 표시되어 있는 경우
㉢ 상표권과 저작권을 침해한 경우

ANSWER 19.② 20.③ 21.① 22.③

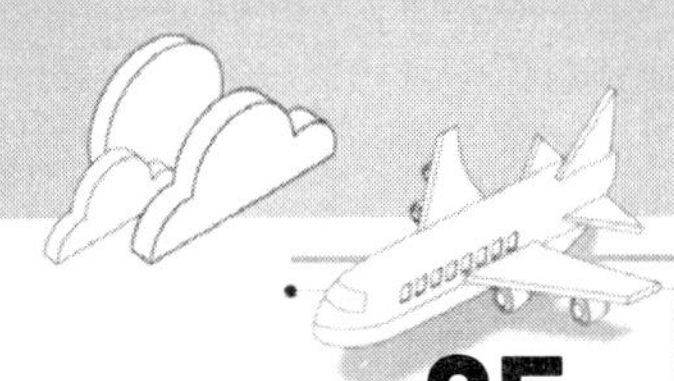

05 수입통관절차

제1과목 수출입통관절차

1 수입신고를 받은 경우의 효력내용과 거리가 먼 것은?

① 보세구역 지정
② 과세물건의 확정
③ 적용법령의 확정
④ 과세환율의 산정
⑤ 납세의무자의 확정

TIP 세관장이 수입신고를 받은 때에는 그때부터 법정 기한 내에 이를 수리할 것인지의 여부 등 처리할 의무를 지며, 과세물건의 확정, 적용법령의 확정, 과세환율의 산정, 납세의무자의 확정 등의 효력이 발생된다.

2 수입통관 사무처리에 관한 고시에서 정하는 수입신고의 유형으로 틀린 것은?

① 출항전신고
② 출항후신고
③ 입항전신고
④ 보세구역 도착전신고
⑤ 보세구역 장치후신고

TIP 수입하려는 자는 출항전신고, 입항전신고, 보세구역 도착전신고, 보세구역 장치후신고 중에서 필요에 따라 신고방법을 선택하여 수입신고할 수 있다〈수입통관 사무처리에 관한 고시 제6조(신고의 시기)〉.

3 수입신고의 신고인이 아닌 것은?

① 관세사
② 관세법인
③ 통관취급법인
④ 수입화주
⑤ 완제품공급자

TIP 수입신고나 반출신고는 관세사, 관세법인, 통관취급법인 등(이하 "관세사"라고 한다)이나 수입화주의 명의로 하여야 한다〈수입통관 사무처리에 관한 고시 제9조(수입신고의 신고인)〉.

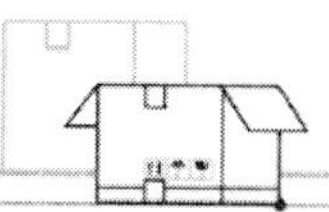

4 수입신고가 전자자료 교환방식으로 처리되는 경우 수입신고 효력발생시점은?

① 수입신고에 정하는 일자
② 전송된 신고자료가 통관 시스템에 접수된 시점
③ 신고서가 통관지세관에 접수된 시점
④ 신고서 작성일자
⑤ 신고서 발송일자

TIP 수입신고의 효력발생시점은 전송된 신고자료가 통관 시스템에 접수된 시점으로 한다. 다만, 수작업에 의하여 신고하는 때에는 신고서가 통관지세관에 접수된 시점으로 한다〈수입통관 사무처리에 관한 고시 제11조(신고의 효력발생시점)〉.

5 B/L의 신고 등에 관한 설명으로 틀린 것은?

① 수입신고는 B/L 1건에 대하여 수입신고서 1건으로 한다.
② 신고물품 중 일부만 통관이 허용되고 일부는 통관이 보류되는 경우 B/L 분할신고가 가능하다.
③ B/L을 분할하여도 물품검사와 과세가격 산출에 어려움이 없는 경우로서 분할된 물품의 납부세액이 징수금액 최저한인 1만 원 미만이 되는 경우에는 B/L을 분할하여 신고할 수 없다.
④ 수입물품이 물품검사 대상인 경우 처음 수입신고할 때 분할 전 B/L 물품에 대하여 물품검사를 하여야 하며 이후 분할 신고되는 물품에 대하여는 지정기일까지 별도로 물품검사를 하면 된다.
⑤ 보세창고에 입고된 물품으로서 세관장이 보세화물관리에 지장이 없다고 인정하는 경우에는 여러 건의 B/L에 관련되는 물품을 1건으로 수입신고할 수 있다.

TIP B/L분할신고 및 수리〈수입통관 사무처리에 관한 고시 제16조〉

㉠ 수입신고는 B/L 1건에 대하여 수입신고서 1건으로 한다. 다만, 다음의 어느 하나에 해당하는 경우에는 B/L분할신고 및 수리를 할 수 있으며, 보세창고에 입고된 물품으로서 세관장이 보세화물관리에 지장이 없다고 인정하는 경우에는 여러 건의 B/L에 관련되는 물품을 1건으로 수입신고할 수 있다.
- B/L을 분할하여도 물품검사와 과세가격 산출에 어려움이 없는 경우
- 신고물품 중 일부만 통관이 허용되고 일부는 통관이 보류되는 경우
- 검사 · 검역결과 일부는 합격되고 일부는 불합격된 경우이거나 일부만 검사 · 검역 신청하여 통관하려는 경우
- 일괄사후납부 적용 · 비적용 물품을 구분하여 신고하려는 경우

㉡ B/L을 분할하여도 물품검사와 과세가격 산출에 어려움이 없는 경우에 해당하는 물품으로서 분할된 물품의 납부세액이 징수금 최저한 1만원미만이 되는 경우에는 B/L을 분할하여 신고할 수 없다.

㉢ ㉠에 따른 수입물품이 물품검사 대상인 경우 처음 수입신고할 때 분할전 B/L물품 전량에 대하여 물품검사를 하여야 하며 이후 분할 신고되는 물품에 대하여는 물품검사를 생략할 수 있다.

ANSWER 1.① 2.② 3.⑤ 4.② 5.④

6 수입신고시 B/L분할신고를 할 수 있는 경우로 틀린 것은?

① B/L을 분할하여도 물품검사와 과세가격 산출에 어려움이 있는 경우
② 신고물품 중 일부만 통관이 허용되고 일부는 통관이 보류되는 경우
③ 검사 · 검역결과 일부는 합격되고 일부는 불합격된 경우
④ 일부만 검사 · 검역 신청하여 통관하려는 경우
⑤ 일괄사후납부 적용 · 비적용 물품을 구분하여 신고하려는 경우

TIP 수입신고는 B/L 1건에 대하여 수입신고서 1건으로 한다. 다만, 다음의 어느 하나에 해당하는 경우에는 B/L분할신고 및 수리를 할 수 있으며, 보세창고에 입고된 물품으로서 세관장이 「보세화물관리에 관한 고시」에 따른 보세화물관리에 지장이 없다고 인정하는 경우에는 여러 건의 B/L에 관련되는 물품을 1건으로 수입신고할 수 있다〈수입통관 사무처리에 관한 고시 제16조(B/L분할신고 및 수리) 제1항〉.
㉠ B/L을 분할하여도 물품검사와 과세가격 산출에 어려움이 없는 경우
㉡ 신고물품 중 일부만 통관이 허용되고 일부는 통관이 보류되는 경우
㉢ 검사 · 검역결과 일부는 합격되고 일부는 불합격된 경우이거나 일부만 검사 · 검역 신청하여 통관하려는 경우
㉣ 일괄사후납부 적용 · 비적용 물품을 구분하여 신고하려는 경우

7 수입신고의 취하의 승인대상이 아닌 것은?

① 수입계약 내용과 상이한 물품, 오송물품, 변질 · 손상물품 등을 해외공급자 등에게 반송하기로 한 경우
② 재해 기타 부득이한 사유로 수입물품이 멸실되거나 세관의 승인을 얻어 폐기하려는 경우
③ 통관보류, 통관요건 불합격, 수입금지물품 등의 사유로 반송하거나 폐기하려는 경우
④ 사위 기타 부정한 방법으로 신고한 경우
⑤ 기타 취하 사유에 준하는 정당한 사유가 있다고 인정되는 경우

TIP 수입신고의 취하와 각하사유〈수입통관 사무처리에 관한 고시 제18조, 제19조〉

신고의 취하〈수입통관 사무처리에 관한 고시 제18조 제2항〉	신고의 각하〈수입통관 사무처리에 관한 고시 제17조 제1항〉
㉠ 수입계약 내용과 상이한 물품, 오송물품, 변질 · 손상물품 등을 해외공급자 등에게 반송하기로 한 경우 ㉡ 재해 기타 부득이한 사유로 수입물품이 멸실되거나 세관의 승인을 얻어 폐기하려는 경우 ㉢ 통관보류, 통관요건 불합격, 수입금지물품 등의 사유로 반송하거나 폐기하려는 경우 ㉣ 그 밖에 ㉠부터 ㉢에 준하는 정당한 사유가 있다고 인정되는 경우	㉠ 사위 기타 부정한 방법으로 신고한 경우 ㉡ 멸각, 폐기, 공매 · 경매낙찰, 몰수확정, 국고귀속이 결정된 경우 ㉢ 출항 전 신고나 입항 전 신고의 요건을 갖추지 아니한 경우 ㉣ 출항 전 신고나 입항 전 신고한 화물이 도착하지 아니한 경우 ㉤ 기타 수입신고의 형식적 요건을 갖추지 못한 경우

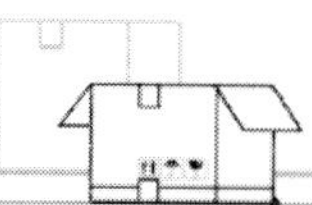

8 가격신고의 생략 대상으로 옳지 않은 것은?

① 정부조달물품
② 공공기관이 수입하는 물품
③ 수출용 원재료
④ 특정연구기관육성법의 규정에 의한 특정연구기관이 수입하는 물품
⑤ 과세가격이 미화 5만 불 이하인 물품으로 관세청장이 정하는 물품

TIP 가격신고의 생략〈관세법 시행규칙 제2조 제1항〉
㉠ 정부 또는 지방자치단체가 수입하는 물품
㉡ 정부조달물품
㉢ 공공기관이 수입하는 물품
㉣ 관세 및 내국세 등이 부과되지 않는 물품
㉤ 방위산업용 기계와 그 부분품 및 원재료로 수입하는 물품. 다만, 해당 물품과 관련된 중앙행정기관의 장의 수입확인 또는 수입추천을 받은 물품에 한정한다.
㉥ 수출용 원재료
㉦ 「특정연구기관 육성법」의 규정에 의한 특정연구기관이 수입하는 물품
㉧ 과세가격이 미화 1만 불 이하인 물품. 다만, 개별소비세, 주세, 교통 · 에너지 · 환경세가 부과되는 물품과 분할하여 수입되는 물품은 제외한다.
㉨ 종량세 적용물품. 다만, 종량세와 종가세 중 높은 세액 또는 높은 세율을 선택하여 적용해야 하는 물품의 경우에는 제외한다.
㉩ 특수 관계가 있는 자들 간에 거래되는 물품의 과세가격 결정방법의 사전심사 결과가 통보된 물품. 다만, 대통령령으로 정하는 경우의 물품은 제외한다.

9 수입신고수리 및 신고수리 효력발생에 대한 내용으로 옳지 않은 것은?

① 출항 전 또는 입항 전 신고물품 : 적하목록 심사가 완료된 때 신고수리
② 보세구역도착전신고물품 : 보세운송 도착보고된 때 신고수리
③ 세관장이 검사대상으로 선별하거나 관리대상화물로 선별한 경우 : 해당물품의 관리구별이 종료된 때 신고수리
④ 통관 시스템을 통하여 신고인에게 신고수리된 경우 : 신고수리 되었음을 통보한 시점에 효력발생
⑤ 수작업에 의하여 신고수리하는 때 : 신고인에게 신고필증을 교부한 시점에 효력발생

TIP 세관장이 검사대상으로 선별하거나 관리대상화물로 선별한 경우에는 해당 물품검사가 종료한 후에 수리한다〈수입통관 사무처리에 관한 고시 제35조(신고수리) 제2항〉.

ANSWER 6.① 7.④ 8.⑤ 9.③

10 **잠정가격 신고에 관한 내용으로 적절하지 아니한 것은?**

① 거래관행이나 계약의 특성상 당해 물품의 가격 또는 거래가격에 가산 · 조정할 금액이 수입신고시 확정되지 아니하는 경우 잠정가격으로 신고하고 사후에 정산할 수 있도록 하는 제도이다.

② 잠정가격 신고자는 2년의 범위 안에서 세관장이 지정하는 기간 내에 확정가격을 신고하여야 한다.

③ 납세의무자의 요청에 따라 기간연장 시 연장하는 기간은 세관장이 지정한 신고기간의 만료일부터 2년을 초과할 수 없다.

④ 과다납부 시 환급가산금을 지급하고, 과소납부 시 가산세를 부과한다.

⑤ 차액이 있는 경우에는 징수 또는 환급한다.

TIP 과다납부 시 환급가산금을 지급하지 않으며, 과소납부 시 가산세를 부과하지 않는다.

11 **수입신고시 품명 · 규격의 표기원칙에 대한 설명으로 적합하지 않은 것은?**

① 품목분류에 필요한 사항, 세율확인을 위하여 필요한 사항, 관세감면 · 분할납부 대상 확인에 필요한 사항 등을 기재하여야 한다.

② 품명 · 규격은 영어와 아라비아 숫자로 표기하여야 하며, 영어가 아닌 경우에는 영어로 번역하여 기재하여야 한다.

③ 품명 · 규격의 표기는 수입신고서상의 양식 순서에 따라 표기한다.

④ 합의에 의한 세율적용 대상으로서 일괄하여 신고하는 경우 세율이 가장 높은 물품을 대표로 기재하고 그 외 물품의 품명 · 규격은 모델 · 규격 및 성분 항목에 모두 기재한다.

⑤ 다수의 품목을 신고하는 경우로서 품목번호 · 품명 · 상표 · 원산지가 다르면 대표되는 품명을 기재한다.

TIP 다수의 품목을 신고하는 경우로서 품목번호 · 품명 · 상표 · 원산지가 다르면 각각 란을 달리하여 신고하여야 한다. 다만, 동일한 품목번호로 분류되는 부분품, 부속품, 시약 및 개별 금액이 각각 20불 이하인 소량(5개 이내)의 물품 등은 대표되는 품명을 기재하고, 그 외 물품의 품명 · 규격은 모델 · 규격 및 성분항목에 차례대로 기재한다〈수입통관 사무처리에 관한 고시 별지1의2〉.

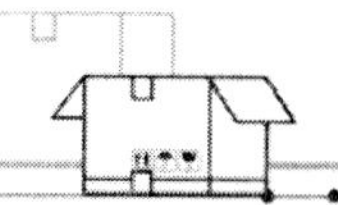

12 가격신고의 방법에 대한 내용으로 옳지 아니한 것은?

① 수입신고를 하는 때에 해당물품에 대한 가격신고를 한다.
② 수입관련거래에 관한 사항 및 과세가격 산출내용에 관한 사항을 기재한 서류를 세관장에게 제출한다.
③ 세관장은 같은 물품을 같은 조건으로 반복적으로 수입하는 경우에는 당해 서류의 전부 또는 일부를 제출하지 아니하게 할 수 있다.
④ 같은 물품을 같은 조건으로 반복 수입하는 경우 가격신고를 일정기간 일괄하여 신고하게 할 수 있다.
⑤ 통관의 능률을 높이기 위하여 필요하다고 인정하는 경우에는 물품의 수입신고 후 30일 이내 가격신고를 할 수 있다.

TIP 통관의 능률을 높이기 위하여 필요하다고 인정하는 경우에는 대통령령으로 정하는 바에 따라 물품의 수입신고를 하기 전에 가격신고를 할 수 있다〈관세법 제27조(가격신고) 제1항〉.

※ 가격신고〈관세법 시행령 제15조〉

㉠ 가격신고를 하려는 자는 다음의 사항을 적은 서류를 세관장에게 제출하여야 한다.
- 수입관련거래에 관한 사항
- 과세가격산출내용에 관한 사항

㉡ 세관장은 다음의 어느 하나에 해당하는 경우 해당 서류의 전부 또는 일부를 제출하지 아니하게 할 수 있다.
- 세관장은 같은 물품을 같은 조건으로 반복적으로 수입하는 경우
- 수입항까지의 운임 및 보험료 외에 우리나라에 수출하기 위하여 판매되는 물품에 대하여 구매자가 실제로 지급하였거나 지급하여야 할 가격에 가산할 금액이 없는 경우
- 그 밖에 과세가격결정에 곤란이 없다고 인정하여 관세청장이 정하는 경우

㉢ 세관장은 가격신고를 하려는 자가 같은 물품을 같은 조건으로 반복적으로 수입하는 경우에는 가격신고를 일정기간 일괄하여 신고하게 할 수 있다.

㉣ 물품의 수입신고일 이전에 가격신고를 하고자 하는 자는 그 사유와 ㉠의 사항을 기재한 신고서를 세관장에게 제출하여야 한다.

㉤ 가격신고를 할 때에 제출하여야 하는 과세자료는 다음과 같다. 다만, 당해 물품의 거래의 내용, 과세가격결정 방법 등에 비추어 과세가격결정에 곤란이 없다고 세관장이 인정하는 경우에는 자료의 일부를 제출하지 아니할 수 있다.
- 송품장
- 계약서
- 각종 비용의 금액 및 산출근거를 나타내는 증빙자료
- 기타 가격신고의 내용을 입증하는 데에 필요한 자료

ANSWER 10.④ 11.⑤ 12.⑤

06 수출통관절차

제1과목 수출입통관절차

1 **수출신고가 수리된 물품은 수출신고가 수리된 날부터 며칠 이내에 선적하여야 하는가?**

① 10일
② 15일
③ 30일
④ 60일
⑤ 90일

TIP 수출신고가 수리된 물품은 수출신고가 수리된 날부터 30일 이내에 우리나라와 외국간을 왕래하는 운송수단에 적재하여야 하며, 수출신고수리일로부터 1년의 범위 내에서 세관장의 승인을 받아 적재기간 연장이 가능하다〈수출통관 사무처리에 관한 고시 제45조(수출품의 적재) 제1항, 제4항〉.

2 **수출신고 물품의 검사에 대한 내용으로 적절하지 아니한 것은?**

① 수출신고물품 중 검사대상은 수출통관 시스템에 제출된 수출신고자료에 의해 선별하거나 신고서 처리방법 결정 시 수출업무담당과장이 선별한다.
② 수출신고 물품에 대한 검사는 원칙적으로 생략한다.
③ 수출물품 검사는 신고수리 후 적재지에서 하는 것을 원칙으로 한다.
④ 수출신고시점에 검사대상임을 통보 받은 신고인은 수출물품이 적재되기 전 적재지 보세구역 또는 세관장이 별도로 정하는 장소에 해당물품을 반입하고 적재지 세관장에게 수출신고필증 및 첨부서류를 제시하여 물품검사를 요청하여야 한다.
⑤ 수출물품 검사방법은 전량검사가 원칙이다.

TIP 검사방법〈수출통관 사무처리에 관한 고시 제20조〉

㉠ 세관장은 효율적인 물품검사를 위하여 컨테이너검색기 또는 차량이동형검색기 등을 활용하여 검사할 수 있다.
㉡ 세관장은 물품확인이 필요한 경우 전량검사, 발췌검사 또는 분석검사 등을 실시한다.
㉢ 수출물품에 대한 검사를 실시하는 경우 심사 규정을 준용하여 심사한다.

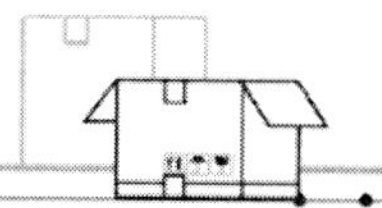

3 **수출신고의 효력발생시점은?**

① 전송된 신고 자료가 통관 시스템에서 신고번호가 접수된 시점
② 수출신고서가 접수된 시점
③ 수출 물품이 적재된 시점
④ 수출 물품의 검사가 완료된 시점
⑤ 수출신고서 접수증을 수령한 시점

TIP 수출신고의 효력발생시점은 전송된 신고 자료가 통관 시스템에서 접수된 시점으로 한다〈수출통관 사무처리에 관한 고시 제8조(신고의 효력발생시점)〉.

4 **다음 중 간이수출신고 대상물품이 아닌 것은?**

① 유해 및 유골
② 환급대상이 아닌 물품가격 FOB 200만 원 이상의 물품
③ 외교행낭으로 반출되는 물품
④ 외국원수 등이 반출하는 물품
⑤ 카다로그, 기록문서와 서류

TIP 간이수출신고 대상물품〈수출통관 사무처리에 관한 고시 제36조(목록통관) 제1항〉.
㉠ 유해 및 유골
㉡ 외교행낭으로 반출되는 물품
㉢ 외교통상부에서 재외공관으로 발송되는 자료
㉣ 외국원수 등이 반출하는 물품
㉤ 신문, 뉴스취재 필름, 녹음테이프 등 언론기관 보도용품
㉥ 카탈로그, 기록문서와 서류
㉦ 「외국인관광객 등에 대한 부가가치세 및 개별소비세 특례 규정」에 따라 외국인 관광객이 구입한 물품
㉧ 환급대상이 아닌 물품가격 FOB 200만 원 이하의 물품

ANSWER 1.③ 2.⑤ 3.① 4.②

5 **다음은 특수형태의 수출내용이다. 무엇에 대한 설명인가?**

- 배관 등 고정운반설비를 이용하여 적재하는 경우
- 제조 공정상의 이유로 수출신고시에 수량확정이 곤란한 물품으로 가스, 액체, 전기, HS 제50류 내지 제60류 중 직물 및 편물
- HS 71류부터 83류까지의 귀금속 및 비금속제 물품

① 적재 후 수출신고 대상
② 선상수출 신고대상
③ 잠정수량신고 대상
④ 원양수산물 신고대상
⑤ 도착지 신고대상

TIP **잠정수량신고 · 잠정가격신고 대상물품의 수출신고**〈수출통관 사무처리에 관한 고시 제35조〉

㉠ 배관 등 고정운반설비를 이용하여 적재하는 경우 또는 제조공정상의 이유 및 국제원자재 시세에 따른 금액이 사후에 확정되어 수출신고시에 수량이나 가격 확정이 곤란한 물품 중 다음의 어느 하나에 해당하는 물품을 수출하려는 자는 수출신고시에 적재예정수량 및 금액을 신고하고, 적재완료일로부터 수량의 경우 5일, 금액의 경우 180일이 경과하기 전까지 실제 공급한 수량 및 금액을 신고할 수 있다.

- 가스 · 액체 · 전기
- HS 제50류부터 제60류까지 중 직물 및 편물
- HS 71류부터 83류까지의 귀금속 및 비금속제 물품
- 전자상거래 수출물품
- 위탁판매 수출물품
- 그 밖에 계약의 내용이나 거래의 특성상 잠정수량 또는 잠정가격으로 신고하는 것이 불가피하다고 세관장이 인정하는 물품

㉡ ㉠에도 불구하고 전자상거래 수출물품 및 위탁판매 수출물품은 수출신고시에 적재예정금액을 신고하고 판매금액 확정일 또는 판매대금 입금일로부터 30일이 경과하기 전까지 수출신고 정정신청서로 실제 공급한 금액을 신고할 수 있다.

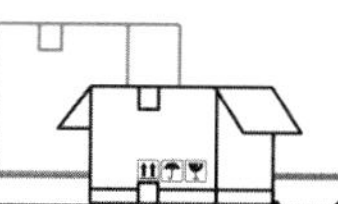

6 〈보기〉에서 설명하는 것은?

〈보기〉

외국으로부터 보세창고에 반입된 물품으로서 국내 수입화주의 결정 지연 등으로 수입하지 아니한 상태에서 다시 외국으로 반출되는 물품

① 단순반송물품
② 보세창고 반입물품
③ 보세판매장 반출물품
④ 통관보류물품
⑤ 보세전시장 반출물품

TIP 정의〈반송절차에 관한 고시 제2조〉

구분	내용
반송	외국물품(수출신고 수리물품을 제외한다)을 외국으로 반출하는 것을 말한다.
단순반송물품	외국으로부터 보세구역에 반입된 물품으로서 다음의 어느 하나의 사유로 수입신고를 하지 아니한 상태에서 다시 외국으로 반출되는 물품을 말한다. •주문이 취소되었거나 잘못 반입된 물품 •수입신고전에 계약상이가 확인된 물품 •수입신고전에 수입요건을 갖추지 않은 것이 확인된 물품 •선사(항공사)가 외국으로 반출하는 선(기)용품 또는 선(기)내 판매용품 •그 밖의 사유로 반출하는 물품
통관보류물품	외국으로부터 보세구역에 반입된 물품으로서 수입신고를 하였으나 수입신고수리요건 등을 갖추지 못하여 통관이 보류된 물품을 말한다.
위탁가공물품	해외에서 위탁가공 후 보세구역에 반입된 물품으로서 외국으로 반출될 물품을 말한다.
중계무역물품	대외무역법령에 의하여 수출할 것을 목적으로 보세구역 또는 세관장으로부터 보세구역 외 장치허가를 받은 장소에 반입하여 외국으로 반출하는 물품을 말한다.
보세창고 반입물품	외국으로부터 보세창고에 반입된 물품으로서 국내 수입화주의 결정지연 등으로 수입하지 아니한 상태에서 다시 외국으로 반출될 물품을 말한다.
장기비축 수출용 원재료 및 수출물품 사후 보수용품	보세창고에 반입된 해외조립용 수출용 원재료 또는 이미 수출한 물품의 사후 보수, 수리를 위한 물품(해체 · 절단 등의 작업을 한 구성품을 포함한다)을 말한다.
보세전시장 반출물품	우리나라에서 개최하는 박람회 등을 위하여 보세전시장에 반입된 후 전시종료 후 외국으로 반출될 물품을 말한다.
보세판매장 반출물품	보세판매장에 반입되어 판매중인 외국물품이 변질, 고장, 그 밖에 유행의 변화 등의 사유로 판매하지 못하여 운영인이 외국으로 반출하려는 물품을 말한다.
수출조건부 미군불하물품	미군교역처에서 수출조건부로 불하한 보세물품을 말한다.

ANSWER 5.③ 6.②

제2과목

보세구역관리

01 보세제도 및 보세구역 일반

02 지정보세구역

03 특허보세구역

04 특정보세구역

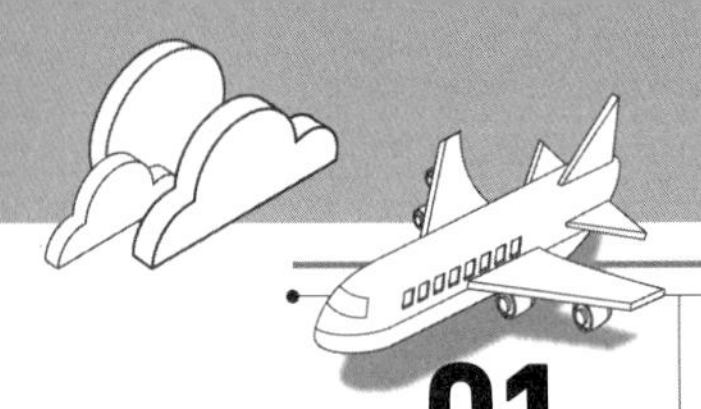

01 보세제도 및 보세구역 일반

제2과목 보세구역관리

1 보세 및 보세제도에 대한 설명으로 틀린 것은?

① 보세제도는 외국물품이 세관의 통제하에 특정한 장소나 운송수단 등에 있는 것을 전제로 일정 기간 관세 등 수입제세의 부담 없이 법령에서 규정한 특정행위를 할 수 있도록 허용한 관세법상 제도를 말한다.

② 외국물품을 보세상태에서 창고에 보관 · 장치하거나, 공장에서 제조 · 가공 또는 특정지역에서 전시, 판매, 건설을 할 수 있고, 운송수단을 이용한 이동행위 등을 할 수 있도록 보세제도를 운영하고 있다.

③ 보세제도는 일면 외국물품이 내국물품이 되거나 외국물품의 상태를 계속 유지하기 위하여 수행하여야 하는 일련의 통관과정에서 중간지대의 역할을 행할 수 있도록 마련된 제도라고도 할 수 있다.

④ 관세법에서는 보세에 대한 정의규정을 두고 있다.

⑤ 현행 관세법에서는 수입신고가 수리되기 전에는 운송수단, 관세통로, 하역통로 또는 관세법에 따른 장치장소로부터 신고된 물품을 반출하지 못하도록 규정하고 있어, 관세납부와 관계없이 수입신고수리전을 보세의 의미로 보고 있다고 할 수 있다.

TIP 관세법에서는 보세에 대한 정의규정을 두고 있지 않다.

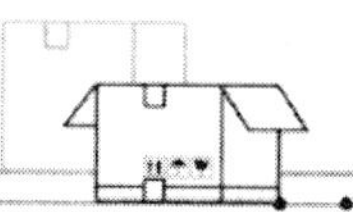

2 **보세제도의 필요성과 거리가 먼 것은?**

① 관세징수의 확보
② 통관질서의 확립
③ 세관업무의 효율화
④ 수출 및 산업지원
⑤ 수입 및 밀수억제

TIP 보세제도는 관세징수의 확보, 통관질서의 확립, 세관업무의 효율화, 수출 및 산업지원 등을 위해 필요하다.

3 **보세구역과 자유무역지역의 근거법령으로 옳은 것은?**

① 보세구역 : 관세법, 자유무역지역 : 자유무역지역의 지정 및 운영에 관한 법률
② 보세구역 : 관세법, 자유무역지역 : 관세법
③ 보세구역 : 자유무역지역의 지정 및 운영에 관한 법률, 자유무역지역 : 관세법
④ 보세구역 : 자유무역지역의 지정 및 운영에 관한 법률, 자유무역지역 : 자유무역지역의 지정 및 운영에 관한 법률
⑤ 보세구역 : 관세법, 자유무역지역 : 보호무역철폐에 관한 법률

TIP 보세구역은 관세법, 자유무역지역은 자유무역지역의 지정 및 운영에 관한 법률에 따라 운영되고 있다.

ANSWER 1.④ 2.⑤ 3.①

4 **다음 〈보기〉의 내용에서 차례대로 들어갈 말로 적당한 것은?**

〈보기〉

관세법에서는 외국물품이 보세상태 하에서 일정한 지역에 있는 것을 전제로 장치 · 검사 · 제조 · 가공 · 건설 · 전시 · 판매 등을 할 수 있는 (　　　)와 외국물품을 보세상태에서 특정한 차량에 적재되어 일정한 장소로 운송되는 것을 전제로 운영되는 (　　　) 등을 두어 보세제도를 운영하고 있다.

① 보세제도, 보세운송제도
② 보세구역제도, 보세운송제도
③ 보세운송제도, 보세구역제도
④ 보세제도, 보세구역제도
⑤ 보세보관제도, 보세운송제도

TIP 보세구역제도와 보세운송제도

보세구역제도	외국물품이 보세상태 하에서 일정한 지역에 있는 것을 전제로 장치 · 검사 · 제조 · 가공 · 건설 · 전시 · 판매 등을 할 수 있는 제도이다.
보세운송제도	외국물품을 보세상태에서 특정한 차량에 적재되어 일정한 장소로 운송되는 것을 전제로 운영되는 제도이다.

5 **보세구역에 대한 설명으로 틀린 것은?**

① 소극적 보세구역은 공공목적을 위하여 공 · 항만시설 등에 대하여 외국물품의 일시통관 또는 검사목적으로 세관장이 지정한 보세구역이다.
② 적극적 보세구역은 물품의 보관, 제조 · 가공 등의 작업, 판매, 전시, 건설 등을 목적으로 세관장이 특허한 보세구역으로 보세창고 · 보세공장 · 보세전시장 · 보세건설장 및 보세판매장 등이 있다.
③ 보세구역은 설치형식에 따라 지정보세구역, 특허보세구역, 종합보세구역으로 구분한다.
④ 보세구역은 설치목적에 따라 소극적 보세구역과 적극적 보세구역으로 구분된다.
⑤ 특허보세구역은 지정장치장과 세관검사장으로 구분한다.

TIP 보세구역은 지정보세구역 · 특허보세구역 및 종합보세구역으로 구분하고, 지정보세구역은 지정장치장 및 세관검사장으로 구분하며, 특허보세구역은 보세창고 · 보세공장 · 보세전시장 · 보세건설장 및 보세판매장으로 구분한다〈관세법 제154조(보세구역의 종류)〉.

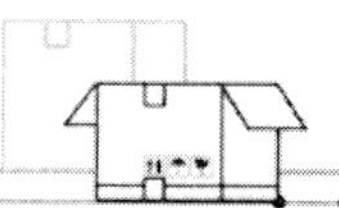

6 보세구역의 특징으로 틀린 것은?

① 보세구역은 일정범위를 갖는 장소적 요건을 갖추어야 한다.
② 보세구역은 일정 기간을 갖는 시간적 요건을 갖추어야 한다.
③ 보세구역은 외국물품을 장치 · 검사 · 제조 등을 할 수 있는 장소이다.
④ 보세구역은 관세청장 또는 세관장이 지정하는 장소이다.
⑤ 수면과 선박 · 차량과 같이 정착성이 없는 것은 원칙적으로 보세구역으로 할 수 없다.

TIP 보세구역이란 외국물품을 수입신고가 수리되기 전인 보세상태에서 장치 · 전시 · 제조 · 가공 · 건설 · 판매 등을 할 수 있는 장소로서 시간적 요건은 관련이 없다.

7 다음 중 세관장이 지정 또는 특허하는 것을 모두 고른 것은?

㉠ 소극적 보세구역	㉡ 지정보세구역
㉢ 특허보세구역	㉣ 종합보세구역

① ㉠㉡㉢
② ㉠㉡㉣
③ ㉠㉢㉣
④ ㉡㉢㉣
⑤ ㉠㉡㉢㉣

TIP 종합보세구역은 관세청장이 지정하며, 나머지는 세관장이 지정 또는 특허한다.

ANSWER 4.② 5.⑤ 6.② 7.①

8 **다음은 보세구역의 설치목적에 따른 구분의 내용이다. (   ) 안에 차례대로 들어갈 말은?**

> 보세구역은 설치목적에 따라 통관관리 등 관세행정의 필요에 의해 운영되는 (   )과 수입통관절차의 유예를 통한 정책적 목적의 달성을 위해 운영되는 (   )으로 구분한다.

① 소극적 보세구역, 적극적 보세구역
② 적극적 보세구역, 소극적 보세구역
③ 지정보세구역, 특허보세구역
④ 특허보세구역, 지정보세구역
⑤ 단일보세구역, 종합보세구역

TIP 보세구역은 설치목적에 따라 통관관리 등 관세행정의 필요에 의해 운영되는 소극적 보세구역과 수입통관절차의 유예를 통한 정책적 목적의 달성을 위해 운영되는 적극적 보세구역으로 구분한다.

9 **다음 중 특허보세구역의 구분이 아닌 것은?**

① 세관검사장
② 보세창고
③ 보세건설장
④ 보세전시장
⑤ 보세판매장

TIP 보세구역은 지정보세구역 · 특허보세구역 및 종합보세구역으로 구분하고, 지정보세구역은 지정장치장 및 세관검사장으로 구분하며, 특허보세구역은 보세창고 · 보세공장 · 보세전시장 · 보세건설장 및 보세판매장으로 구분한다〈관세법 제154조(보세구역의 종류)〉.

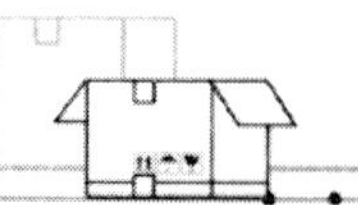

10 **외국물품과 내국운송의 신고를 하려는 내국물품은 보세구역이 아닌 장소에 장치할 수 없다. 이의 예외적인 경우로 틀린 것은?**

① 크기 또는 무게의 과다나 그 밖의 사유로 보세구역에 장치하기 곤란하거나 부적당한 물품

② 재해나 그 밖의 부득이한 사유로 임시로 장치한 물품

③ 여행자 휴대품

④ 검역물품

⑤ 우편물품

TIP 외국물품과 내국운송의 신고를 하려는 내국물품은 보세구역이 아닌 장소에 장치할 수 없다. 다만, 다음의 어느 하나에 해당하는 물품은 그러하지 아니하다〈관세법 제155조(물품의 장치) 1항〉.

㉠ 수출신고가 수리된 물품

㉡ 크기 또는 무게의 과다나 그 밖의 사유로 보세구역에 장치하기 곤란하거나 부적당한 물품

㉢ 재해나 그 밖의 부득이한 사유로 임시로 장치한 물품

㉣ 검역물품

㉤ 압수물품

㉥ 우편물품

ANSWER 8.① 9.① 10.③

02 지정보세구역

제2과목 보세구역관리

1 **다음 중 지정보세구역의 지정권자는?**

① 관세청장
② 행정안전부장관
③ 기획재정부장관
④ 세관장
⑤ 대한무역투자진흥공사사장

TIP 세관장은 다음의 어느 하나에 해당하는 자가 소유하거나 관리하는 토지 · 건물 또는 그 밖의 시설을 지정보세구역으로 지정할 수 있다〈관세법 제166조(지정보세구역의 지정) 제2항〉.
㉠ 국가
㉡ 지방자치단체
㉢ 공항시설 또는 항만시설을 관리하는 법인

2 **다음 중 지정보세구역 지정대상 지역이 아닌 것은?**

① 국가가 소유하거나 관리하는 토지 · 건물 또는 그 밖의 시설
② 지방자치단체가 소유하거나 관리하는 토지 · 건물 또는 그 밖의 시설
③ 공항시설을 관리하는 법인이 소유하거나 관리하는 토지 · 건물 또는 그 밖의 시설
④ 항만시설을 관리하는 법인이 소유하거나 관리하는 토지 · 건물 또는 그 밖의 시설
⑤ 수출입 전문 회사법인이 소유하거나 관리하는 토지 · 건물 또는 그 밖의 시설

TIP 세관장은 국가, 지방자치단체, 공항시설 또는 항만시설을 관리하는 법인이 소유하거나 관리하는 토지 · 건물 또는 그 밖의 시설을 지정보세구역으로 지정할 수 있다〈관세법 제166조(지정보세구역의 지정) 제1항〉.

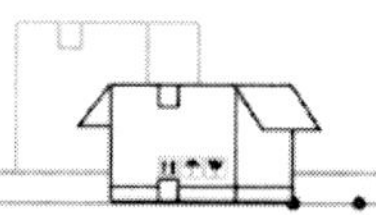

3 **관세법상 지정보세구역에 두는 것으로 옳게 묶여진 것은?**

① 지정장치장과 세관검사장
② 지정장치장과 보세공장
③ 지정장치장과 보세창고
④ 지정장치장과 보세전시장
⑤ 지정장치장과 보세판매장

TIP 보세구역은 지정보세구역 · 특허보세구역 및 종합보세구역으로 구분하고, 지정보세구역은 지정장치장 및 세관검사장으로 구분하며, 특허보세구역은 보세창고 · 보세공장 · 보세전시장 · 보세건설장 및 보세판매장으로 구분한다〈관세법 제154조(보세구역의 종류)〉.

4 **지정보세구역의 특징으로 거리가 먼 것은?**

① 지역적 특성
② 공익성
③ 물류촉진 요구성
④ 자율책임성
⑤ 내구성

TIP 지정보세구역의 특징

㉠ 주로 공항만시설 등에 지정되므로 모든 수출입화물이 경유하게 되는 지역적 특성
㉡ 이용자 모두의 공동이용 장소라는 점에서 공익성
㉢ 효율적 공동이용을 위해 사인 화물의 신속한 물류가 요구되는 물류촉진 요구성
㉣ 공동이용장소에서의 화물관리는 물품을 지정보세구역에 반입한 화주 또는 반입자가 책임지고 처리해야 한다는 점에서 화물관리의 자율책임성

ANSWER 1.④ 2.⑤ 3.① 4.⑤

5 **지정보세구역의 지정 및 취소에 대한 설명으로 틀린 것은?**

① 지정보세구역의 지정권자는 세관장이다.

② 지정보세구역의 취소권자는 세관장이다.

③ 지정보세구역의 지정대상지역은 국가, 지방자치단체, 공항시설 또는 항만시설을 관리하는 법인이 소유하거나 관리하는 토지 · 건물 또는 그 밖의 시설이다.

④ 세관장은 해당 세관장이 관리하지 아니하는 토지 등을 지정보세구역으로 지정하려면 해당 토지 등의 소유자, 관리자 또는 지상권자의 동의를 받아야 한다.

⑤ 세관장은 수출입물량이 감소하거나 기타의 사유로 지정보세구역의 전부 또는 일부를 보세구역으로 존속시킬 필요가 없어졌다고 인정될 때에는 지정을 취소하여야 한다.

TIP 세관장은 해당 세관장이 관리하지 아니하는 토지 등을 지정보세구역으로 지정하려면 해당 토지 등의 소유자나 관리자의 동의를 받아야 한다. 이 경우 세관장은 임차료 등을 지급할 수 있다〈관세법 제166조(지정보세구역의 지정) 제2항〉.

6 **지정장치장에 장치된 물품의 장치기간은?**

① 1개월 범위 내

② 3개월 범위 내

③ 6개월 범위 내

④ 1년 범위 내

⑤ 3년 범위 내

TIP 지정장치장에 물품을 장치하는 기간은 6개월의 범위에서 관세청장이 정한다. 다만, 관세청장이 정하는 기준에 따라 세관장은 3개월의 범위에서 그 기간을 연장할 수 있다〈관세법 제170조(장치기간)〉.

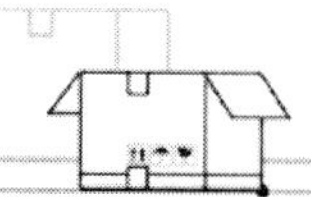

7 **지정보세구역의 처분에 관한 설명으로 틀린 것은?**

① 지정보세구역의 처분이란 지정보세구역으로 지정된 해당 토지 등의 양도 · 교환 · 임대 또는 그 밖의 처분이나 그 용도의 변경, 해당 토지에 대한 공사나 해당 토지 안에 건물 또는 그 밖의 시설의 신축, 해당 건물 또는 그 밖의 시설의 개축 · 이전 · 철거나 그 밖의 공사를 하는 행위를 하는 경우를 말한다.

② 지정보세구역의 지정을 받은 토지 등의 소유자 또는 관리자가 지정보세구역의 처분을 하려면 미리 세관장과 협의하여야 한다.

③ 지정보세구역의 처분행위가 지정보세구역으로 사용하는데 지장을 주지 아니하는 경우에는 협의를 요하지 아니한다.

④ 지정보세구역의 처분행위를 하는 경우 지정보세구역으로 지정된 토지 등의 소유자가 국가 또는 지방자치단체인 경우에는 해당 관청기관과 협의하여야 한다.

⑤ 세관장은 지정보세구역의 지정을 받은 토지 등의 소유자 또는 관리자가 협의를 요청하는 경우 정당한 이유없이 이를 거부하여서는 아니된다.

TIP 지정보세구역의 지정을 받은 토지 등의 소유자나 관리자는 다음의 어느 하나에 해당하는 행위를 하려면 미리 세관장과 협의하여야 한다. 다만, 해당 행위가 지정보세구역으로서의 사용에 지장을 주지 아니하거나 지정보세구역으로 지정된 토지 등의 소유자가 국가 또는 지방자치단체인 경우에는 그러하지 아니하다〈관세법 제168조(지정보세구역의 처분) 제1항〉.

㉠ 해당 토지 등의 양도, 교환, 임대 또는 그 밖의 처분이나 그 용도의 변경

㉡ 해당 토지에 대한 공사나 해당 토지 안에 건물 또는 그 밖의 시설의 신축

㉢ 해당 건물 또는 그 밖의 시설의 개축 · 이전 · 철거나 그 밖의 공사

8 **통관을 하려는 물품을 일시 장치하기 위한 장소로서 세관장이 지정하는 구역은?**

① 지정장치장

② 세관검사장

③ 보세창고

④ 보세전시장

⑤ 보세판매장

TIP 지정장치장은 통관을 하려는 물품을 일시 장치하기 위한 장소로서 세관장이 지정하는 구역으로 한다〈관세법 제169조(지정장치장)〉.

ANSWER 5.④ 6.③ 7.④ 8.①

9 지정장치장 반입물품에 대한 보관책임에 대한 내용으로 옳지 않은 것은?

① 지정장치장에 반입한 물품은 화주 또는 반입자가 그 보관의 책임을 진다.

② 세관장은 지정장치장의 질서유지와 화물의 안전관리를 위하여 필요하다고 인정할 때에는 화주를 갈음하여 보관의 책임을 지는 화물관리인을 지정할 수 있다.

③ 지정장치장의 화물관리인은 화물관리에 필요한 비용(세관설비 사용료를 포함)을 화주로부터 징수할 수 있다. 다만, 요율은 화주와 협의하여 결정한다.

④ 지정장치장의 화물관리인은 징수한 비용 중 세관설비 사용료에 해당하는 금액을 세관장에게 납부하여야 한다.

⑤ 세관장은 불가피한 사유로 화물관리인을 지정할 수 없을 때에는 화주를 대신하여 직접 화물관리를 할 수 있다.

TIP 지정장치장의 화물관리인은 화물관리에 필요한 비용(세관설비 사용료를 포함)을 화주로부터 징수할 수 있다. 다만, 그 요율에 대하여는 세관장의 승인을 받아야 한다〈관세법 제172조(물품에 대한 보관책임) 제3항〉.

10 지정장치장 화물관리인으로 지정받을 수 있는 자가 아닌 것은?

① 직접 물품관리를 하는 국가기관의 장

② 화주

③ 관세행정과 관련 있는 비영리법인

④ 보세화물의 관리와 관련 있는 비영리법인

⑤ 해당 시설의 소유자 또는 관리자가 요청한 자

TIP 화물관리인으로 지정받을 수 있는 자는 다음의 어느 하나에 해당하는 자로 한다〈관세법 시행령 제187조(화물관리인의 지정) 제1항〉.

㉠ 직접 물품관리를 하는 국가기관의 장
㉡ 관세행정 또는 보세화물의 관리와 관련 있는 비영리법인
㉢ 해당 시설의 소유자 또는 관리자가 요청한 자(화물관리인을 지정하는 경우로 한정)

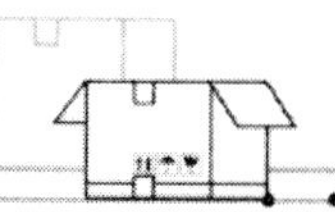

11 지정장치장의 화물관리인 지정의 유효기간은?

① 1년 이내
② 2년 이내
③ 3년 이내
④ 4년 이내
⑤ 5년 이내

TIP 화물관리인 지정의 유효기간은 5년 이내로 한다〈관세법 시행령 제187조(화물관리인의 지정) 제4항〉.

12 세관검사장에 대한 설명으로 틀린 것은?

① 세관검사장은 통관하려는 물품을 검사하기 위한 장소로서 세관장이 지정하는 지역으로 한다.
② 세관장은 관세청장이 정하는 바에 따라 검사를 받을 물품의 전부 또는 일부를 세관검사장에 반입하여 검사할 수 있다.
③ 세관검사장에 반입되는 물품의 채취·운반 등에 필요한 비용은 물품관리인이 부담한다.
④ 세관검사장은 물품의 검사만을 하는 곳이기 때문에 대개 세관공무원이 상주하는 구역인 세관청사, 국제공항의 휴대품검사장 등이 세관검사장으로 지정된다.
⑤ 세관장은 효율적인 검사를 위하여 부득이하다고 인정될 때에는 관세청장이 정하는 바에 따라 검사를 받을 물품의 전부 또는 일부를 세관검사장에 반입하게 하여 검사할 수 있다.

TIP 세관검사장에 반입되는 물품의 채취·운반 등에 필요한 비용은 화주가 부담한다〈관세법 제173조(세관검사장) 제3항〉.

ANSWER 9.③ 10.② 11.⑤ 12.③

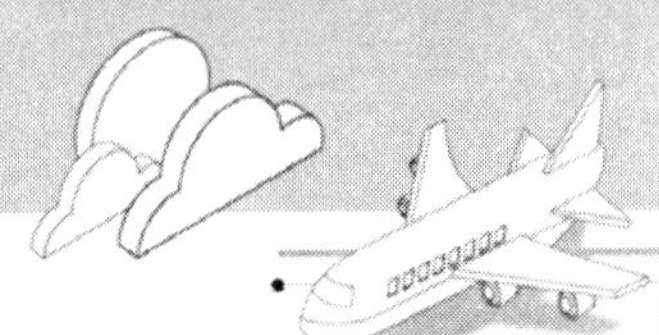

03 특허보세구역

제2과목 보세구역관리

1 다음 〈보기〉가 설명하는 것은?

〈보기〉

보세상태에서 외국물품을 장치 · 전시 · 판매하거나 보세상태에서 외국물품을 이용하여 제조 · 가공 · 건설 등의 경제활동을 할 수 있도록 하는 보세구역

① 지정보세구역
② 지정장치장
③ 세관검사장
④ 특허보세구역
⑤ 종합보세구역

TIP 특허보세구역이란 개인 또는 법인이 신청을 하면 세관장이 특허해 주는 보세구역으로 보세창고, 보세공장, 보세건설장, 보세전시장, 보세판매장 등이 있다.

2 현행 관세법상 특허보세구역에서 보세상태로 수행할 수 있는 경제행위와 거리가 먼 것은?

① 외국물품을 보관하거나 장치하는 행위
② 외국물품을 검사하는 행위
③ 외국물품을 사용하여 특정물품을 제조 · 가공하는 행위
④ 외국물품을 전시하는 행위
⑤ 외국물품을 사용하여 특정산업을 건설하는 행위

TIP 특허보세구역에서 보세상태로 수행할 수 있는 경제행위
㉠ 외국물품을 보관하거나 장치하는 행위
㉡ 외국물품을 사용하여 특정물품을 제조 · 가공하는 행위
㉢ 외국물품을 전시하는 행위
㉣ 외국물품을 사용하여 특정산업을 건설하는 행위
㉤ 외국물품을 판매하는 행위

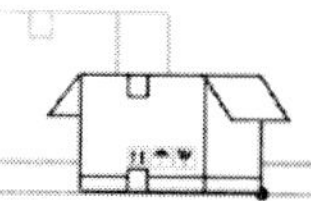

3 **다음 중 특허보세구역의 종류에 속하지 아니한 것은?**

① 보세창고 ② 보세공장
③ 세관검사장 ④ 보세판매장
⑤ 보세전시장

TIP 특허보세구역은 보세창고 · 보세공장 · 보세전시장 · 보세건설장 및 보세판매장으로 구분한다〈관세법 제154조(보세구역의 종류)〉.

4 **특허보세구역의 설치 · 운영의 특허 기준과 운영인 결격사유에 대한 설명으로 옳지 않은 것은?**

① 체납된 관세 및 내국세가 없어야 한다.
② 관세법을 위반하여 징역형의 실형을 선고받고 그 집행이 끝나거나 면제된 후 3년이 지나지 아니한 자는 운영인이 될 수 없다.
③ 관세법을 위반하여 징역형의 집행유예를 선고받고 그 유예기간 중에 있는 자는 운영인이 될 수 없다.
④ 위험물품을 장치 · 제조 · 전시 또는 판매하는 경우에는 위험물품의 종류에 따라 관계행정기관의 장의 허가 또는 승인 등을 받아야 한다.
⑤ 관세청장이 정하는 바에 따라 보세화물의 보관 · 판매 및 관리에 필요한 자본금 · 수출입규모 · 구매수요 · 장치면적 등에 관한 요건을 갖추어야 한다.

TIP 운영인의 결격사유 … 다음의 어느 하나에 해당하는 자는 특허보세구역을 설치 · 운영할 수 없다. 다만, ㉥에 해당하는 자의 경우에는 그 특허가 취소된 해당 특허보세구역을 제외한 기존의 다른 특허를 받은 특허보세구역에 한정하여 설치 · 운영할 수 있다〈관세법 제175조〉.
㉠ 미성년자
㉡ 피성년후견인과 피한정후견인
㉢ 파산선고를 받고 복권되지 아니한 자
㉣ 이 법을 위반하여 징역형의 실형을 선고받고 그 집행이 끝나거나(집행이 끝난 것으로 보는 경우를 포함한다) 면제된 후 2년이 지나지 아니한 자
㉤ 이 법을 위반하여 징역형의 집행유예를 선고받고 그 유예기간 중에 있는 자
㉥ 특허보세구역의 설치 · 운영에 관한 특허가 취소(㉠부터 ㉢까지의 어느 하나에 해당하여 특허가 취소된 경우는 제외한다)된 후 2년이 지나지 아니한 자
㉦ 벌금형 또는 통고처분을 받은 자로서 그 벌금형을 선고받거나 통고처분을 이행한 후 2년이 지나지 아니한 자. 다만, 처벌된 개인 또는 법인은 제외한다.
㉧ ㉡부터 ㉦까지에 해당하는 자를 임원(해당 보세구역의 운영업무를 직접 담당하거나 이를 감독하는 자로 한정한다)으로 하는 법인

ANSWER 1.④ 2.② 3.③ 4.②

5 **특허보세구역의 특허기간은? (단, 보세전시장과 보세건설장은 제외)**

① 1년 이내
② 3년 이내
③ 5년 이내
④ 7년 이내
⑤ 10년 이내

TIP 특허보세구역의 특허기간은 10년 이내로 한다〈관세법 제176조(특허기간) 제1항〉.

6 **임차시설에 대한 보세판매장의 특허기간은?**

① 1년 이내
② 3년 이내
③ 5년 이내
④ 7년 이내
⑤ 10년 이내

TIP 보세판매장의 특허기간은 5년의 범위 내에서 해당 보세구역의 특허 또는 특허갱신 신청기간으로 한다. 다만, 임차시설 또는 한시적으로 특허 또는 특허갱신을 신청하는 경우에는 5년의 범위에서 해당 임차기간, 한시적 기간 등을 특허기간으로 할 수 있다〈보세판매장 특허에 관한 고시 제17조(특허기간) 1항〉.

7 **보세창고의 장치기간으로 틀린 것은?**

① 외국물품 : 1년의 범위에서 관세청장이 정하는 기간
② 내국물품 : 1년의 범위에서 관세청장이 정하는 기간
③ 정부비축용 물품 : 비축에 필요한 기간
④ 인천공항 및 김해공항 항역 내 보세창고 : 1개월
⑤ 기타 특허보세구역 : 해당 특허보세구역의 특허기간

TIP 다음의 어느 하나에 해당하는 물품은 그 구분에 따르며 세관장이 필요하다고 인정할 때에는 2개월의 범위에서 그 기간을 연장 할 수 있다〈보세화물장치기간 및 체화관리에 관한 고시 제4조(장치기간) 제6항〉.
㉠ 인천공항 및 김해공항 항역 내 보세창고(다만, 자가용보세창고는 제외한다) : 2개월
㉡ 부산항 부두 내 보세창고와 부두 밖 컨테이너전용보세창고(CFS를 포함한다) : 2개월
㉢ 인천항 부두 내 보세창고와 부두 밖 컨테이너전용보세창고(CFS를 포함한다) : 2개월

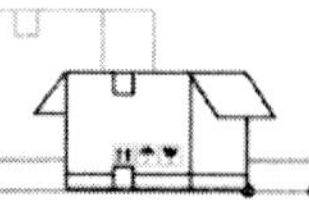

8 다음 보세창고의 장치기간이 다른 하나는?

① 외국물품 및 내국물품
② 정부비축용 물품
③ 정부와의 계약이행을 위하여 비축하는 방위산업용물품
④ 장기간 비축이 필요한 수출용 원재료와 수출품 보수용 물품으로 세관장이 인정하는 물품
⑤ 국제물류촉진을 위하여 관세청장이 정하는 물품

TIP 장치기간〈관세법 제177조 제1항〉

㉠ 보세창고
- 외국물품 : 1년의 범위에서 관세청장이 정하는 기간. 다만, 세관장이 필요하다고 인정하는 경우에는 1년의 범위에서 그 기간을 연장할 수 있다.
- 내국물품 : 1년의 범위에서 관세청장이 정하는 기간
- 정부비축용물품, 정부와의 계약이행을 위하여 비축하는 방위산업용물품, 장기간 비축이 필요한 수출용원재료와 수출품보수용 물품으로서 세관장이 인정하는 물품, 국제물류의 촉진을 위하여 관세청장이 정하는 물품 : 비축에 필요한 기간

㉡ 그 밖의 특허보세구역 : 해당 특허보세구역의 특허기간

9 특허수수료에 대한 설명으로 틀린 것은?

① 특허보세구역의 설치 · 운영에 관한 특허를 받으려는 자와 이미 받은 특허를 갱신하려는 자는 관세청장이 정하는 바에 따라 수수료를 납부하여야 한다.
② 특허수수료는 특허보세구역의 연면적으로 책정되어 있다.
③ 특허수수료는 원칙적으로 분기단위로 납부한다.
④ 특허수수료를 계산함에 있어서 특허보세구역의 연면적은 특허보세구역의 설치 · 운영에 관한 특허가 있은 날의 상태에 의한다.
⑤ 특허보세구역의 연면적이 수수료 납부 후에 변경된 경우 납부하여야 하는 특허수수료의 금액이 증가한 때에는 변경된 날부터 5일 내에 그 증가분을 납부하여야 한다.

TIP 특허보세구역의 설치 · 운영에 관한 특허를 받으려는 자, 특허보세구역을 설치 · 운영하는 자, 이미 받은 특허를 갱신하려는 자는 기획재정부령으로 정하는 바에 따라 수수료를 납부하여야 한다〈관세법 제174조(특허보세구역의 설치 · 운영에 관한 특허) 제2항〉.

ANSWER 5.⑤ 6.③ 7.④ 8.① 9.①

10 **특허보세구역의 운영인이 그 장치물품의 종류를 변경하거나 그 특허작업의 종류 또는 작업의 원재료를 변경하고자 하는 때에는 누구의 승인을 얻어야 하는가?**

① 관세청장
② 기획재정부장관
③ 세관장
④ 한국무역협회장
⑤ 해당관할 법원장

TIP 특허보세구역의 운영인이 그 장치물품의 종류를 변경하거나 그 특허작업의 종류 또는 작업의 원재료를 변경하고자 하는 때에는 그 사유를 기재한 신청서를 세관장에게 제출하여 그 승인을 얻어야 한다〈관세법 시행령 제190조(업무내용 등의 변경) 제1항〉.

11 **관세법상 특허의 승계에 관한 설명이다. ( ) 안에 들어갈 말로 적당한 것은?**

> 특허보세구역의 설치 · 운영에 관한 특허를 받은 자가 사망하거나 해산한 경우 상속인 또는 승계법인이 계속하여 그 특허보세구역을 운영하려면 피상속인 또는 피승계법인이 사망하거나 해산한 날부터 ( ) 이내에 당해 특허보세구역의 종류 · 명칭 및 소재지를 기재한 특허보세구역승계신고서에 상속인 또는 승계법인을 확인할 수 있는 서류와 특허요건의 구비를 확인할 수 있는 서류로서 관세청장이 정하는 서류를 첨부하여 세관장에게 제출하여야 한다.

① 15일
② 30일
③ 3개월
④ 6개월
⑤ 1년

TIP 특허보세구역의 설치 · 운영에 관한 특허를 받은 자가 사망하거나 해산한 경우 상속인 또는 승계법인이 계속하여 그 특허보세구역을 운영하려면 피상속인 또는 피승계법인이 사망하거나 해산한 날부터 30일 이내에 요건을 갖추어 대통령령으로 정하는 바에 따라 세관장에게 신고하여야 한다〈관세법 제179조(특허의 효력 상실 및 승계) 제3항〉.

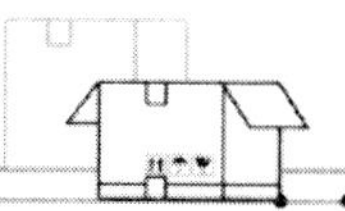

12 특허보세구역의 설치 · 운영에 관한 특허의 효력이 상실되는 사유가 아닌 것은?

① 특허기간이 만료한 경우

② 운영인이 사망한 경우

③ 특허가 취소된 경우

④ 임대차기간이 종료한 경우

⑤ 운영인이 특허보세구역을 운영하지 아니하게 된 경우

TIP 특허보세구역의 설치 · 운영에 관한 특허는 다음의 어느 하나에 해당하면 그 효력을 상실한다〈관세법 제179조(특허의 효력 상실 및 승계) 제1항〉.

㉠ 운영인이 특허보세구역을 운영하지 아니하게 된 경우

㉡ 운영인이 해산하거나 사망한 경우

㉢ 특허기간이 만료한 경우

㉣ 특허가 취소된 경우

13 특허보세구역의 특허를 취소할 수 있는 사유로 틀린 것은?

① 거짓이나 그 밖의 부정한 방법으로 특허를 받은 경우

② 운영인의 결격사유에 해당하는 경우

③ 1년 이내에 2회 이상 물품반입 등의 정지처분을 받은 경우

④ 2년 이상 물품의 반입실적이 없어서 세관장이 특허보세구역의 설치 목적을 달성하기 곤란하다고 인정하는 경우

⑤ 운영인이 다른 사람에게 명의를 대여한 경우

TIP 세관장은 특허보세구역의 운영인이 다음의 어느 하나에 해당하는 경우에는 그 특허를 취소할 수 있다. 다만, ㉠, ㉡ 및 ㉤에 해당하는 경우에는 특허를 취소하여야 한다〈관세법 제178조(반입정지 등과 특허의 취소) 제2항〉.

㉠ 거짓이나 그 밖의 부정한 방법으로 특허를 받은 경우

㉡ 운영인의 결격사유의 어느 하나에 해당하게 된 경우. 다만, 규정에 해당하는 사람을 임원으로 하는 법인이 3개월 이내에 해당 임원을 변경한 경우에는 그러하지 아니하다.

㉢ 1년 이내에 3회 이상 물품반입 등의 정지처분(과징금 부과처분을 포함)을 받은 경우

㉣ 2년 이상 물품의 반입실적이 없어서 세관장이 특허보세구역의 설치 목적을 달성하기 곤란하다고 인정하는 경우

㉤ 운영인의 명의대여 금지규정을 위반하여 명의를 대여한 경우

ANSWER 10.③ 11.② 12.④ 13.③

14 특허보세구역의 설치 · 운영에 관한 감독 등에 대한 설명으로 틀린 것은?

① 세관장은 특허보세구역의 운영인을 감독한다.
② 세관장은 특허보세구역의 운영인에게 그 설치 · 운영에 관한 보고를 명하거나 세관공무원에게 특허보세구역의 운영상황을 검사하게 할 수 있다.
③ 세관장은 특허보세구역의 운영에 필요한 시설 · 기계 및 기구의 설치를 명할 수 있다.
④ 특허보세구역에 반입된 물품이 해당 특허보세구역의 설치 목적에 합당하지 아니한 경우에는 세관장은 해당 물품을 다른 보세구역으로 반출할 것을 명할 수 있다.
⑤ 특허보세구역의 설치 · 운영에 관한 특허의 효력이 상실되었을 때에는 해당 특허보세구역에 있는 외국물품의 종류와 수량 등을 고려하여 3개월의 범위에서 세관장이 지정하는 기간 동안 그 구역은 특허보세구역으로 보며, 운영인이나 그 상속인에 대하여는 해당 구역과 장치물품에 관하여 특허보세구역의 설치 · 운영에 관한 특허가 있는 것으로 본다.

TIP 특허보세구역의 설치 · 운영에 관한 특허의 효력이 상실되었을 때에는 해당 특허보세구역에 있는 외국물품의 종류와 수량 등을 고려하여 6개월의 범위에서 세관장이 지정하는 기간 동안 그 구역은 특허보세구역으로 보며, 운영인이나 그 상속인에 대하여는 해당 구역과 장치물품에 관하여 특허보세구역의 설치 · 운영에 관한 특허가 있는 것으로 본다〈관세법 제182조(특허의 효력상실 시 조치 등) 제2항〉.

15 특허보세구역의 설치 · 운영에 관한 설명으로 ( ) 안에 차례대로 들어갈 말로 적당한 것은?

> 세관장은 특허를 받은 자에게 특허를 갱신받으려면 특허기간이 끝나는 날의 ( ) 전까지 특허 갱신을 신청하여야 한다는 사실과 갱신절차를 특허기간이 끝나는 날의 ( ) 전까지 휴대폰에 의한 문자전송, 전자메일, 팩스, 전화, 문서 등으로 미리 알려야 한다.

① 1개월, 1개월
② 1개월, 2개월
③ 2개월, 2개월
④ 2개월, 1개월
⑤ 3개월, 3개월

TIP 세관장은 특허를 받은 자에게 특허를 갱신받으려면 특허기간이 끝나는 날의 1개월 전까지 특허 갱신을 신청하여야 한다는 사실과 갱신절차를 특허기간이 끝나는 날의 2개월 전까지 휴대폰에 의한 문자전송, 전자메일, 팩스, 전화, 문서 등으로 미리 알려야 한다〈관세법 시행령 제188조(특허보세구역의 설치 · 운영에 관한 특허의 신청) 제4항〉.

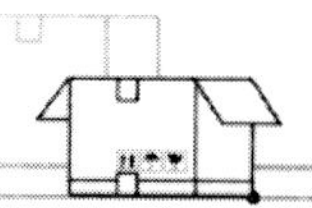

16 **관세법령상 보세판매장의 매출액 보고에 대한 설명이다. ( ) 안에 들어갈 말로 적당한 것은?**

> ㉠ (   )은 매 회계연도 종료 후 3개월 이내에 보세판매장 별 매출액을 대통령령으로 정하는 바에 따라 국회 소관 상임위원회에 보고하여야 한다.
> ㉡ (   )은 기획재정부장관의 국회 소관 상임위원회에 대한 보고를 위하여 매 회계연도 종료 후 2월 말일까지 전국 보세판매장의 매장별 매출액을 기획재정부장관에게 보고하여야 한다.

① 관세청장, 관세청장
② 관세청장, 세관장
③ 세관장, 관세청장
④ 기획재정부장관, 관세청장
⑤ 기획재정부장관, 세관장

TIP ㉠ 기획재정부장관은 매 회계연도 종료 후 3개월 이내에 보세판매장 별 매출액을 대통령령으로 정하는 바에 따라 국회 소관 상임위원회에 보고하여야 한다〈관세법 제176조의2(특허보세구역의 특례) 제7항〉.
㉡ 관세청장은 기획재정부장관의 국회 소관 상임위원회에 대한 보고를 위하여 매 회계연도 종료 후 2월 말일까지 전국 보세판매장의 매장별 매출액을 기획재정부장관에게 보고하여야 한다〈관세법 시행령 제192조의7〈보세판매장의 매출액 보고)〉.

17 **특허보세구역의 특허기간은 10년의 범위 내에서 신청인이 신청한 기간으로 한다. 다음 중 특허기간이 10년의 범위에 해당하는 것을 모두 고른 것은?**

> ㉠ 보세창고
> ㉡ 보세공장
> ㉢ 보세전시장
> ㉣ 보세판매장
> ㉤ 보세건설장

① ㉠㉡
② ㉠㉡㉢
③ ㉢㉣㉤
④ ㉠㉡㉢㉣
⑤ ㉠㉡㉢㉣㉤

TIP 특허보세구역(보세전시장, 보세건설장 및 보세판매장은 제외)의 특허기간은 10년의 범위 내에서 신청인이 신청한 기간으로 한다. 다만, 관세청장은 보세구역의 합리적 운영을 위하여 필요한 경우에는 신청인이 신청한 기간과 달리 특허기간을 정할 수 있다〈관세법 시행령 제192조(특허기간)〉.

ANSWER 14.⑤ 15.② 16.④ 17.①

18 다음은 중소기업 등에 대한 보세판매장 특허의 갱신에 대한 설명이다. ( ) 안에 들어갈 말로 차례대로 나열한 것은?

> 세관장은 중소기업 및 중견기업에 대한 보세판매장의 특허를 받은 자에게 특허를 갱신받으려면 특허기간이 끝나는 날의 ( ) 전까지 특허 갱신을 신청하여야 한다는 사실과 갱신절차를 특허기간이 끝나는 날의 ( ) 전까지 휴대폰에 의한 문자전송, 전자메일, 팩스, 전화, 문서 등으로 미리 알려야 한다.

① 3개월, 5개월
② 5개월, 3개월
③ 3개월, 3개월
④ 5개월, 5개월
⑤ 6개월, 7개월

TIP 세관장은 중소기업 및 중견기업에 대한 보세판매장의 특허를 받은 자에게 특허를 갱신받으려면 특허기간이 끝나는 날의 6개월 전까지 특허 갱신을 신청하여야 한다는 사실과 갱신절차를 특허기간이 끝나는 날의 7개월 전까지 휴대폰에 의한 문자전송, 전자메일, 팩스, 전화, 문서 등으로 미리 알려야 한다〈관세법 시행령 192조의6(보세판매장 특허의 갱신) 제1항〉.

19 특허보세구역 운영인의 업무내용 등의 변경에 대한 설명이다. ( ) 안에 들어갈 말로 적당한 것은?

> 특허보세구역의 운영인이 그 장치물품의 종류를 변경하거나 그 특허작업의 종류 또는 작업의 원재료를 변경하고자 하는 때에는 그 사유를 기재한 신청서를 세관장에게 제출하여 그 ( )을 얻어야 한다.

① 허가
② 인가
③ 승인
④ 신고
⑤ 특허

TIP 특허보세구역의 운영인이 그 장치물품의 종류를 변경하거나 그 특허작업의 종류 또는 작업의 원재료를 변경하고자 하는 때에는 그 사유를 기재한 신청서를 세관장에게 제출하여 그 승인을 얻어야 한다〈관세법 시행령 제190조(업무내용 등의 변경) 제1항〉.

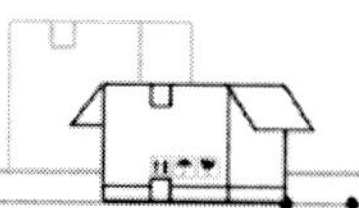

20 특허보세구역의 운영인이 당해 특허보세구역을 운영하지 아니하게 된 때에는 누구에게 무엇을 해야 하는가?

① 관세청장의 승인을 받는다.
② 관세청장의 허가를 받는다.
③ 관세청장에게 통보한다.
④ 세관장에게 통보한다.
⑤ 세관장에게 신고한다.

TIP 특허보세구역의 운영인은 당해 특허보세구역을 운영하지 아니하게 된 때에는 다음의 사항을 세관장에게 통보하여야 한다〈관세법 시행령 제193조(특허보세구역의 휴지 · 폐지 등의 통보) 제1항〉.

㉠ 당해 특허보세구역의 종류 · 명칭 및 소재지
㉡ 운영을 폐지하게 된 사유 및 그 일시
㉢ 장치물품의 명세
㉣ 장치물품의 반출완료예정연월일

21 특허보세구역의 운영인이 30일 이상 계속하여 특허보세구역의 운영을 휴지하고자 하는 때 세관장에게 통보하여야 할 내용과 거리가 먼 것은?

① 당해 특허보세구역의 종류
② 당해 특허보세구역의 특허기간
③ 당해 특허보세구역의 소재지
④ 당해 특허보세구역의 명칭
⑤ 휴지사유 및 휴지기간

TIP 특허보세구역의 운영인은 30일 이상 계속하여 특허보세구역의 운영을 휴지하고자 하는 때에는 다음의 사항을 세관장에게 통보하여야 하며, 특허보세구역의 운영을 다시 개시하고자 하는 때에는 그 사실을 세관장에게 통보하여야 한다〈관세법 시행령 제193조(특허보세구역의 휴지 · 폐지 등의 통보) 제2항〉.

㉠ 당해 특허보세구역의 종류 · 명칭 및 소재지
㉡ 휴지사유 및 휴지기간

ANSWER 18.⑤ 19.③ 20.④ 21.②

22 특허보세구역의 운영인에 대한 과징금 부과기준에 관한 내용이다. ( ) 안에 들어갈 말로 적당한 것은?

> 세관장은 산정된 과징금 금액의 ( )의 범위에서 사업규모, 위반행위의 정도 및 위반횟수 등을 고려하여 그 금액을 가중하거나 감경할 수 있다. 다만, 과징금을 가중하는 경우에는 과징금 총액이 연간매출액의 100분의 3을 초과할 수 없다.

① 2분의 1
② 3분의 1
③ 4분의 1
④ 5분의 1
⑤ 10분의 1

TIP 세관장은 산정된 과징금 금액의 4분의 1의 범위에서 사업규모, 위반행위의 정도 및 위반횟수 등을 고려하여 그 금액을 가중하거나 감경할 수 있다. 다만, 과징금을 가중하는 경우에는 과징금 총액이 연간매출액의 100분의 3을 초과할 수 없다〈관세법 시행령 제193조의3(특허보세구역의 운영인에 대한 과징금의 부과기준 등) 제3항〉.

23 특허보세구역의 관리 등에 관한 내용으로 옳지 않은 것은?

① 세관장은 특허보세구역의 관리상 필요하다고 인정되는 때에는 특허보세구역의 운영인에게 그 업무에 종사하는 자의 성명 기타 인적사항을 보고하도록 명할 수 있다.
② 특허보세구역의 출입구를 개폐하거나 특허보세구역에서 물품을 취급하는 때에는 운영인의 참여가 있어야 한다. 다만, 세관장이 불필요하다고 인정하는 때에는 그러하지 아니하다.
③ 특허보세구역의 출입구에는 자물쇠를 채워야 한다. 이 경우 세관장은 필요하다고 인정되는 장소에는 2중으로 자물쇠를 채우게 하고, 그중 1개소의 열쇠를 세관공무원에게 예치하도록 할 수 있다.
④ 지정보세구역의 관리인 또는 특허보세구역의 운영인은 그 업무에 종사하는 자, 기타 보세구역에 출입하는 자에 대하여 상당한 단속을 하여야 한다.
⑤ 특허보세구역의 운영을 계속하고자 하는 상속인 또는 승계법인은 당해 특허보세구역의 종류 · 명칭 및 소재지를 기재한 특허보세구역승계신고서를 세관장에게 제출하여야 한다.

TIP 특허보세구역의 출입구를 개폐하거나 특허보세구역에서 물품을 취급하는 때에는 세관공무원의 참여가 있어야 한다. 다만, 세관장이 불필요하다고 인정하는 때에는 그러하지 아니하다〈관세법 시행령 제195조(특허보세구역의 관리) 제2항〉.

24 보세창고운영인이 비치하는 장부에 기재하여야 할 사항이 아닌 것은?

① 반입 또는 반출한 물품의 내외국물품별 구분
② 반입 또는 반출한 물품의 무게와 부피
③ 반입 또는 반출한 물품의 수량 및 가격
④ 보수작업물품과 보수작업재료의 내외국물품별 구분
⑤ 보수작업의 검사완료연월일

TIP 보세창고의 운영인은 장치물품에 관한 장부를 비치하고 다음의 사항을 기재하여야 한다. 다만, 정부비축용물품, 정부와의 계약이행을 위하여 비축하는 방위산업물품, 장기간 비축이 필요한 수출용원재료와 수출품보수용 물품으로서 세관장이 인정하는 물품, 국제물류의 촉진을 위하여 관세청장이 정하는 물품의 경우에는 관세청장이 정하는 바에 따라 장부의 비치 및 기재사항의 일부를 생략 또는 간이하게 할 수 있다〈관세법 시행령 제198조(보세창고운영인의 기장의무)〉.
㉠ 반입 또는 반출한 물품의 내외국물품별 구분, 품명 · 수량 및 가격과 포장의 종류 · 기호 · 번호 및 개수
㉡ 반입 또는 반출연월일과 신고번호
㉢ 보수작업물품과 보수작업재료의 내외국물품별 구분, 품명 · 수량 및 가격과 포장의 종류 · 호 · 번호 및 개수
㉣ 보수작업의 종류와 승인연월일 및 승인번호
㉤ 보수작업의 검사완료연월일

25 보세공장 및 외국물품의 반입제한 등에 대한 설명으로 틀린 것은?

① 보세공장에서는 외국물품을 원료 또는 재료로 하거나 외국물품과 내국물품을 원료 또는 재료로 하여 제조 · 가공하거나 그 밖에 이와 비슷한 작업을 할 수 있다.
② 보세공장에서는 세관장의 허가를 받지 아니하고는 내국물품만을 원료로 하거나 재료로 하여 제조 · 가공하거나 그 밖에 이와 비슷한 작업을 할 수 없다.
③ 보세공장 중 수입하는 물품을 제조 · 가공하는 것을 목적으로 하는 보세공장의 업종은 관세청장이 정하는 바에 따라 제한할 수 있다.
④ 관세청장은 국내공급상황을 고려하여 필요하다고 인정되는 때에는 보세공장에 대하여는 외국물품의 반입을 제한할 수 있다.
⑤ 세관장은 수입통관 후 보세공장에서 사용하게 될 물품에 대하여는 보세공장에 직접 반입하여 수입신고를 하게 할 수 있다.

TIP 보세공장 중 수입하는 물품을 제조 · 가공하는 것을 목적으로 하는 보세공장의 업종은 기획재정부령으로 정하는 바에 따라 제한할 수 있다〈관세법 제185조(보세공장) 제5항〉.

ANSWER 22.③ 23.② 24.② 25.③

26 관세법령상 보세창고에 대한 설명으로 적절하지 못한 것은?

① 보세창고에는 외국물품이나 통관을 하려는 물품을 장치한다.

② 운영인은 미리 세관장에게 신고를 하고 물품의 장치에 방해되지 아니하는 범위에서 보세창고에 내국물품을 장치할 수 있다.

③ 운영인은 동일한 보세창고에 장치되어 있는 동안 수입신고가 수리된 물품은 신고 없이 계속하여 장치할 수 있다.

④ 운영인은 보세창고에 2년 이상 계속하여 내국물품만을 장치하려면 세관장의 승인을 받아야 한다.

⑤ 승인을 받은 보세창고에 내국물품만을 장치하는 기간에는 견본품 반출 규정과 장치기간 규정을 적용하지 아니한다.

TIP 운영인은 보세창고에 1년 이상 계속하여 내국물품만을 장치하려면 세관장의 승인을 받아야 한다〈관세법 제183조(보세창고) 제3항〉.

27 위험물 전용 보세창고의 구비요건으로 틀린 것은?

① 부지 내에 방화에 필요한 통로와 소화전이나 이를 대신할 소화기구 및 방화용 수리시설을 설치하여야 하며, 그 적합 여부는 소방관서의 확인결과에 따라 판단한다.

② 발화 및 폭발성이 높은 화물을 장치하는 구역은 탄약저장소의 예에 준하여 여러개의 실로 구분하지 않고 통으로 설치하여야 한다.

③ 위험물 취급자격자를 채용하여야 한다.

④ 위험물안전관리법 등 관계법령으로 정하는 바에 따라 주택가, 주유소, 고압선 등으로부터의 안전거리가 유지된 장소에 설치하여야 한다.

⑤ 지상의 공작물 또는 토지로서 보관하는 위험물의 종류에 따라 소방기본법, 위험물안전관리법, 화재예방 소방시설 설치 · 유지 및 안전관리에 관한 법률, 소방시설공사업법, 총포 · 도검 · 화약류 등의 안전관리에 관한 법률, 고압가스 안전관리법, 그 밖에 관련 법령에 따라 구조 및 시설기준에 적합하여야 하며, 그 적합 여부는 주무관청의 허가서 등으로 판단한다.

TIP 발화 및 폭발성이 높은 화물을 장치하는 구역은 탄약저장소의 예에 준하여 수개소로 구분하여 방화용 토벽이나 방호벽을 설치하여야 한다〈특허보세구역운영에 관한 고시 제11조(특수보세구역의 요건 등) 제1항〉.

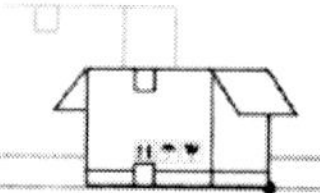

28 특허보세구역 영업용보세창고의 건물과 부지 요건으로 옳지 않은 것은?

① 지붕이 있고 주위에 벽을 가진 지상건축물로서 고내면적이 500m^2 이상이어야 한다.

② 컨테이너 트레일러가 주차하고 회차하기에 충분한 부지가 있어야 한다.

③ 건물은 철근 콘크리트, 시멘트, 벽돌 등 내화성 및 방화성이 있고 외부로부터 침입이 어려운 강도를 가진 재료로 구축되어야 한다.

④ 건물의 용도가 건축법상 보관하고자 하는 보세화물의 보관에 적합하여야 한다.

⑤ 건물의 바닥은 지면보다 높아야 하며, 시멘트 · 콘크리트 · 아스팔트 등으로 하여야 한다.

TIP 특허보세구역 영업용보세창고 건물 및 부지 요건〈특허보세구역운영에 관한 고시 제10조 제1항〉

㉠ 지붕이 있고 주위에 벽을 가진 지상건축물로서 고내면적이 1,000m^2 이상이어야 한다.

㉡ 컨테이너 트레일러가 주차하고 회차하기에 충분한 부지가 있어야 한다.

㉢ 건물은 철근 콘크리트, 시멘트, 벽돌 등 내화성 및 방화성이 있고 외부로부터 침입이 어려운 강도를 가진 재료로 구축되어야 한다.

㉣ 건물의 용도가 건축법상 보관하려는 보세화물의 보관에 적합하여야 한다.

㉤ 건물의 바닥은 지면보다 높아야 하며, 시멘트 · 콘크리트 · 아스팔트 등으로 하여야 한다.

㉥ 건물의 천정과 출입문의 높이는 화물을 적재한 차량이 출입할 수 있거나 화물을 상차 · 하차 하기에 편리한 구조를 갖추어야 하며, 출하장에는 차양을 설치하여야 한다.

㉦ 해당 건물과 건물의 주변 및 건물 이외의 하치장에 침수방지를 위한 배수구 또는 배수펌프 등 적정시설이 설치되어 있어야 한다.

㉧ 외부 침입 방지를 위해 담벽이나 철조망 및 조명을 설치하여야 하며, 상시 녹화 및 기록보관이 가능한 감시 장비를 갖추어야 한다.

㉨ 해당 창고시설을 임차하고 있는 경우, 신청일 현재 잔여 임차기간이 중장기적 사업계획을 추진할 수 있을 만큼 충분하여야 한다.

㉩ 기타 장치한 물품의 종류에 따라 관계 법령에 규정된 시설요건 또는 세관장이 필요하다고 인정되는 시설을 하여야 한다.

29 내국물품으로서 장치기간이 지난 물품은 그 기간이 지난 후 며칠 이내에 운영인의 책임아래 반출하여야 하는가?

① 5일 이내
② 10일 이내
③ 15일 이내
④ 1개월 이내
⑤ 3개월 이내

TIP 내국물품으로서 장치기간이 지난 물품은 그 기간이 지난 후 10일 내에 그 운영인의 책임으로 반출하여야 한다〈관세법 제184조(장치기간이 지난 내국물품) 제1항〉.

ANSWER 26.④ 27.② 28.① 29.②

30 다음은 액체화물전용보세창고의 요건에 대한 내용이다. ( ) 안에 들어갈 말로 적당한 것은?

> (   )기준을 적용하지 아니하며, 세관장이 관할구역 내 액체화물 물동량과 액체화물전용장치장의 수용능력을 감안하여 보세구역특허가 필요하고 관할구역 내 다른 액체화물전용보세창고와 비교하여 보세구역으로 특허하기에 충분하다고 인정되는 (   )을 적용한다.

① 고내면적(m^2), 저장용적(m^3)
② 고내면적(m^2), 고내용적(m^2)
③ 저장면적(m^3), 고내용적(m^2)
④ 저장면적(m^3), 저장용적(m^3)
⑤ 기준면적(m^2), 확장용적(m^3)

TIP 액체화물전용보세창고의 요건〈특허보세구역운영에 관한 고시 제11조(특수보세구역의 요건 등) 제4항〉
㉠ 고내면적(m^2) 기준을 적용하지 아니하며 세관장이 관할구역 내 액체화물 물동량과 액체화물 전용장치장의 수용능력을 감안하여 보세구역특허가 필요하고 관할구역 내 다른 액체화물전용보세창고와 비교하여 보세구역으로 특허하기에 충분하다고 인정되는 저장용적(m^3)을 적용한다.
㉡ 액체화물 성상을 보존하기 위한 필요한 부대시설과 선박으로부터 하역 및 입출고를 위한 배관시설을 갖추어야 한다.

31 컨테이너전용보세창고에 대한 내용으로 틀린 것은?

① 컨테이너전용보세창고란 컨테이너를 보관하고, 컨테이너에 화물을 적입 또는 인출하여 통관절차를 이행할 수 있는 특허보세구역을 말한다.
② 부지면적은 15,000m^2 이상이어야 한다.
③ 보세화물을 보관하고 컨테이너 적입화물을 적출하는 화물조작장을 설치하여야 하나, 화물조작장면적은 물동량에 따라 운영인이 자율적으로 결정할 수 있다.
④ 건물 및 주변의 시설요건에 관하여는 야적전용보세창고을 준용한다.
⑤ 컨테이너보세창고에는 컨테이너 장치에 지장이 없는 최소한의 면적 범위에서 컨테이너로 반입된 거대·중량 또는 장척화물을 장치할 수 있는 야적장을 설치할 수 있다.

TIP 컨테이너전용보세창고의 건물 및 주변의 시설요건에 관하여는 영업용보세창고의 요건을 준용한다〈특허보세구역운영에 관한 고시 제11조(특수보세구역의 요건 등) 제3항 제3호〉.

32 야적전용보세창고의 대지면적 기준은?

① 1,000m^2 이상
② 1,500m^2 이상
③ 3,000m^2 이상
④ 4,500m^2 이상
⑤ 5,000m^2 이상

TIP 야적전용보세창고란 철재, 동판, 시멘트 제품이나 그 밖의 광물과 석재, 목재 등의 물품과 노천에서 보관하여도 상품가치가 크게 저하되지 않는 물품을 보관하는 특허보세구역을 말하며, 4,500m^2 이상의 대지로서 주위의 지면보다 높아야 하며, 침수를 방지할 수 있는 구조와 시설을 갖추어야 한다〈특허보세구역운영에 관한 고시 제2조(정의) 제5호, 제11조(특수보세구역의 요건 등) 제2항〉.

33 세관장은 특정보세구역의 위치 또는 규모가 특허의 요건을 갖추지 못하였으나 그 위치가 세관 또는 다른 보세구역에 근접(직선거리 300m 이내)하여 있는 경우에는 다음의 면적기준을 적용한다. (　　) 안에 차례대로 들어갈 말로 적당한 것은?

- 영업용보세창고인 경우에는 고내면적이 (　　　) 이상
- 컨테이너전용보세창고인 경우에는 부지면적이 (　　　) 이상

① 500m^2, 1,000m^2
② 500m^2, 2,000m^2
③ 500m^2, 3,000m^2
④ 1,000m^2, 2,000m^2
⑤ 1,000m^2, 3,000m^2

TIP 세관장은 특정보세구역의 위치 또는 규모가 특허요건을 갖추지는 못하였으나 그 위치가 세관 또는 다른 보세구역에 근접(직선거리 300m 이내)한 경우에는 다음의 면적기준을 적용한다〈특허보세구역운영에 관한 고시 제12조(집단화지역의 기준완화 등) 제1항〉.
㉠ 영업용보세창고인 경우 고내면적이 500m^2 이상
㉡ 컨테이너전용보세창고인 경우 부지면적이 3,000m^2 이상

ANSWER 30.① 31.④ 32.④ 33.③

34 **자가용보세창고의 특허대상인 자가화물의 종류로 옳지 않은 것은?**

① 제조 · 가공에 사용하는 원재료

② 제조용 설비 및 하자보수용 물품

③ 수입하여 판매하려는 물품

④ 연구기관에서 사용하는 연구용 물품

⑤ 단기비축 수출용원재료 또는 수출품 보수용물품을 수출입하려는 경우

TIP 세관장은 보세화물 감시단속에 문제가 없고 다음의 어느 하나에 해당하는 자기화물을 장치하려는 경우 자가용보세창고로 특허할 수 있다〈특허보세구역운영에 관한 고시 제13조(특허요건) 제1항〉.

㉠ 제조 · 가공에 사용하는 원재료
㉡ 제조용 설비 및 하자보수용 물품
㉢ 수입하여 판매하려는 물품
㉣ 연구기관에서 사용하는 연구용 물품
㉤ 장기비축 수출용원재료 또는 수출품 보수용 물품을 수출입하려는 경우
㉥ 외국무역선 또는 외국무역기에 선(기)용품 또는 판매물품을 공급(판매)하는 경우

35 **공동보세구역의 특허요건으로 적절하지 아니한 것은?**

① 공동보세구역이란 자가용보세창고의 일종이다.

② 2개 이상의 수출입업체가 공동으로 자기화물을 보관하려는 경우이다.

③ 대형 수출전문업체가 수출하고자 하는 물품을 보관하는 경우이다.

④ 수출입업을 영위할 수 있는 중소기업협동조합에서 회원사의 수입원자재를 수입하여 보관하고자 하는 경우이다.

⑤ 물류시설의 개발 및 운영에 관한 법률에 따라 물류단지를 운영하는 자가 입주업체의 수입품을 일괄하여 보관하는 경우이다.

TIP 세관장은 다음의 어느 하나에 해당하는 경우에는 공동보세구역을 특허할 수 있다〈특허보세구역운영에 관한 고시 제15조(공동보세구역) 제1항〉.

㉠ 2개 이상의 수출입업체가 공동으로 자가화물을 보관하려는 경우
㉡ 정부기관, 공기업, 준정부기관, 그 밖의 공공기관 등이 수입하는 물품을 일괄하여 보관하는 경우
㉢ 수출입업을 영위할 수 있는 중소기업협동조합에서 회원사의 수입원자재를 수입하여 보관하려는 경우
㉣ 「물류시설의 개발 및 운영에 관한 법률」에 따라 물류단지를 운영하는 자가 입주업체의 수입품을 일괄하여 보관하는 경우
㉤ 관광산업진흥 및 외화획득을 위하여 (주)한국관광호텔용품센타가 회원사에 공급할 물품을 일괄 수입하여 보관하는 경우
㉥ 정부 또는 정부투자기관이 관리하는 보관 · 비축시설에 관련 업체의 수입물품을 일괄 보관하는 경우

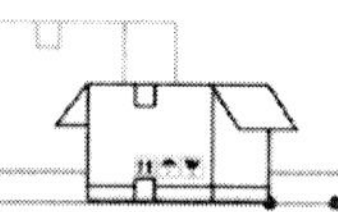

36 특허보세구역에 운영인이 게시하여야 하는 사항과 거리가 먼 것은?

① 특허장
② 보관용량
③ 보관요율
④ 화재보험요율
⑤ 보관규칙

TIP 특허보세구역 운영인은 보세구역 내 일정한 장소에 다음의 사항을 게시하여야 한다〈특허보세구역운영에 관한 고시 제16조(특허장의 게시 등) 제1항〉.
㉠ 특허장
㉡ 보관요율(자가용보세창고는 제외) 및 보관규칙
㉢ 화재보험요율
㉣ 자율관리보세구역지정서(자율관리보세구역에 해당)
㉤ 위험물장치허가증 등 관계 행정기관의 장의 허가, 승인 또는 등록증(위험물, 식품류 보세구역에 해당)

37 운영인이 지체 없이 세관장에게 보고하여야 하는 사항과 거리가 먼 것은?

① 운영인이 결격사유에 해당하게 된 때
② 보세물품을 전량 반출한 때
③ 도난, 화재, 침수 기타 사고가 발생한 때
④ 보세구역에 종사하는 직원을 채용하거나 면직한 때
⑤ 보세구역에 장치한 물품이 선적서류, 보세운송신고필증 또는 포장 등에 표기된 물품과 상이한 사실을 발견한 때

TIP 운영인은 다음의 각 사유가 발생한 때에는 지체 없이 세관장에게 보고하여야 한다〈특허보세구역운영에 관한 고시 제17조(운영인의 의무) 제2항〉.
㉠ 운영인의 결격사유 및 특허의 효력상실 사유가 발생한 때
㉡ 도난, 화재, 침수, 기타 사고가 발생한 때
㉢ 보세구역에 장치한 물품이 선적서류, 보세운송신고필증 또는 포장 등에 표기된 물품과 상이한 사실을 발견한 때
㉣ 보세구역에 종사하는 직원을 채용하거나 면직한 때
㉤ 보세구역의 건물, 시설 등에 관하여 소방서 등 행정관청으로부터 시정명령을 받은 때

ANSWER 34.⑤ 35.③ 36.② 37.②

38 보세구역 운영상황 보고 내용으로 적절하지 않은 것은?

① 특허 또는 특허기간 갱신시 구비한 시설요건 등의 변동 여부
② 장치물품의 변동내역
③ 임대차기간의 연장 여부(임대시설의 경우에 한함)
④ 종업원 명단(보세사 포함)
⑤ 장치기간 경과화물 보관 상세내역

TIP 특허보세구역의 운영인은 매년 다음의 사항을 기재한 보세구역 운영상황을 다음 해 2월말까지 관할세관장에게 보고하여야 한다〈특허보세구역운영에 관한 고시 제20조(보세구역 운영상황의 보고) 제1항〉.
㉠ 특허 또는 특허기간 갱신시 구비한 시설요건 등의 변동여부
㉡ 임대차기간의 연장 여부(임대시설의 경우에 한함)
㉢ 종업원 명단(보세사 포함)
㉣ 장치기간 경과화물 보관 상세내역(12월 31일 기준으로 함)
㉤ 그 밖에 세관장이 보세구역 등의 운영과 관련하여 필요하다고 인정한 사항

39 세관장이 보세창고 운영인에 대하여 경고처분을 하여야 하는 경우가 아닌 것은?

① 수용능력을 초과하여 화물보관을 수탁한 때
② 야적대상이 아닌 물품을 야적한 때
③ 관세법 등에서 규정한 운영인의 의무를 태만히 한 때
④ 보관화물에 대한 멸실이 발생한 때
⑤ 장치물품에 대한 관세를 납부할 자력이 없다고 인정되는 때

TIP ⑤ 보세구역에의 물품반입을 정지하여야 하는 사유에 해당한다〈특허보세구역운영에 관한 고시 제18조(행정제재) 제3항〉.

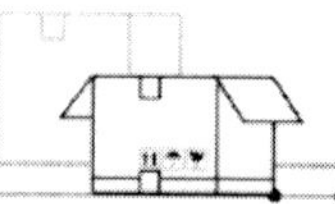

40 관세법령상 반입정지사유 및 반입정지기간의 연결이 잘못된 것은?

① 장치물품에 대한 관세를 납부할 자력이 없다고 인정되는 경우 : 6개월 이상
② 운영인이 최근 1년 동안 3회 이상 경고처분을 받은 때 : 7일
③ 운영인 또는 그 종업원의 관리소홀로 해당 보세구역내에서 밀수행위가 발생한 때 : 7일
④ 세관장의 시설구비 명령을 미이행한 경우 : 7일
⑤ 중대한 관리소홀로 보세화물의 도난, 분실이 발생한 때 : 7일

TIP 장치물품에 대한 관세를 납부할 자력이 없다고 인정되는 경우는 관세를 납부할 자력을 회복할 때까지이다.

※ 반입정지사유 및 반입정지기간〈특허보세구역운영에 관한 고시 제18조 제3항, 제4항〉

㉠ 장치물품에 대한 관세를 납부할 자력이 없다고 인정되는 경우 : 관세를 납부할 자력을 회복할 때까지

㉡ 본인 또는 그 사용인이 관세법 또는 관세법에 따른 명령을 위반한 경우 및 운영인 또는 그 종업원이 합법가장 밀수를 인지하고도 세관장에게 보고하지 아니하고 보관 또는 반출한 경우 : 6개월의 범위 내에서 다음의 기간 중 하나

- 물품원가 5억 원 이상 또는 최근 1년 이내 물품반입정지를 받은 경우 : 15일
- 물품원가 1억 원 이상 5억 원 미만인 경우 또는 최근 2년 이내 물품반입정지처분을 받은 경우 : 10일
- 물품원가 1억 원 미만인 경우 : 7일

㉢ 해당 시설의 미비 등으로 특허보세구역 설치목적을 달성하기 곤란하다고 인정되는 경우 : 해당 시설의 완비 등으로 특허보세구역의 설치목적을 달성할 수 있다고 인정될 때까지

㉣ 세관장의 시설구비 명령을 미이행하거나 보관화물에 대한 중대한 관리소홀로 보세화물의 도난, 분실이 발생한 때 : 7일

㉤ 운영인 또는 그 종업원의 관리소홀로 해당 보세구역내에서 밀수행위가 발생한 때 : 7일

㉥ 운영인이 최근 1년 동안 3회 이상 경고처분을 받은 때 : 7일

ANSWER 38.② 39.⑤ 40.①

41 관세법령상 과징금 부과에 대한 내용이다. ( ) 안에 적당한 말은?

> 세관장은 산정된 과징금 금액의 4분의 1의 범위에서 사업규모, 위반행위의 정도 및 위반횟수 등을 고려하여 그 금액을 가중하거나 감경할 수 있다. 다만, 과징금을 가중하는 경우에는 과징금 총액이 산정된 연간매출액의 (   )을 초과할 수 없다.

① 100분의 1
② 100분의 2
③ 100분의 3
④ 100분의 4
⑤ 100분의 5

TIP 세관장은 산정된 과징금 금액의 4분의 1의 범위에서 사업규모, 위반행위의 정도 및 위반횟수 등을 고려하여 그 금액을 가중하거나 감경할 수 있다. 다만, 과징금을 가중하는 경우에는 과징금 총액이 산정된 연간매출액의 100분의 3을 초과할 수 없다〈관세법 시행령 제193조의3(특허보세구역의 운영인에 대한 과징금의 부과기준 등) 제3항〉.

42 세관장은 특허보세구역의 운영인이 다음의 어느 하나에 해당하는 경우에는 그 특허를 취소할 수 있다. 다음 중 반드시 취소하여야 하는 경우를 모두 고른 것은?

> ㉠ 거짓이나 그 밖의 부정한 방법으로 특허를 받은 경우
> ㉡ 운영인의 결격사유 어느 하나에 해당하게 된 경우
> ㉢ 1년 이내에 3회 이상 물품반입 등의 정지처분(과징금 부과처분을 포함)을 받은 경우
> ㉣ 2년 이상 물품의 반입실적이 없어서 세관장이 특허보세구역의 설치 목적을 달성하기 곤란하다고 인정하는 경우
> ㉤ 특허보세구역 운영인의 명의대여 금지규정을 위반하여 명의를 대여한 경우

① ㉠㉡㉢
② ㉠㉡㉣
③ ㉠㉡㉤
④ ㉡㉢㉣
⑤ ㉢㉣㉤

TIP 세관장은 특허보세구역의 운영인이 다음의 어느 하나에 해당하는 경우에는 그 특허를 취소할 수 있다. 다만, ㉠, ㉡ 및 ㉤에 해당하는 경우에는 특허를 취소하여야 한다〈관세법 제178조(반입정지 등과 특허의 취소) 제2항〉.

㉠ 거짓이나 그 밖의 부정한 방법으로 특허를 받은 경우
㉡ 운영인의 결격사유 어느 하나에 해당하게 된 경우. 다만, 규정에 해당하는 사람을 임원으로 하는 법인이 3개월 이내에 해당임원을 변경한 경우에는 그러하지 아니하다.
㉢ 1년 이내에 3회 이상 물품반입 등의 정지처분(과징금 부과처분을 포함)을 받은 경우
㉣ 2년 이상 물품의 반입실적이 없어서 세관장이 특허보세구역의 설치 목적을 달성하기 곤란하다고 인정하는 경우
㉤ 특허보세구역 운영인의 명의대여 금지조항을 위반하여 명의를 대여한 경우

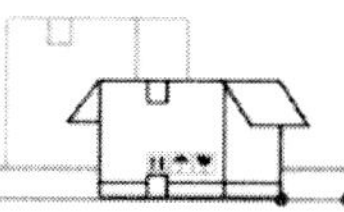

43 과징금 부과에 관한 내용이다. (　) 안에 들어갈 말로 적당한 것은?

> 세관장은 물품반입 등의 정지처분이 그 이용자에게 심한 불편을 주거나 공익을 해칠 우려가 있는 경우에는 특허보세구역의 운영인에게 물품반입 등의 정지처분을 갈음하여 해당 특허보세구역 운영에 따른 매출액의 100분의 3이하의 과징금을 부과할 수 있다. 이 경우 매출액 산정, 과징금의 금액, 과징금의 납부기한 등에 관하여 필요한 사항은 (　　　)으로 정한다.

① 총리령　　② 대통령령
③ 행정안전부령　　④ 기획재정부령
⑤ 관세청장 고시

TIP 세관장은 물품반입 등의 정지처분이 그 이용자에게 심한 불편을 주거나 공익을 해칠 우려가 있는 경우에는 특허보세구역의 운영인에게 물품반입 등의 정지처분을 갈음하여 해당 특허보세구역 운영에 따른 매출액의 100분의 3이하의 과징금을 부과할 수 있다. 이 경우 매출액 산정, 과징금의 금액, 과징금의 납부기한 등에 관하여 필요한 사항은 대통령령으로 정한다〈관세법 제178조(반입정지 등과 특허의 취소) 제3항〉.

44 관세법령상 반입정지 등을 갈음하는 과징금의 산정에 관한 내용으로 틀린 것은?

① 세관장은 과징금을 부과하는 경우 과징금 부과대상자인 특허보세구역의 운영인으로부터 해당 특허보세구역 운영에 따른 매출액 산정 자료를 제출 받아 과징금을 산정하여야 한다.
② 과징금 산정 기간은 산정한 물품반입 등의 정지일수를 말한다. 1일당 과징금 금액은 해당 특허보세구역 운영에 따른 연간 매출액의 1,000분의 1이다.
③ 특허보세구역의 운영인이 해당 사업연도 개시일 이전에 특허보세구역의 운영을 시작한 경우의 연간 매출액은 직전 3개 사업연도의 평균 매출액이다.
④ 특허보세구역의 운영인이 해당 사업연도에 특허보세구역 운영을 시작한 경우의 연간매출액은 특허보세구역의 운영을 시작한 날부터 반입정지 등의 처분사유가 발생한 날까지의 매출액을 연매출액으로 환산한 금액이다.
⑤ 세관장은 산정된 과징금액의 4분의 1의 범위에서 사업규모, 위반행위의 정도 및 위반횟수 등을 고려하여 그 금액을 가중하거나 감경할 수 있다.

TIP 과징금의 금액은 기간에 금액을 곱하여 산정한다〈관세법 시행령 제193조의3(특허보세구역의 운영인에 대한 과징금의 부과기준 등) 제1항〉.
㉠ 기간 : 산정한 물품반입 등의 정지 일수(1개월은 30일을 기준으로 한다)
㉡ 1일당 과징금 금액 : 해당 특허보세구역 운영에 따른 연간 매출액의 6천분의 1

ANSWER 41.③ 42.③ 43.② 44.②

45 보세구역 수입식품류 시설기준으로 틀린 것은?

① 식품류는 공산품과 분리, 구획하여 보관하여야 한다.
② 보관습도를 측정할 수 있는 습도계를 비치하여야 한다.
③ 창고내부의 바닥은 콘크리트 등으로 내수처리를 하여야 하고, 물이 고이거나 습기가 차지 않도록 하여야 한다.
④ 창고내부에는 쥐 · 바퀴벌레 등 해충의 침입방지를 위한 방충망, 쥐트랩 등 방충 · 방서시설을 갖추어야 한다.
⑤ 창고내부에서 발생하는 악취 · 유해가스, 먼지, 매연 등을 배출시키는 환기시설을 갖추어야 한다.

TIP 보관온도를 측정할 수 있는 온도계를 비치하여야 한다〈보세화물관리에 관한 고시 별표4〉.

46 보세구역 수입식품류 냉동 · 냉장 보관기준은?

① 냉동보관은 영하 18℃ 이하, 냉장보관은 영상 10℃ 이하
② 냉동보관은 영하 10℃ 이하, 냉장보관은 영하 0℃ 이하
③ 냉동보관은 영하 5℃ 이하, 냉장보관은 영상 5℃ 이하
④ 냉동보관은 영하 15℃ 이하, 냉장보관은 영상 3℃ 이하
⑤ 냉동보관은 영하 10℃ 이하, 냉장보관은 영상 1℃ 이하

TIP 보세구역 수입식품류 냉동 · 냉장 보관기준〈보세화물관리에 관한 고시 별표4〉
㉠ 냉동보관 : 영하 18℃ 이하
㉡ 냉장보관 : 영상 10℃ 이하

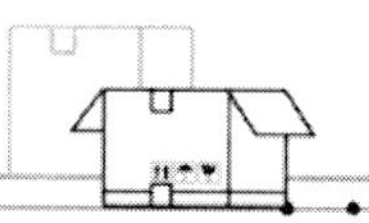

47 외국물품 또는 외국물품과 내국물품을 원료로 하거나 재료로 하여 제조 · 가공하거나 그 밖에 이와 비슷한 작업을 하기 위한 보세구역은?

① 보세창고
② 보세전시장
③ 보세공장
④ 보세건설장
⑤ 보세판매장

TIP 보세공장에서는 외국물품을 원료 또는 재료로 하거나 외국물품과 내국물품을 원료 또는 재료로 하여 제조 · 가공하거나 그 밖에 이와 비슷한 작업을 할 수 있다〈관세법 제185조(보세공장) 제1항〉.

48 보세구역 수입식품류 관리기준으로 틀린 것은?

① 바닥, 벽면 및 천장과 1m 이상 거리를 두어 보관하여야 한다.
② 온도상승으로 부패 등 변질 우려가 있는 식품은 서늘한 곳에 보관하여야 한다.
③ 유통기한이 경과되었거나 부적합 판정을 받은 식품류는 별도의 장소에 보관하거나 명확하게 식별되는 표시를 하여 일반물품과 구별되게 관리하여야 한다.
④ 보세창고에 반입된 농산물은 검사가 완료될 때까지 병해충이 퍼지지 않도록 컨테이너 또는 밀폐형 용기에 넣어 보관하여야 한다.
⑤ 보세창고에 반입된 농산물은 검사가 완료될 때까지 병해충이 퍼지지 않도록 천막 또는 1.6mm 이하의 망 등으로 완전히 덮어 보관하여야 한다.

TIP 바닥으로부터는 4인치 이상, 벽으로부터는 18인치 이상, 천장으로부터 1m 이상 거리를 두고 보관하는 것이 바람직하다〈보세화물관리에 관한 고시 별표4〉.

ANSWER 45.② 46.① 47.③ 48.①

49 관세법상 보세공장에 대한 설명으로 틀린 것은?

① 보세공장에서는 외국물품을 원료 또는 재료로 하거나 외국물품과 내국물품을 원료 또는 재료로 하여 제조 · 가공하거나 그 밖에 이와 비슷한 작업을 할 수 있다.

② 보세공장에서 내국물품만을 원료로 하거나 재료로 하여 제조 · 가공하거나 그 밖에 이와 비슷한 작업을 할 수 있는데 세관장의 허가를 요하지 않는다.

③ 보세공장 중 수입하는 물품을 제조 · 가공하는 것을 목적으로 하는 보세공장의 업종은 기획재정부령으로 정하는 바에 따라 제한할 수 있다.

④ 세관장은 수입통관 후 보세공장에서 사용하게 될 물품에 대하여는 보세공장에 직접 반입하여 수입신고를 하게 할 수 있다.

⑤ 운영인은 보세공장에 반입된 물품을 그 사용 전에 세관장에게 사용신고를 하여야 한다.

TIP 보세공장에서는 세관장의 허가를 받지 아니하고는 내국물품만을 원료로 하거나 재료로 하여 제조 · 가공하거나 그 밖에 이와 비슷한 작업을 할 수 없다〈관세법 제185조(보세공장) 제2항〉.

50 보세공장의 기능으로 옳은 것만을 고른 것은?

㉠ 가공무역의 진흥
㉡ 관세환급제도의 보완
㉢ 통관절차의 간소화

① ㉠
② ㉠㉡
③ ㉠㉢
④ ㉡㉢
⑤ ㉠㉡㉢

TIP 보세공장은 가공무역의 진흥, 관세환급제도의 보완, 통관절차의 간소화 등의 기능을 가진다.

51 보세공장의 관리요건으로 옳지 아니한 것은?

① 보세화물 관리를 위하여 1인 이상의 보세사를 채용하여야 한다.
② 보세공장은 원자재 반출입, 제품 제조 · 가공, 제품반출 및 잉여물품의 처리 등과 관련한 물품관리체계가 확립되어 있고, 물품관리를 위한 시스템을 구비하여야 한다.
③ 원자재 등의 부정유출의 우려가 없으며, 보세작업의 감시 · 감독에 지장이 없어야 한다.
④ 특허갱신의 경우에는 해당 보세공장의 갱신신청 직전 법규수행능력 평가가 A등급 이상이어야 한다.
⑤ 물품관리를 위하여 운영인은 보세작업의 종류 및 특수성에 따라 장부 또는 자료보존매체를 사용하여 물품을 관리할 수 있으며, 자료보존매체에 따라 보관 · 관리하려는 운영인은 자료보존매체를 확인, 조회할 수 있는 장치를 같이 보관 · 관리하여야 한다.

TIP 특허를 갱신하는 경우에는 갱신신청 전의 특허기간 동안 해당 보세공장의 법규수행능력평가 평균등급이 B등급 이상이어야 한다〈보세공장 운영에 관한 고시 제5조(특허요건) 제2항〉.

52 보세공장의 특허기간은?

① 1년 이내
② 3년 이내
③ 5년 이내
④ 10년 이내
⑤ 30년 이내

TIP 보세공장 설치 · 운영의 특허기간은 10년의 범위 내에서 해당 보세공장의 설치 · 운영특허 신청기간으로 하되 갱신할 수 있다. 다만, 타인의 시설을 임차하여 설치 · 운영특허를 신청하는 경우의 특허기간은 임대차계약기간으로 한다〈보세공장 운영에 관한 고시 제9조(특허기간)〉.

ANSWER 49.② 50.⑤ 51.④ 52.④

53 다음 중 보세공장에 반입할 수 없는 물품은?

① 수입통관 전 해당 보세공장에서 사용할 기계, 기구, 부분품, 소모품, 견품 등
② 보세공장에서 제조되어 반출된 제품의 하자보수용 물품
③ 보세공장에서 제조 · 가공하여 반출한 후 하자발생, 불량, 구매자의 인수거절 등으로 인하여 반송된 물품
④ 해당 보세공장의 생산품목과 동일품목을 보세작업 또는 보수작업을 거쳐 재수출하거나 다른 보세공장에 원재료로 공급할 물품
⑤ 보세공장 반입물품 또는 보세공장에서 제조 · 가공한 물품에 전용되는 포장용품 또는 운반용품

TIP 수입통관 후 해당 보세공장에서 사용할 기계, 기구, 부분품, 소모품, 견품 등은 보세공장에 반입할 수 있다. 이 경우 반입된 물품은 반입일로부터 30일 이내에 수입 또는 반송신고를 하여야 한다.

※ **보세공장에 반입할 수 있는 물품**〈보세공장 운영에 관한 고시 제12조(반입대상물품) 제3항〉

㉠ 보세공장에서 제조되어 반출된 제품의 하자보수용 물품
㉡ 보세공장에서 제조 · 가공하여 반출한 후 하자발생, 불량, 구매자의 인수거절 등으로 인하여 반송된 물품
㉢ 해당 보세공장의 생산품목과 동일품목을 보세작업 또는 보수작업을 거쳐 재수출하거나 다른 보세공장에 원재료로 공급할 물품
㉣ 해당 보세공장에서 건조 · 수리되는 선박(항공기)에 적재하고자 하는 선(기)용품(환급대상물품은 제외)
㉤ 해당 보세공장에서 외국으로 원재료 등을 반출하여 제조 · 가공한 후 국내 보세공장에서 마무리작업, 성능검사, 조립, 재포장, 상표부착의 작업을 하거나 해당 보세공장에서 반입 후 양수도 또는 통관절차를 수행하고자 하는 완성품
㉥ 해당 보세공장에서 생산하는 제품의 연구개발을 위하여 해당 보세공장의 시설을 이용하여 연구 · 시험용 제품의 제조 · 가공에 사용하는 원재료
㉦ 보세공장 반입물품 또는 보세공장에서 제조 · 가공한 물품과 세트를 구성하거나 함께 거래되는 물품
㉧ 보세공장 반입물품 또는 보세공장에서 제조 · 가공한 물품에 전용되는 포장용품 또는 운반용품
㉨ 해당 보세공장의 특허 받은 품목의 제조 · 가공에 소요되는 물품과 동일한 물품으로 위탁가공계약에 의해 보세작업을 위하여 반입되는 타인소유 물품

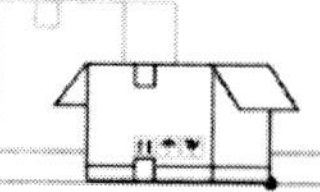

54 **보세공장의 물품 반출입 신고에 대한 내용으로 적절하지 아니한 것은?**

① 보세공장에 물품을 반입하거나 반출하려는 자는 세관장에게 반입신고 또는 반출신고를 하여야 하며, 세관장은 보세공장 반입대상 물품인지를 심사하여 반입대상이 아닌 경우에는 다른 보세구역으로 반출을 명하여야 한다.

② 보세운송절차에 따라 반입되는 물품은 반입신고를 하여야 하며, 이 경우 반입신고는 보세운송의 도착보고를 갈음할 수 있다.

③ 동일업체간 물품을 반복공급하는 업체로 세관장이 지정한 업체가 공급하는 물품은 화주의 반입명세 기록으로 반입할 수 있다.

④ 세관장은 운영인이 수출입 안전관리 우수업체 또는 법규수행능력 우수업체에 해당하는 경우에는 화물관리번호의 신청수리를 전산에서 처리하게 할 수 있다.

⑤ 보세공장 운영에 관한 고시에서 반출입신고를 규정하지 아니한 내국물품에 대한 반출입신고는 생략할 수 있다. 다만 제품의 제조 · 가공 등에 소요되는 원재료를 반출입하려는 때에는 그 사실을 기록 · 관리하여야 한다.

TIP 동일업체간 물품을 반복 공급하는 업체로 세관장이 지정한 업체가 공급하는 물품은 보세사에 의한 반입명세의 기록으로 갈음하며, 국내 반출신고는 반입확인서의 정정 · 취하 승인으로 갈음한다〈보세공장 운영에 관한 고시 제13조(물품의 반출입) 제3항〉.

55 **다음 중 원재료 원상태로 국외반출을 허용할 수 있는 것과 거리가 먼 것은?**

① 국외에서 제조 · 가공공정의 일부를 이행하기 위하여 필요한 원재료

② 보세공장에서 수출한 물품의 하자보수 등 추가적인 제조 · 가공 · 수리에 필요한 원재료

③ 보세공장의 해외 현장공장에서 제조 · 가공 · 수리 그 밖에 유사한 작업에 사용할 원재료

④ 생산중단, 제조품목의 사양변경 또는 보세작업과정에서 발생하는 잉여 원재료

⑤ 동일법인이 2개 이상의 보세공장을 설치 · 운영특허를 받아 운영하는 경우에 일부 보세공장의 원재료 수급 및 재고관리 등 불가피한 사유로 동일법인 보세공장 간 원재료의 원상태 반출이 타당하다고 인정되는 경우

TIP ⑤ 보세운송절차에 따라 보세공장 간 원재료의 원상태 반출을 허용할 수 있는 경우이다〈보세공장 운영에 관한 고시 제14조(국외가공 등 원재료 원상태 반출) 제2항〉.

ANSWER 53.① 54.③ 55.⑤

56 **보세공장 견본품 일시반출입 절차에 대한 설명으로 옳지 않은 것은?**

① 견본품은 수출상담, 전시 또는 원자재 등의 품질검사 등을 위하여 세관장이 필요하다고 인정하는 최소한의 물량이어야 한다.

② 반출허가를 받은 견본품은 허가일로부터 30일 이내에 허가 받은 전시장 등에 반입하여야 한다.

③ 견본품을 보세공장에 재반입하고자 하는 경우에는 세관장에게 해당 물품의 반출허가서 사본을 첨부하여 견본품재반입신고를 하여야 한다.

④ 견본품 반출허가를 받아 전시장 등으로 반출하거나 보세공장으로 재반입하는 물품의 반출입신고는 동 허가(신고)서로 갈음하고 별도의 보세운송절차를 요하지 아니한다.

⑤ 보세공장과 전시장 등이 서로 다른 세관의 관할구역 내에 있는 경우 세관장은 전시장 등 관할 세관장에게 필요한 사항에 대한 관리 · 감독을 위탁할 수 있다.

TIP 반출허가를 받은 견본품은 허가일로부터 5일 이내에 허가 받은 전시장 등에 반입하여야 한다〈보세공장 운영에 관한 고시 제29조(견본품 전시 등을 위한 일시반출) 제2항〉.

57 **보세공장 외 일시 물품장치에 관한 설명으로 틀린 것은?**

① 운영인은 사용신고 한 거대중량의 물품으로서 다른 보세작업의 수행에 지장이 있는 경우에는 세관장의 허가를 받아 해당 물품을 보세공장 외의 장소에 장치할 수 있다.

② 보세공장 외 일시 물품 장치허가 신청서를 제출받은 세관장은 신청물품이 다른 보세작업의 수행에 지장을 초래하는지 여부와 보세화물의 감시감독에 지장이 있는지 여부를 심사하여 1년 3개월의 범위에서 허가할 수 있다.

③ 운영인은 장외일시장치 허가를 받은 물품을 허가일로부터 30일 이내에 허가받은 장소에 반입하여야 한다.

④ 장외일시장치장소에 반입된 물품은 허가기간이 종료될 때까지 보세공장에 있는 것으로 본다.

⑤ 동일한 장외장치 장소에서 반복적인 허가를 받고 하는 경우 운영인은 사전에 장외일시장치 장소 관할 세관장에게 제출하여 장외일시 장치장소를 등록할 수 있다.

TIP 보세공장 외 일시 물품 장치허가 신청서를 제출받은 세관장은 신청물품이 다른 보세작업의 수행에 지장을 초래하는지 여부와 보세화물의 감시감독에 지장이 있는지 여부를 심사하여 1년 6개월의 범위에서 허가할 수 있다. 다만, 재해 그 밖에 부득이한 사유가 있는 경우에는 세관장의 허가를 받아 장치장소를 변경하거나 1년 6개월의 범위에서 장치기간을 연장할 수 있다〈보세공장 운영에 관한 고시 제17조의2(보세공장 외 일시 물품장치 등) 제2항〉.

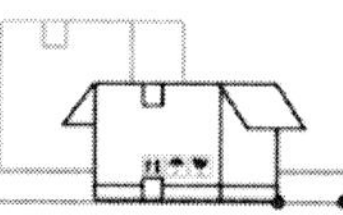

58 보세공장의 장치기간은?

① 반입일로부터 3개월
② 반입일로부터 6개월
③ 반입일로부터 2년
④ 반입일로부터 3년
⑤ 해당 보세공장의 특허기간

TIP 보세공장의 장치기간은 해당 보세공장의 특허기간으로 한다〈보세화물장치기간 및 체화관리에 관한 고시 제4조(장치기간) 제7항〉. 다만, 해당 보세공장에서 수입통관 후 사용하여야 하는 물품의 장치기간은 반입일로부터 1년으로 한다〈보세공장 운영에 관한 고시 제17조(물품의 장치 및 관리) 제3항〉.

59 다음은 보세공장의 장외작업 기간에 대한 내용이다. ( ) 안에 들어갈 말로 적당한 것은?

> 세관장은 작업에 소요되는 원재료의 부정유출 우려가 있다고 인정되는 물품 또는 공장에 대하여는 장외작업을 허가하여서는 아니되며, 장외작업허가신청을 받은 세관장은 (   ) 이내의 기간과 장소를 정하여 이를 허가할 수 있다.

① 1개월
② 3개월
③ 4개월
④ 6개월
⑤ 1년

TIP 장외작업허가신청을 받은 세관장은 6개월 이내의 기간과 장소를 정하여 이를 허가할 수 있다. 다만 다음 중 어느 하나에 해당하는 경우에는 해당 기간 이내에서 장외작업을 허가할 수 있다〈보세공장 운영에 관한 고시 제22조(장외작업) 제2항〉.

㉠ 임가공계약서 등으로 전체 장외작업의 내용을 미리 알 수 있어 여러 건의 장외작업을 일괄 허가하는 경우 : 1년
㉡ 제품 1단위를 생산하는데 장기간 소요되는 거대 중량의 물품인 경우 : 2년

ANSWER 56.② 57.② 58.⑤ 59.④

60 타보세공장 등 일시 보세작업에 관한 설명으로 틀린 것은?

① 운영인은 작업공정상 보세작업의 일부를 다른 보세공장 또는 자유무역지역에서 수행하고자 하는 경우에는 세관장에게 다른 보세공장 일시보세작업허가신청을 하여야 한다.

② 운영인이 전산시스템에 의하여 다른 보세공장 일시보세작업허가신청을 하는 경우 세관장은 작업기간 동안 생산하는 물품과 소요 원재료를 포괄하여 6개월 이내의 기간을 정하여 이를 허가할 수 있다.

③ 운영인이 다른 보세공장 일시보세작업의 허가를 받은 물품을 반출입하는 때에는 보세운송절차에 의하여야 한다.

④ 운영인은 타보세공장에 일시보세작업허가를 받은 원재료 및 제품을 운송할 때에는 원보세공장 또는 타보세공장 소유의 차량을 이용할 수 있다.

⑤ 운영인은 다른 보세공장 일시보세작업으로 생산한 물품과 잉여물품 등을 다른 보세공장에 장치한 상태에서 수출입신고, 양수도 또는 폐기처분 등을 할 수 있다.

TIP 운영인이 전산시스템을 통해 다른 보세공장 일시보세작업허가신청을 하는 경우 세관장은 작업기간동안 생산하는 물품과 소요 원재료를 포괄하여 1년 이내의 기간을 정하여 이를 허가할 수 있다〈보세공장 운영에 관한 고시 제24조(다른 보세공장 등 일시 보세작업) 제2항〉.

61 보수작업에 대한 설명으로 옳지 않은 것은?

① 물품의 상품성 향상을 위한 개수작업에는 포장개선, 라벨표시, 단순절단 등을 포함한다.

② HS상 품목분류의 변화를 가져오는 것은 보수작업으로 인정되지 않는다.

③ 보수작업을 하고자 하는 경우에는 세관장으로부터 보수작업승인을 받아야 한다.

④ 보수작업을 완료한 경우에 세관장의 완료보고는 생략이 가능하다.

⑤ 수출후 재반입된 물품이 보수작업이 곤란한 경우 세관장의 승인을 받아 잉여물품으로 처리하여 대체품을 수출할 수 있다.

TIP 보수작업을 완료한 경우에는 세관장에게 완료보고를 하여 그 확인을 받아야 한다〈보세공장 운영에 관한 고시 제25조(보수작업) 제3항〉.

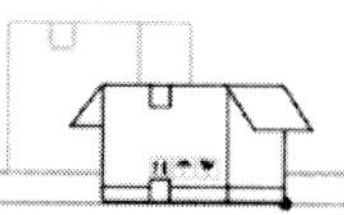

62 보세공장에서의 운영인이 보세작업에 의하여 생산된 해당 제품을 생산하는 과정에서 사용한 각각의 원재료의 총량을 기초로 하여 기록 · 관리하여야 하는 사항과 거리가 먼 것은?

① 제품의 가격변동표

② 제품의 품명, 모델 · 규격, 수량

③ 원재료의 품명, 모델 · 규격, 내 · 외국물품의 구분

④ 원재료별 실소요량

⑤ 제품 1단위 생산에 소요되는 원재료별 평균 소요량

TIP 운영인은 보세작업에 의하여 생산된 해당 제품을 생산하는 과정에서 사용한 각각의 원재료의 총량을 기초로 다음의 사항을 기록 · 관리하여야 하며, 회계연도 종료 후 3개월 이내에 해당 회계연도에 생산한 제품에 대하여 보세공장원재료실소요계산서를 작성 · 보관하여야 한다. 다만 동종 · 동질물품으로서 손모율의 차이가 없다고 세관장이 인정하는 경우에는 제품 또는 소요원재료를 통합하여 손모율을 산정할 수 있다〈보세공장 운영에 관한 고시 제32조(원재료 소요량 관리) 제1항〉.

㉠ 제품의 품명, 모델 · 규격, 수량

㉡ 원재료의 품명, 모델 · 규격, 내 · 외국물품의 구분

㉢ 원재료별 실소요량

㉣ 제품 1단위 생산에 소요되는 원재료별 평균 소요량

63 보세공장 제조물품 등의 보세운송 및 선적에 관한 내용이다. (　　) 안에 차례대로 들어갈 말로 적당한 것은?

- 보세공장에서 다른 보세구역 또는 다른 보세공장으로 반출하는 물품은 보세운송 승인일로부터 (　　) 이내에 도착지에 도착하여야 한다.
- 보세공장에서 제조 · 가공되어 수출신고수리된 물품은 보세운송절차에 의하여 수출신고수리일로부터 (　　) 이내에 도착지에 도착하여야 한다.

① 5일, 30일

② 5일, 15일

③ 5일, 10일

④ 7일, 30일

⑤ 7일, 15일

TIP
- 보세공장에서 다른 보세구역 또는 다른 보세공장으로 반출하는 물품은 보세운송 승인일로부터 7일 이내에 도착지에 도착하여야 한다. 다만, 부득이한 사유가 있는 경우에는 7일의 범위 내 또는 세관장이 인정하는 기간까지 보세운송기간을 연장할 수 있다〈보세공장 운영에 관한 고시 제38조(수출물품 등의 보세운송) 제1항〉.
- 보세공장에서 제조 · 가공되어 수출신고수리된 물품은 보세운송절차에 의하여 수출신고수리일로부터 30일 이내에 도착지에 도착하여야 하며, 보세운송기간의 연장은 선(기)적 기간의 연장으로 갈음한다〈동 고시 제2항〉.

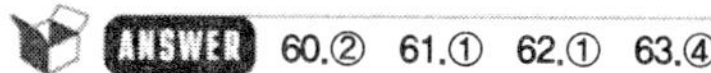
ANSWER 60.② 61.① 62.① 63.④

64 **보세공장의 재고조사에 대한 내용으로 틀린 것은?**

① 보세공장에 대한 재고조사는 실지조사 및 서면심사의 방법으로 회계연도 종료 3개월 이후 연 1회 실시하는 것을 원칙으로 한다.

② 운영인은 회계연도 종료 3개월이 지난 후 15일 이내에 보세공장 반입 원재료 및 제품 등의 관리에 대한 적정여부를 자체 점검하고 자율점검표를 작성하여 관할 세관장에게 제출하여야 한다.

③ 세관장은 운영인으로부터 제출 받은 자율점검표 등의 심사결과 보세공장 물품의 관리가 적정하다고 판단되는 보세공장에 대하여 자율점검표 등으로 재고조사를 갈음할 수 있다.

④ 세관장은 재고조사 대상으로 정하여진 보세공장에 대하여 재고조사 개시일부터 10일 이전에 물품의 반출입사항, 잉여물품의 처리사항 등 보세공장 물품관리에 필요한 사항이 포함된 제출서류명, 서류 제출기한, 재고조사대상기간, 재고조사기간 등을 기재한 통지서를 운영인에게 송부하여야 한다.

⑤ 재고조사 개시일부터 서면심사의 경우는 5일 이내, 실지조사의 경우는 7일 이내 완료하여야 한다.

TIP 재고조사 개시일부터 서면심사의 경우는 7일 이내, 실지조사의 경우는 10일 이내에 완료하여야 한다. 다만, 부득이하게 재고조사기간을 연장하려는 경우에는 7일 이내의 범위에서 연장할 수 있으며, 이미 재고조사가 완료된 "재고조사대상기간"에 대해서는 부정유출혐의 등의 경우를 제외하고는 반복조사할 수 없다〈보세공장 운영에 관한 고시 제40조(재고조사) 제4항〉.

65 **재고조사방법에 있어서 서면심사가 아닌 실지조사를 하여야 하는 경우로 틀린 것은?**

① 자율점검표 및 결산서와 부속서류 등 관련자료를 제출기한까지 제출하지 않은 경우

② 보세화물의 부정유출 우려가 있는 경우

③ 실소요량 관리가 다른 보세공장과 비교하여 월등히 합리적인 경우

④ 제출된 자료가 서면조사에 필요한 사항이 기재되지 않아 서면심사가 이루어지기 어려운 경우

⑤ 설치 · 운영특허가 상실된 경우

TIP 실소요량 관리가 다른 보세공장과 비교하여 불합리한 경우에 실지조사를 하여야 한다〈보세공장 운영에 관한 고시 제40조(재고조사) 제6항〉.

66 운영인 및 보세사의 의무사항으로 틀린 것은?

① 보세운송의 도착 및 화물의 이상유무 확인

② 보세공장의 원재료보관 · 보세작업 · 제품보관 등 각 단계별 반입과 반출

③ 장외작업물품, 내국작업허가물품의 반입과 반출

④ 반입대상인 내국물품의 반출입, 보세공장 물품의 장치와 보관

⑤ 잉여물품의 발생과 반출입

TIP 보세공장 운영인 또는 보세사는 다음의 사항을 확인하거나 기록하여야 한다〈보세공장 운영에 관한 고시 제42조의3(운영인 및 보세사의 의무) 제1항〉.

㉠ 보세운송의 도착 및 화물의 이상유무 확인
㉡ 보세공장의 원재료보관 · 보세작업 · 제품보관 등 각 단계별 반입과 반출
㉢ 장외작업물품의 반입과 반출
㉣ 내국작업허가물품의 반입과 반출
㉤ 잉여물품의 발생과 반출입
㉥ 환급고시 규정에 따른 환급대상 내국물품의 반입
㉦ 반입대상이 아닌 내국물품의 반출입
㉧ 보세공장 물품의 장치와 보관
㉨ 기타 보세공장 운영에 관한 고시에서 정하는 확인 · 기록 사항

67 자율관리보세공장의 지정요건으로 적당하지 않은 것은?

① 보세공장 운영 10년 이상, 반출입 10억 이상인 자

② 수출입 안전관리 우수업체 공인 및 관리업무에 관한 고시에서 정한 A등급 이상인 수출입 안전관리 우수업체인 자

③ 관세법에 따라 해당 보세공장에 장치된 물품을 관리하는 보세사를 채용한 자

④ 전년도 해당 공장에서 생산한 물품의 수출입신고금액 중 수출신고금액 비중이 50% 이상인 자

⑤ 반출입, 제조 · 가공, 재고관리 등 업무처리의 적정성을 확인 · 점검할 수 있는 기업자원관리시스템 또는 업무처리시스템에 세관 전용화면을 제공한 자

TIP 자율관리보세공장 지정요건〈보세공장 운영에 관한 고시 제36조 제1항〉

㉠ 수출입 안전관리 우수업체 공인 및 관리업무에 관한 고시에서 정한 A등급 이상인 수출입 안전관리 우수업체인 자
㉡ 해당 보세공장에 장치된 물품을 관리하는 보세사를 채용한 자
㉢ 전년도 해당 공장에서 생산한 물품의 수출입신고금액 중 수출신고금액 비중이 50% 이상인 자 또는 전년도 수출신고금액이 미화 1천만달러 이상인 자
㉣ 반출입, 제조 · 가공, 재고관리 등 업무처리의 적정성을 확인 · 점검할 수 있는 기업자원관리시스템 또는 업무처리시스템에 세관 전용화면을 제공하거나 해당 시스템의 열람 권한을 제공한 자

ANSWER 64.⑤ 65.③ 66.④ 67.①

68 보세전시장에 관한 내용으로 틀린 것은?

① 보세전시장이란 박람회 · 전람회 · 견품시 등의 운영을 위하여 외국물품을 장치 · 전시 또는 사용하는 구역을 말한다.

② 보세전시장의 운영인은 보세사로 하여야 한다.

③ 보세전시장의 특허대상이 될 박람회 등은 주최자, 목적, 회기, 장소, 참가국의 범위, 전시 또는 사용될 외국물품의 종류와 수량, 회장에서 개최될 각종행사의 성질 등 그 규모와 내용으로 보아 해당 박람회 등의 회장을 보세구역으로 하는 것이 타당하다고 세관장이 인정하는 경우에 한한다.

④ 보세전시장으로 특허 받을 수 있는 장소는 해당 박람회 등의 전시장에 한하며, 세관장은 그 박람회 등의 내용에 따라 전시장의 일정지역을 한정하거나 전시장의 전부를 보세구역으로 특허할 수 있다.

⑤ 보세전시장의 특허기간은 해당 박람회 등의 회기와 그 회기의 전후에 박람회 등의 운영을 위한 외국물품의 반입과 반출 등에 필요하다고 인정되는 기간을 고려해서 세관장이 정한다.

TIP 보세전시장의 운영인은 해당 박람회 등의 주최자 명의로서 하여야 한다〈보세전시장 운영에 관한 고시 제3조(특허대상) 제2항〉.

69 보세전시장에 관련된 설명으로 틀린 것은?

① 보세전시장에 장치된 외국물품의 장치기간은 특허기간과 같다.

② 보세전시장에 사용된 내 · 외국물품의 반출입 신고를 생략한다.

③ 보세전시장에서의 외국물품의 전시는 전시의 대상이 될 물품의 성능을 실연하기 위하여 이를 작동시키는 행위를 포함한다.

④ 보세전시장에서 외국물품의 사용은 그 물품의 성질 또는 수량에 변경을 가하거나 전시장에서 소비하는 행위를 포함한다.

⑤ 세관장에게 반입신고를 한 외국물품이 보세전시장에 반입된 경우 운영인은 그 물품에 대하여 세관공무원의 검사를 받아야 한다.

TIP 보세전시장에서 사용될 내국물품에 대하여는 반출입 신고를 생략할 수 있으나〈보세전시장 운영에 관한 고시 제14조(내국물품) 제1항〉, 외국물품에 대하여는 반출입 신고를 하여야 한다.

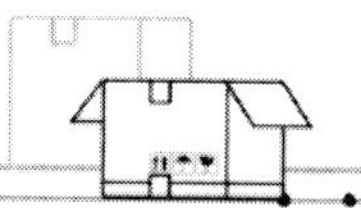

70 다음 중 보세전시장에 반입이 허용되는 외국물품의 범위로 틀린 것은?

① 건설용품
② 업무용품
③ 휴대용품
④ 증여물품
⑤ 전시용품

TIP 보세전시장에 반입이 허용되는 외국물품의 범위〈보세전시장 운영에 관한 고시 제9조〉

구분	내용
건설용품	해당 보세전시장에 설치될 전시관, 사무소, 창고, 그 밖의 건조물의 건설유지 또는 철거를 위하여 사용될 물품(시멘트, 도료류, 접착제, 볼트, 합판 등의 건축자재와 토목기계, 건축기계, 각종공구 및 이에 사용될 연료나 기계류 등이 포함됨)
업무용품	해당 박람회 등의 주최자 또는 출품자가 보세전시장에서 그 업무수행을 위하여 사용할 물품(사무소 또는 전시관에 비치된 가구, 장식품, 진열용구, 사무용비품 및 소모품 등이 포함됨)
오락용품	해당 보세전시장에서 불특정다수의 관람자에게 오락용으로 관람시키거나 사용하게 할 물품(영화필름, 슬라이드, 회전목마 등이 포함됨)
전시용품	해당 보세전시장에서 전시할 물품
판매용품	해당 보세전시장에서 불특정다수의 관람자에게 판매할 것을 목적으로 하는 물품 (판매될 물품이 전시할 기계류의 성능실연을 거쳐서 가공·제조되는 것인 때에는 이에 사용될 원료도 포함됨)
증여물품	해당 보세전시장에서 불특정다수의 관람자에게 증여할 것을 목적으로 하는 물품을 말하며, 다음과 같은 것이 이에 포함됨 • 광고용 팸플릿, 카탈로그, 포스터 또는 이와 유사한 인쇄물 • 상용견품 또는 광고용품으로 관세가 면제될 진정견본 • 우리나라 거주자가 받는 소액물품으로 관세가 면제될 소액 증여품

71 보세전시장과 관련된 설명으로 틀린 것은?

① 박람회 등의 회기가 종료되면 해당 보세전시장에 있는 외국물품은 폐기하는 것을 원칙으로 한다.
② 보세전시장에 장치된 외국물품의 장치기간은 특허기간과 같다.
③ 기증·매각됨으로써 보세전시장에 있는 외국물품을 국내로 반입하려는 자는 수입신고를 하여야 한다.
④ 보세전시장에 있는 외국물품을 폐기하려는 때에는 미리 세관장의 승인을 받아야 한다.
⑤ 회기가 종료되고 반송, 수입 또는 폐기처리되지 아니한 외국물품은 해당 보세전시장의 특허기간에 지체 없이 다른 보세구역으로 반출하여야 한다.

TIP 박람회 등의 회기가 종료되면 해당 보세전시장에 있는 외국물품은 이를 외국으로 반송하는 것을 원칙으로 하며, 이 경우의 반송절차는 반송절차에 관한 고시를 적용한다〈보세전시장 운영에 관한 고시 제19조(반송)〉.

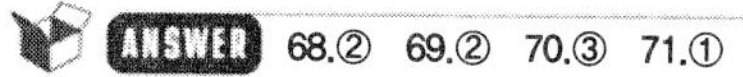
ANSWER 68.② 69.② 70.③ 71.①

72 **보세전시장에 반입된 외국물품 중 수입신고 수리 후 사용이 가능한 물품을 모두 고르면?**

㉠ 판매용품	㉡ 오락용품
㉢ 증여용품	㉣ 전시용품
㉤ 업무용품	

① ㉠㉡㉢
② ㉠㉢㉣
③ ㉡㉢㉣
④ ㉡㉢㉤
⑤ ㉢㉣㉤

TIP 보세전시장에 반입된 외국물품 중 수입신고 수리 후 사용이 가능한 물품은 다음의 하나에서 정하는 바와 같다〈보세전시장 운영에 관한 고시 제17조(수입신고대상)〉.
㉠ **판매용품** : 보세전시장에서 불특정다수의 관람자에게 판매할 것을 목적으로 하는 물품
㉡ **오락용품** : 보세전시장에서 불특정다수의 관람자에게 오락용으로 관람케 하거나 사용하게 할 물품 중 유상으로 제공될 물품
㉢ **증여물품** : 보세전시장에서 불특정다수의 관람자에게 증여할 물품

73 **보세건설장에 대한 설명으로 틀린 것은?**

① 보세건설장이란 산업시설의 건설에 사용되는 외국물품인 기계류 설비품이나 공사용 장비를 장치 · 사용하여 해당 건설공사를 하는 특허보세구역을 말한다.
② 보세건설장 설치 · 운영의 특허를 받고자 하는 자는 보세구역 특허신청서에 공사계획서, 수입하는 기계류 설비품 및 공사용 장비명세서, 공사평면도 및 건물배치도, 위치도, 임원의 인적사항 등을 첨부하여 세관장에게 제출하여야 한다.
③ 보세건설장의 특허를 갱신하려는 자는 특허기간 만료 30일 전까지 보세건설장 설치 · 운영 특허갱신 신청서와 첨부서류를 세관장에게 제출하여야 한다.
④ 운영인은 특허면적 등 수용능력을 증감하려면 보세건설장 수용능력 증감신청서를 세관장에게 제출하고 허가를 받아야 한다.
⑤ 운영인은 수용능력 증감공사를 완료한 때에는 지체 없이 그 사실을 세관장에게 통보하여야 한다.

TIP 운영인은 특허면적 등 수용능력을 증감하려면 보세건설장 수용능력 증감신청서를 세관장에게 제출하고 승인을 받아야 한다〈보세건설장 관리에 관한 고시 제5조(특허의 갱신 등) 제4항〉.

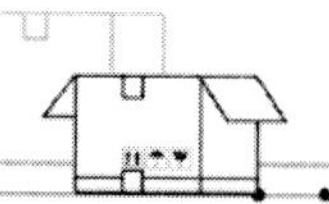

74 보세건설장의 특허를 받을 수 있는 경우로 틀린 것은?

① 산업발전법에 따른 업종에 해당하는 물품을 수입하는 경우
② 의료기기 개발촉진법에 해당하는 의료기기를 수입하는 경우
③ 외국인투자촉진법에 따른 외국인투자지역에 입주하는 외국인투자기업체
④ 산업집적활성화 및 공장설립에 관한 법률 등에 따른 공업단지입주기업체
⑤ 정상 통관절차에 따르면 장기간이 소요되어 산업시설건설에 지장을 초래한다고 인정되는 산업 또는 기업체

TIP 보세건설장의 특허대상〈보세건설장 관리에 관한 고시 제4조 제1항〉
㉠ 산업발전법에 따른 업종에 해당하는 물품을 수입하는 경우
㉡ 중요산업으로서 보수 및 개수를 위하여 세관장이 타당하다고 인정하는 경우
㉢ 외국인투자촉진법에 따른 외국인투자지역에 입주하는 외국인투자기업체
㉣ 산업집적활성화 및 공장설립에 관한 법률 등에 따른 공업단지입주기업체
㉤ 위에 해당하지 아니하는 경우로서 정상 통관절차를 따르면 장기간이 소요되어 산업시설건설에 지장을 초래한다고 인정되는 산업 또는 기업체

75 보세건설장과 관련된 설명으로 틀린 것은?

① 세관장은 재해나 그 밖의 부득이한 사유로 인하여 필요하다고 인정될 때에는 신청을 받아 보세건설장외 보세작업의 기간 또는 장소를 변경할 수 있다.
② 보세건설장 운영인은 산업시설 건설에 사용되는 외국물품인 기계류 설비품은 수입신고 후 사용하여야 한다.
③ 세관장은 보세건설장에 반입하는 외국물품에 대하여는 해당 물품의 B/L번호, 품명 · 수량, 가격 등과 반입신고 연월일 및 신고번호, 수입신고 연월일 및 수입신고번호 등을 확인할 수 있는 반출입신고서, 수입신고필증 등을 비치하고 반입물품을 관리하여야 한다.
④ 운영인은 수입신고를 한 물품을 사용한 건설공사가 완료된 때에는 보세건설장 완료보고서를 세관장에게 제출하여야 한다.
⑤ 세관장은 특허상실 또는 특허기간이 만료된 보세건설장에 장치되어 있는 외국물품은 종류, 수량 등을 고려하여 특허상실 또는 특허기간 만료일로부터 6개월을 초과하지 않는 범위에서 세관장이 정한 기간 내에 다른 보세구역으로 반출하여야 한다.

TIP 운영인은 보세건설장에 반입하는 외국물품에 대하여는 다음의 사항을 확인할 수 있는 반출입신고서, 수입신고필증 등을 비치하고 반입물품을 관리하여야 한다〈보세건설장 관리에 관한 고시 제9조(물품관리)〉.
㉠ 해당 물품의 B/L번호 · 품명 · 수량 · 가격, 포장의 종류 · 기호 · 번호 및 개수
㉡ 반입신고 연월일 및 신고번호
㉢ 수입신고 연월일, 수입신고번호, 검사 연월일, 사용 연월일, 수입신고수리 연월일
㉣ 그 밖에 세관장이 필요하다고 인정하는 사항

72.① 73.④ 74.② 75.③

76 보세판매장의 종류 중 하나로 〈보기〉가 설명하는 것은?

> 〈보기〉
>
> 공항 및 항만의 보세구역 이외의 장소에서 출국인 및 통과여객기(선)의 임시체류인에게 판매하는 보세판매장

① 외교관면세점
② 출국장면세점
③ 시내면세점
④ 입국장면세점
⑤ 지정면세점

TIP ① 관세법에 따라 관세의 면제를 받을 수 있는 자에게 판매하는 보세판매장을 말한다.
② 출국인 및 통과여객기(선)에 의한 임시체류인에게 공항이나 항구의 보세구역 내 출국장에서 판매하는 보세판매장을 말한다.
③ 출국장 이외의 장소에서 출국인에게 외국물품을 판매하고 출국장의 인도장에서 인도하도록 하는 보세판매장을 말한다.
④ 외국에서 국내로 입국하는 자에게 물품을 판매하는 목적으로 공항과 항만 등의 입국경로에 설치된 보세판매장을 말한다.
⑤ 제주도 외 국내 다른 지역으로 출도하는 제주도여행객에게 연간 6회, 1회당 미화 600불 이하의 면세품을 판매할 수 있는 곳이다.

77 보세판매장의 설치 · 운영 특허에 관한 내용으로 틀린 것은?

① 운영인은 자본금 10억 원 이상의 법인이어야 한다.
② 운영인의 결격사유에 해당하는 자, 관세 등 국세를 체납한 자 등은 보세판매장을 설치하여 운영할 수 없다.
③ 외교관면세점은 서울특별시내에 한하여 매장 및 보관창고를 각각 별도로 설치하되 세관장이 보세화물 관리에 적정하다고 인정하는 면적을 확보하여야 한다.
④ 시내면세점의 시설요건으로 서울, 부산, 인천지역은 매장 $496m^2$ 이상, 보관창고는 $165m^2$ 이상이어야 한다.
⑤ 출국장면세점의 매장은 출국장의 사정에 따라 세관장과 사전협의된 장소의 범위 내에서 세관장이 인정하는 면적으로 한다.

TIP 시내면세점의 시설요건〈보세판매장 특허에 관한 고시 제4조(시설 요건) 제4호〉

구분	시설요건
서울, 부산지역	매장면적 $496m^2$ 이상 보관창고 $165m^2$ 이상
기타지역	매장면적 $331m^2$ 이상 보관창고 $66m^2$ 이상

78 보세판매장의 운영인의 의무에 대한 내용으로 적절하지 않은 것은?

① 시내면세점 운영인은 해당 보세판매장에 매장면적의 20%이상 또는 864m^2 이상의 중소 · 중견기업 제품 매장을 설치하여야 한다.

② 운영인은 판매물품을 진열 · 판매하는 때에는 상표단위별 진열장소의 면적이 매장면적의 10분의 1을 초과하지 아니하도록 한다.

③ 운영인이 외국물품을 판매하는 때에 적용하는 환율은 외국환거래법에 의한 기준환율 또는 재정환율을 적용하여야 하며, 구매자가 잘 볼 수 있는 곳에 게시하여야 한다.

④ 운영인은 상거래상 법적, 도의적 책임을 다하여야 하며, 판매물품에 대하여 판매가격 표시제를 엄수하여야 한다.

⑤ 운영인은 보세판매장 반출입물품 관리를 위한 전산시스템을 통하여 해당 월의 보세판매장의 업무사항을 다음달 10일까지 세관장에게 보고하여야 한다.

TIP 운영인은 보세판매장 반출입물품 관리를 위한 전산시스템을 통하여 해당 월의 보세판매장의 업무사항을 다음 달 7일까지 세관장에게 보고하여야 한다〈보세판매장 운영에 관한 고시 제3조(운영인의 의무) 제8항〉.

79 보세판매장의 특허신청 공고와 절차 등에 관련된 설명으로 적절하지 않은 것은?

① 관세청장은 기존 특허의 기간 만료, 취소 및 반납 등으로 인하여 보세판매장의 특허를 부여할 필요가 있는 경우에는 공고하여야 한다.

② 관세청장이 특허신청 공고를 하는 경우 관세청의 인터넷 홈페이지 및 해당 세관의 게시판에 공고하여야 하며 공고기간은 30일 이상이다.

③ 특허신청자는 특허신청 공고 기간 내에 보세판매장 특허 신청서와 첨부서류를 제출하여야 한다.

④ 보세판매장의 특허 갱신을 받기위해서는 갱신신청서와 첨부서류를 구비하여 특허기간 또는 갱신 기간 만료 6개월 전까지 세관장에게 신청하여야 한다.

⑤ 특허신청자는 「관세법 시행규칙」에 따라 특허신청 수수료 4만5천원을 납부하여야 한다.

TIP 관세청장이 특허신청 공고를 하는 경우 관세청의 인터넷 홈페이지 및 해당 세관의 게시판에 공고하여야 하며 공고기간은 20일 이상이다〈보세판매장 특허에 관한 고시 제5조(특허신청의 공고) 제4항〉.

ANSWER 76.③ 77.④ 78.⑤ 79.②

80 보세판매장의 판매절차와 관련한 내용으로 틀린 것은?

① 보세판매장 운영인은 보세판매장 판매용물품을 보관창고에 반입한 후 매장으로 반출하여야 한다.
② 외교관면세점에서는 관세법의 관련 규정에 따라 관세 면제를 받을 수 있는 주한외교관 및 외국공관원에 한하여 물품을 판매할 수 있다.
③ 출국장면세점에서는 출국인 및 외국으로 출국하는 통과여객기(선)에 의한 임시체류인에 한하여 물품을 판매할 수 있다.
④ 운영인은 보관창고에 반입할 물품을 5근무일 이내에 관할 세관장에게 반입검사를 신청하여야 한다.
⑤ 보세판매장 운영인이 물품을 판매한 때에는 구매자 인적사항 및 판매사항을 구매자관리대장에 기록 또는 전산관리 하여야 한다.

TIP 운영인은 보관창고에 반입된 물품을 7근무일 이내에 관할세관장에게 반입검사를 신청하여야 한다. 다만, 부득이한 사유로 같은 기간내에 반입검사 신청을 할 수 없는 때에는 반입검사 신청기간 연장 신청을 하고 세관장의 승인을 받아야 한다〈보세판매장 운영에 관한 고시 제6조(판매용물품의 반입신고 및 반입검사신청) 제3항〉.

81 보세판매장에서의 미인도 물품의 처리에 관한 설명이다. ( ) 안에 들어갈 말로 적당한 것은?

인도자는 판매물품이 인도장에 반입된 후 ( )이 경과하여도 구매자에게 인도되지 아니하는 때에는 미인도 물품목록을 작성하여 세관장에게 보고하고, 인도자의 입회하에 현품을 세관장이 승인한 행낭에 넣은 후 세관공무원의 시건과 봉인을 받아 세관장이 지정한 장소에서 해당 물품을 판매한 운영인에게 인계하여야 한다.

① 3일
② 5일
③ 10일
④ 15일
⑤ 30일

TIP 인도자는 판매물품이 인도장에 반입된 후 5일이 경과하여도 구매자에게 인도되지 아니하는 때에는 미인도 물품목록을 작성하여 세관장에게 보고하여야 한다〈보세판매장 운영에 관한 고시 제18조(미인도 물품의 처리) 제1항〉.

82 **보세판매장 인도자의 지정 등에 대한 설명으로 틀린 것은?**

① 인도자 지정기간을 갱신하려는 사람은 지정기간 만료 30일 전까지 지정신청시 구비한 서류 중 변경된 내역을 구비하여 세관장에게 지정기간 갱신신청을 하여야 한다.

② 세관장은 지정기간 갱신신청이 있을 경우 요건을 심사하고 5년의 범위내에서 기간을 정하여 승인할 수 있다.

③ 인도자로 지정받고자 하는 자는 시내면세점 관할 세관장에게 지정신청을 하여야 한다.

④ 인도자는 인도장의 수용능력을 증감하거나 수선 등 시설을 변경하려할 경우 관할 세관장에게 신고하여야 한다.

⑤ 세관장은 인도자가 경고처분을 1년 내에 3회 이상 받은 경우에는 인도자의 지정을 취소할 수 있다.

TIP 인도자 지정〈보세판매장 운영에 관한 고시 제13조〉

㉠ 인도장에서 판매물품을 구매자에게 인도하는 업무를 담당하려는 자(이하 "인도자"라 한다)는 다음에 해당하는 자로서 인도장 관할세관장으로부터 지정을 받아야 한다.
- 인도자는 다음의 어느 하나에 해당하는 자 : 보세판매장 협의단체, 관세행정 또는 보세화물관리와 관련 있는 비영리 법인
- **인도자 지정 결격 사유** : 관세법 제175조 각 호의 어느 하나에 해당 하는 자, 관세 및 국세의 체납이 있는 자

㉡ 인도자로 지정받고자 하는 자는 지정신청서와 법에서 정하는 서류를 구비하여 세관장에게 인도자 지정신청을 하여야 하며, 세관장은 5년의 범위 내에서 기간을 정하여 인도자를 지정하고 그 지정사항을 관세청장에게 보고하여야 한다. 이 경우 인도자의 지정은 화물관리인으로 지정한 것으로 보며, 인도자의 지정기간의 갱신 및 지정취소에 대하여는 각각 아래를 따른다.
- **지정신청시 구비서류** : 인도장 운영계획서, 채용 보세사 자격증 사본, 그 밖에 세관장이 인도자 지정 및 인도장 관리에 필요하다고 인정하는 서류
- **지정기간 갱신 및 지정내용 변경**
  - 인도자 지정기간을 갱신하려는 자는 지정기간 만료 30일 전까지 지정신청시 구비한 서류 중 변경된 내역을 구비하여 세관장에게 지정기간 갱신신청을 하여야 한다.
  - 세관장은 지정기간 갱신신청이 있을 경우, ㉠에서 정한 요건을 심사하고 5년의 범위내에서 기간을 정하여 지정기간의 갱신을 승인할 수 있으며 승인사실을 관세청장에게 보고하여야 한다.
  - 인도자는 인도장의 수용능력을 증감하거나 수선 등 시설을 변경하려는 때에는 사전에 관할 세관장에게 그 사유와 함께 신고하여야 한다.
- 세관장은 다음에 해당하는 경우 인도자 지정을 취소할 수 있으며 취소한 경우 그 사실을 관세청장에게 보고하여야 한다.
  - ㉠의 결격요건에 해당하는 경우
  - 경고처분을 1년 내에 3회 이상 받은 때
  - 인도자가 고의 또는 중대한 과실로 법을 위반하거나 관세행정 질서를 문란하게 하여 세관장이 인도자 지정을 취소함이 타당하다고 인정하는 때
  - 인도자가 실제 인도장 업무를 수행하지 않아 지정취소를 요청하는 경우

㉢ 세관장은 인도장의 수용능력 초과로 추가설치가 필요하거나 공항 · 항만출국장내에서 공간이 협소하여 인도장 설치가 불가능한 경우에는 보세화물 관리와 안전에 이상이 없는 범위내에서 출국장 인접 보세구역에 한하여 1년의 범위내에서 임시인도장을 지정할 수 있다.

ANSWER 80.④ 81.② 82.③

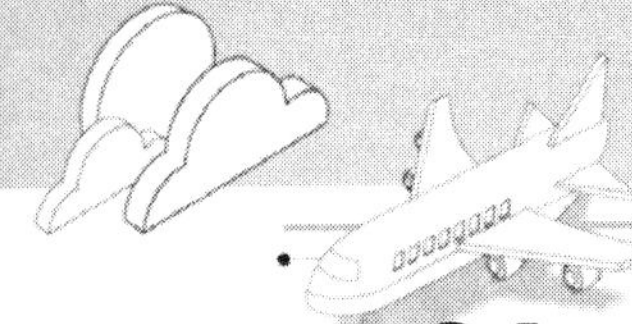

04 특정보세구역

제2과목 보세구역관리

1 종합보세구역에 대한 설명으로 틀린 것은?

① 관세청장은 직권으로 또는 관계 중앙행정기관의 장이나 지방자치단체의 장, 그 밖에 종합보세구역을 운영하려는 자의 요청에 따라 무역진흥에의 기여정도, 외국물품의 반입 · 반출 물량 등을 고려하여 일정한 지역을 종합보세구역으로 지정할 수 있다.

② 종합보세구역에서는 보세창고 · 보세공장 · 보세전시장 · 보세건설장 또는 보세판매장의 기능 중 둘 이상의 기능을 수행할 수 있다.

③ 관세청장은 직권으로 종합보세구역을 지정하고자 하는 때에는 관계중앙행정기관의 장 또는 지방자치단체의 장과 협의하여야 한다.

④ 관세청장은 지정요청자의 요청에 의하여 종합보세기능의 수행이 예정되는 지역을 종합보세구역예정지역으로 지정할 수 있다.

⑤ 종합보세구역은 직권지정 또는 행정기관의 장 등이 지정 요청한 지역에 종합보세기능을 수행하기 위하여 입주하였거나 입주할 업체들의 외국인투자금액 · 수출금액 또는 외국물품의 반입물량 중 수출금액이 연간 미화 3천만불 이상에 해당하는 경우 지정할 수 있다.

TIP 종합보세구역의 지정요건〈종합보세구역 지정 및 운영에 관한 고시 제6조 제1항〉
관세청장은 종합보세구역으로 직권지정 하고자 하는 지역 또는 행정기관의 장 등이 종합보세구역으로 지정 요청한 지역에 종합보세기능을 수행하기 위하여 입주하였거나 입주할 업체들의 외국인투자금액 · 수출금액 또는 외국물품의 반입물량이 다음의 어느 하나에 해당하는 경우 당해지역을 종합보세구역으로 지정할 수 있다.
㉠ 외국인투자금액이 미화 1천만불 이상
㉡ 수출금액이 연간 미화 1천만불 이상
㉢ 외국물품의 반입물량이 월 1천톤 이상

2 종합보세구역 예정지역의 지정기간은?

① 1년
② 3년
③ 5년
④ 10년
⑤ 30년

TIP 종합보세구역 예정지역의 지정기간은 3년 이내로 하되, 예정지역의 지정기간이 만료되기 전에 관세청장은 종합보세구역으로 지정할 것인지 여부를 결정하여야 한다〈종합보세구역 지정 및 운영에 관한 고시 제6조의2(종합보세구역의 예정지역 지정) 제2항〉.

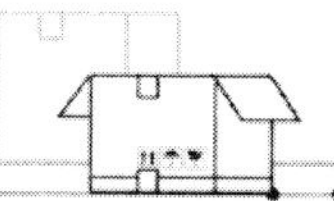

3 **종합보세구역 설치 · 운영 및 변경신고, 폐업 등에 관한 설명으로 틀린 것은?**

① 종합보세사업장의 설치 · 운영기간은 운영인이 정하는 기간으로 한다.

② 종합보세구역의 설치 · 운영기간 이후에도 계속하여 종합보세기능을 수행하고자 할 때에는 기간만료 30일전까지 설치 · 운영변경신고에 의하여 연장하여야 한다.

③ 운영인이 종합보세기능 중 수행하고자 하는 기능을 변경하고자 하거나 설치 · 운영신고한 사항을 변경하고자 할 때에는 그 변경내용을 기재한 신고서에 해당서류를 첨부하여 세관장에게 제출하여야 한다.

④ 운영인이 종합보세사업장을 폐업하거나 3개월 이상 계속하여 휴업하고자 할 때에는 운영인 또는 그 상속인은 세관장에게 즉시 그 사실을 신고하여야 한다.

⑤ 종합보세사업장 폐업신고를 받은 세관장은 당해 종합보세사업장에 대하여 재고조사 등 필요한 조치를 취하여야 한다.

TIP 운영인이 종합보세사업장을 폐업하거나 30일 이상 계속하여 휴업하고자 할 때에는 운영인 또는 그 상속인은 세관장에게 즉시 그 사실을 신고하여야 하며 다시 개업하고자 할 때에는 서면으로 그 요지를 통지하여야 한다〈종합보세구역의 지정 및 운영에 관한 고시 제9조(폐업신고 등) 제1항〉.

4 **종합보세사업장에서의 반출입에 대한 설명으로 틀린 것은?**

① 종합보세사업장에 물품을 반출입하고자 하는 운영인은 세관장에게 반출입신고를 하여야 한다.

② 반출입신고시 외국으로부터 도착한 물품 또는 보세운송되어 반입하는 물품에 대하여는 House B/L 단위로 신고하여야 한다.

③ 동일 종합보세사업장에서 종합보세기능 간에 물품을 이동하는 경우에도 반출입신고를 하여야 한다.

④ 종합보세구역에 반입된 외국물품이 사용신고 또는 수입신고되어 수리된 경우에는 반출신고를 생략한다.

⑤ 종합보세구역에 반입 · 반출되는 물품이 내국물품인 경우에는 신고를 생략하거나 간소한 방법으로 반입 · 반출하게 할 수 있다.

TIP 운영인이 동일 종합보세사업장에서 종합보세기능 간에 물품을 이동하는 경우에는 반출입신고를 하지 아니하며, 동일 종합보세구역 내의 종합보세사업장 간의 물품의 이동에는 보세운송신고를 하지 아니한다〈종합보세구역의 지정 및 운영에 관한 고시 제13조(반출입 신고) 제3항〉.

ANSWER 1.⑤ 2.② 3.④ 4.③

5 **종합보세구역에서 반입물품의 원칙적인 장치기간은?**

① 3개월 이내
② 6개월 이내
③ 1년 이내
④ 3년 이내
⑤ 제한 없음

TIP 종합보세구역에 반입한 물품의 장치기간은 제한하지 아니한다. 다만, 보세창고의 기능을 수행하는 장소 중에서 관세청장이 수출입물품의 원활한 유통을 촉진하기 위하여 필요하다고 인정하여 지정한 장소에 반입되는 물품의 장치기간은 1년의 범위에서 관세청장이 정하는 기간으로 한다〈관세법 제200조(반출입물품의 범위 등) 제2항〉.

6 **종합보세사업장에서의 보수작업에 관한 설명으로 적절하지 아니한 것은?**

① 종합보세사업장에서 보수작업을 하고자 하는 자는 보수작업신고서를 세관장에게 제출하여야 한다.
② 보수작업 후 즉시 재수출하고자 하는 경우에는 사용신고서에 보수작업물품임을 표시하여 사용신고할 수 있으며, 사용신고가 수리되는 경우에는 당해 물품에 대한 보수작업신고를 한 것으로 본다.
③ 종합보세사업장에서의 보수작업의 범위는 HS 품목분류의 변화를 가져오는 것에 한정한다.
④ 보수작업 신고인이 보수작업을 완료한 때에는 보수작업 완료보고서를 세관장에게 제출하여 그 확인을 받아야 한다.
⑤ 종합보세사업장 외에서 보수작업을 하고자 하는 자는 3월의 범위 내에서 그 기간 및 장소를 지정하여 장외보수작업신고서를 세관장에게 제출하여야 한다.

TIP 종합보세사업장에서의 보수작업 범위는 다음의 하나에 한하며, HS 품목분류의 변화를 가져오는 것은 보수작업으로 인정하지 아니한다〈종합보세구역의 지정 및 운영에 관한 고시 제19조(보수작업) 제2항〉.
㉠ 물품의 보존을 위해 필요한 작업(부패, 손상 등을 방지하기 위한 보존작업 등)
㉡ 물품의 상품성 향상을 위한 개수작업(포장개선, 라벨표시, 단순절단 등)
㉢ 선적 및 보관을 위한 준비작업(성능검사, 선별, 분류, 포장, 용기변경 등)
㉣ 단순한 조립작업(간단한 세팅, 완제품의 특성을 가진 구성요소의 조립 등)
㉤ 보세공장운영에 관한 고시 물품의 하자보수작업
㉥ ㉠~㉤와 유사한 작업

7 **종합보세구역에 대한 설명으로 틀린 것은?**

① 세관장은 관세채권의 확보, 감시 · 단속 등 종합보세구역을 효율적으로 운영하기 위하여 종합보세구역에 출입하는 인원과 차량 등의 출입을 통제하거나 휴대 또는 운송하는 물품을 검사할 수 있다.

② 세관장은 종합보세구역에 반입 · 반출되는 물품의 반입 · 반출 상황, 그 사용 또는 처분 내용 등을 확인하기 위하여 장부나 전산처리장치를 이용한 기록을 검사 또는 조사할 수 있으며 운영인으로 하여금 업무실적 등 필요한 사항을 보고하게 할 수 있다.

③ 세관장은 종합보세구역 안에 있는 외국물품의 감시 · 단속에 필요하다고 인정될 때에는 종합보세구역의 지정요청자에게 보세화물의 불법유출, 분실, 도난방지 등을 위한 시설의 설치를 요구할 수 있다.

④ 세관장은 운영인이 관세법에 의한 결격사유에 해당하게 된 경우에는 6개월의 범위에서 운영인의 종합보세기능 수행을 중지시킬 수 있다.

⑤ 관세청장은 종합보세구역에 반입 · 반출되는 물량이 감소되거나 종합보세구역의 지정요청자가 지정취소를 요청한 경우, 종합보세구역의 지정요건이 소멸한 경우에 해당하여 종합보세구역을 존속시킬 필요가 없다고 인정되는 경우에는 종합보세구역의 지정을 취소할 수 있다.

TIP 관세청장은 종합보세구역 안에 있는 외국물품의 감시 · 단속에 필요하다고 인정될 때에는 종합보세구역의 지정요청자에게 보세화물의 불법유출, 분실, 도난방지 등을 위한 시설을 설치할 것을 요구할 수 있다〈관세법 제203조(종합보세구역에 대한 세관의 관리 등) 제3항〉.

8 **수입활어장치장에 대한 내용으로 틀린 것은?**

① 활어장치장은 활어를 장치하는 보세구역과 보세구역이 아닌 장소 중 세관장의 허가를 받아 활어를 장치하는 곳이다.

② 활어장치장 수조의 외벽은 각각의 수조가 물리적 · 영구적으로 분리되는 구조와 재질로 이루어져야 하며, 수조 사이에 활어가 이동할 수 없도록 충분한 높이와 넓이를 갖추어야 한다.

③ 운영인 등은 수조에 설치하는 CCTV를 사각지대가 없도록 배치하여야 한다.

④ 운영인 등은 CCTV 녹화 영상을 촬영한 날로부터 2개월 이상 보관하여야 한다.

⑤ 운영인 등은 통관되지 않은 활어가 장치되어 있는 수조에는 이미 통관된 활어와 명확히 구분할 수 있도록 표식을 하여야 한다.

TIP 운영인 등은 CCTV 녹화 영상을 촬영한 날로부터 30일 이상 보관하여야 한다〈수입활어 관리에 관한 특례고시 제5조(CCTV의 배치와 관리) 제4항〉.

ANSWER 5.⑤ 6.③ 7.③ 8.④

제3과목

보세화물관리

01 보세화물관리제도

02 수출입 · 환적화물관리

03 보세운송제도

01 보세화물관리제도

제3과목 보세화물관리

1 보세제도에 대한 설명으로 틀린 것은?

① 보세제도는 외국물품의 수입신고를 하지 않고 세금을 납부하지 않은 상태에서 외국물품을 장치, 제조·가공, 건설, 판매·전시할 수 있도록 허용한 관세법상의 제도를 말한다.
② 보세제도를 통하여 중계무역과 가공무역 등 수출진흥에 기여하고 수입물품에 대해서는 보다 안전하고 효율적으로 화물을 관리할 수 있다.
③ 보세제도는 화주가 본인의 화물을 손쉽고 원활하게 통관해 갈 수 있다.
④ 보세장치장 등 보세구역이 설치되어 있으면 보세창고 인도조건 수입 등이 가능하여 국제거래 활성화에도 기여하게 된다.
⑤ 보세구역은 효율적인 화물관리와 관세행정의 필요성에 의하여 관세청장이 지정하거나 특허한 장소이다.

TIP 보세구역은 효율적인 화물관리와 관세행정의 필요성에 의하여 세관장이 지정하거나 특허한 장소로서 수출입 및 반송 등 통관을 하려는 외국물품을 장치하거나 외국물품 또는 외국물품과 내국물품을 원재료로 한 제조·가공 그 밖의 유사한 작업, 외국물품의 전시, 외국물품을 사용하는 건설, 외국물품의 판매, 수출입 물품의 검사 등을 하는 곳이다.

2 보세화물의 장치에 대한 설명으로 틀린 것은?

① 외국물품과 내국운송승인을 받고자 하는 내국물품은 보세구역이 아닌 장소에 장치할 수 없다.
② 보세구역은 세관장이 감시단속할 수 있는 장소이다.
③ 보세화물은 예외 없이 보세구역에 장치하여야 한다.
④ 보세구역은 통관의 적정과 신속을 기할 수 있다.
⑤ 보세구역은 가공무역을 비롯한 일반무역의 진흥과 국내산업시설의 건설을 신속히 할 수 있는 기능을 가진다.

TIP 보세화물은 원칙적으로 보세구역에 장치하여야 한다. 다만 화물의 성질상 보세구역에 반입할 수 없거나 또는 보세구역에 반입할 실익이 없는 경우에는 보세구역이 아닌 장소에 장치할 수 있다.

3 다음 용어의 설명으로 적당하지 아니한 것은?

① 세관지정장치장이란 세관장이 관리하는 시설 또는 세관장이 시설 관리인으로부터 무상사용의 승인을 받은 시설 중 지정장치장으로 지정한 시설을 말한다.

② 화물관리 세관공무원이란 특허보세구역의 운영인, 지정보세구역의 화물관리인, 보세구역 외 장치의 허가를 받은 자, 검역물품의 관리인을 말한다.

③ 위험물이란 폭발성, 인화성, 유독성, 부식성, 방사성, 산화성 등의 물질로서 관계법령에 따라 위험품으로 분류되어 취급이나 관리가 별도로 정해진 물품을 말한다.

④ 세관화물 정보시스템이란 적하목록, 적재 · 하선(기), 보세운송신고, 보세구역 반출입 등의 자료를 관리하는 세관운영시스템을 말한다.

⑤ 식품류란 식품위생법에 따른 식품 및 식품첨가물, 건강기능식품에 관한 법률에 따른 건강기능식품, 축산물가공처리법에 따른 축산물을 말한다.

TIP 화물관리 세관공무원이란 통관지원과 또는 화물담당부서의 세관공무원을 말한다〈보세화물관리에 관한 고시 제3조(정의) 제5호〉.

4 입항 전 또는 하선(기) 전에 수입신고나 보세운송신고를 하지 않은 보세화물의 장치장소 결정을 위한 화물분류 기준에 대한 내용으로 틀린 것은?

① 선사는 화주 또는 그 위임을 받은 자가 운영인과 협의하여 정하는 장소에 보세화물을 장치하는 것을 원칙으로 한다.

② 화주 또는 그 위임을 받은 자가 장치장소에 대한 별도의 의사표시가 없는 경우 Master B/L화물은 선사(항공사)와 세관장이 협의하여 장치장소를 결정한다.

③ 화주 또는 그 위임을 받은 자가 장치장소에 대한 별도의 의사표시가 없는 경우 House B/L화물은 화물운송주선업자가 선량한 관리자로서 선사(항공사) 및 보세구역운영인과 협의하여 장치장소를 결정한다.

④ 장치장소를 정할 때에 화물운송주선업자가 선량한 관리자로서의 의무를 다하지 못할 경우에는 세관지정 장치장을 장치장소로 한다.

⑤ 장치장소를 정할 때에 화물운송주선업자가 선량한 관리자로서의 의무를 다하지 못한 경우에는 세관지정 보세창고를 장치장소로 한다.

TIP 화주 또는 그 위임을 받은 자가 장치장소에 대한 별도의 의사표시가 없는 경우 Master B/L화물은 선사(항공사)가 선량한 관리자로서 장치장소를 결정한다〈보세화물관리에 관한 고시 제4조(화물분류기준) 제1항〉.

ANSWER 1.⑤ 2.③ 3.② 4.②

5 보세구역 내에 장치하지 않아도 되는 물품이 아닌 것은?

① 수입신고수리를 받은 물품

② 크기 · 무게의 과다 또는 그 밖의 사유로 보세구역에 장치하기 곤란한 물품

③ 재해나 그 밖의 부득이한 사유로서 임시 장치할 물품

④ 검역물품과 압수물품

⑤ 우편물품

TIP 보세구역이 아닌 장소에 장치할 수 있는 물품〈관세법 제155조 제1항〉
㉠ 수출신고가 수리된 물품
㉡ 크기 또는 무게의 과다나 그 밖의 사유로 보세구역에 장치하기 곤란하거나 부적당한 물품
㉢ 재해나 그 밖의 부득이 한 사유로 임시로 장치한 물품
㉣ 검역물품
㉤ 압수물품
㉥ 우편물품

6 반출명령에 대한 설명으로 틀린 것은?

① 세관장은 보세구역에 반입된 물품이 보세구역의 수용능력을 초과하여 추가로 물품반입이 곤란하거나, 태풍 등 재해로 인하여 보세화물에 피해의 우려가 있다고 인정될 때 해당 물품을 다른 보세구역으로 반출하도록 명령할 수 있다.

② 보고를 받은 세관장은 위험물을 장치할 수 있는 장소로 즉시 반출명령하여야 한다.

③ 반출명령을 받은 해당 물품의 운송인, 보세구역 운영인 또는 화물관리인은 세관장이 지정한 기간 내에 해당 물품을 다른 보세구역으로 반출하고 그 결과를 세관장에게 보고하여야 한다.

④ 화물반입량의 감소 등 일시적인 사정으로 보세구역의 수용능력이 충분하여 반출이 불필요한 경우에 세관장은 이전연도 및 해당 연도의 월별, 보세구역별 반입물량의 증가추이와 수용능력 실태 등을 심사하여 월별, 보세구역별로 일정기준을 정하여 반출 또는 반출유예를 조치할 수 있다.

⑤ 세관장은 보세구역 운영인이 반출명령을 이행하지 않는 경우에는 관세법에 따라 1년이하의 징역 또는 1천만 원 이하의 벌금에 처한다.

TIP 세관장은 보세구역 운영인이 반출명령을 이행하지 않은 경우에 관세법에 따라 과태료를 부과한다〈보세화물관리에 관한 고시 제6조(반출명령) 제5항〉.

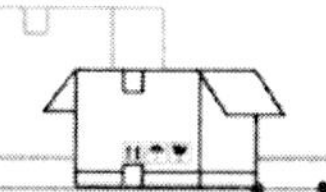

7 **보세화물 장치에 대한 내용으로 틀린 것은?**

① 입항전 또는 하선(기)전에 수입신고가 되거나 보세운송신고가 된 물품은 보세구역에 반입함이 없이 부두 또는 공항 내에서 보세운송 또는 통관절차와 검사절차를 수행하도록 하여야 한다.

② 위험물, 보온 · 보냉물품, 검역대상물품, 귀금속 등은 해당 물품을 장치하기에 적합한 요건을 갖춘 보세구역에 장치하여야 하며, 식품류는 보관기준을 갖춘 보세구역에 장치하여야 한다.

③ 보세창고, 보세공장, 보세전시장, 보세판매장에 반입할 물품은 특허시 세관장이 지정한 장치물품의 범위에 해당하는 물품만 해당 보세구역에 장치한다.

④ 수입고철(비금속철을 포함)은 그 허가를 받은 장소에 장치한다.

⑤ 보세구역 외 장치허가를 받은 물품은 그 허가를 받은 장소에 장치한다.

TIP 수입고철(비금속철을 포함)은 고철전용장치장에 장치하는 것을 원칙으로 한다〈보세화물관리에 관한 고시 제4조(화물분류기준) 제2항〉.

8 **물품의 반입에 대한 설명으로 옳지 않은 것은?**

① 화물분류기준에 따라 장치장소가 결정된 물품은 하선(기)절차가 완료된 후 해당 보세구역에 물품을 반입하여야 한다.

② 운영인은 반입된 물품이 반입예정 정보와 품명 · 수량이 상이하거나 안보위해물품의 반입, 포장파손, 누출, 오염 등으로 이상이 있는 경우에는 즉시 반송처리한다.

③ 위험물 장치허가를 받지 아니한 특허보세구역 운영인 및 지정보세구역 관리인은 화물 반입시 위험물 인지를 확인하여야 하며, 위험물을 발견하였을 때에는 즉시 세관장에게 보고하여야 한다.

④ 세관장은 관리대상화물을 세관지정 장치장에 장치한다.

⑤ 수출입물품은 공항만 보세구역의 화물적체 해소와 관할 세관내에 보세창고가 부족하여 화주가 요청하는 경우 세관장의 승인을 얻어 세관지정 장치장에 장치할 수 있으며, 관할 세관 내에 영업용 보세창고가 없는 경우에는 세관장의 승인없이 장치할 수 있다.

TIP 운영인은 반입된 물품이 반입예정 정보와 품명 · 수량이 상이하거나 안보위해물품의 반입, 포장파손, 누출, 오염 등으로 이상이 있는 경우에는 즉시 반입물품 이상보고서에 서류를 첨부하여 전자문서로 세관장에게 제출하여야 한다〈보세화물관리에 관한 고시 제5조(물품의 반입) 제2항〉.

ANSWER 5.① 6.⑤ 7.④ 8.②

9 보세구역외 장치허가 대상물품이 아닌 것은?

① 관세청장이 보세구역외장치를 허가하거나 화주가 인정한 경우
② 자가공장 및 시설을 갖춘 실수요자가 수입하는 고철 등의 물품
③ 물품의 크기 또는 무게의 과다로 보세구역의 고내에 장치하기가 곤란한 물품
④ 보세구역이 아닌 검역시행장에 반입할 검역물품
⑤ 귀중품, 의약품, 살아있는 동·식물 등으로서 보세구역에서 장치가 곤란한 물품

TIP 보세구역외 장치 허가 대상물품〈보세화물관리에 관한 고시 제7조 제1항〉
㉠ 물품의 크기 또는 무게의 과다로 보세구역의 고내에 장치하기가 곤란한 물품
㉡ 다량의 산물로서 보세구역에 장치 후 다시 운송하는 것이 불합리하다고 인정하는 물품
㉢ 부패·변질의 우려가 있거나 부패·변질하여 다른 물품을 오손할 우려가 있는 물품과 방진, 방습 등 특수보관이 필요한 물품
㉣ 귀중품, 의약품, 살아있는 동·식물 등으로서 보세구역에 장치하는 것이 곤란한 물품
㉤ 보세구역이 아닌 검역시행장에 반입할 검역물품
㉥ 보세구역과의 교통이 불편한 지역에 양륙된 물품으로서 보세구역으로 운반하는 것이 불합리한 물품
㉦ 대외무역관리규정에 따른 중계무역물품으로서 보수작업이 필요한 경우 시설미비, 장소협소 등의 사유로 인하여 보세구역내에서 보수작업이 곤란하고 감시단속상 문제가 없다고 세관장이 인정하는 물품
㉧ 자가공장 및 시설(용광로 또는 전기로, 압연시설을 말한다)을 갖춘 실수요자가 수입하는 고철 등 물품
㉨ 그 밖에 세관장이 보세구역외장치를 허가할 필요가 있다고 인정하는 물품

10 보세구역외장치 허가를 받기 위한 보세구역외장치허가신청서의 기재내용과 거리가 먼 것은?

① 장치장소 및 장치사유
② 수입물품의 경우 당해 물품을 외국으로부터 운송하여 온 선박 또는 항공기의 명칭 또는 등록기호·입항예정연월일·선하증권번호 또는 항공화물 운송장번호
③ 당해 물품의 내외국물품별 구분과 품명·규격·수량 및 가격
④ 당해 물품의 포장의 종류·번호 및 개수
⑤ 당해 물품의 화주 성명 및 검역실시 세관공무원

TIP 보세구역외장치허가신청서 기재사항〈관세법 시행령 제175조〉
㉠ 장치장소 및 장치사유
㉡ 수입물품의 경우 당해 물품을 외국으로부터 운송하여 온 선박 또는 항공기의 명칭 또는 등록기호·입항예정연월일·선하증권번호 또는 항공화물 운송장번호
㉢ 당해 물품의 내외국물품별 구분과 품명·규격·수량 및 가격
㉣ 당해 물품의 포장의 종류·번호 및 개수

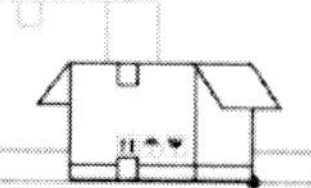

11 보세구역외장치허가에 관한 설명으로 틀린 것은?

① 보세구역외장치를 하려는 자는 보세구역외장치허가신청서를 전자문서로 첨부서류와 함께 세관장에게 제출하여 허가를 받아야 한다.

② 보세구역외장치신청서를 접수한 화물관리 세관공무원은 담당과장의 결재를 받은 후 세관화물정보 시스템에 허가사항을 등록하고 허가번호를 기재하여 허가서를 교부하여야 한다.

③ 세관장은 보세구역외장치 허가신청을 받은 경우 보세구역외 장치 허가기간을 담보기간으로 하여 담보 제공을 명할 수 있다.

④ 세관장은 보세구역외장치허가를 받으려는 물품이 제조업체가 수입하는 수출용원자재의 경우 담보제공을 생략하게 할 수 있다.

⑤ 보세구역외장치 담보액은 수입통관시 실제 납부하여야 할 관세 등 제세 상당액으로 한다.

TIP 세관장은 보세구역외장치 허가신청을 받은 경우 보세구역외장치 허가기간에 1개월을 연장한 기간을 담보기간으로 하여 담보제공을 명할 수 있다〈보세화물관리에 관한 고시 제7조(보세구역외장치의 허가) 제4항〉.

12 보세구역외장치 담보생략 기준으로 적절하지 않은 것은?

① 제조업체가 수입하는 수출용원자재

② 농 · 축 · 수산물

③ 무세물품

④ 방위산업용물품, 정부용품

⑤ 재수입물품 중 관세가 면제될 것이 확실하다고 세관장이 인정하는 물품

TIP 보세구역외장치 담보생략 기준〈보세화물관리에 관한 고시 별표3〉

㉠ 제조업체가 수입하는 수출용원자재(농 · 축 · 수산물은 제외)
㉡ 무세물품(부가가치세 등 부과대상은 제외)
㉢ 방위산업용물품
㉣ 정부용품
㉤ 재수입물품 중 관세가 면제될 것이 확실하다고 세관장이 인정하는 물품

ANSWER 9.① 10.⑤ 11.③ 12.②

13 보세구역외장치 허가기간은?

① 1월의 범위 내
② 3월의 범위 내
③ 6월의 범위 내
④ 1년의 범위 내
⑤ 3년의 범위 내

TIP 보세구역외장치의 허가기간은 6개월의 범위 내에서 세관장이 필요하다고 인정하는 기간으로 정하며, 허가기간이 종료한 때에는 보세구역에 반입하여야 한다〈보세화물관리에 관한 고시 제8조(보세구역외장치의 허가기간 등) 제1항〉.

14 보세구역외장치 허가기간을 연장할 수 있는 사유로 틀린 것은?

① 동일세관 관할구역 내에 당해 화물을 반입할 보세구역이 없는 경우
② 품목분류 사전심사의 지연으로 수입신고할 수 없는 경우
③ 인지부서의 자체조사, 고발의뢰, 폐기, 공매 · 경매낙찰, 몰수확정, 국고귀속 등의 결정에 따른 조치를 위하여 필요한 경우
④ 수입요건 · 선적서류 등 수입신고 또는 신고수리요건을 구비하지 못한 경우
⑤ 재해 기타 부득이한 사유로 인한 생산지연 · 반송대기 등 화주가 특별요청한 경우

TIP 보세구역외장치의 허가기간은 6개월의 범위 내에서 세관장이 필요하다고 인정하는 기간으로 정하며, 허가기간이 종료한 때에는 보세구역에 반입하여야 한다. 다만, 다음에 해당하는 사유가 있는 때에는 세관장은 허가기간을 연장할 수 있다〈보세화물관리에 관한 고시 제8조(보세구역외장치의 허가기간 등) 제1항〉.
㉠ 동일세관 관할구역 내에 해당 화물을 반입할 보세구역이 없는 경우
㉡ 품목분류 사전심사의 지연으로 수입신고할 수 없는 경우
㉢ 인지부서의 자체조사, 고발의뢰, 폐기, 공매 · 경매낙찰, 몰수확정, 국고귀속 등의 결정에 따른 조치를 위하여 필요한 경우
㉣ 수입요건 · 선적서류 등 수입신고 또는 신고수리 요건을 구비하지 못한 경우
㉤ 재해 그 밖에 부득이한 사유로 생산지연 · 반송대기 등 세관장이 인정하는 사유가 있는 경우

15 보세구역외장치 허가수수료 징수단위는?

① 허가건수 ② 허가금액
③ 허가중량 ④ 허가부피
⑤ 허가화주

TIP 보세구역외장치 허가수수료는 허가건수 단위로 징수한다. 이 경우 동일모선으로 수입된 동일화주의 화물을 동일장소에 반입하는 때에는 1건의 보세구역외장치로 허가할 수 있다〈보세화물관리에 관한 고시 제8조(보세구역외장치의 허가기간 등) 제4항〉.

16 보세구역물품의 반출입 신고 등에 관한 설명으로 틀린 것은?

① 보세구역은 관세채권의 확보, 통관업무의 효율화 및 화물의 안전관리라는 세관목적을 위하여 설정한 곳으로 보세구역에 물품을 반입, 반출하고자 할 때에는 원칙적으로 세관장에게 신고하도록 되어 있다.
② 보세구역의 종류에 따라서는 세관장의 허가 또는 승인을 받도록 되어 있거나 경우에 따라서는 신고를 생략하는 경우도 있다.
③ 물품의 반출입신고는 보세화물의 위치를 명확히 하고, 장치기간 기산일 확정 및 관세채권의 확보, 목적물품으로서의 의미를 갖게 된다.
④ 보세구역으로부터의 견품을 반출할 때에는 세관장에게 신고하여야 한다.
⑤ 보세창고에 내국물품만을 계속 장치하는 경우 세관장의 승인을 받아야 한다.

TIP 보세구역 등에 장치된 외국물품의 전부 또는 일부를 견품으로 반출하려는 자는 견품반출허가(신청)서를 제출하여 세관장의 허가를 받아야 한다〈보세화물관리에 관한 고시 제30조(견품 반출입 절차) 제1항〉.

ANSWER 13.③ 14.⑤ 15.① 16.④

17 **보세구역의 반입확인 및 반입신고에 대한 내용으로 적절하지 아니한 것은?**

① 운영인은 하선신고서에 의한 보세화물을 반입시 세관화물정보시스템의 반입예정정보와 대조확인하고 반입 즉시 반입신고서를 세관장에게 전자문서로 제출하여야 한다.

② 운영인은 하선반입되는 물품 중 세관봉인대 봉인물품의 반입 즉시 세관장에게 세관봉인이 이상있는지 등을 보고하고, 세관봉인대 봉인물품 반입확인대장에 세관봉인대 확인내역을 기록 관리하여야 한다.

③ 반입신고는 Master B/L단위로 제출하여야 한다.

④ 컨테이너장치장에 반입한 물품을 다시 컨테이너 화물조작장에 반입한 때에는 CY에서는 반출신고를 CFS에서는 반입신고를 각각 하여야 한다.

⑤ 동일사업장 내 보세구역간 장치물품의 이동은 물품반출입신고로 보세운송신고를 갈음할 수 있다.

TIP 반입신고는 House B/L 단위로 제출하여야 한다. 다만, 하선장소 보세구역에 컨테이너 상태로 반입하는 경우에는 Master B/L 단위로 할 수 있다〈보세화물관리에 관한 고시 제9조(반입확인 및 반입신고) 제6항〉.

18 **보세구역 반출확인 및 반출신고에 대한 설명으로 틀린 것은?**

① 운영인은 수입신고수리 및 반송신고수리된 물품의 반출요청을 받은 때에는 세관화물정보시스템의 반출승인정보를 확인한 후 이상이 없는 경우 반출 전에 반출신고서를 전자문서로 제출하여야 한다.

② 운영인은 보세운송신고수리된 물품의 반출요청을 받은 때에는 세관화물정보시스템의 반출승인정보와 보세운송신고필증이 일치하는지를 확인한 후 이상이 없는 경우 반출 전에 반출신고서를 전자문서로 제출하여야 한다.

③ 운영인은 폐기, 공매낙찰, 적재 등을 위한 물품 반출요청을 받은 때에는 세관화물정보시스템의 반출승인정보를 확인한 후 이상이 없는 경우 반출 전에 반출신고서를 전자문서로 제출하여야 한다.

④ 운영인이 보세화물의 실시간 반출입정보를 자동으로 세관화물정보시스템으로 전송하는 경우 이를 반출신고로 갈음하게 할 수 있다.

⑤ 반출신고 내역을 정정하려면 반출신고 정정 신청서를 세관장에게 제출하면 된다.

TIP 반출신고 내역을 정정하려는 때에는 반출신고 정정 신청서를 세관장에게 전자문서로 제출하고 승인을 받아야 한다〈보세화물관리에 관한 고시 제10조(반출확인 및 반입신고) 제1항〉.

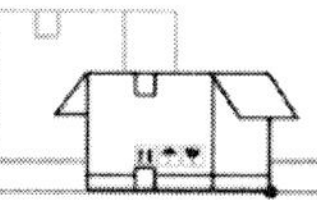

19 운영인이 보세운송물품이 도착한 때 물품인수를 위해 확인하여야 할 사항으로 틀린 것은?

① 물품가격 및 수량의 적정여부
② 세관화물정보시스템의 보세운송예정정보와 보세운송신고필증이 일치하는지 여부
③ 보세운송신고필증의 운송차량번호, 컨테이너번호, 컨테이너봉인번호가 일치하는지 여부
④ 컨테이너 봉인이 파손되었는지 여부
⑤ 현품이 과부족하거나 포장이 파손되었는지 여부

TIP 운영인은 보세운송물품이 도착한 때에는 다음의 사항을 확인하여 이상이 없는 경우에만 물품을 인수하고, 보세운송신고필증에 도착일시를 기재한 후 보세운송신고필증 하단의 세관기재란에 운영인명의의 기명날인하여 환부하여야 하며, 반입 즉시 반입신고서를 전자문서로 제출하여야 한다〈보세화물관리에 관한 고시 제9조(반입확인 및 반입신고) 제3항〉.
㉠ 세관화물정보시스템의 보세운송예정정보와 보세운송신고필증이 일치하는지
㉡ 보세운송신고필증의 운송차량번호, 컨테이너번호, 컨테이너봉인번호가 일치하는지
㉢ 컨테이너 봉인이 파손되었는지
㉣ 현품이 과부족하거나 포장이 파손되었는지

20 보세구역 반출입 신고와 관련된 설명으로 적절하지 아니한 것은?

① 컨테이너보세창고에서 반출입되는 컨테이너화물에 대하여는 컨테이너 단위로 반출입신고를 하여야 한다.
② 운영인이 보세창고의 일정구역에 일정기간 동안 외국수입물품을 반복적으로 장치하려는 경우 세관장은 반출입신고를 생략할 수 있다.
③ 1년 이상 계속하여 내국물품만을 장치하려는 자는 내국물품장치승인서를 제출하여 세관장의 승인을 받아야 한다.
④ B/L 제시 인도물품을 반출하려는 자는 화물관리공무원에게 B/L 원본을 제시하여 반출승인을 받아야 한다.
⑤ 통관우체국장은 국제우편물을 보세구역에서 반출하고자 하는 경우에는 국제우편물 보세구역반출승인서를 해당 보세구역 관할 세관장에게 제출하여야 한다.

TIP 운영인이 보세창고의 일정구역에 일정기간 동안 내국물품을 반복적으로 장치하려는 경우 세관장은 외국물품의 장치 및 세관감시단속에 지장이 없다고 인정하는 때에는 보관장소, 내국물품의 종류, 기간 등에 대해 이를 포괄적으로 허용할 수 있다〈보세화물관리에 관한 고시 제12조(보세창고 내국물품반출입신고 등) 제1항〉.

ANSWER 17.③ 18.⑤ 19.① 20.②

21 보세구역외장치물품의 반출입신고에 대한 설명으로 틀린 것은?

① 보세구역외장치허가를 받은 자가 그 허가받은 장소에 물품을 반입한 때에는 물품도착 즉시 세관장에게 반입신고를 하여야 한다.

② 반입신고를 받은 화물관리 세관공무원은 포장파손, 품명 · 수량의 상이 등 이상이 있는지를 확인한 후 이상이 있는 경우에는 즉시 세관장에게 보고하여야 한다.

③ 보세구역외장치장에 반입한 화물 중 수입신고수리된 화물은 반출신고를 생략하며 반송 및 보세운송 절차에 따라 반출된 화물은 반출신고를 하여야 한다.

④ 세관장은 보세구역외장치 허가받은 물품의 안전관리를 위하여 업체의 경영실태를 수시로 파악하여야 한다.

⑤ 세관장은 보세구역외장치 허가받은 물품이 반입일로부터 1개월 이내에 통관하지 아니할 때에는 매월 정기적으로 재고조사를 실시하여야 한다.

TIP 세관장은 보세구역외장치 허가받은 물품의 안전관리를 위하여 업체의 경영실태를 수시로 파악하여야 하며, 반입일로부터 3개월 이내에 통관하지 아니할 때에는 매월 정기적으로 재고조사를 실시하여야 한다〈보세화물관리에 관한 고시 제15조(보세구역외장치물품의 반출입) 제4항〉.

22 보세구역의 재고관리 및 확인에 대한 설명 중 틀린 것은?

① 운영인은 매 분기별 자체 전산시스템의 재고자료를 출력하여 실제재고와 이상이 있는지를 확인하여야 하며, 전체 전산재고내역과 현품재고조사 결과를 세관장에게 보고하여야 한다.

② 운영인으로부터 전산재고 내역과 현품 재고조사 결과를 보고받은 세관장은 이를 세관화물정보시스템의 재고현황과 대조확인하여야 하며, 필요하다고 판단되는 때에는 10일 이내의 기간을 정하여 현장에서 이를 확인할 수 있다.

③ 세관장은 확인결과 재고현황에 이상에 있다고 판단되는 경우에는 그 사유를 밝히는 등 필요한 조치를 취하여야 한다.

④ 세관장은 현장확인을 실시하는 때에 그 보세구역 운영인이 법규수행능력 A등급에 해당하는 때에는 보세구역 운영상황 점검을 같이 실시할 수 있다.

⑤ 조사공무원은 권한을 나타내는 징표를 지니고 이를 조사대상자에게 내보여야 한다.

TIP ② 10일 이내가 아니라 7일 이내이다〈보세화물관리에 관한 고시 제16조(재고관리 및 확인) 제2항〉.

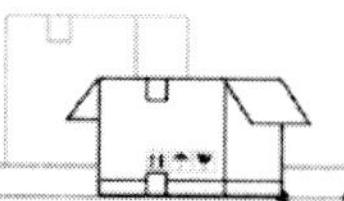

23 화물관리 세관공무원이 보세구역 내에 반출입 화물과 관련하여 감독하는 사항으로 옳지 않은 것은?

① 보세운송 발착확인
② 관리대상화물의 제조사 확인
③ 견본반출 및 회수
④ 각종 업무보고 및 통제
⑤ 체화처리 통보여부 등

TIP 화물관리 세관공무원의 반출입 화물 관련 감독사항〈보세화물관리에 관한 고시 제18조(화물관리 세관공무원의 권한과 임무) 제2항〉
㉠ 보세화물의 반출입에 관한 사항
㉡ 보세운송 발착확인에 관한 사항
㉢ 보세구역 출입문의 시건, 개봉 및 출입자단속에 관한 사항
㉣ 견본반출 및 회수에 관한 사항
㉤ 체화처리 통보여부 등
㉥ 각종 업무보고 및 통제에 관한 사항
㉦ 세관장의 제반지시, 명령사항 이행여부

24 반입된 물품의 수입신고가 수리된 때에는 그 수리일로부터 며칠 이내에 해당 보세구역에서 반출하여야 하는가?

① 5일 이내
② 10일 이내
③ 15일 이내
④ 30일 이내
⑤ 60일 이내

TIP 수입신고수리물품 반출의무에 해당하는 보세구역에 반입된 물품이 수입신고가 수리된 때에는 그 수리일로부터 15일 이내에 해당 보세구역에서 반출하여야 하며, 이를 위반한 경우 해당 수입화주를 조사한 후 과태료를 부과한다〈보세화물관리에 관한 고시 제19조(수입신고수리물품의 반출의무)〉.

ANSWER 21.⑤ 22.② 23.② 24.③

25 **보세화물의 보수작업에 대한 설명으로 틀린 것은?**

① 보세화물은 그 물품의 현상유지를 위하여 수송 도중에 파손된 포장을 보수하거나, 통관을 위하여 물품의 포장을 바꾸거나 개장, 구분, 분할, 합병 등의 보수작업조치를 할 필요가 있다.

② 보수작업은 물품의 성질이 변하지 않는 범위 내에서 물품의 현상유지 등의 작업을 할 수 있다.

③ 보수작업 승인대상으로는 보세구역에 장치된 물품의 가격이 급변하거나 수량이 과대 또는 과소한 경우이다.

④ 보세구역에 장치된 물품에 대하여 보수작업을 하려는 자는 보수작업승인서를 제출하여 세관장의 승인을 받아야 한다.

⑤ 보세구역 운영인이 동일 품목을 대상으로 동일한 보수작업을 반복적으로 하려는 경우에 세관장은 외국물품의 장치 및 세관 감시단속에 지장이 없을 때에는 1년 이내의 기간을 정하여 이를 포괄적으로 승인할 수 있다.

TIP 세관장은 다음의 어느 하나에 해당하는 사유가 발생한 경우에는 보수작업을 승인할 수 있다〈보세화물관리에 관한 고시 제20조(보수작업 대상)〉.

㉠ 보세구역에 장치된 물품이 운송도중에 파손 또는 변질되어 시급히 보수하여야 할 필요가 있는 경우

㉡ 보세구역에 장치된 물품의 통관을 위하여 개장, 분할구분, 합병, 원산지 표시, 기타 이와 유사한 작업을 하려는 경우

㉢ 대외무역관리규정에 따른 중계무역물품으로서 수출을 하기 위하여 제품검사, 선별, 기능보완 등 이와 유사한 작업이 필요한 경우

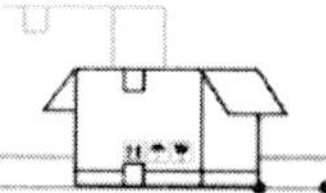

26 수입고철의 해체, 절단 등의 작업에 관한 설명으로 틀린 것은?

① 수입고철의 해체, 절단 등의 작업을 하는 사람은 해체 · 절단작업허가(신청)서를 세관장에게 제출하고 허가를 받아야 한다.
② 작업개시 전, 작업 중, 작업종료 상태를 각각 사진으로 촬영하여 작업완료 보고서에 첨부하여야 한다.
③ 세관장은 수입신고물품에 대하여 부정유출을 방지하기 위하여 전문지식인에게 협조를 의뢰할 수 있다.
④ 보세구역에 장치된 물품에 대하여는 그 원형을 변경하거나 해체, 절단 등의 작업을 할 수 있다.
⑤ 세관장은 작업 개시시와 종료시 운영인으로 하여금 작업을 확인하기 위하여 수시로 현장을 순찰 감시하도록 하여야 한다.

TIP 세관장은 작업 개시시와 종료시 화물관리 세관공무원으로 하여금 그 작업을 확인하기 위하여 수시로 현장을 순찰 감시하도록 하여야 한다〈보세화물관리에 관한 고시 제24조(수입고철의 해체, 절단 등 작업) 제4항〉.

27 보수작업의 허용범위로 틀린 것은?

① 물품의 보존을 위해 필요한 작업
② HSK 10단위의 변화를 가져오는 작업
③ 물품의 상품성 향상을 위한 개수작업
④ 선적을 위한 준비작업
⑤ 단순한 조립작업

TIP 보수작업의 허용범위는 다음에 해당되며, HSK 10단위의 변화를 가져오는 것은 보수작업으로 인정할 수 없다〈보세화물관리에 관한 고시 제22조(보수작업의 한계) 제1항〉.
㉠ 물품의 보존을 위해 필요한 작업(부패, 손상 등을 방지하기 위한 보존작업 등)
㉡ 물품의 상품성 향상을 위한 개수작업(포장개선, 라벨표시, 단순절단 등)
㉢ 선적을 위한 준비작업(선별, 분류, 용기변경 등)
㉣ 단순한 조립작업(간단한 세팅, 완제품의 특성을 가진 구성요소의 조립 등)
㉤ 위의 작업들과 유사한 작업

ANSWER 25.③ 26.⑤ 27.②

28 보수작업완료보고서의 기재사항과 거리가 먼 것은?

① 보수작업 발주자 및 보수작업 수행자
② 해당 물품의 품명 · 규격 · 수량 및 가격
③ 포장의 종류 · 기호 · 번호 및 개수
④ 사용한 재료의 품명 · 규격 · 수량 및 가격
⑤ 잔존재료의 품명 · 규격 · 수량 및 가격

TIP 보수작업 신청인이 보수작업을 완료한 경우에는 다음의 사항을 기재한 보고서를 세관장에게 제출하여 그 확인을 받아야 한다〈관세법 시행령 제177조(보수작업의 승인신청) 제2항〉.
㉠ 해당 물품의 품명 · 규격 · 수량 및 가격
㉡ 포장의 종류 · 기호 · 번호 및 개수
㉢ 사용한 재료의 품명 · 규격 · 수량 및 가격
㉣ 잔존재료의 품명 · 규격 · 수량 및 가격
㉤ 작업완료연월일

29 보세구역장치물품의 폐기에 대한 설명으로 틀린 것은?

① 보세구역에는 다양한 물품이 장치되고 있으며, 물품이 장기보관 또는 오염 등으로 부패, 손상 등이 발생하거나 통관 전 또는 통관 후 화주가 상품성이 없다고 판단하는 경우 등 여러 가지 사유가 있을 경우 보세구역에 장치된 다른 물품에 오염 피해를 없애고 화주의 필요에 의해 보세구역에 장치된 물품을 부득이 폐기하게 된다.
② 보세구역에 장치된 물품을 폐기하려는 자는 폐기승인(신청)서를 세관장에게 제출하여 승인을 받아야 한다.
③ 폐기승인서를 접수한 때에는 결재 후 세관화물정보시스템에 승인사항을 등록하고 승인서를 교부하여야 한다.
④ 세관장은 폐기승인신청이 있는 경우 폐기장소와 폐기방법 등이 적정한 지를 심사하여야 한다.
⑤ 폐기승인 신청인은 폐기를 완료한 후 30일 이내에 폐기완료보고서를 세관장에게 제출하여 그 확인을 받아야 한다.

TIP 폐기승인 신청인은 폐기를 완료한 즉시 폐기완료보고서를 세관장에게 제출하여 그 확인을 받아야 한다〈보세화물관리에 관한 고시 제29조(폐기처리) 제3항〉.
※ 폐기기준과 폐기신청서 기재사항〈보세화물관리에 관한 고시 제25조, 관세법 시행령 제179조〉

구분	내용
폐기기준	• 부패, 변질, 손상, 실용시효의 경과, 물성의 변화 등으로 상품가치를 상실한 경우 • 상품가치는 있으나 용도가 한정되어 있어 실용가능성이 거의 없는 경우 • 매각하려 하였으나 매각되지 아니하고 국고귀속의 실익이 없는 경우
폐기신청서 기재사항	• 장치장소 및 자치사유, 수입물품의 경우 해당 물품을 외국으로부터 운송하여 온 선박 또는 항공기의 명칭 또는 등록기호 · 입항예정연월일 · 선하증권번호 또는 항공화물운송장번호, 해당 물품의 내외국물품별 구분과 품명 · 규격 · 수량 및 가격, 해당 물품의 포장의 종류 · 번호 및 개수 • 장치장소 • 폐기 예정연월일 · 폐기방법 및 폐기사유

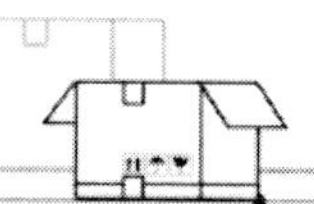

30 견품의 반출입 절차에 대한 설명으로 틀린 것은?

① 수입검사, 검역 또는 기타 상거래상의 필요한 경우라도 수입신고 수리 전에는 반출할 수 없다.
② 보세구역에 장치된 외국물품의 전부 또는 일부를 견품으로 반출하려는 자는 견품반출허가서를 제출하여 세관장의 허가를 받아야 한다.
③ 세관장은 견품반출허가를 하는 경우에는 필요한 최소한의 수량으로 제한하여야 한다.
④ 견품반출허가를 받은 자는 반출기간이 종료되기 전에 해당 물품이 장치되었던 보세구역에 반입하고 견품재반입보고서를 세관장에게 제출하여야 한다.
⑤ 견품채취로 인하여 장치물품의 변질, 손상, 가치감소 등으로 관세채권의 확보가 어려운 경우에는 견품 반출 허가를 하지 않을 수 있다.

TIP 견본품 반출〈관세법 제161조〉
㉠ 보세구역에 장치된 외국물품의 전부 또는 일부를 견본품으로 반출하려는 자는 세관장의 허가를 받아야 한다.
㉡ 세관장은 ㉠에 따른 허가의 신청을 받은 날부터 10일 이내에 허가 여부를 신청인에게 통지하여야 한다.
㉢ 세관장이 ㉡에서 정한 기간 내에 허가 여부 또는 민원 처리 관련 법령에 따른 처리기간의 연장을 신청인에게 통지하지 아니하면 그 기간이 끝난 날의 다음 날에 허가를 한 것으로 본다.
㉣ 세관공무원은 보세구역에 반입된 물품에 대하여 검사 상 필요하면 그 물품의 일부를 견본품으로 채취할 수 있다.
㉤ 아래의 어느 하나에 해당하는 물품이 사용·소비된 경우에는 수입신고를 하여 관세를 납부하고 수리된 것으로 본다.
- ㉣에 따라 채취된 물품
- 다른 법률에 따라 실시하는 검사·검역 등을 위하여 견본품으로 채취된 물품으로서 세관장의 확인을 받은 물품

31 보세구역 장치물품의 멸실, 도난 또는 분실의 신고 등에 관한 내용으로 적절하지 아니한 것은?

① 보세구역에 장치된 외국물품이 멸실된 때에는 운영인, 화물관리인 또는 보관인은 품명, 규격·수량 및 장치장소, 멸실 연월일과 멸실 원인 등을 기재한 신고서를 세관장에게 제출하여야 한다.
② 멸실신고를 받은 화물관리 세관공무원은 신고내용 및 현품을 확인한 후 결과를 세관화물정보시스템에 등록하여야 한다.
③ 보세구역에 장치된 외국물품이 멸실되거나 폐기되었을 때에는 운영인 또는 보관인으로부터 즉시 관세를 징수한다.
④ 미리 세관장의 승인을 받아 폐기하였을 때에는 관세를 징수하지 아니한다.
⑤ 외국물품이 도난 또는 분실된 때에는 관세를 징수하지 아니한다.

TIP 해당 물품이 도난되거나 분실된 때의 물품의 성질과 그 수량에 따라 관세를 부과한다〈관세법 제16조(과세물건 확정의 시기) 제9호〉.

ANSWER 28.① 29.⑤ 30.① 31.⑤

32 보수작업 승인신청에 관련된 설명이다. ( ) 안에 적절한 말은?

> 보세구역 운영인이 동일 품목을 대상으로 동일한 보수작업을 반복적으로 하려는 경우 세관장은 외국물품의 장치 및 세관 감시단속에 지장이 없을 때에는 ( ) 이내의 기간을 정하여 이를 포괄적으로 승인할 수 있다.

① 1개월
② 3개월
③ 6개월
④ 1년
⑤ 3년

TIP 보세구역 운영인이 동일 품목을 대상으로 동일한 보수작업을 반복적으로 하려는 경우 세관장은 외국물품의 장치 및 세관 감시단속에 지장이 없을 때에는 1년 이내의 기간을 정하여 이를 포괄적으로 승인할 수 있다〈보세화물관리에 관한 고시 제21조(보수작업 승인신청)〉.

33 물품취급시간외에 물품의 취급을 하려는 자가 세관장에게 통보서를 제출하지 않아도 되는 경우가 아닌 것은?

① 우편물을 취급하는 경우
② 보세공장에서 보세작업을 하는 경우
③ 보세판매장에서 판매하는 경우
④ 보세전시장에서 전시 · 사용하는 경우
⑤ 보세건설장에서 건설공사를 하는 경우

TIP 물품취급시간외에 물품의 취급을 하려는 자는 다음의 어느 하나에 해당하는 경우를 제외하고는 통보서를 세관장에게 제출하여야 한다〈관세법 시행령 제275조(임시개청 및 시간외 물품취급) 제2항〉.

㉠ 우편물을 취급하는 경우
㉡ 통보한 시간 내에 당해 물품의 취급을 하는 경우
㉢ 보세공장에서 보세작업을 하는 경우(다만, 감시 · 단속에 지장이 있다고 세관장이 인정할 때에는 예외로 한다)
㉣ 보세전시장 또는 보세건설장에서 전시 · 사용 또는 건설공사를 하는 경우
㉤ 수출신고수리시 세관의 검사가 생략되는 수출물품을 취급하는 경우
㉥ 항구나 공항에서 하역작업을 하는 경우
㉦ 재해 기타 불가피한 사유로 인하여 당해 물품을 취급하는 경우

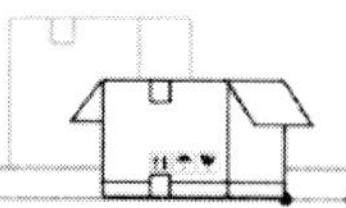

34 다음 설명 중 틀린 것은?

① 체화란 장치기간이 경과한 물품을 말한다.

② 체화의 발생원인은 수입승인 등의 요건을 구비하지 못하여 통관이 불허된 경우나 수입신고를 하지 아니한 경우 또는 수입품이 상품가치를 상실하여 수입화주가 통관을 회피하는 경우 등이다.

③ 체화는 공매처리하게 된다.

④ 체화를 공매하는 목적은 수입을 활성화하기 위함이다.

⑤ 체화를 공매처리하는 이유로 보세구역 내 화물흐름을 원활화 하는데 도움이 된다.

TIP 체화는 공매처리하게 되는데 장치기간 경과물품을 공매하는 목적은 보세구역의 활용을 증대하고, 관세 등의 조기징수를 통하여 관세수입을 적기에 확보하며, 보세구역 내 화물흐름의 원활화에 있다.

35 다음에서 설명하는 용어는?

> • 수입화물인 경우 해당 화물의 적하목록에 수하인으로 기재된 자를 말하며, 수하인란에 "TO ORDER"로 기재된 경우에는 통지처로 기재된 자를 말한다.
> • 수출화물의 경우 직수출, 완제품 수출, 본지사관계는 해당 화물의 수출신고서에 수출자로 기재된 자, 위탁수출은 위탁자로 기재된 자를 말한다.

① 반입자

② 위임을 받은 자

③ 사용자

④ 보관자

⑤ 화주

TIP 화주란 다음에 해당하는 자를 말한다〈보세화물장치기간 및 체화관리에 관한 고시 제2조(정의) 제1호〉.

㉠ 수입화물인 경우 해당 화물의 적하목록에 수하인으로 기재된 자를 말하며, 수하인란에 "TO ORDER"로 기재된 경우에는 통지처로 기재된 자를 말한다. 다만, 통지처가 소재불명이거나 소재파악이 불가능한 경우에는 수하인을 화주로 본다.

㉡ 수출화물의 경우 직수출, 완제품 수출, 본지사관계는 해당 화물의 수출신고서에 수출자로 기재된 자, 위탁수출은 위탁자로 기재된 자를 말한다.

ANSWER 32.④ 33.③ 34.④ 35.⑤

36 보세구역별 장치기간의 연결이 옳지 않은 것은?

① 지정장치장 : 6월

② 보세공장 : 3월

③ 여행자 휴대품 중 유치된 물품 : 1월

④ 보세창고 : 6개월

⑤ 보세구역외장치허가장소 : 세관장이 허가한 기간

TIP 보세구역별 장치기간〈보세화물장치기간 및 체화관리에 관한 고시 제4조〉

㉠ 지정장치장 : 6개월(단, 부산항 · 인천항 · 인천공항 · 김해공항 항역내의 지정장치장으로 반입된 물품의 장치기간은 2개월이며 세관장이 인정할 때에는 2개월의 범위로 연장)

㉡ 수출신고가 수리된 물품, 보세구역에 장치하기 부적당한 물품, 재해나 그 밖의 사유로 장치한 물품 : 세관장이 허가한 기간(연장된 기간 포함)

㉢ 여행자 또는 승무원의 휴대품으로서 유치 또는 예치된 물품 및 습득물 : 1개월(화주의 요청 또는 세관장이 인정할 때에는 1개월 범위로 연장)

㉣ 보세창고 : 6개월(세관장이 인정할 때에는 6개월 범위로 연장)

㉤ 보세공장, 보세전시장, 보세건설장, 보세판매장 반입물품 : 특허기간

37 보세구역 장치기간이 다른 하나는?

① 보세창고

② 보세공장

③ 보세전시장

④ 보세건설장

⑤ 보세판매장

TIP 보세창고에 반입한 물품의 장치기간은 6개월로 한다. 그러나 기타 특허보세구역 즉 보세공장, 보세전시장, 보세건설장 및 보세판매장에 반입한 물품의 장치기간은 특허기간으로 한다〈보세화물장치기간 및 체화관리에 관한 고시 제4조(장치기간) 제5항, 제7항〉.

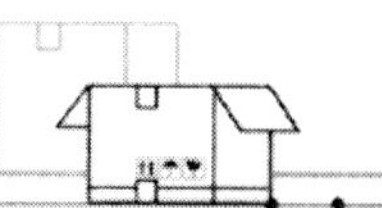

38 보세구역외장치 허가물품의 장치기간은?

① 3월
② 6월
③ 1년
④ 특허기간
⑤ 세관장이 허가한 기간

TIP 보세구역외장치허가장소에 반입한 물품의 장치기간은 세관장이 허가한 기간으로 한다<보세화물장치기간 및 체화관리에 관한 고시 제4조(장치기간) 제3항>.

39 여행자휴대품 중 유치된 물품 및 습득물의 장치기간은?

① 1개월
② 3개월
③ 6개월
④ 세관장이 허가한 기간
⑤ 특허기간

TIP 여행자 또는 승무원의 휴대품 중 유치 또는 예치된 물품 및 습득물의 장치기간은 1개월로 하며, 예치물품의 장치기간은 예치증에 기재된 출국예정시기에 1개월을 가산한 기간으로 한다. 다만 유치물품은 화주의 요청이 있거나 세관장이 필요하다고 인정하는 경우 1개월의 범위에서 그 기간을 연장할 수 있다<보세화물장치기간 및 체화관리에 관한 고시 제4조(장치기간) 제4항>.

ANSWER 36.② 37.① 38.⑤ 39.①

40 다음 중 장치기간이 다른 하나는?

① 정부비축물품
② 정부와의 계약이행을 위하여 비축하는 방위산업용품
③ 장기간 비축이 필요한 수출용원재료, 수출품보수용물품
④ 국제물류 촉진을 위하여 장기간 장치가 필요한 물품으로서 세관장이 인정하는 물품
⑤ 인천공항 및 김해공항 항역 내 보세창고

TIP 보세창고에 반입한 물품의 장치기간은 6개월로 하되, 세관장이 필요하다고 인정할 때에는 6개월의 범위에서 그 기간을 연장할 수 있다. 다음의 경우는 예외이다〈보세화물장치기간 및 체화관리에 관한 고시 제4조(장치기간) 제5항, 제6항〉.

장치기간이 비축에 필요한 기간인 경우	• 정부비축물품 • 정부와의 계약이행을 위하여 비축하는 방위산업용품 • 장기간 비축이 필요한 수출용원재료, 수출품보수용물품 • 국제물류 촉진을 위하여 장기간 장치가 필요한 물품으로서 세관장이 인정하는 물품
장치기간이 2개월인 경우	• 인천공항 및 김해공항 항역 내 보세창고(다만 자가용보세창고는 제외) • 부산항 부두 내 보세창고와 부두 밖 컨테이너전용보세창고(CFS를 포함) • 인천항 부두 내 보세창고와 부두 밖 컨테이너전용보세창고(CFS를 포함)

41 지정장치장의 장치기간에 대한 설명이다. (   ) 안에 들어갈 말로 적당한 것은?

> 지정장치장에 반입한 물품의 장치기간은 6개월로 한다. 다만, 부산항, 인천항, 인천공항, 김해공항 항역 내의 지정장치장으로 반입된 물품의 장치기간은 (   )로 하며, 세관장이 필요하다고 인정할 때에는 2개월의 범위 안에서 그 기간을 연장할 수 있다.

① 2개월
② 3개월
③ 6개월
④ 1년
⑤ 3년

TIP 지정장치장에 반입한 물품의 장치기간은 6개월로 한다. 다만, 부산항, 인천항, 인천공항, 김해공항 항역 내의 지정장치장으로 반입된 물품의 장치기간은 2개월로 하며, 세관장이 필요하다고 인정할 때에는 2개월의 범위 안에서 그 기간을 연장할 수 있다〈보세화물장치기간 및 체화관리에 관한 고시 제4조(장치기간) 제1항〉.

42 장치기간의 기산에 관한 내용으로 틀린 것은?

① 보세구역에 반입된 물품의 장치기간은 해당 보세구역 반입일을 기준으로 장치기간을 기산한다.

② 장치장소의 특허변경으로 장치기간을 다시 기산하여야 하는 물품 등은 종전에 산정한 장치기간을 합산한다.

③ 장치기간 기산 시작일은 지정장치장 반입물품 수입신고나 장치기간 경과 체화물품처리 등 기간계산에 필수적인 사항이다.

④ 여행자 및 승무원 휴대품 통관에 관한 고시 제47조 제3항을 적용 받은 물품은 반송신고를 할 수 있는 날을 기준으로 기산한다.

⑤ 동일 B/L 물품이 수차에 걸쳐 반입되는 경우 그 B/L 물품의 반입이 시작된 날부터 기산한다.

TIP 동일 B/L 물품이 수차에 걸쳐 반입되는 경우 그 B/L 물품의 반입이 완료한 날부터 기산한다〈보세화물장치기간 및 체화관리에 관한 고시 제5조(장치기간의 기산) 제2항〉.

43 관할세관장이 반출통고를 하는 경우가 아닌 것은?

① 보세전시장에 반입한 물품

② 보세건설장에 반입한 물품

③ 자가용보세창고에 반입한 물품

④ 영업용보세창고에 반입한 물품

⑤ 보세구역외장치장에 반입한 물품

TIP 반출통고 주체 및 대상〈보세화물장치기간 및 체화관리에 관한 고시 제6조〉

반출통고 주체	반출통고 대상	반출통고 객체
관할세관장	화주나 반입자 또는 그 위임을 받은 자	보세전시장, 보세건설장, 보세판매장, 보세공장, 보세구역외장치장, 자가용보세창고에 반입한 물품
보세구역운영인	화주 등	영업용보세창고에 반입한 물품
화물관리인	화주 등	지정장치장에 반입한 물품

ANSWER 40.⑤ 41.① 42.⑤ 43.④

44 반출통고의 시기 및 방법에 대한 내용으로 틀린 것은?

① 지정장치장에 반입한 물품에 대한 반출통고는 장치기간 만료 30일 전까지 하여야 한다.
② 보세창고에 반입한 물품에 대한 반출통고는 장치기간 만료 30일 전까지 하여야 한다.
③ 보세공장에 반입한 물품에 대한 반출통고는 장치기간 만료 30일 전까지 하여야 한다.
④ 장치기간이 2개월 미만인 물품의 반출통고는 장치기간 만료 시점에 하여야 한다.
⑤ 보세구역외장치장에 반입한 물품에 대한 반출통고는 보세구역 설영특허기간 만료시점에 하여야 한다.

TIP 반출통고의 시기 및 방법〈보세화물장치기간 및 체화관리에 관한 고시 제7조〉

지정장치장, 보세창고에 반입한 물품에 대한 반출통고	장치기간 만료 30일 전까지 하여야 함
보세공장, 보세판매장, 보세건설장, 보세전시장, 보세구역외장치장에 반입한 물품에 대한 반출통고	보세구역 설영특허기간 만료시점
장치기간이 2개월 미만인 물품의 반출통고	장치기간 만료시점

45 반출통고의 원칙적인 방법은?

① 전화 통고
② 등기우편 통고
③ 전자문서 통고
④ 내용증명 통고
⑤ 직접 인편 통고

TIP 반출통고의 방법은 등기우편으로 송부하는 방법으로 하며, 다만, 화주 등이 분명하지 않거나 그 소재가 분명하지 않아 반출통고를 할 수 없을 때에는 게시공고로 갈음할 수 있다〈보세화물장치기간 및 체화관리에 관한 고시 제7조(반출통고의 시기 및 방법) 제4항〉.

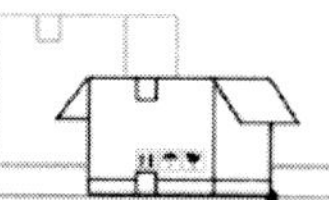

46 반출통고 목록보고에 대한 내용이다. ( ) 안에 들어갈 숫자로 정확한 것은?

> • 보세구역 장치물품에 대해 반출통고를 한 보세구역운영인은 반출통고 목록을 세관화물정보시스템을 통하여 전자신고 등으로 관할 세관장에게 전송하여야 한다.
> • 화주내역은 한글로 입력하여야 한다. 다만, 한글로 입력할 수 없는 불가피한 사유가 있는 경우에는 영문 등으로 입력할 수 있다.
> • 보세구역운영인 또는 화물관리인은 여행자휴대품 등 화물관리번호가 생성되지 않는 보세화물에 대하여는 체화카드를 작성하여 장치기간 만료일부터 ( )일 이내에 세관장에게 제출하여야 하며 세관장은 체화카드에 의하여 체화처리를 진행한다.

① 3
② 5
③ 7
④ 10
⑤ 15

TIP 보세구역운영인 또는 화물관리인은 여행자휴대품 등 화물관리번호가 생성되지 않는 보세화물에 대하여는 체화카드를 작성하여 장치기간 만료일부터 5일 이내에 세관장에게 제출하여야 하며 세관장은 체화카드에 의하여 체화처리를 진행한다〈보세화물장치기간 및 체화관리에 관한 고시 제8조(반출통고 목록보고) 제3항〉.

47 세관장은 보세구역에 반입한 외국물품이 장치기간을 경과한 때에는 이를 매각할 수 있다. 다음 중 매각처분을 보류할 수 있는 경우가 아닌 것은?

① 관세법 위반으로 조사 중인 경우
② 화주의 매각처분 보류 요청이 있는 경우
③ 화주의 의무는 다하였으나 통관지연의 귀책사유가 국가에 있는 경우
④ 관세청장의 매각처분 보류요청이 있는 경우
⑤ 이의신청, 심판청구, 소송 등 쟁송이 계류중인 경우

TIP 매각처분 보류대상〈보세화물장치기간 및 체화관리에 관한 고시 제9조(매각처분의 대상) 제1항〉
㉠ 관세법 위반으로 조사 중인 경우
㉡ 이의신청, 심판청구, 소송 등 쟁송이 계류 중인 경우
㉢ 화주의 의무는 다하였으나 통관지연의 귀책사유가 국가에 있는 경우
㉣ 외자에 의한 도입물자로서 공공차관의 도입 및 관리에 관한 법률 시행령 및 외국인투자촉진법 시행령에 따라 기획재정부장관 및 산업통상자원부장관의 매각처분 보류요청이 있는 경우
㉤ 화주의 매각처분 보류요청이 있는 경우
㉥ 기타 세관장이 필요하다고 인정하는 경우

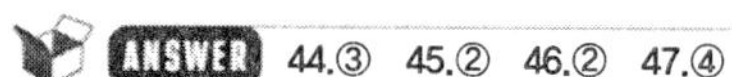

44.③ 45.② 46.② 47.④

48 장치기간 경과물품 매각처분 보류신청을 받은 경우로서 ( ) 안에 들어갈 말로 적당한 것은?

> 매각처분 보류요청을 받은 세관장은 수출입 또는 반송할 것이 확실하다고 인정하는 경우에만 ( )의 범위에서 필요한 기간을 정하여 매각처분을 보류할 수 있으며, 매각처분 보류결정을 한 경우에는 세관화물정보시스템에 공매보류등록을 하여야 한다.

① 1개월
② 2개월
③ 3개월
④ 4개월
⑤ 6개월

TIP 매각처분 보류요청을 받은 세관장은 수출입 또는 반송할 것이 확실하다고 인정하는 경우에만 4개월의 범위에서 필요한 기간을 정하여 매각처분을 보류할 수 있으며, 매각처분 보류결정을 한 경우에는 세관화물정보시스템에 공매보류등록을 하여야 한다〈보세화물장치기간 및 체화관리에 관한 고시 제10조(매각처분 보류요청) 제2항〉.

49 장치기간 경과 전이라도 긴급공매를 할 수 있는 대상에 해당하지 않는 것은?

① 살아 있는 동식물
② 부패하거나 부패할 우려가 있는 것
③ 기간경과로 실용가치가 없어지거나 상품가치가 현저히 감소할 우려가 있는 것
④ 창고나 다른 외국물품을 해할 우려가 있는 것
⑤ 지정장치장, 보세창고, 보세구역외장치장에 반입되어 30일 이내에 수입 신고되지 못한 물품으로서 세관장의 지정이 있는 물품

TIP 세관장은 다음의 어느 하나에 해당하는 물품에 대하여는 장치기간 경과 전이라도 공고한 후 매각할 수 있으며, 급박하여 공고할 여유가 없다고 판단되는 경우에는 매각한 후 공고할 수 있다〈보세화물장치기간 및 체화관리에 관한 고시 제14조(긴급공매) 제1항〉.

㉠ 살아있는 동식물이나 부패하거나 부패할 우려가 있는 것
㉡ 창고나 다른 외국물품을 해할 우려가 있는 것
㉢ 기간경과로 실용가치가 없어지거나 현저히 감소할 우려가 있는 것
㉣ 지정장치장 · 보세창고 · 보세구역외장치장에 반입되어 반입일부터 30일 이내에 수입신고되지 못한 물품으로서 화주의 요청이 있는 물품

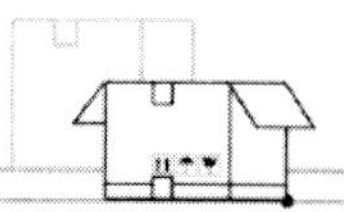

50 긴급공매에 대한 설명이다. ( ) 안에 들어갈 말로 적당한 것은?

> 세관장은 지정장치장 · 보세창고 · 보세구역외장치장에 반입되어 반입일부터 ( ) 이내에 수입신고 되지 못한 물품 중에서 화주가 통관반출 할 의사가 없는 것이라고 판단되고, 장치화물의 품명 · 수량 · 중량 · 용적 등을 고려하여 화물관리의 합리적 운영상 신속히 처분할 필요가 있다고 인정되는 물품에 대하여 반입일부터 ( )이 경과하는 즉시 미신고물품 장치기간경과전 매각안내서를 화주에게 송부한다.

① 10일
② 20일
③ 30일
④ 60일
⑤ 90일

TIP 세관장은 지정장치장 · 보세창고 · 보세구역외장치장에 반입되어 반입일부터 30일 이내에 수입신고되지 못한 물품 중 화주가 통관반출할 의사가 없는 것으로 판단되고 장치화물의 품명 · 수량 · 중량 · 용적 등을 고려하여 화물관리의 합리적 운영상 신속히 처분할 필요가 있다고 인정되는 물품에 대하여는 반입일부터 30일이 경과하는 즉시 미신고물품 장치기간경과전 매각안내서를 화주에게 송부한다〈보세화물장치기간 및 체화관리에 관한 고시 제14조(긴급공매) 제3항〉.

51 장치기간 경과물품 매각공고시 공고사항과 거리가 먼 것은?

① 매각방법
② 매각가격
③ 매각조건
④ 입찰일시 및 장소
⑤ 매각물품의 공람일시 및 장소

TIP 매각공고 공고사항〈보세화물장치기간 및 체화관리에 관한 고시 제13조(매각공고) 제2항〉
㉠ 매각물품의 표시 및 매각수량
㉡ 매각방법
㉢ 입찰일시 및 장소
㉣ 매각물품의 공람일시 및 장소
㉤ 매각물품의 예정가격
㉥ 입찰참가자의 자격에 관한 사항
㉦ 입찰보증금 납부방법
㉧ 낙찰시 잔금납입에 관한 사항
㉨ 계약불이행시 입찰보증금의 국고귀속에 관한 사항
㉩ 낙찰무효에 관한 사항
㉪ 매각조건
㉫ 원산지표시대상물품의 경우 원산지표시대상물품에 관한 사항 및 원산지표시방법 등
㉬ 그 밖에 공매집행에 필요하다고 인정되는 사항

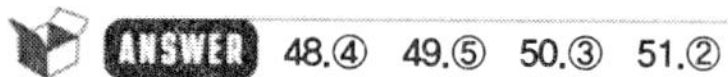
ANSWER 48.④ 49.⑤ 50.③ 51.②

52 장치기간 경과물품 매각공고에 대한 설명이다. (　) 안에 들어갈 말로 적당한 것은?

> 매각공고는 공매예정가격산출서를 통보 받은 날부터 (　)일의 기간 내에 소관세관관서의 게시판과 인터넷의 관세청 및 본부세관 홈페이지에 공고하고 필요하면 일간신문에 게재할 수 있다.

① 10
② 15
③ 30
④ 60
⑤ 90

TIP 매각공고는 공매예정가격산출서를 통보받은 날부터 60일의 기간 내(입찰 전일부터 10일 전)에 소관세관관서의 게시판과 인터넷의 관세청 및 본부세관 홈페이지에 공고하고 필요하면 일간신문에 게재할 수 있다〈보세화물장치기간 및 체화관리에 관한 고시 제13조(매각공고) 제1항〉.

53 장치기간 경과물품의 매각처분의 원칙적인 방법은?

① 경쟁입찰에 의한 방법
② 수의계약에 의한 방법
③ 화주우선매수의 방법
④ 국가우선매수에 의한 방법
⑤ 공공기관우선매수에 의한 방법

TIP 세관장은 매각하려는 때에는 경쟁입찰에 의하는 것을 원칙으로 한다〈보세화물장치기간 및 체화관리에 관한 고시 제16조(매각처분의 방법) 제1항〉.

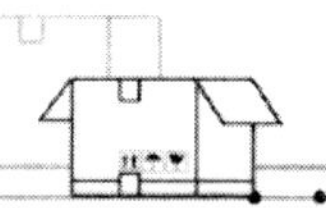

54 장치기간 경과물품의 경쟁입찰 매각에 대한 설명이다. (　) 안에 들어갈 말로 적당한 것은?

> 경쟁입찰로 매각하려는 경우 매각되지 아니하는 때에는 5일 이상의 간격을 두어 다시 입찰에 붙일 수 있으며, 그 예정가격은 최초 예정가격의 (　　　　) 이내의 금액을 입찰시마다 체감할 수 있다.

① 100분의 1
② 100분의 5
③ 100분의 10
④ 100분의 15
⑤ 100분의 20

TIP 매각 처분의 방법〈세화물장치기간 및 체화관리에 관한 고시 제16조〉
㉠ 세관장은 이 고시에 따라 매각하려는 때에는 경쟁입찰에 의하는 것을 원칙으로 한다.
㉡ 경쟁입찰로 매각하려는 경우, 매각되지 아니한 때에는 5일 이상의 간격을 두어 다시 입찰에 붙일 수 있으며 그 예정가격은 최초 예정가격의 100분의 10 이내의 금액을 입찰시마다 체감할 수 있다.
㉢ ㉡에 따른 예정가격의 체감은 제2회 입찰 때부터 하되 그 체감한도액은 최초예정가격의 100분의 50으로 한다. 다만, 최초예정가격을 기초로 산출한 세액 이하의 금액으로 체감할 수 없다.

55 장치기간 경과물품 공매낙찰 취소사유로 보기 어려운 것은?

① 낙찰자가 지정된 기일까지 대금잔액을 납입하지 않는 경우
② 낙찰자가 특별한 사유 없이 공매조건을 이행하지 않는 경우
③ 공매낙찰 전에 해당 물품이 수출, 반송 또는 수입신고수리가 된 경우
④ 착오로 인하여 예정가격, 공매조건 등의 결정에 중대하고 명백한 하자가 있는 경우
⑤ 세관장이 수의계약을 요청하는 경우

TIP 세관장은 다음의 어느 하나에 해당하는 사유가 발생한 때에는 해당 낙찰을 취소할 수 있다〈보세화물장치기간 및 체화관리에 관한 고시 제21조(낙찰취소) 제1항〉.
㉠ 낙찰자가 지정된 기일까지 대금잔액을 납입하지 않는 경우
㉡ 낙찰자가 특별한 사유 없이 공매조건을 이행하지 않는 경우
㉢ 공매낙찰 전에 해당 물품이 수출, 반송 또는 수입신고수리가 된 경우
㉣ 착오로 인하여 예정가격, 공매조건 등의 결정에 중대하고 명백한 하자가 있는 경우

ANSWER 52.④ 53.① 54.③ 55.⑤

56 다음 〈보기〉 중 장치기간 경과물품의 수의계약을 할 수 있는 경우를 모두 고른 것은?

〈보기〉

㉠ 부패, 손상, 변질 등의 우려가 있는 물품으로서 즉시 매각되지 아니하면 상품가치가 저하될 우려가 있을 때
㉡ 1회 공매의 매각예정가격이 50만 원 미만인 때
㉢ 공매하는 경우 매각의 효율성이 저하되거나 공매에 전문지식이 필요하여 직접 공매하기에 부적접한 물품
㉣ 기간경과로 사용할 수 없게 되거나 상품가치가 현저히 감소할 우려가 있는 물품

① ㉠㉡
② ㉡㉢
③ ㉠㉡㉢
④ ㉠㉡㉣
⑤ ㉡㉢㉣

TIP 수의계약 할 수 있는 경우와 위탁판매 할 수 있는 경우〈보세화물장치기간 및 체화관리에 관한 고시 제22조 제1항, 관세법 시행령 제222조 제5항〉

수의계약 할 수 있는 경우	• 1회 이상 경쟁입찰에 붙여도 매각되지 아니한 경우(단독 응찰한 경우를 포함한다)로서 다음 회의 입찰에 체감될 예정가격 이상의 응찰자가 있을 때 • 공매절차가 종료된 물품을 국고귀속 예정통고 전에 최종 예정가격 이상의 가격으로 매수하려는 자가 있을 때 • 부패, 손상, 변질 등의 우려가 있는 물품으로서 즉시 매각되지 아니하면 상품가치가 저하될 우려가 있을 때 • 1회 공매의 매각예정가격이 50만 원 미만인 때 • 경쟁입찰 방법으로 매각함이 공익에 반하는 때
위탁판매의 방법으로 매각할 수 있는 경우	• 부패하거나 부패의 우려가 있는 물품 • 기간경과로 사용할 수 없게 되거나 상품가치가 현저히 감소할 우려가 있는 물품 • 공매하는 경우 매각의 효율성이 저하되거나 공매에 전문지식이 필요하여 직접 공매하기에 부적합한 물품

57 공매로 매각된 장치기간 경과물품의 과세가격에 대한 설명이다. (　　) 안에 들어갈 말로 적당한 것은?

매각된 물품에 대한 과세가격은 최초 예정가격을 기초로 하여 과세가격을 산출한다. 매각한 물품의 예정가격과 매각된 물품의 과세가격은 관세청장이 정하는 바에 의하여 산출한다. 경매절차에 관하여는 (　　)을 준용한다.

① 관세법
② 대통령령
③ 기획재정부령
④ 국세징수법
⑤ 지방세법

TIP 경매절차에 관하여는 국세징수법을 준용한다〈관세법 제210조(매각방법) 제6항〉.

58 장치기간 경과물품의 공매물품 잔금처리 및 공매결과 등록에 관한 설명으로 틀린 것은?

① 세관장은 매각대금 중에서 그 물품매각에 관한 비용, 관세, 각종 세금의 순으로 필요한 금액을 충당하고 잔금이 있을 때에는 화주에게 교부한다.

② 매각하는 물품에 대한 질권자 또는 유치권자는 그 물품을 매각한 날부터 3개월 내에 그 권리를 증명하는 서류를 세관장에게 제출하여야 하며, 매각된 물품을 낙찰자에게 인도하여야 한다.

③ 그 매각물품의 질권자 또는 유치권자가 그 권리를 증명하는 서류를 제출한 경우에는 세관장은 그 잔금을 화주에게 교부하기 전에 그 질권 또는 유치권에 따라 담보된 채권의 금액을 질권자 또는 유치권자에게 교부한다.

④ 질권자 또는 유치권자에게 공매대금의 잔금을 교부할 경우 그 잔금액이 질권 또는 유치권에 의하여 담보된 채권액에 미달하고 교부 받을 권리자가 2명 이상인 때에는 세관장은 민법 그 밖의 법령에 따라 배분할 순위와 금액을 정하여 배분하여야 한다.

⑤ 세관장은 공매결과 낙찰이 된 경우 세관화물정보시스템의 공매결과등록 화면을 통하여 낙찰등록을 하여야 한다.

TIP 매각하는 물품에 대한 질권자 또는 유치권자는 그 물품을 매각한 날부터 1개월 내에 그 권리를 증명하는 서류를 세관장에게 제출하여야 하며, 매각된 물품을 낙찰자에게 인도하여야 한다〈보세화물장치기간 및 체화관리에 관한 고시 제23조(공매물품 잔금처리) 제2항〉.

59 장치기간 경과물품의 공매시 수의계약을 할 수 있는 경우로서 틀린 것은?

① 1회 이상 경쟁입찰에 붙여도 매각되지 아니한 경우로서 다음 회의 입찰에 체감될 예정가격 이상의 응찰자가 있을 때

② 공매절차가 종료된 물품을 국고귀속 예정통고 전에 최종 예정가격 이상의 가격으로 매수하려는 자가 있을 때

③ 부패, 손상, 변질 등의 우려가 있는 물품으로서 즉시 매각되지 아니하면 상품가치가 저하될 우려가 있을 때

④ 1회의 공매의 매각예정가격이 500만 원 미만인 때

⑤ 경쟁입찰 방법으로 매각함이 공익에 반하는 때

TIP 1회 공매의 매각예정가격이 50만 원 미만인 때이다〈보세화물장치기간 및 체화관리에 관한 고시 제22조(수의계약)〉.

ANSWER 56.① 57.④ 58.② 59.④

60 장치기간 경과물품의 매각절차에 대한 설명으로 틀린 것은?

① 체화가 매각처분되어 반출되는 경우 낙찰자는 낙찰대금 수납증명서 사본을 세관장에게 제출하고, 세관장은 세관화물정보시스템의 공매반출승인등록 화면을 통하여 즉시 공매반출승인 등록을 한다.
② 보세구역 운영인은 공매물품의 반출신고를 전자신고 등으로 전송하고 세관화물정보시스템을 통하여 공매반출승인을 확인한 후 해당 물품을 낙찰자에게 인도한다.
③ 세관장이 수출하거나 외화를 받고 판매하는 조건으로 매각된 물품에 대하여 공매반출승인 등록을 하려는 때에는 반드시 수출신고수리내역 등을 확인하여야 하며, 실제 선적여부 등에 대하여 사후관리하여야 한다.
④ 세관장은 공매물품 공람의 편의를 위하여 공매물품전시장을 현실에 적합하도록 설치할 수 있다.
⑤ 체화의 매각은 B/L 또는 수출입신고 단위를 원칙으로 하되, 세관장은 공매시행의 편의상 B/L을 통합하거나 분할하여 공매할 수 없다.

TIP 체화의 매각은 B/L 또는 수출입신고 단위를 원칙으로 하되, 세관장은 공매시행의 편의상 B/L을 통합하거나 분할하여 공매할 수 있다〈보세화물장치기간 및 체화관리에 관한 고시 제29조(통합 및 분할공매)〉.
①②③ 물품반출 절차에 관한 설명이다〈동 고시 제26조〉.
④ 공매물품 등의 전시장 설치에 관한 설명이다〈동 고시 제28조 제1항〉.

61 체화의 매각절차 중지사유로 거리가 먼 것은?

① 매각처분이 공익에 반하는 경우라고 판단되는 경우
② 이의신청, 심판청구, 소송 등 쟁송이 제기된 경우
③ 해당 물품이 이미 통관되었거나 예정가격, 공매조건 그 밖의 매각절차에 중대한 하자가 발생한 경우
④ 공매공고에 의해 1차 매각절차가 완료된 후, 매각되지 아니한 물품으로서 화주의 요청이 있고, 3개월 내에 수출입 또는 반송할 것이 확실하다고 인정되는 경우
⑤ 검사 · 검역기관에서 검사 · 검역기준 등에 부적합 물품으로 판명된 경우

TIP 매각절차의 중지〈보세화물장치기간 및 체화관리에 관한 고시 제27조〉
㉠ 매각처분이 공익에 반하는 경우라고 판단되는 경우
㉡ 이의신청, 심판청구, 소송 등 쟁송이 제기된 경우
㉢ 해당 물품이 이미 통관되었거나 예정가격, 공매조건 그 밖의 매각절차에 중대한 하자가 발생한 경우
㉣ 공매공고에 의해 1차 매각절차가 완료된 후, 매각되지 아니한 물품으로서 화주의 요청이 있고, 1개월 내에 수출입 또는 반송할 것이 확실하다고 인정되는 경우
㉤ 검사 · 검역기관에서 검사 · 검역기준 등에 부적합 물품으로 판명된 경우
㉥ 그 밖에 세관장이 필요하다고 인정하는 경우

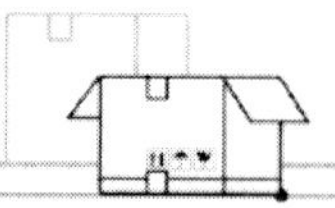

62 체화의 매각처리절차에 관련된 설명으로 옳지 않은 것은?

① 전시장에는 공매에 관한 자료를 비치하고 견본품 전시가 가능한 물품은 체화, 몰수 및 국고귀속물품 등으로 구분전시하며, 공람 문의 등은 수시로 하게 한다.

② 공매공고 물품에 대한 현품 공람은 매각공고를 할 때 정한 일시에 운영인 등의 책임으로 공람 희망자의 주민등록증을 확인한 후 공람하도록 한다.

③ 세관장은 공매시행에 있어서 관세법 시행령에 해당하는 입찰자에 대하여는 해당 입찰의 참가자격을 제한하고 지체 없이 지정정보처리장치에 등록하고 전자통관시스템에도 등록하여야 한다.

④ 본부세관장은 매각업무의 효율화를 위하여 필요하다고 인정하는 경우 일괄 매각공고 등 산하세관의 매각업무 전반에 관한 사항을 조정하거나 통제할 수 있다.

⑤ 본부세관장은 일괄 매각공고 등에 산하세관이 참여할 수 있도록 미리 공매계획을 산하세관에 통보하여야 한다.

TIP 세관장은 공매시행에 있어서 「국가를 당사자로 하는 계약에 관한 법률 시행령」에 해당하는 입찰자에 대하여는 해당 입찰의 참가자격을 제한하고 지체 없이 지정정보처리장치에 등록하고 전자통관시스템에도 등록하여야 한다〈보세화물장치기간 및 체화관리에 관한 고시 제30조(부정당한 입찰자의 제재)〉.
①② 공매물품 등의 전시장 설치에 관한 내용이다〈동 고시 제28조 제2항, 제3항〉.
④⑤ 공매일자 조정에 관한 내용이다〈동 고시 제31조 제2항, 제3항〉.

63 장치기간 경과물품의 국고귀속에 관한 내용으로 틀린 것은?

① 세관장은 보세구역 장치기간 경과물품 국고귀속 예정통고서를 등기우편으로 발송한다.

② 국고귀속 예정통고를 할 때 수입, 수출 또는 반송통관의 기한은 수령일부터 1개월로 한다.

③ 화주나 반입자 또는 그 위임을 받은 자가 분명하지 아니하거나 그 소재가 불명하여 국고귀속 예정통고를 할 수 없을 때에는 세관게시판에 게시공고하여 이를 갈음할 수 있다.

④ 화물담당과장은 국고귀속 예정통고를 한 물품 중 재감정이 필요하다고 인정되는 물품은 국고귀속 예정통고 즉시 감정담당과로 재감정을 의뢰하여야 한다.

⑤ 재감정 의뢰를 받은 감정담당과장은 의뢰일로부터 15일 이내에 재감정 결과를 통보하여야 한다.

TIP 국고귀속 예정통고를 할 때 수입, 수출 또는 반송통관의 기한은 발송일부터 1개월로 한다〈보세화물장치기간 및 체화관리에 관한 고시 제35조(국고귀속 예정통고) 제2항〉.
④⑤ 국고귀속 대상물품의 재감정에 대한 설명이다〈동 고시 제36조〉.

ANSWER 60.⑤ 61.④ 62.③ 63.②

64 세관장이 장치기간 경과물품에 대한 국고귀속 조치를 보류할 수 있는 경우로서 옳지 않은 것은?

① 국가기관에서 수입하는 물품

② 공기업, 준정부기관, 그 밖의 공공기관에서 수입하는 물품

③ 법 위반으로 조사중인 물품

④ 이의신청, 심판청구, 소송 등 쟁송이 제기된 물품

⑤ 특수용도에만 한정되어 있는 물품으로서 국고귀속 조치 후에도 공매낙찰 가능성이 없는 물품

TIP 국고귀속 보류 대상〈보세화물장치기간 및 체화관리에 관한 고시 제38조〉

㉠ 국가기관(지방자치단체 포함)에서 수입하는 물품

㉡ 공공기관의 운영에 관한 법률 제5조에 따른 공기업, 준정부기관, 그 밖의 공공기관에서 수입하는 물품으로서 국고귀속 보류요청이 있는 물품

㉢ 법 위반으로 조사 중인 물품

㉣ 이의신청, 심판청구, 소송 등 쟁송이 제기된 물품

㉤ 특수용도에만 한정되어 있는 물품으로서 국고귀속 조치 후에도 공매낙찰 가능성이 없는 물품

㉥ 국고귀속 조치를 할 경우 인력과 예산부담을 초래하여 국고에 손실이 야기된다고 인정되는 물품

㉦ 부패, 손상, 실용시효가 경과하는 등 국고귀속의 실익이 없다고 인정되는 물품

㉧ 그 밖에 세관장이 국고귀속을 하지 아니하는 것이 타당하다고 인정되는 물품

65 장치 물품의 폐기에 대한 내용이다. (　) 안에 들어갈 말로 적당한 것은?

> 부패 · 손상되거나 그 밖의 사유로 보세구역에 장치된 물품을 폐기하려는 자는 세관장의 (　)을 받아야 한다.

① 승인　　② 허가

③ 인가　　④ 동의

⑤ 명령

TIP 부패 · 손상되거나 그 밖의 사유로 보세구역에 장치된 물품을 폐기하려는 자는 세관장의 승인을 받아야 한다〈관세법 제160조(장치물품의 폐기) 제1항〉.

① 폐기신청에 관한 내용이다〈보세화물장치기간 및 체화관리에 관한 고시 제48조〉.

②③ 폐기작업절차에 관한 내용이다〈동 고시 제49조〉.

④ 비용부담에 관한 내용이다〈동 고시 제52조〉.

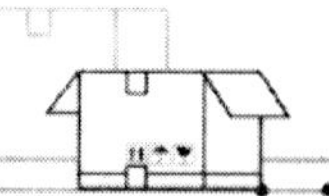

66 장치물품의 폐기명령대상과 거리가 먼 것은?

① 사람의 생명이나 재산에 해를 끼칠 우려가 있는 물품
② 부패하거나 변질된 물품
③ 유효기간이 지난 물품
④ 도난품 및 습득품
⑤ 상품가치가 없어진 상품

TIP 폐기명령대상 물품〈관세법 제160조(장치물품의 폐기) 제4항〉
㉠ 사람의 생명이나 재산에 해를 끼칠 우려가 있는 물품
㉡ 부패하거나 변질된 물품
㉢ 유효기간이 지난 물품
㉣ 상품가치가 없어진 상품
㉤ ㉠~㉣까지에 준하는 물품으로서 관세청장이 정하는 물품

67 체화(장치기간 경과물품)의 폐기 및 재활용 등에 대한 설명으로 틀린 것은?

① 폐기처분은 폐기명령대상물품으로 반송 또는 폐기명령을 받은 자 또는 해당 보세구역의 운영인이 이를 신청할 수 있다.
② 체화를 폐기하려는 자는 폐기대상 체화의 품명, 규격, 수량, 중량과 장치장소, 폐기일자 및 폐기장소 등을 기재한 물품폐기승인신청서를 세관장에게 신청하여야 한다.
③ 폐기작업신청서를 접수한 세관장은 폐기작업의 타당성, 작업시설의 적격성 여부 등을 검토하여 이를 승인할 수 있다.
④ 폐기비용과 관세 등 각종 세금은 폐기처분을 신청한 자의 부담으로 한다.
⑤ 폐기신청자는 여행자휴대품 등 세관화물정보시스템으로 관리되지 않는 체화에 대하여는 체화의 발생 및 처리상황보고서를 월별로 작성하여 다음달 10일까지 세관장에게 보고하여야 한다.

TIP 세관장은 여행자휴대품 등 세관화물정보시스템으로 관리되지 않는 체화에 대하여는 체화의 발생 및 처리상황보고서를 월별로 작성하여 다음달 10일까지 관세청장에게 보고하여야 한다〈보세화물장치기간 및 체화관리에 관한 고시 제53조(보고사항)〉.
① 폐기신청에 관한 내용이다〈동 고시 제48조〉.
②③ 폐기작업절차에 관한 내용이다〈동 고시 제49조〉.
④ 비용부담에 관한 내용이다〈동 고시 제52조〉.

ANSWER 64.② 65.① 66.④ 67.⑤

02 수출입 · 환적화물관리

제3과목 보세화물관리

1 다음 용어와 뜻이 바르게 연결되지 않은 것은?

① 하선(기)장소 : 화물을 하역하는 보세구역

② Master B/L : 선박회사가 발행한 선하증권 또는 항공사가 발행한 항공화물운송장

③ House B/L : 화물운송주선업자가 화주에게 직접 발행한 선하증권 또는 항공화물운송장

④ 환적화물 : 외국무역선(기)에 의하여 우리나라에 도착한 외국화물을 외국으로 반출하는 물품으로서 수출입 또는 반송신고대상이 아닌 물품

⑤ 적하목록 : 선사 또는 항공사가 Master B/L의 내역을 기재한 선박 또는 항공기의 화물적재목록

TIP 하선(기)장소는 선박 또는 항공기로부터 하역된 화물을 반입할 수 있는 보세구역을 말한다. 하역장소는 화물을 하역하는 보세구역을 말하며 항만의 경우에는 보세구역이 아닌 부두를 포함한다〈보세화물 입출항 하선 하기 및 적재에 관한 고시 제2조〉.

2 적하목록은 사전제출규정이 원칙이나 다음의 경우에는 적하목록 또는 적하목록 일부를 해당물품 하선전까지 추가로 제출할 수 있다. 이에 해당하지 않는 것은?

① 하역계획변경 등으로 공컨테이너 추가 하선이 필요한 경우

② 선박의 고장 또는 컨테이너고장 등으로 화물 등의 추가 하선이 필요한 경우

③ 냉동물 등이 선상에서 현품확인 후 계약됨에 따라 추가 하선이 필요한 경우

④ 하선물품이 부패하거나 긴급을 요하는 경우

⑤ 그 밖의 부득이한 사유로 추가 하선이 필요한 경우

TIP 세관장은 적하목록 사전제출규정에도 불구하고 적하목록 제출이후 다음의 어느 하나에 해당하는 경우에는 적하목록 또는 적하목록 일부를 해당 물품 하선전까지 추가로 제출하게 할 수 있다〈보세화물 입출항 하선 하기 및 적재에 관한 고시 제8조(적하목록 제출) 제4항〉.

㉠ 하역계획변경 등으로 공컨테이너 추가 하선이 필요한 경우

㉡ 선박의 고장 또는 컨테이너고장 등으로 화물 등의 추가 하선이 필요한 경우

㉢ 냉동물 등이 선상에서 현품확인 후 계약됨에 따라 추가 하선이 필요한 경우

㉣ 그 밖의 부득이한 사유로 추가 하선이 필요한 경우

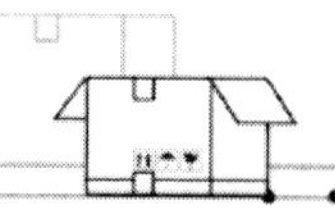

3 적하목록 정정신청 기한의 연결이 옳지 않은 것은?

① 해상화물의 경우 하선결과 이상보고서 및 반입결과 이상보고서가 제출된 물품의 경우 : 보고서 제출일로부터 15일 이내

② 해상화물의 경우 특수저장시설에 장치를 요하는 냉동화물 등을 하선과 동시에 컨테이너 적입작업을 하는 경우 : 7일 이내

③ 해상화물의 경우 그 밖의 사유로 적하목록을 정정하려는 경우 : 선박입항일로부터 60일 이내

④ 항공화물의 경우 하기결과보고서 및 반입결과 이상보고서가 제출된 물품의 경우 : 보고서 제출일로부터 15일 이내

⑤ 항공화물의 경우 기타의 사유로 적하목록을 정정하고자 하는 경우 : 항공기 입항일로부터 60일 이내

TIP 적하목록의 정정신청 기한〈보세화물 입출항 하선 하기 및 적재에 관한 고시 제12조 제3항, 제25조 제3항〉

해상화물	• 하선결과 이상보고서 및 반입결과 이상보고서가 제출된 물품의 경우 : 보고서 제출일로부터 15일 이내 • 특수저장시설에 장치를 요하는 냉동화물 등을 하선과 동시에 컨테이너 적입작업을 하는 경우 : 작업완료 익일까지 • 그 밖의 사유로 적하목록을 정정하려는 경우 : 선박입항일로부터 60일 이내
항공화물	• 하기결과보고서 및 반입결과 이상보고서가 제출된 물품의 경우 : 보고서 제출일로부터 15일 이내 • 기타의 사유로 적하목록을 정정하고자 하는 경우 : 항공기 입항일로부터 60일 이내

4 항공화물 적하목록 제출에 대한 내용이다. ( ) 안에 들어갈 말로 적당한 것은?

> 적하목록 제출의무자는 항공기가 입항하기 ( ) 전까지 적하목록을 항공기 입항예정지 세관장에게 전자문서로 제출해야 한다.

① 1시간
② 2시간
③ 3시간
④ 4시간
⑤ 6시간

TIP 적하목록 제출의무자는 항공기가 입항하기 4시간 전까지 적하목록을 항공기 입항예정지 세관장에게 전자문서로 제출해야 한다. 다만, 근거리 지역의 경우에는 적재 항에서 항공기가 출항하기 전까지, 특송화물의 경우에는 항공기가 입항하기 1시간 전까지 제출해야 한다〈보세화물 입출항 하선 하기 및 적재에 관한 고시 제21조(적하목록 제출) 제2항〉.

ANSWER 1.① 2.④ 3.② 4.④

5 다음 용어의 설명으로 틀린 것은?

① 적하목록이란 선사 또는 항공사가 Master B/L의 내역을 기재한 선박 또는 항공기의 화물적재목록을 말한다.
② Master B/L이란 화물운송주선업자가 화주에게 직접 발행한 선하증권 또는 항공화물운송장을 말한다.
③ 환적화물이란 외국무역선(기)에 의하여 우리나라에 도착한 외국화물을 외국으로 반출하는 물품으로서 수출입 또는 반송신고 대상이 아닌 물품을 말한다.
④ 세관화물정보시스템이란 적하목록, 적재 · 하선(기), 보세운송신고, 보세구역반출입 등의 자료를 관리하는 세관운영시스템을 말한다.
⑤ 산물이란 일정한 포장용기로 포장되지 않은 상태에서 운송되는 물품으로서 수량관리가 불가능한 물품을 말한다.

TIP Master B/L과 House B/L〈보세화물 입출항 하선 하기 및 적재에 관한 고시 제2조〉

Master B/L	선박회사가 발행한 선하증권 또는 항공사가 발행한 항공화물운송장을 말한다.
House B/L	화물운송주선업자가 화주에게 직접 발행한 선하증권 또는 항공화물운송장을 말한다.

6 해상화물의 적하목록 정정신청을 생략할 수 있는 경우가 아닌 것은?

① 산물로서 그 부피의 과부족이 5% 이내인 경우
② 용적물품으로서 그 용적의 과부족이 5% 이내인 경우
③ 포장파손이 용이한 물품 및 건습에 따라 중량의 변동이 심한 물품으로서 그 중량의 과부족이 5% 이내인 경우
④ 포장단위 물품으로서 중량의 과부족이 10% 이내이고, 포장상태에 이상이 없는 경우
⑤ 적하목록 이상사유가 단순기재오류 등으로 확인되는 경우

TIP 해상화물의 적하목록 정정신청 생략사유〈보세화물 입출항 하선 하기 및 적재에 관한 고시 제13조 제1항〉

㉠ 산물로서 그 중량의 과부족이 5% 이내인 경우
㉡ 용적물품으로서 그 용적의 과부족이 5% 이내인 경우
㉢ 포장파손이 용이한 물품 및 건습에 따라 중량의 변동이 심한 물품으로서 그 중량의 과부족이 5% 이내인 경우
㉣ 포장단위 물품으로서 중량의 과부족이 10% 이내이고, 포장상태에 이상이 없는 경우
㉤ 적하목록 이상사유가 단순기재오류 등으로 확인되는 경우

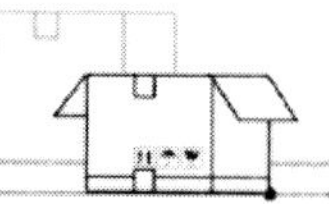

7 **항공화물의 적하목록 정정신청을 생략할 수 있는 경우로 틀린 것은?**

① 포장파손이 용이한 물품으로서 과부족이 5%이내인 경우
② 중량으로 거래되는 물품 중 건습에 따라 중량이 변동이 심한 물품으로서 그 중량의 과부족이 5%이내인 경우
③ 적하목록보다 실제 물품이 적은 경우로서 하기결과 이상보고서 제출 이후 3일 이내에 부족화물이 도착되어 병합관리가 가능한 경우
④ 적하목록에 등재되지 아니한 화물로서 해당 항공기 도착 7일 이내에 선착화물이 있어 병합관리가 가능한 경우
⑤ 포장단위 물품으로서 중량의 과부족이 10%이내이고 포장상태에 이상이 없는 경우

TIP 항공화물의 적하목록 정정신청 생략사유〈보세화물 입출항 하선 하기 및 적재에 관한 고시 제26조 제1항〉
㉠ 포장파손이 용이한 물품으로서 과부족이 5%이내인 경우
㉡ 중량으로 거래되는 물품 중 건습에 따라 중량이 변동이 심한 물품으로서 그 중량의 과부족이 5%이내인 경우
㉢ 적하목록보다 실제 물품이 적은 경우로서 하기결과 이상보고서 제출 이후 7일 이내에 부족화물이 도착되어 병합관리가 가능한 경우
㉣ 적하목록에 등재되지 아니한 화물로서 해당 항공기 도착 7일 이내에 선착화물이 있어 병합관리가 가능한 경우
㉤ 포장단위 물품으로서 중량의 과부족이 10%이내이고 포장상태에 이상이 없는 경우
㉥ 적하목록 이상사유가 단순기재오류 등으로 확인되는 경우

8 **적하목록 직권정정(해상화물, 항공화물 공통) 사유로 틀린 것은?**

① 적하목록 정정생략 대상에 해당하는 경우
② 하선(기) 화물의 수량에 대하여 검수업자가 하선(기) 결과 이상보고를 한 경우
③ 하선(기) 화물의 중량에 대하여 검수업자가 하선(기) 결과 이상보고를 한 경우
④ 하선(기) 화물의 가격에 대하여 검수업자가 하선(기) 결과 이상보고를 한 경우
⑤ 반입화물의 수량 · 중량에 대한 이상보고가 된 경우

TIP 화물관리 세관공무원은 하선결과 및 반입이상 보고된 전자문서 또는 관련서류로 확인이 가능한 다음의 어느 하나에 해당하는 경우에는 직권으로 정정할 수 있다. 다만, 보세운송된 화물의 경우에는 해당 보세구역 관할세관 화물관리 세관공무원이 하여야 한다〈보세화물 입출항 하선 하기 및 적재에 관한 고시 제14조, 제27조(적하목록 직권정정)〉.
㉠ 적하목록 정정생략 대상에 해당하는 경우
㉡ 하선(기)화물의 수량 · 중량에 대하여 검수업자가 하선(기)결과 이상보고를 한 경우
㉢ 반입화물의 수량 · 중량에 대한 이상보고가 된 경우

ANSWER 5.② 6.① 7.③ 8.④

9 **운항선사 또는 그 위임을 받은 하역업체가 화물을 하선하고자 할 때에는 Master B/L 단위의 적하목록을 기준으로 하역장소와 하선장소를 기재한 하선신고서를 세관장에게 전자문서로 제출하여야 한다. 그러나 예외의 경우 세관장에게 서류로 하선신고를 할 수 있으며, 하선작업완료 후 익일까지 하선신고서를 전자문서로 제출하여야 한다. 다음 중 예외 사항이 아닌 것은?**

① B/L 단위로 구분하여 하선이 가능한 경우
② 검역을 위하여 분할 하선을 하여야 하는 경우
③ 입항 전에 수입신고 또는 하선 전에 보세운송신고한 물품으로서 검사대상으로 선별된 물품이 선상검사 후에 하선하여야 하는 경우
④ 재난 등 긴급 하선하여야 하는 경우
⑤ 산물 등 기타화물의 하선의 경우

TIP 다음의 어느 하나에 해당하는 경우에는 세관장에게 서류로 하선신고를 할 수 있으며, 하선작업 완료 후 익일까지 하선신고서를 세관장에게 전자문서로 제출하여야 한다〈보세화물 입출항 하선 하기 및 적재에 관한 고시 제15조(하선신고) 제1항〉.
㉠ B/L 단위로 구분하여 하선이 가능한 경우
㉡ 검역을 위하여 분할 하선을 하여야 하는 경우
㉢ 입항 전에 수입신고 또는 하선 전에 보세운송신고한 물품으로서 검사대상으로 선별된 물품이 선상검사 후에 하선하여야 하는 경우
㉣ 재난 등 긴급 하선하여야 하는 경우

10 **선사가 물품을 하선할 수 있는 장소로 옳지 않은 것은?**

① 컨테이너화물 : 컨테이너를 취급할 수 있는 시설이 있는 부두내 또는 부두밖 컨테이너 보세장치장(CY). 다만, 부두사정상 컨테이너화물과 산물을 함께 취급하는 부두의 경우에는 보세구역 중 세관장이 지정한 장소
② 냉동컨테이너화물 : 컨테이너화물 하선 장소를 준용하되 화주가 냉동컨테이너로부터 화물을 적출하여 반입을 원하는 경우 냉동시설을 갖춘 보세구역
③ 산물 등 기타화물 : 부두 내 보세구역
④ 액체, 분말 등의 형태로 본선에서 탱크, 사이로 등 특수저장시설로 직송되는 물품 : 해당 저장시설을 갖춘 보세구역
⑤ 부두 내에 보세구역이 없는 세관의 경우 : 화주가 신청하는 보세구역

TIP 부두 내에 보세구역이 없는 세관의 경우에는 관할구역 내 보세구역(보세구역외 장치허가 받은 장소를 포함) 중 세관장이 지정하는 장소로 한다〈보세화물 입출항 하선 하기 및 적재에 관한 고시 제15조(하선신고) 제3항〉.

11 수입신고 생략물품이 아닌 것은?

① 외교행낭으로 반입되는 면세대상물품

② 운동선수의 운동기구

③ 장례를 위한 유해와 유체

④ 재외공관 등에서 외교부로 발송되는 자료

⑤ 외국에 주둔하는 국군으로부터 반환되는 공용품

TIP 수입신고의 생략〈수입통관 사무처리에 관한 고시 제70조 제1항〉

㉠ 외교행낭으로 반입되는 면세대상물품

㉡ 우리나라에 내방하는 외국의 원수와 그 가족 및 수행원에 속하는 면세대상물품

㉢ 장례를 위한 유해(유골)와 유체

㉣ 신문, 뉴스를 취재한 필름 · 녹음테이프로서 문화관광체육부에 등록된 언론기관의 보도용품

㉤ 재외공관 등에서 외교부로 발송되는 자료

㉥ 기록문서와 서류

㉦ 외국에 주둔하는 국군으로부터 반환되는 공용품

12 선사가 하선작업을 할 때 물품별로 하선작업 계획을 수립하여 하역장소 내에 구분하여 일시장치하여야 하는데 그 구분항목이 아닌 것은?

① 하선장소 내에서 통관할 물품

② 타지역으로 보세운송할 물품

③ 냉동 · 냉장물품

④ 위험물품

⑤ 면세대상물품

TIP 선사가 하선작업을 할 때에는 다음의 어느 하나에 해당하는 물품별로 하선작업 계획을 수립하여 하역장소 내에 구분하여 일시장치하여야 한다〈보세화물 입출항 하선 하기 및 적재에 관한 고시 제15조(하선신고) 제5항〉.

㉠ 하선장소 내에서 통관할 물품

㉡ 하선장소 내 CFS 반입대상 물품

㉢ 타지역으로 보세운송할 물품

㉣ 세관장이 지정한 장치장에 반입할 검사대상 화물

㉤ 냉동 · 냉장 물품

㉥ 위험물품

㉦ 그 밖에 세관장이 별도로 화물을 분류하도록 지시한 물품

ANSWER 9.⑤ 10.⑤ 11.② 12.⑤

13 하선신고를 한 자는 입항일로부터 컨테이너화물의 경우 며칠 이내에 해당물품을 하선장소에 반입하여야 하는가?

① 3일
② 5일
③ 7일
④ 10일
⑤ 15일

TIP 하선신고를 한 자는 입항일로부터 다음의 어느 하나에 해당하는 기간 내에 해당물품을 하선장소에 반입하여야 한다〈보세화물 입출항 하선 하기 및 적재에 관한 고시 제19조(하선장소 물품반입) 제1항〉.

컨테이너화물	3일
원목, 곡물, 원유 등 산물	10일

14 해상화물의 하선장소 물품반입에 대한 설명으로 틀린 것은?

① 하선장소를 관리하는 보세구역 운영인은 해당 보세구역을 하선장소로 지정한 물품에 한해 해당 물품의 반입 즉시 House B/L 단위로 세관장에게 전자문서로 물품반입신고를 하여야 한다.
② 하선장소를 관리하는 보세구역 운영인은 창고 내에 물품이 입고되는 과정에서 실물이 적하목록상의 내역과 상이함을 발견하였을 때에는 반입사고화물로 분류하여 신고하여야 한다.
③ 입항전수입신고수리 또는 하선전보세운송신고수리가 된 물품을 하선과 동시에 차상반출하는 경우에는 반출입신고를 생략할 수 있다.
④ 하선장소 보세구역 운영인은 하선기한 내 공컨테이너가 반입되지 않은 경우 화주에게 보충하도록 요청하여야 한다.
⑤ LCL 화물로서 해당 하선장소내의 CFS내에서 컨테이너 적출 및 반입작업하지 아니하는 물품은 Master B/L 단위로 반입신고할 수 있다.

TIP 하선장소 보세구역 운영인(화물관리인)은 하선기한 내 공컨테이너가 반입되지 않은 경우 세관장에게 즉시 보고하여야 한다〈보세화물 입출항 하선 하기 및 적재에 관한 고시 제19조(하선장소 물품반입) 제5항〉.

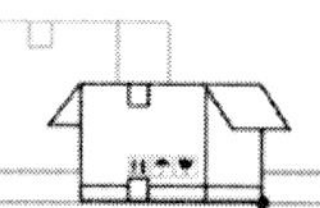

15 운항항공사의 하기결과 별도관리에 대한 내용으로 (   ) 안에 공통으로 들어갈 숫자는?

> • 적하목록 제출의무자 또는 작성책임자는 별도 보관중인 물품에 대해 하기결과 보고일로부터 (   )일 이내에 적하목록 이상사유를 규명하여 적하목록정정 등의 절차를 거쳐 하기장소 보세구역에 반입하여야 한다.
> • 세관장은 별도관리 대상물품에 대한 관리대장을 비치하고 (   )일이 경과할 때까지 적하목록 정정신청 또는 별도관리해제신청이 없는 경우에는 관세법 위반여부를 조사 처분한 후 직권으로 적하목록을 정정하여야 한다.

① 5
② 7
③ 10
④ 15
⑤ 30

TIP
• 적하목록 제출의무자 또는 작성책임자는 별도 보관중인 물품에 대해 하기결과 보고일로부터 15일 이내에 적하목록 이상사유를 규명하여 적하목록정정 등의 절차를 거쳐 하기장소 보세구역에 반입하여야 한다〈보세화물 입출항 하선 하기 및 적재에 관한 고시 제32조(하기결과 이상물품에 대한 적용특례) 제2항〉.
• 세관장은 별도관리 대상물품에 대한 관리대장을 비치하고, 15일이 경과할 때까지 적하목록 정정신청 또는 별도관리해제신청이 없는 경우에는 관세법 위반여부를 조사 처분한 후 직권으로 적하목록을 정정하여야 한다〈동 고시 제32조 제6항〉.

16 컨테이너의 요건과 거리가 먼 것은?

① 물품을 보관하기에 용이하도록 격실을 형성하고 있을 것
② 항구적으로 반복하여 사용할 수 있도록 견고할 것
③ 운송도중에 재적재하지 않고 하나 또는 그 이상의 운송수단으로 물품의 수송이 용이하도록 설계될 것
④ 운송수단 간 환적이 용이하도록 설계될 것
⑤ $10m^2$ 이상 내부용적을 가지고 있을 것

TIP 컨테이너는 $1m^2$ 이상의 내부용적을 가지고 있어야 한다〈컨테이너관리에 관한 고시 제2조 제1호〉.
㉠ 물품을 보관하기에 용이하도록 격실을 형성하고 있을 것
㉡ 항구적으로 반복하여 사용할 수 있도록 견고할 것
㉢ 운송 도중에 재적재하지 않고 하나 또는 그 이상의 운송수단으로 물품의 수송이 용이하도록 설계될 것
㉣ 운송수단간 환적이 용이하도록 설계될 것
㉤ 물품의 적출입이 용이하도록 설계될 것
㉥ $1m^3$ 이상의 내부용적을 가지고 있을 것
㉦ 「1972년 컨테이너에 관한 관세협약」에 제시된 컨테이너의 기술적 조건을 충족할 것

ANSWER 13.① 14.④ 15.④ 16.⑤

17 컨테이너에 들어 있는 화물 전부를 1명의 화주가 소유하고 있는 것은?

① FCL 컨테이너화물
② LCL 컨테이너화물
③ Master 컨테이너화물
④ Home 컨테이너화물
⑤ CFS 컨테이너화물

TIP 컨테이너화물〈컨테이너관리에 관한 고시 제2조 제3호, 제4호〉

FCL 컨테이너화물	컨테이너에 들어 있는 화물 전부를 1명의 화주가 소유하고 있는 것을 말한다.
LCL 컨테이너화물	여러 화주의 화물을 1개의 컨테이너에 같이 실은 것을 말한다.

18 다음 설명 중 옳지 않은 것은?

① 컨테이너는 화물을 보다 능률적이고 경제적으로 수송하기 위해 규격화한 용기이다.
② 국제도로운송이란 외국을 목적지 또는 출발지로 하여 운송 중 환적 없이 동일한 컨테이너로 물품을 운송하는 것을 말한다.
③ FCL 컨테이너화물이란 컨테이너에 들어 있는 화물 전부를 1명의 화주가 소유하고 있는 것을 말한다.
④ LCL 컨테이너화물이란 여러 화주의 화물을 1개의 컨테이너에 같이 실은 것을 말한다.
⑤ 수입물품을 컨테이너에 내장한 상태로 수입신고를 할 수 있는 물품은 LCL 화물에 한한다.

TIP 수입물품을 컨테이너에 내장한 상태로 수입신고를 할 수 있는 물품은 FCL 화물에 한한다〈컨테이너관리에 관한 고시 제17조(컨테이너내장 수입물품의 수입신고)〉.

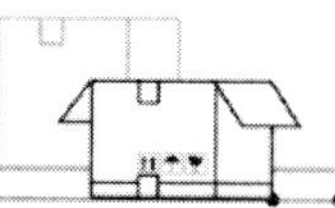

19 수출물품은 수출신고가 수리된 날로부터 며칠 이내에 우리나라와 외국간을 왕래하는 운송수단에 적재하여야 하는가?

① 10일
② 15일
③ 30일
④ 60일
⑤ 90일

TIP 수출신고가 수리된 물품은 수출신고가 수리된 날부터 30일 이내에 운송수단에 적재하여야 한다〈관세법 제251조(수출신고수리물품의 적재 등) 제1항〉.

20 수출물품의 선적지 보세구역 반입 등에 대한 설명으로 틀린 것은?

① 선적지 보세구역에 반입한 수출물품을 재포장, 분할, 병합, 교체 등 보수작업하려는 자는 관할 세관장에게 수출물품 보수작업 승인신청서를 제출하여 승인을 받아야 한다.
② 보수작업 결과 포장개수의 변동 등 당초의 수출신고 수리사항이 변경되는 경우에는 해당 보수작업 승인을 한 세관장이 그 내역을 수출신고수리 세관장에게 통보하여야 한다.
③ 선적지 보세구역에 반입된 수출물품을 부패 · 손상 등의 사유로 폐기하려는 자는 세관장에게 폐기승인신청서를 제출하여 승인을 받은 후 폐기처리 할 수 있다.
④ 보세구역 운영인은 보세구역에 반입된 화물이 천재지변, 화재 등으로 멸실된 경우에는 즉시 세관장에게 그 사실을 보고하여야 한다.
⑤ 반송물품을 보세구역에 반입하려는 보세구역 운영인은 세관장에게 반입신고를 하여야 하며, 이 경우 반입신고 후 보세운송도착보고를 별도로 하여야 한다.

TIP 반송물품을 보세구역에 반입하려는 보세구역 운영인은 세관장에게 반입신고를 하여야 하며, 이 경우 반입신고는 보세운송도착보고를 갈음할 수 있다〈보세화물 입출항 하선 하기 및 적재에 관한 고시 제33조 제3항〉.
①② 수출물품의 보수작업에 대한 설명이다〈동 고시 제33조〉.
③④ 수출물품의 멸실 · 폐기 처리에 대한 설명이다〈동 고시 제35조〉.

ANSWER 17.① 18.⑤ 19.③ 20.⑤

21 **선적지 보세구역에 반입된 수출물품을 선적지 보세구역으로부터 반출할 수 있는 경우가 아닌 것은?**

① 선정예정 선박 또는 항공기에 적재하고자 하는 경우
② 선적예정 선박 또는 항공기가 변경되거나 해상 또는 항공수송의 상호연계를 위하여 다른 선적지 세관의 보세구역으로 수출물품을 운송하려는 경우
③ 동일 선적지 세관 내에서 혼재작업을 위해 다른 보세구역으로 수출물품을 운송하려는 경우
④ 보수작업과 폐기처리 등을 해당 선적지 보세구역 내에서 수행하기가 곤란하여 다른 장소로 수출물품을 운송하고자 하는 경우
⑤ 그 밖에 보세구역 운영인이 선적지 보세구역에서 반출하는 사유가 타당하다고 인정하는 경우

TIP 보세구역반출〈보세화물 입출항 하선 하기 및 적재에 관한 고시 제36조〉
㉠ 선적지보세구역에 반입된 수출물품은 다음의 어느 하나에 해당하는 경우에 한정하여 선적지 보세구역으로부터 반출할 수 있다.
- 선적예정 선박 또는 항공기에 적재하고자 하는 경우
- 선적예정 선박 또는 항공기가 변경되거나 해상 또는 항공수송의 상호연계를 위하여 다른 선적지 세관의 보세구역으로 수출물품을 운송하려는 경우
- 동일 선적지 세관내에서 혼재작업을 위해 다른 보세구역으로 수출물품을 운송하려는 경우
- 보수작업과 폐기처리 등을 해당 선적지 보세구역내에서 수행하기가 곤란하여 다른 장소로 수출물품을 운송하고자 하는 경우
- 그 밖에 세관장이 선적지 보세구역에서 반출하는 사유가 타당하다고 인정하는 경우

㉡ ㉠에 따라 수출물품이 보세구역에서 반출되는 경우 보세구역 운영인은 반출사유가 타당한지 여부를 확인해야 하며 그 내역을 화물반출입대장에 기록 관리해야 한다.
㉢ 수출신고수리물품 또는 수출신고수리를 받고자 하는 물품의 반출신고는 화물반출입대장에 기록 관리하는 것으로 갈음한다. 다만, 보세구역에 반입 후 수출신고를 하게 할 수 있는 물품은 세관장에게 반출신고를 해야 한다.
㉣ 반송물품을 보세구역에서 반출하고자 하는 보세구역 운영인은 세관장에게 반출신고를 해야 하며, 적재를 위하여 반출하는 경우에는 반출자가 적재권한이 있는 자인지 확인 후 반출해야 한다.

22 **적하목록 정정신청은 해당 수출물품(해상화물)을 적재한 선박이 출항한 날로부터 얼마의 기간 내에 하여야 하는가?**

① 10일
② 15일
③ 30일
④ 60일
⑤ 90일

TIP 적하목록 정정신청은 해당 수출물품을 적재한 선박, 항공기가 출항한 날로부터 다음에서 정하는 기간 내에 하여야 한다〈보세화물 입출항 하선 하기 및 적재에 관한 고시 제44조(적하목록의 정정신청) 제3항〉.
㉠ 해상화물 : 90일
㉡ 항공화물 : 60일

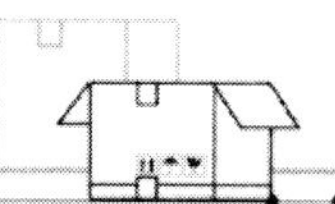

23 입항하는 운송수단의 물품을 다른 세관의 관할구역으로 운송하여 출항하는 운송수단으로 옮겨 싣는 것을 무엇이라고 하는가?

① 환적
② 복합환적
③ 내국환적운송
④ 외국환적운송
⑤ 복합일관운송화물

TIP 정의〈환적화물 처리절차에 관한 특례고시 제2조〉
㉠ 환적이란 동일한 세관관할구역안에서 입항하는 운송수단에서 출항하는 운송수단으로 물품을 옮겨 싣는 것을 말한다.
㉡ 복합환적이란 입항하는 운송수단의 물품을 다른 세관의 관할구역으로 운송하여 출항하는 운송수단으로 옮겨싣는 것을 말한다.
㉢ 내국환적운송이란 최초 입항지에서 운송수단을 외국무역선으로 변경하여 국내 개항 간 보세화물을 운송하는 것을 말한다.
㉣ 복합일관운송화물이란 자동차에 적재한 상태로 해상 및 육로를 일관하여 운송하는 물품을 말한다.

24 보세구역 운영인이 반출입신고를 하려는 경우의 신고단위는?

① House B/L 단위
② Master B/L 단위
③ 운송용기 단위
④ 컨테이너 단위
⑤ 중량 단위

TIP 보세구역 운영인이 반출입신고를 하려는 때에는 House B/L 단위의 전자문서로 하여야 한다. 다만 다음의 어느 하나에 해당하는 경우에는 그 구분에 따른다〈환적화물 처리절차에 관한 특례고시 제5조(반출입신고) 제2항〉.
㉠ 컨테이너보세창고에서 운송용기(컨테이너) 단위로 반출입되는 환적화물 : 운송용기(컨테이너) 단위
㉡ 공항내 화물터미널에서 Master B/L 단위로 반출입되는 환적화물 : Master B/L 단위

ANSWER 21.⑤ 22.⑤ 23.② 24.①

25 컨테이너 적출입작업을 하여 환적하는 경우 환적신고는 언제까지 하여야 하는가?

① 적출입작업 전까지
② 적출입작업 직후까지
③ 적출입작업 후 3시간 이내
④ 적출입작업 후 6시간 이내
⑤ 적출입작업 후 출항 전까지

TIP 물품을 환적하려는 자가 다음에 해당하는 경우 환적신고서를 선적예정지 관할 세관장에게 전자문서로 제출하여야 한다〈환적화물 처리절차에 관한 특례고시 제6조(환적신고) 제1항〉.
㉠ 컨테이너 적출입작업을 하여 환적하는 경우 : 적출입작업 전까지
㉡ 비가공증명서를 발급받으려는 물품을 환적하는 경우 : 적재 전까지

26 국내 개항 간 외국무역선으로 화물을 운송할 수 있는 경우가 아닌 것은?

① 우리나라로 수입하려는 외국물품으로서 최초 입항지에서 선하증권에 기재된 최종 목적지로 운송하려는 화물
② 환적화물
③ 수출화물
④ 내국물품인 공컨테이너
⑤ 외국물품인 공컨테이너

TIP 국내 개항간 외국(등록의 효력상실)무역선으로 화물을 운송할 수 있는 경우는 다음의 어느 하나와 같다〈환적화물 처리절차에 관한 특례고시 제9조(국내 개항 간 외국무역선에 의한 화물운송) 제1항〉.
㉠ 우리나라로 수입하려는 외국물품으로서 최초 입항지에서 선하증권에 기재된 최종목적지로 운송하려는 화물
㉡ 환적화물
㉢ 수출화물
㉣ 내국물품인 공컨테이너

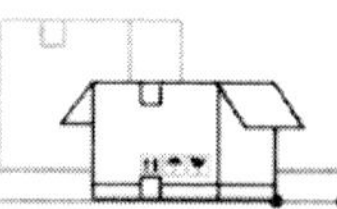

27 화물관리번호의 구성요소를 모두 고른 것은?

㉠ 적하목록 관리번호	㉡ Master B/L 일련번호
㉢ House B/L 일련번호	㉣ 화물중량 · 수량번호

① ㉠㉡㉢ ② ㉠㉡㉣
③ ㉠㉢㉣ ④ ㉡㉢㉣
⑤ ㉠㉡㉢㉣

TIP 화물관리번호란 적하목록상의 적하목록 관리번호에 Master B/L 일련번호와 House B/L 일련번호를 합한 번호를 말한다〈보세화물 입출항 하선 하기 및 적재에 관한 고시 제2조 제10호〉.

28 화물운송주선업자 등록의 효력상실 사유로 옳지 않은 것은?

① 화물운송주선업을 폐업한 때
② 화물운송주선업자가 사망하거나 법인이 해산된 때
③ 등록기간이 만료한 때
④ 등록사항 변동신고를 하지 아니한 때
⑤ 등록이 취소된 때

TIP 화물운송주선업자가 다음의 어느 하나에 해당하는 경우에는 그 등록의 효력이 상실된다〈화물운송주선업자의 등록 및 관리에 관한 고시 제6조(등록의 효력상실)〉.
㉠ 화물운송주선업을 폐업한 때
㉡ 화물운송주선업자가 사망하거나 법인이 해산된 때
㉢ 등록기간이 만료한 때
㉣ 등록이 취소된 때

ANSWER 25.① 26.⑤ 27.① 28.④

29 **화물운송주선업자에 대한 설명으로 틀린 것은?**

① 화물운송주선업자(Forwarder)란 보세화물을 취급하려는 자로서 다른 법령에 따라 화물운송의 주선을 업으로 하는 자를 말한다.

② 화물운송주선업자의 등록을 하려는 자는 화물운송주선업자 등록신청서와 신청인 제출서류를 통관지 세관장에게 제출하여야 한다.

③ 세관장은 화물운송주선업자 등록신청서를 접수받은 때에는 등록요건을 충족하는지와 화물운송주선업자 부호가 중복되는지 등을 확인하여 접수일로부터 5일 이내에 처리하여야 한다.

④ 세관장이 등록요건에 부적합하거나, 처리기한 내에 처리할 수 없는 합리적인 사유가 있는 경우에는 그 사유를 신청인에게 통보하여야 한다.

⑤ 세관장은 심사결과 이상이 없는 경우에는 세관화물정보시스템에 신청사항을 등록 후 신청인에게 화물운송주선업자 등록증을 교부하여야 한다.

TIP 화물운송주선업자 등록신청 및 심사〈화물운송주선업자의 등록 및 관리에 관한 고시 제4조 제2항〉

㉠ 화물운송주선업자의 등록을 하려는 자는 화물운송주선업자 등록(갱신) 신청서와 신청인 제출서류를 통관지 세관장에게 제출하여야 하며, 신청서류는 우편 및 전자우편으로 제출할 수 있다.

㉡ 세관장은 ㉠에 따른 신청서를 접수받은 때에는 등록요건을 충족하는지와 화물운송주선업자부호가 중복되는지 등을 확인하여, 접수일로부터 10일 이내에 처리하여야 한다.

㉢ 세관장은 등록요건에 부적합하거나, 처리기한 내에 처리할 수 없는 합리적인 사유가 있는 경우에는 그 사유를 신청인에게 통보하여야 한다.

㉣ ㉠에 따른 화물운송주선업자의 등록기간은 3년으로 하며, 갱신할 수 있다.

㉤ 세관장은 ㉡에 따른 심사결과에 이상이 없는 경우에는 세관화물정보시스템에 신청사항을 등록 후 신청인에게 화물운송주선업자등록증을 교부하여야 한다.

30 다음 〈보기〉의 내용에서 ( ) 안에 차례대로 들어갈 숫자로 맞는 것은?

〈보기〉

하선 신고를 한 자는 해상화물인 경우 입항일로부터 컨테이너화물은 ( )일, 원목 · 곡물 · 원유 등 산물은 ( )일 이내에 해당 물품을 하선장소에 반입하여야 한다. 다만, 부득이한 사유로 지정기한 내에 반입이 곤란할 때에는 반입지연사유, 반입예정일자 등을 기재한 하선장소 반입기간 연장신청서를 세관장에게 제출하여 승인을 받아야 한다.

① 3, 10
② 3, 5
③ 5, 10
④ 5, 3
⑤ 3, 7

TIP 하선 신고를 한 자는 해상화물인 경우 입항일로부터 컨테이너화물은 3일, 원목 · 곡물 · 원유 등 산물은 10일 이내에 해당 물품을 하선장소에 반입하여야 한다〈보세화물 입출항 및 하선 하기 및 적재에 관한 고시 제19조(하선장소 물품반입) 제1항〉.

31 다음 〈보기〉는 환적화물 보세운송신고에 대한 내용이다. ( ) 안에 맞는 것은?

〈보기〉

환적화물을 보세운송하려는 자는 입항 선박 또는 항공기의 ( ) 단위로 세관장에게 보세운송 신고를 하여야 한다. 다만, 선박을 통해 입항지에 반입된 화물을 공항으로 운송한 후 외국으로 반출하려는 환적화물(보세운송 목적지가 공항항역 내 1개 이상인 경우를 포함한다)은 모선단위 1건으로 일괄하여 신고할 수 있다.

① Master B/L
② House B/L
③ FCL
④ LCL
⑤ CFS

TIP 환적화물을 보세운송하려는 자는 입항 선박 또는 항공기의 House B/L 단위로 세관장에게 보세운송 신고를 하여야 한다. 다만, 선박을 통해 입항지에 반입된 화물을 공항으로 운송한 후 외국으로 반출하려는 환적화물(보세운송목적지가 공항항역 내 1개 이상인 경우를 포함한다)은 모선단위 1건으로 일괄하여 신고할 수 있다〈환적화물 처리절차에 관한 특례고시 제7조(보세운송) 제1항 제1호〉.

ANSWER 29.① 30.① 31.②

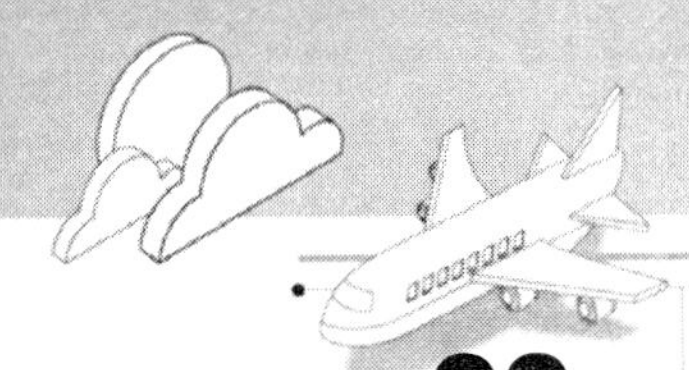

03 보세운송제도

제3과목 보세화물관리

1 **보세운송신고 또는 승인신청을 할 수 있는 자가 아닌 것은?**

① 화주
② 전매된 경우 그 취득자
③ 환매된 경우 보세사
④ 등록한 보세운송업자
⑤ 관세사

TIP 보세운송의 신고 또는 승인신청을 할 수 있는 자〈보세운송에 관한 고시 제2조 제1항〉
㉠ 화주. 다만, 전매된 경우에는 그 취득자, 환적화물의 경우에는 그 화물에 대한 권리를 가진 자
㉡ 「관세법」에 따라 등록한 보세운송업자
㉢ 관세사 등

2 **보세운송 절차를 요하지 않는 물품을 모두 고른 것은?**

㉠ 「우편법」에 따라 체신관서의 관리 하에 운송되는 물품
㉡ 「검역법」 등에 따라 검역관서가 인수하여 검역소 구내계류장 또는 검역시행 장소로 운송하는 검역대상 물품
㉢ 국가기관에 의하여 운송되는 압수물품
㉣ 지방자치단체의 도난 · 습득물품

① ㉠㉡㉢
② ㉠㉡㉣
③ ㉠㉢㉣
④ ㉡㉢㉣
⑤ ㉠㉡㉢㉣

TIP 다음의 어느 하나에 해당하는 물품은 보세운송 절차를 요하지 아니한다〈보세운송에 관한 고시 제4조(보세운송 절차를 요하지 않는 물품) 제1항〉.
㉠ 「우편법」에 따라 체신관서의 관리 하에 운송되는 물품
㉡ 「검역법」 등에 따라 검역관서가 인수하여 검역소 구내계류장 또는 검역시행 장소로 운송하는 검역대상 물품
㉢ 국가기관에 의하여 운송되는 압수물품

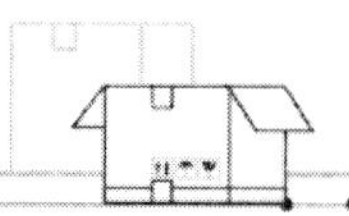

3 **보세운송기간 중 해상화물은 신고수리일로부터 며칠까지 목적지에 도착하여야 하는가?**

① 3일
② 5일
③ 10일
④ 15일
⑤ 30일

TIP 보세운송물품은 신고수리일로부터 해상화물은 10일, 항공화물은 5일까지 목적지에 도착하여야 한다. 다만, 세관장은 선박 또는 항공기 입항 전에 보세운송신고를 하는 때에는 입항예정일 및 하선(기)장소 반입기간을 고려하여 5일 이내의 기간을 추가할 수 있다〈보세운송에 관한 고시 제6조(보세운송기간)〉.

4 **보세운송업자의 등록에 관한 내용으로 옳지 않은 것은?**

① 외국무역선(기)에 물품을 하역하는 것을 업으로 하는 자나 보세운송업자와 외국무역(선) 등에 물품 또는 용역을 공급하는 자 등은 관세청장 또는 세관장에게 등록하여야 한다.
② 세관장은 보세운송업자의 등록에 관한 업무를 사단법인 한국관세물류협회의 장에게 위탁한다.
③ 보세운송업자의 등록유효기간은 3년으로 하되 갱신할 수 있다.
④ 관세물류협회의 장이 보세운송업자등록신청서를 접수한 때에는 신청대장에 즉시 기록한 후 민원사무처리기준표의 처리기한(10일) 내에 처리하여야 한다.
⑤ 관세물류협회의 장이 보세운송업자 등록증을 교부한 때에는 5일 내로 전자문서로 관세청장에게 보고하여야 한다.

TIP 관세물류협회의장이 보세운송업자 등록증을 교부한 때에는 즉시 전자문서로 보세운송업자 관할세관장에게 보고하여야 한다〈보세운송에 관한 고시 제10조(등록증 교부) 제2항〉.
① 보세운송업자 등록에 관한 내용이다〈관세법 제222조 제1항 제3호, 제4호〉.
② 보세운송업자 등록업무의 위탁에 관한 내용이다〈보세운송에 관한 고시 제7조 제1항〉.
③④ 보세운송업자 등록신청에 관한 설명이다〈동 고시 제9조 제2항, 제3항〉.

ANSWER 1.③ 2.① 3.③ 4.⑤

5 **보세운송업자의 등록상실 사유로서 옳지 않은 것은?**

① 보세운송업을 폐업한 때
② 등록기간이 만료된 때
③ 보세운송업자가 사망하거나 법인이 해산된 때
④ 등록이 취소된 때
⑤ 등록변경사항을 보고하지 아니한 때

TIP **등록 상실** … 보세운송업자가 다음의 어느 하나에 해당하는 때에는 보세운송업자 등록의 효력이 상실된다〈보세운송에 관한 고시 제12조〉.
㉠ 보세운송업을 폐업한 때
㉡ 보세운송업자가 사망하거나 법인이 해산된 때
㉢ 등록기간이 만료된 때
㉣ 등록이 취소된 때

6 **일반간이보세운송업자에 관한 설명으로 틀린 것은?**

① 세관장은 등록한 보세운송사업자 중 일정 요건을 갖춘 자에 대하여 보세운송물품의 검사생략 및 담보제공의 면제를 받을 수 있는 자(일반간이보세운송업자)로 지정할 수 있다.
② 일반간이보세운송업자로 지정을 받으려면 간이보세운송업자 지정신청서에 첨부서류를 첨부하여 본사 소재지 관할세관장에게 제출하여야 한다.
③ 일반간이보세운송업자 지정기간은 5년으로 하되 갱신할 수 있다.
④ 일반간이보세운송업자 지정을 갱신하려는 자는 지정기간 만료 15일 전까지 간이보세운송업자지정신청서에 첨부서류와 종전의 지정서를 첨부하여 세관장에게 제출하여야 한다.
⑤ 세관장이 일반간이보세운송업자 지정신청서를 접수한 때에는 지정요건을 충족하였는지를 확인하여 간이보세운송업자지정대장에 등재한 후 간이보세운송업자지정서를 신청인에게 교부한다.

TIP 일반간이보세운송업자 지정기간은 3년으로 하되 갱신할 수 있다. 다만, 그 지정기간은 보세운송업자의 등록기간 범위에서 한다〈보세운송에 관한 고시 제14조 제2항〉.

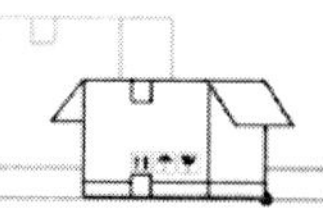

7 **간이보세운송업자 지정의 소멸사유를 모두 고른 것은?**

> ㉠ 지정기간이 만료되었을 때
> ㉡ 지정이 취소되었을 때
> ㉢ 보세운송업자의 등록이 상실되었을 때
> ㉣ 보세운송업자가 업무정지처분을 받은 때

① ㉠㉡
② ㉡㉢
③ ㉠㉡㉢
④ ㉠㉡㉣
⑤ ㉡㉢㉣

TIP **지정의 소멸** … 간이보세운송업자에게 다음의 어느 하나에 해당하는 사유가 발생한 때에는 그 지정의 효력이 소멸된다〈보세운송에 관한 고시 제17조〉.
㉠ 지정기간이 만료되었을 때
㉡ 지정이 취소되었을 때
㉢ 보세운송업자의 등록이 상실되었을 때

8 **특정물품간이보세운송업자의 지정요건으로 틀린 것은?**

① 자본금 3억 원 이상인 법인
② 2억 원 이상의 인·허가 보증보험에 가입한 자이거나, 담보(부동산은 제외)를 2억 원 이상 제공한 자
③ 유개화물자동차 10대 이상과 트랙터 10대 이상 보유한 자
④ 임원 중 관세사 1명 이상 재직하고 있는 업체
⑤ 수출입 안전관리 우수업체 공인 및 관리업무에 관한 고시에 따라 공인된 수출입 안전관리 우수업체 또는 직전 법규수행능력평가 B등급 이상인 법인

TIP **특정물품간이보세운송업자 지정요건**〈보세운송에 관한 고시 제18조 제1항〉
㉠ 자본금 3억 원 이상인 법인
㉡ 2억 원 이상의 인·허가 보증보험에 가입한 자이거나 법 제24조에 따른 담보(부동산은 제외)를 2억 원 이상 제공한 자
㉢ 유개화물자동차 10대 이상과 트랙터 10대 이상 보유한 자
㉣ 임원 중 관세사 1명 이상 재직하고 있는 업체

ANSWER 5.⑤ 6.③ 7.③ 8.⑤

9 보세운송신고에 관한 설명으로 틀린 것은?

① 보세운송신고를 하려는 자는 화물관리번호가 부여된 이후에 할 수 있다.
② 수입물품을 보세운송하려는 자는 전자문서로 작성한 보세운송신고서를 세관화물정보시스템에 전송하여야 한다.
③ 전자문서 전송이 불가능하여 서류로만 제출된 경우 화물관리공무원이 그 내역을 세관화물정보시스템에 등록하여야 한다.
④ 항공사가 국내 개항 간에 항공기로 보세운송하려는 경우의 보세운송신고서는 발송지세관에 전자문서로 출항적하목록을 제출하는 것으로 갈음할 수 있는데, 이 경우 출항적하목록은 보세운송 물품을 적재한 항공기의 출항 후에 제출하여야 한다.
⑤ 보세운송신고는 입항선박 또는 항공기별 House B/L 단위로 신고하여야 한다.

TIP 항공사가 국내 개항 간에 항공기로 보세운송하려는 경우의 보세운송신고서는 발송지세관에 전자문서로 출항적하목록을 제출하는 것으로 갈음할 수 있다. 이 경우 출항적하목록은 보세운송물품을 적재한 항공기의 출항 전에 제출하여야 한다〈보세운송에 관한 고시 제26조 제5항〉.

10 보세운송관리에 대한 설명으로 적절하지 않은 것은?

① 보세운송업자가 보세운송을 하려는 경우에는 등록된 자기보유의 운송수단 또는 등록된 다른 보세운송업자의 운송수단으로 운송하여야 한다.
② 보세운송인이 보세운송목적지 또는 경유지를 변경하는 경우 보세운송신고 항목변경신청서를 반드시 발송지세관장에게 제출하여 허가를 받아야 한다.
③ 보세운송인은 보세운송도중 운송수단을 변경하기 위하여 경유지를 거치는 경우에는 보세운송신고 또는 승인신청시에 이를 함께 기재하여 신고 또는 승인신청하여야 한다.
④ 보세구역 경유지에서는 보세운송물품의 개장, 분리, 합병 등의 작업을 할 수 없다.
⑤ 보세운송인은 물품을 보세운송 기간내에 도착지에 도착시켜야 한다.

TIP 보세운송인이 보세운송목적지 또는 경유지를 변경하려는 경우 보세운송신고 항목변경승인신청서를 발송지세관장 또는 도착지세관장에게 전자서류 또는 서류로 제출하여 승인을 받아야 한다〈보세운송에 관한 고시 제38조(보세운송 목적지 등 변경) 제1항〉.

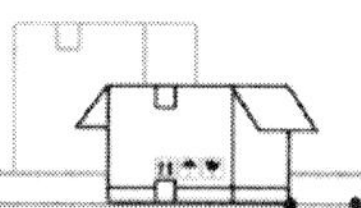

11 **세관장은 관세채권 확보를 위하여 보세운송의 승인을 신청한 물품에 대하여는 관세 및 제세 상당액을 담보로 제공하게 하여야 한다. 다음 중 담보제공을 면제하는 대상이 아닌 것은?**

① 무세 또는 관세가 면제될 것이 확실하다고 인정하는 물품

② 자율관리 보세구역으로 지정된 보세공장에 반입하는 물품

③ 보세운송신고하는 화주가 담보제공 생략자, 담보제공 특례자 또는 포괄담보 제공업체로서 담보한도액 범위인 경우이거나 이미 담보를 제공한 물품

④ 간이보세운송업자가 보세운송의 승인을 신청한 물품

⑤ 재해 등 관세유예를 위해 필요하다고 세관장이 인정한 물품

TIP 담보제공 … 세관장은 관세채권 확보를 위하여 보세운송의 승인을 신청한 물품에 대하여는 관세 및 제세 상당액을 담보로 제공하게 하여야 한다. 다만, 다음의 어느 하나에 해당하는 경우에는 그러하지 아니하다〈보세운송에 관한 고시 제34조〉.

㉠ 무세 또는 관세가 면제될 것이 확실하다고 인정하는 물품

㉡ 자율관리 보세구역으로 지정된 보세공장에 반입하는 물품

㉢ 보세운송신고하는 화주가 담보제공 생략자, 담보제공 특례자 또는 포괄담보 제공업체로서 담보한도액 범위인 경우이거나 이미 담보를 제공한 물품

㉣ 간이보세운송업자가 보세운송의 승인을 신청한 물품]

12 **한국관세물류협회장은 보세운송업자 등록에 관한 서류를 몇 년간 보관하여야 하는가?**

① 1년　　② 3년

③ 5년　　④ 10년

⑤ 영구

TIP 관계서류의 보관 … 한국관세물류협회장은 보세운송업자 등록에 관한 서류를 5년간 보관하여야 한다〈보세운송에 관한 고시 제62조〉.

ANSWER 9.④ 10.② 11.⑤ 12.③

13 **수출신고가 수리된 물품에 대하여는 보세운송 절차를 생략한다. 다만, 그렇지 않은 경우가 있는데 다음 중 생략이 불가능한 경우에 해당하는 것을 모두 고른 것은?**

> ㉠ 반송 절차에 관한 고시에 따라 외국으로 반출하는 물품
> ㉡ 보세전시장에서 전시 후 반송되는 물품
> ㉢ 보세판매장에서 판매 후 반송되는 물품
> ㉣ 여행자 휴대품 중 반송되는 물품

① ㉠㉡
② ㉡㉣
③ ㉠㉡㉣
④ ㉡㉢㉣
⑤ ㉠㉡㉢㉣

TIP 적용범위 … 수출신고가 수리된 물품은 보세운송 절차를 생략한다. 다만, 다음의 어느 하나에 해당하는 물품은 그러하지 아니하다 〈보세운송에 관한 고시 제46조〉.
㉠ 반송절차에 관한 고시에 따라 외국으로 반출하는 물품
㉡ 보세전시장에서 전시 후 반송되는 물품
㉢ 보세판매장에서 판매 후 반송되는 물품
㉣ 여행자 휴대품 중 반송되는 물품
㉤ 보세공장 및 자유무역지역에서 제조 · 가공하여 수출하는 물품
㉥ 수출조건으로 판매된 몰수품 또는 국고귀속된 물품

14 **보세운송물품의 도착에 대한 내용으로 틀린 것은?**

① 보세운송인은 물품을 보세운송 기간 내에 도착지에 도착시켜야 한다.
② 보세운송인은 물품이 도착지에 도착한 때에는 지체 없이 보세운송신고필증(승인서) 2부를 보세구역 운영인 또는 화물관리인에게 제시하고 물품을 인계하여야 한다.
③ 도착지 보세구역 운영인 또는 화물관리인은 보세운송된 물품을 인수하였을 때에는 즉시 세관화물정보시스템에 반입신고를 하여야 한다.
④ 도착지 보세구역 운영인 또는 화물관리인은 도착된 보세운송물품에 과부족이 있거나 컨테이너 또는 유개차의 봉인파손, 포장파손 등 이상이 발견된 경우에는 도착일로부터 3일 내로 세관장에게 보고하여야 한다.
⑤ 보세운송 도착화물에 대한 이상보고를 받은 세관장은 담당공무원으로 하여금 그 실태를 조사하게 할 수 있다.

TIP 도착지 보세구역 운영인 또는 화물관리인은 도착된 보세운송물품에 과부족이 있거나 컨테이너 또는 유개차의 봉인파손, 봉인번호 상이, 포장파손, 미등록 운송수단 확인 등 이상이 발견된 경우에는 지체 없이 세관장에게 보고하여야 한다〈보세운송에 관한 고시 제41조(보세운송물품 도착) 제5항〉.

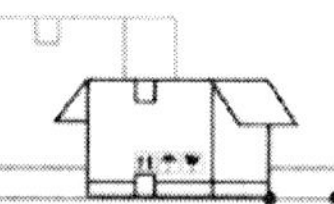

15 다음 〈보기〉에서 보세운송업자의 의무를 모두 고른 것은?

〈보기〉

㉠ 명의대여 금지의무
㉡ 양도 · 양수와 법인의 합병 등 등록사항 변경 신고의무
㉢ 영업소 설치 등 신고의무
㉣ 업무감독 의무

① ㉠㉡㉢
② ㉠㉡㉣
③ ㉠㉢㉣
④ ㉡㉢㉣
⑤ ㉠㉡㉢㉣

TIP 보세운송업자의 의무〈보세운송에 관한 고시 제54~56조〉
㉠ 명의대여 등의 금지
㉡ 양도 · 양수와 법인의 합병 등 등록사항 변경 신고의무
㉢ 영업소 설치 등 신고의무

16 보세운송과 관련된 설명으로 틀린 것은?

① 보세운송된 물품 중 다른 보세구역 등으로 재보세운송하고자 하는 물품은 보세운송승인 절차를 거쳐야 한다.
② 보세운송신고는 화물관리번호가 부여된 이후에 할 수 있다.
③ 보세운송신고는 원칙적으로 입항선박 또는 항공기별 House B/L 단위로 신고하여야 한다.
④ 보세운송신고 수리통보를 받은 신고자는 신고필증 2부를 출력하여 신고자용 1부와 관련서류는 5년간 보관하여야 한다.
⑤ 검역법 · 식물방역법 · 가축전염병예방법 등에 따라 검역을 요하는 물품은 정해진 조치를 마쳤거나 보세구역으로 지정 받은 검역시행장으로 운송하는 경우에는 보세운송승인을 얻어야 한다.

TIP 보세운송신고 수리통보를 받은 신고자는 신고필증 2부를 출력하여 신고자용 1부와 관련서류는 2년간 보관하여야 하고, 같은 내용이 수록된 마이크로필름 · 광디스크 등 자료전달매체에 의하여 보관할 수 있다〈보세운송에 관한 고시 제29조 제3항〉.

ANSWER 13.⑤ 14.④ 15.① 16.④

17 **보세운송 승인을 얻어야 하는 물품이 아닌 것은?**

① 보세운송된 물품 중 다른 보세구역 등으로 재보세운송하고자 하는 물품

② 검역법 · 식물방역법 · 가축전염병예방법 등에 따라 검역을 요하는 물품

③ 소방기본법에 따른 위험물

④ 화물이 국내에 도착된 후 최초로 보세구역에 반입된 날부터 30일이 경과한 물품

⑤ 통관이 보류되거나 수입신고수리가 불가능한 물품

TIP 보세운송의 승인을 얻어야 하는 경우는 다음의 어느 하나에 해당하는 물품을 운송하고자 하는 경우를 말한다〈관세법 시행령 제226조(보세운송의 신고 등) 제3항〉.

㉠ 보세운송된 물품 중 다른 보세구역 등으로 재보세운송하고자 하는 물품
㉡ 「검역법」 · 「식물방역법」 · 「가축전염병예방법」 등에 따라 검역을 요하는 물품
㉢ 「위험물안전관리법」에 따른 위험물
㉣ 「화학물질관리법」에 따른 유해화학물질
㉤ 비금속설
㉥ 화물이 국내에 도착된 후 최초로 보세구역에 반입된 날부터 30일이 경과한 물품
㉦ 통관이 보류되거나 수입신고수리가 불가능한 물품
㉧ 보세구역외 장치허가를 받은 장소로 운송하는 물품
㉨ 귀석 · 반귀석 · 귀금속 · 한약재 · 의약품 · 향료 등과 같이 부피가 작고 고가인 물품
㉩ 화주 또는 화물에 대한 권리를 가진 자가 직접 보세운송하는 물품
㉪ 통관지가 제한되는 물품
㉫ 적하목록상 동일한 화주의 선하증권 단위의 물품을 분할하여 보세운송하는 경우 그 물품
㉬ 불법 수출입의 방지 등을 위하여 세관장이 지정한 물품
㉭ 법 및 법에 의한 세관장의 명령을 위반하여 관세범으로 조사를 받고 있거나 기소되어 확정판결을 기다리고 있는 보세운송업자 등이 운송하는 물품

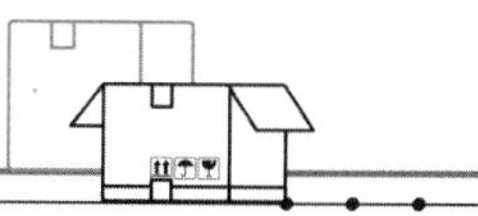

18 보세운송업에 관련된 설명으로 틀린 것은?

① 보세운송기간은 신고수리일로부터 해상화물은 10일, 항공화물은 5일이다.

② 보세운송업자 등록은 화물자동차운수사업법에 따른 화물자동차운송사업의 허가를 받은 자, 해운업에 따른 해상화물운송사업의 등록을 마친 자, 항공법에 따른 항공운송사업의 면허를 받은 자 등 일정한 요건을 충족한 자만이 가능하다.

③ 보세운송업자의 등록이 취소된 자로서 그 취소일로부터 2년이 경과되지 아니한 자, 관세 및 국세의 체납이 있는 자 등은 보세운송업자로 등록할 수 없다.

④ 보세운송업자의 등록기간은 3년이며, 갱신하고자 할 때에는 기간만료 15일 전까지 보세운송업자갱신신청서에 신규등록 시 제출한 서류 중 변동이 있는 서류를 첨부하여 관세물류협회의 장에게 제출하여야 한다.

⑤ 보세운송업을 폐업한 때, 보세운송업자가 사망하거나 법인이 해산된 때, 등록기간이 만료된 때, 등록이 취소된 때 등의 사유에 해당할 경우에는 보세운송업자 등록의 효력이 상실된다.

TIP 보세운송업자의 등록의 유효기간은 3년이며, 갱신하고자 할 때에는 기간만료 1개월 전까지 보세운송업자갱신신청서에 신규등록시 제출한 서류 중 변동이 있는 서류를 첨부하여 관세물류협회의 장에게 제출하여야 한다〈보세운송에 관한 고시 제9조, 제11조〉.

ANSWER 17.③ 18.④

제4과목

자율관리 및 관세벌칙

01 자율관리

02 자유무역지역제도

03 관세범 조사와 처분

01 자율관리

제4과목 자율관리 및 관세벌칙

1 보세구역의 자율관리에 대한 설명으로 적절하지 않은 것은?

① 보세구역 중 물품의 관리 및 세관감시에 지장이 없다고 인정하여 관세청장이 정하는 바에 따라 세관장이 지정하는 보세구역에 장치한 물품은 세관공무원의 참여와 이 법에 따른 절차 중 세관장이 정하는 절차를 생략한다.

② 보세구역의 화물관리인이나 운영인은 자율관리보세구역의 지정을 받으려면 세관장에게 지정을 신청하여야 한다.

③ 자율관리보세구역의 지정을 신청하려는 자는 해당 보세구역에 장치된 물품을 관리하는 사람을 채용하여야 한다.

④ 세관장은 지정신청을 받은 경우 해당 보세구역의 위치와 시설상태 등을 확인하여 자율관리보세구역으로 적합하다고 인정될 때에는 해당 보세구역을 자율관리보세구역으로 지정할 수 있다.

⑤ 자율관리보세구역의 지정을 받은 자는 물품의 반출입 상황을 장부에 기록하여야 한다.

TIP 보세구역 중 물품의 관리 및 세관감시에 지장이 없다고 인정하여 관세청장이 정하는 바에 따라 세관장이 지정하는 보세구역(자율관리보세구역)에 장치한 물품은 세관공무원의 참여와 이 법에 따른 절차 중 관세청장이 정하는 절차를 생략한다〈관세법 제164조(보세구역의 자율관리) 제1항〉.

2 자율관리보세구역의 지정권자는?

① 관세청장
② 한국무역협회장
③ 세관장
④ 보세구역장
⑤ 한국관세물류협회장

TIP 세관장은 지정신청을 받은 경우 해당 보세구역의 위치와 시설상태 등을 확인하여 자율관리보세구역으로 적합하다고 인정될 때에는 해당 보세구역을 자율관리보세구역으로 지정할 수 있다〈관세법 제164조(보세구역의 자율관리) 제4항〉.

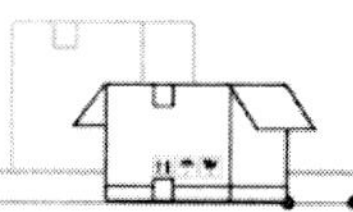

3 일반 자율관리보세구역 지정요건을 모두 고른 것은?

> ㉠ 운영인 등의 법규수행능력이 우수하여 보세구역 자율관리 가능
> ㉡ 수출입안전관리우수업체
> ㉢ 보세화물관리를 위한 보세사 채용
> ㉣ 화물의 반출입, 재고관리 등 실시간 물품관리가 가능한 전산시스템 구비
> ㉤ 수출신고금액 비중이 50%이상인 자

① ㉠㉡㉢　　② ㉠㉡㉣
③ ㉠㉢㉣　　④ ㉡㉢㉣
⑤ ㉢㉣㉤

TIP 자율관리보세구역 지정요건〈자율관리 보세구역 운영에 관한 고시 제3조〉

일반 자율관리보세구역 지정요건	• 운영인 등의 법규수행능력이 우수하여 보세구역 자율관리 가능 • 보세화물관리를 위한 보세사 채용 • 화물의 반출입, 재고관리 등 실시간 물품관리가 가능한 전산시스템 구비
우수 자율관리보세구역 지정요건	• 운영인 등의 법규수행능력이 우수하여 보세구역 자율관리 가능 • 보세화물관리를 위한 보세사 채용 • 화물의 반출입, 재고관리 등 실시간 물품관리가 가능한 전산시스템 구비 • 종합인증우수업체(AEO 공인업체, 수출입안전관리우수업체) • 보세공장의 경우 다음 조건을 충족할 것 － 전년도 해당 공장에서 생산한 물품의 수출입신고금액중 수출신고금액 비중이 50%이상인 자 또는 전년도 수출신고금액이 미화 1천만 달러 이상인 자 － 반출입, 제조 · 가공, 재고관리 등 업무처리의 적정성을 확인 · 점검할 수 있는 기업자원관리(ERP)시스템 또는 업무처리시스템에 세관 전용화면을 제공하거나 해당 시스템의 열람 권한을 제공한 자

ANSWER 1.① 2.③ 3.③

4 자율관리보세구역 지정신청서의 기재사항으로 거리가 먼 것은?

① 보세구역의 종류 및 명칭
② 보세구역의 소재지 및 구조
③ 장치물품의 종류
④ 수용능력
⑤ 운영인의 법규수행능력 등급

TIP 자율관리보세구역 지정신청서의 기재사항〈관세법 시행령 제184조 제1항〉
㉠ 보세구역의 종류 · 명칭 · 소재지 · 구조 · 동수 및 면적
㉡ 장치하는 물품의 종류 및 수용능력

5 자율관리보세구역 지정취소 사유를 모두 고른 것은?

> ㉠ 장치물품에 대한 관세를 납부할 자금능력이 없다고 인정되어 물품반입이 정지된 경우
> ㉡ 운영인이 보세사가 아닌 자에게 보세화물관리 등 보세사의 업무를 수행하게 한 경우
> ㉢ 보세사가 해고 또는 취업정지 등의 사유로 업무를 수행할 수 없는 경우 2개월 이내에 다른 보세사를 채용하여 근무하게 하지 않은 경우
> ㉣ 자율관리보세구역 지정요건을 충족하지 못한 경우

① ㉠㉡㉢
② ㉠㉡㉣
③ ㉠㉢㉣
④ ㉡㉢㉣
⑤ ㉠㉡㉢㉣

TIP 세관장은 자율관리보세구역의 지정을 받은 자가 관세법에 따른 의무를 위반하거나 세관감시에 지장이 있다고 인정되는 경우 등 대통령령으로 정하는 사유가 발생한 경우에는 지정을 취소할 수 있다〈관세법 제164조 제6항, 자율관리 보세구역 운영에 관한 고시 제5조(지정취소사유) 제1항〉.
㉠ 다음의 사유로 물품반입이 정지된 경우
- 장치물품에 대한 관세를 납부할 자금능력이 없다고 인정되는 경우
- 본인이나 그 사용인이 이 법 또는 이 법에 따른 명령을 위반한 경우
- 해당 시설의 미비 등으로 특허보세구역의 설치목적을 달성하기 곤란하다고 인정되는 경우

㉡ 운영인이 보세사가 아닌 자에게 보세화물관리 등 보세사의 업무를 수행하게 한 경우(사전에 업무대행자를 지정하여 세관장에게 신고한 경우 제외)
㉢ 보세사가 해고 또는 취업정지 등의 사유로 업무를 수행할 수 없는 경우 2개월 이내에 다른 보세사를 채용하여 근무하게 하지 않은 경우
㉣ 자율관리보세구역 지정요건을 충족하지 못한 경우
㉤ 그 밖에 보세화물을 자율적으로 관리할 능력이 없거나 부적당하다고 세관장이 인정하는 경우

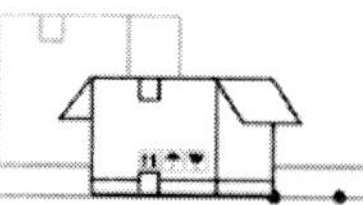

6 다음 〈보기〉는 자율관리보세구역 지정취소시 의견청취 부여에 대한 설명이다. ( ) 안에 들어갈 말로 적당한 것은?

〈보기〉

세관장은 자율관리보세구역의 지정을 취소하려는 때에는 해당 운영인 등의 의견을 청취하는 등 기회를 주어야 하며, 의견청취 예정일 ( )전까지 운영인 등에게 서면으로 통지하여야 한다. 이 경우 운영인 등은 지정된 날에 출석하여 의견을 진술하거나 지정된 날까지 서면으로 의견을 진술할 수 있다.

① 3일
② 5일
③ 7일
④ 10일
⑤ 30일

TIP 세관장이 의견청취를 할 때에는 의견청취 예정일 10일전까지 의견청취 예정일 등을 지정하여 당해 보세구역의 운영인 등에게 서면으로 통지하여야 한다〈자율관리 보세구역 운영에 관한 고시 제6조(의견청취) 제2항〉.

7 자율관리보세구역제도에 관한 설명으로 틀린 것은?

① 세관장은 보세사가 해고 또는 취업정지 등의 사유로 업무를 수행할 수 없는 경우 2월 이내에 다른 보세사를 채용하지 아니한 경우에는 자율관리보세구역의 지정을 취소할 수 있다.
② 보세구역 운영인 또는 화물관리인은 여행자 휴대품 등 화물관리번호가 생성되지 않는 보세화물에 대하여는 체화카드를 작성하여 장치기간 만료일부터 7일 이내에 세관장에게 제출하여야 한다.
③ 자율관리보세구역 운영인은 해당 보세구역에 작업이 있을 때는 보세사를 상주 근무하게 하여야 하며, 보세사를 채용, 해고 또는 교체하였을 때에는 세관장에게 즉시 통보하여야 한다.
④ 세관장은 자율관리보세구역 운영인이 제출한 자율점검표 등의 심사결과 자율관리보세구역 운영관리가 적정하다고 판단되는 경우에는 자율점검표를 해당 년도 정기감사에 갈음하여 생략할 수 있다.
⑤ 세관장은 자율관리보세구역 운영인이 자율점검표를 제출하지 아니하는 등의 사유에 해당하는 자율관리 보세구역에 대하여는 별도의 감사반을 편성하고 7일 이내의 기간을 설정하여 년 1회 정기감사를 실시하여야 한다.

TIP 보세구역 운영인 또는 화물관리인은 여행자 휴대품 등 화물관리번호가 생성되지 않는 보세화물에 대하여는 체화카드를 작성하여 장치기간 만료일부터 5일 이내에 세관장에게 제출하여야 한다〈보세화물장치기간 및 체화관리에 관한 고시 제8조(반출통고 목록보고) 제3항〉.

ANSWER 4.⑤ 5.⑤ 6.④ 7.②

8 **자율관리보세구역 절차생략 등의 정지사유 중 운영인 등이 보세화물관리에 관한 의무사항을 위반하여 세관장으로부터 경고처분을 1년에 몇 회 이상 받은 경우 정지사유에 해당하는가?**

① 1회
② 2회
③ 3회
④ 5회
⑤ 10회

TIP 자율관리보세구역 절차생략 등의 정지사유〈자율관리 보세구역 운영에 관한 고시 제8조 제1항〉
㉠ 소속된 보세사가 해고 또는 취업정지 등의 사유로 업무를 수행할 수 없는 경우
㉡ 운영인 등이 보세화물관리에 관한 의무사항을 위반하여 세관장으로부터 경고처분을 1년에 3회 이상 받은 경우

9 **자율관리보세구역 운영인의 의무사항에 대한 내용으로 적절하지 않은 것은?**

① 운영인 등은 보세사가 아닌 자에게 보세화물관리 등 보세사의 업무를 수행하게 하여서는 아니 된다.
② 운영인 등은 해당 보세구역에 작업이 있을 때는 보세사를 상주근무하게 하여야 하며, 보세사를 채용, 해고 또는 교체하였을 때에는 세관장에게 즉시 통보하여야 한다.
③ 보세사가 해고 또는 취업정지 등의 사유로 업무를 수행할 수 없는 경우에는 1개월 이내에 다른 보세사를 채용하여 근무하게 하여야 한다.
④ 운영인 등은 절차생략 등에 따른 물품 반출입 상황 등을 보세사로 하여금 기록 · 관리하게 하여야 한다.
⑤ 운영인 등은 해당 보세구역 반출입 물품과 관련한 생산, 판매, 수입 및 수출 등에 관한 세관공무원의 자료요구 또는 현장 확인 시에 협조하여야 한다.

TIP 자율관리보세구역 운영인의 의무사항〈자율관리 보세구역 운영에 관한 고시 제9조 제1항〉
㉠ 운영인 등은 보세사가 아닌 자에게 보세화물관리 등 보세사의 업무를 수행하게 하여서는 아니 된다. 다만, 업무대행자를 지정하여 사전에 세관장에게 신고한 경우에는 보세사가 아닌 자도 보세사가 이탈시 보세사 업무를 수행할 수 있다.
㉡ 운영인 등은 당해 보세구역에 작업이 있을 때는 보세사를 상주근무하게 하여야 하며 보세사를 채용, 해고 또는 교체하였을 때에는 세관장에게 즉시 통보하여야 한다.
㉢ 보세사가 해고 또는 취업정지 등의 사유로 업무를 수행할 수 없는 경우에는 2개월 이내에 다른 보세사를 채용하여 근무하게 하여야 한다.
㉣ 운영인 등은 절차생략 등에 따른 물품 반출입 상황 등을 보세사로 하여금 기록 · 관리하게 하여야 한다.
㉤ 운영인 등은 해당 보세구역 반출입 물품과 관련한 생산, 판매, 수입 및 수출 등에 관한 세관공무원의 자료요구 또는 현장 확인 시에 협조하여야 한다.

10 다음 (   ) 안에 들어갈 숫자로 알맞은 것은?

〈보기〉

자율관리보세구역 절차생략 등의 정지기간으로 운영인이 경고처분을 받을 경우 (   )개월 이내의 기간 동안 정지시킬 수 있다.

① 1
② 2
③ 3
④ 4
⑤ 6

TIP 자율관리보세구역 절차생략 등의 정지기간〈자율관리 보세구역 운영에 관한 고시 제8조 제2항〉
㉠ 보세사가 없는 경우에는 보세사를 채용할 때까지
㉡ 운영인이 경고처분을 1년에 3회 이상 받은 경우는 1개월 이내의 기간

11 다음 〈보기〉는 자율관리 보세구역 운영인의 자율점검에 관한 내용이다. (   ) 안에 들어갈 숫자로 올바른 것은?

〈보기〉

자율관리 보세구역제도의 효율적인 운영을 위하여 보세구역 운영인은 회계연도 종료 3개월이 지난 후 (   )일 이내에 자율관리 보세구역 운영 등의 적정여부를 자체 점검하고 자율점검표를 작성하여 세관장에게 제출하여야 하며, 세관장은 제출받은 자율점검표 등의 심사결과 자율관리 보세구역 운영관리가 적정하다고 판단되는 경우에는 자율점검표를 해당 년도 정기감사에 갈음하여 생략할 수 있다.

① 5
② 7
③ 10
④ 15
⑤ 30

TIP 보세구역 운영인은 회계연도 종료 3개월이 지난 후 15일 이내에 자율관리 보세구역 운영 등의 적정여부를 자체 점검하고 자율점검표를 작성하여 세관장에게 제출하여야 하며, 세관장은 자율점검표 등의 심사결과 자율관리 보세구역 운영관리가 적정하다고 판단되는 경우에는 자율점검표를 해당 년도 정기감사에 갈음하여 생략할 수 있으며, 자율점검표 미제출·제출기한 미준수 등의 사유에 해당하는 자율관리 보세구역에 대하여는 정기감사를 하여야 한다〈자율관리 보세구역 운영에 관한 고시 제10조(자율관리 보세구역에 대한 감독) 제1항, 제2항〉.

ANSWER 8.③ 9.③ 10.① 11.④

12 자율관리 보세구역에 대한 세관장의 감사에 관한 내용으로 (　) 안에 들어갈 숫자로 옳은 것은?

> 세관장은 자율관리 보세구역 운영인이 자율점검표를 제출하지 아니하거나, 제출기한 미준수 또는 제출한 자율점검표 등에 대한 심사결과 자율관리 보세구역의 운영관리가 적정하지 아니한 것으로 판단되는 경우에는 보세구역의 운영실태 및 보세사의 관계법령 이행여부 등을 확인하기 위하여 별도의 감사반을 편성하고 (　)일 이내의 기간을 설정하여 연 1회 정기감사를 실시하여야 한다.

① 5
② 7
③ 10
④ 15
⑤ 30

TIP 세관장은 제출받은 자율점검표 등의 심사결과 자율관리 보세구역 운영 관리가 적정하다고 판단되는 경우에는 자율점검표를 해당 년도 정기감사에 갈음하여 생략할 수 있으며, 자율점검표 미제출 · 제출기한 미준수 등의 사유에 해당하는 자율관리 보세구역에 대하여는 정기감사를 하여야 한다. 세관장은 자율관리보세구역의 운영실태 및 보세사의 관계법령 이행여부 등을 확인하기 위하여 별도의 감사반을 편성하고 7일 이내의 기간을 설정하여 년 1회 정기감사를 실시하여야 한다〈자율관리보세구역 운영에 관한 고시 제10조(자율관리 보세구역에 대한 감독) 제2항, 제3항〉

13 다음 중 보세사의 직무와 거리가 먼 것은?

① 보세화물 및 내국물품의 반입 또는 반출에 대한 입회 및 확인
② 보세구역안에 장치된 물품의 관리 및 취급에 대한 입회 및 확인
③ 보세구역 출입문의 개폐 및 열쇠관리의 감독
④ 보수작업과 화주의 수입신고 후 장치물품확인시 입회 · 감독
⑤ 환적화물 컨테이너 적출입시 입회 및 감독

TIP 보세사의 직무〈관세법 시행령 제185조 제1항〉
㉠ 보세화물 및 내국물품의 반입 또는 반출에 대한 입회 및 확인
㉡ 보세구역안에 장치된 물품의 관리 및 취급에 대한 입회 및 확인
㉢ 보세구역 출입문의 개폐 및 열쇠관리의 감독
㉣ 보세구역의 출입자관리에 대한 감독
㉤ 견품의 반출 및 회수
㉥ 기타 보세화물의 관리를 위하여 필요한 업무로서 관세청장이 정하는 업무

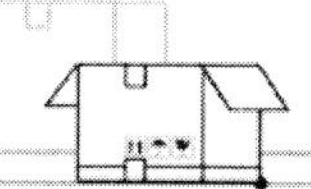

14 보세사의 의무에 대한 내용으로 틀린 것은?

① 보세사는 타 업무를 겸임할 수 있다. 다만 영업용 보세창고의 경우 보세화물의 관리에 지장이 없는 범위 내에서 타 업무를 겸임할 수 없다.

② 해당 보세구역에 작업이 있는 시간에는 상주하여야 한다.

③ 직무와 관련하여 부당한 금품을 수수하거나 알선 · 중개하여서는 아니된다.

④ 보세사는 자기명의를 타인에게 대여하여 그 명의를 사용하게 하여서는 아니된다.

⑤ 보세사는 보세구역내에 장치된 화물의 관리와 관련하여 법령 및 화물관계 제반규정과 자율관리보세구역 관리에 관한 규정을 항상 숙지하고 이를 준수하여야 한다.

TIP 보세사의 의무〈보세사제도 운영에 관한 고시 제11조〉

㉠ 보세사는 세관장의 업무감독에 관련된 명령을 준수하여야 하고 세관공무원의 지휘를 받아야 한다.

- 보세사는 다른 업무를 겸임할 수 없다. 다만, 영업용 보세창고가 아닌 경우 보세화물 관리에 지장이 없는 범위 내에서 다른 업무를 겸임 할 수 있다.
- 해당 보세구역에 작업이 있는 시간에는 상주하여야 한다. 다만, 영업용 보세창고의 경우에는 세관개청시간과 해당 보세구역내의 작업이 있는 시간에 상주하여야 한다.
- 직무와 관련하여 부당한 금품을 수수하거나 알선 · 중개하여서는 아니된다.

㉡ 보세사는 보세구역내에 장치된 화물의 관리와 관련하여 법령 및 화물관계 제반규정과 자율관리보세구역 관리에 관한 규정을 항상 숙지하고 이를 준수하여야 한다.

15 보세사 자격시험에 대한 설명으로 옳지 않은 것은?

① 보세사 시험업무를 위탁하는 기관은 국가자격검정 관련 전문기관 또는 사단법인 한국관세물류협회를 말한다.

② 시험수행기관장은 보세사에 대한 시험을 매년 실시한다.

③ 보세구역 및 보세사의 수급 상황을 고려하여 필요하다고 인정될 시 관세청장의 승인을 받아 실시하지 않을 수 있다.

④ 시험의 공고는 관세청 및 시험수행기관 홈페이지에 공고하되 필요하다고 인정될 경우 세관서, 시험수행기관 본회 및 지역협회 게시판에 공고할 수 있다.

⑤ 시험수행기관장은 관세청장의 승인을 받아 보세사 시험을 실시한다.

TIP 시험수행기관장은 보세사에 대한 시험을 매년 실시하며, 보세구역 및 보세사의 수급 상황을 고려하여 필요하다고 인정하면 관세청장의 승인을 받아 격년제로 실시할 수 있다〈보세사제도 운영에 관한 고시 제2조(보세사 시험 등) 제2항〉.

ANSWER 12.② 13.④ 14.① 15.③

16 보세사 징계위원회에 대한 설명이다. ( ) 안에 들어갈 숫자를 차례대로 바르게 나열한 것은?

> • 보세사 징계위원회는 세관장으로부터 징계의결의 요구가 있을 때에는 요구를 받은 날부터 ( )일 이내에 이를 의결해야 하고 위원회의 회의는 위원장이 소집하고 그 의장이 된다.
> • 위원장이 위원회의 회의를 소집하려는 경우에는 회의 개최일 ( )일 전까지 각 위원과 해당 보세사에게 서면으로 통지하여야 하며, 위원회의 회의는 재적위원 3분의 2이상의 출석으로 개의하고, 출석위원 과반수의 찬성으로 의결한다.

① 30, 7
② 15, 7
③ 15, 5
④ 30, 5
⑤ 30, 10

TIP 보세사징계위원회 운영〈관세법 시행령 제185조의4〉
㉠ 보세사징계위원회의 위원장은 보세사징계위원회를 대표하고 보세사징계위원회의 업무를 총괄한다.
㉡ 보세사징계위원회는 징계의결의 요구를 받은 날부터 30일 이내에 이를 의결해야 한다.
㉢ 보세사징계위원회의 위원장은 회의를 소집하고 그 의장이 된다. 다만, 위원장이 부득이한 사유로 그 직무를 수행하지 못하는 경우에는 위원장이 지명하는 위원이 직무를 대행한다.
㉣ 보세사징계위원회의 위원장이 회의를 소집하는 때에 회의 개최일 7일 전까지 각 위원과 해당 보세사에게 회의의 소집을 서면으로 통지해야 한다.
㉤ 보세사징계위원회의 회의는 위원장을 포함한 재적위원 3분의 2 이상의 출석으로 개의하고 출석위원 과반수의 찬성으로 의결한다.
㉥ 보세사징계위원회는 징계사건의 심사가 필요하다고 인정하는 경우에는 징계혐의자 또는 관계인을 출석하게 하여 혐의내용에 대한 심문을 하거나 심사자료의 제출을 요구할 수 있다.
㉦ 보세사징계위원회의 회의에 출석한 공무원이 아닌 위원에 대해서는 예산의 범위에서 수당을 지급할 수 있다.
㉧ ㉠부터 ㉦까지에서 규정한 사항 외에 보세사징계위원회의 운영에 필요한 세부사항은 관세청장이 정할 수 있다.

17 법규수행능력 평가대상 업종과 거리가 먼 것은?

① 세관검사소
② 지정장치장
③ 보세창고
④ 보세판매장
⑤ 화물운송주선업자

TIP 관장이 점수의 산출 및 등급화한 수출입물류업체는 다음과 같이 구분하여 관리한다〈수출입물류업체에 대한 법규수행능력측정 및 평가관리에 관한 훈령 제13조(평가관리) 제1항〉.
㉠ 선박회사 및 항공사
㉡ 화물운송주선업자
㉢ 보세운송업체
㉣ 보세구역(지정장치장, 보세창고, 보세공장, 보세판매장, 종합보세구역, 보세건설장)
㉤ 자유무역지역 입주기업체

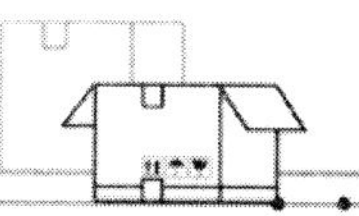

18 법규수행능력 점검절차에 관한 내용이다. (　) 안에 차례로 들어갈 숫자로 맞는 것은?

> • 세관장은 법규수행능력 점검대상 수출입물류업체에 대하여 서면(현지)점검 개시 (　)일 전까지 법규수행능력 점검통지서와 법규수행능력 평가항목 자율점검표를 송부하며, 점검일정상 불가피한 경우에는 유선으로 통보하고 서면(현지)점검시에 동 통지서를 교부할 수 있다.
> • 수출입물류업체는 사전통지를 받은 날부터 (　)일 이내에 업체 자율적으로 점검하고 법규수행능력 평가항목 자율점검표를 작성하여 점검반에게 제출하여야 한다.

① 5, 3
② 5, 5
③ 7, 3
④ 7, 5.
⑤ 7, 7

TIP 점검계획의 사전통지와 자율점검〈수출입물류업체에 대한 법규수행능력측정 및 평가관리에 관한 훈령 제7조〉
㉠ 세관장은 법규수행능력 점검대상 수출입물류업체에 대하여 서면(현지)점검 개시 7일전까지 법규수행능력 점검통지서와 관세청장이 별도 정하는 법규수행능력 평가항목 자율점검표를 송부하여야 한다. 다만, 점검일정상 불가피한 경우에는 유선으로 통보하고 서면(현지)점검 시에 동 통지서를 교부할 수 있다.
㉡ 세관장이 ㉠의 규정에 따라 수출입물류업체에 사전통지를 한 때에는 사전통지를 받은 날부터 3일 이내에 업체 자율적으로 점검하고 법규수행능력 평가항목 자율점검표를 작성하여 점검반에게 이를 제출할 수 있도록 하여야 한다.

19 일반 자율관리보세구역에 대한 절차생략의 내용으로 옳지 않은 것은?

① 보수작업 신청(승인) 생략
② 재고조사 및 보고의무 완화
③ 과징금 및 행정처분 경감
④ 보세구역 운영상황의 점검생략
⑤ 장치물품의 수입신고 전 확인신청(승인) 생략

TIP 일반 자율관리보세구역 절차생략〈자율관리 보세구역 운영에 관한 고시 제7조 제1항 제1호〉
㉠ 「식품위생법」, 「건강기능식품에 관한 법률」 및 「축산물 위생관리법」, 「의료기기법」 및 「약사법」, 「화장품법」, 「전기용품 및 생활용품 안전관리법」에 따른 표시작업(원산지표시 제외)과 벌크화물의 사일로(silo)적입을 위한 포장제거작업의 경우 관세법에 따른 보수작업 신청(승인) 생략
㉡ 「보세화물 관리에 관한 고시」에 따른 재고조사 및 보고의무를 분기별 1회에서 년 1회로 완화
㉢ 「특허보세구역 운영에 관한 고시」에 따른 보세구역 운영상황의 점검생략
㉣ 「보세화물 관리에 관한 고시」에 따른 장치물품의 수입신고 전 확인신청(승인) 생략

ANSWER 16.① 17.① 18.③ 19.③

20 법규수행능력 측정 및 평가에 대한 설명으로 틀린 것은?

① 수출입물류업체에 대한 법규수행능력평가는 연 1회를 원칙으로 한다.

② 세관장은 수출입물류업체의 법규수행능력에 따라 세관절차상의 위임 · 위탁 범위를 정하기 위하여 산출된 점수를 기준으로 수출입물류업체에 대해 A~E 등급을 부여한다.

③ 세관장은 법규수행능력 평가결과 우수업체, 양호업체, 개선이행업체, 평가미이행업체별로 구분관리 한다.

④ 신규업체가 법규수행능력평가를 요청할 때에 보세구역, 자유무역지역은 설립 후 6개월이 경과하여야 평가를 실시할 수 있다.

⑤ 법규수행능력 우수업체란 법규수행능력 평가 B등급 이상의 업체를 말한다.

TIP 평가등급〈수출입물류업체에 대한 법규수행능력측정 및 평가관리에 관한 훈령 제12조, 제13조〉

득점	등급	등급별 구분
90점 이상 업체	A등급	법규수행능력 우수업체
80점 이상 90점 미만 업체 70점 이상 80점 미만 업체	B등급 C등급	법규수행능력 양호업체
70점 미만인 업체	D등급	법규수행능력 개선이행업체
평가미이행 업체	E등급	법규수행능력 평가미이행업체

※ 신규업체 법규수행능력평가 기준〈동 훈령 제15조 제2항〉
㉠ 보세구역, 자유무역지역 : 설립 후 6개월 경과
㉡ 운송사, 선사, 항공사, 포워더 : 세관신고 250건 이상

21 자율관리보세구역제도에 대한 설명으로 틀린 것은?

① 자율관리보세구역으로 지정받기 위해서는 특허 또는 지정받은 보세구역별로 보세사를 1인 이상으로 채용하여야 한다.

② 자율관리보세구역이란 세관이 관리하는 보세화물을 보세구역 운영인 스스로 관리하도록 하고, 세관에서는 그 관리 상태를 확인하도록 하는 제도이다.

③ 자율관리보세구역은 물품의 관리 및 세관감시에 지장이 없다고 인정하여 관세청장이 정하는 바에 따라 세관장이 지정하며 또한 보세사를 채용하여 보세화물 관리업무에 종사토록 하여야 한다.

④ 자율관리보세구역으로 지정받고자 하는 자는 자율관리보세구역 지정신청서를 세관장에게 제출하여야 한다.

⑤ 자율관리보세구역의 지정을 받은 운영인은 보세구역에서 반출입된 화물에 대한 장부를 5년간 보관하여야 한다.

TIP 자율관리보세구역의 지정을 받은 운영인은 보세구역에서 반출입된 화물에 대한 장부를 2년간 보관하여야 한다〈자율관리 보세구역 운영에 관한 고시 제12조(관계서류의 보존)〉.

22 보세사제도에 대한 설명으로 틀린 것은?

① 보세사는 일반직 공무원으로서 5년 이상 관세행정에 종사한 경력이 있는 사람, 보세화물의 관리업무에 관한 전형에 합격한 자이어야 한다.

② 보세사 시험합격기준은 객관식 필기시험에서 각 과목을 100점 만점으로 하여 각 과목 40점 이상 취득과 전과목 평균 60점 이상 득점하여야 한다.

③ 관세청장은 전형에서 부정한 행위를 한 사람에 대하여는 해당 전형을 정지시키거나 무효로 하고, 그 처분이 있는 날부터 3년간 전형 응시자격을 정지한다.

④ 세관장은 보세사에 대하여 등록을 취소하거나 징계처분한 때에는 한국관세물류협회장에게 통보하여야 하며, 한국관세물류협회장은 통보받은 내역을 기록 · 관리하여야 한다.

⑤ 한국관세물류협회장은 보세사 근무이력의 기록 · 관리를 위해 보세사의 근무실태를 확인할 수 있으며, 확인한 결과를 기록하고 이상이 있는 경우 세관장에게 즉시 통보하여야 한다.

TIP 관세청장은 부정한 방법으로 전형에 응시한 사람 또는 전형에서 부정한 행위를 한 사람에 대하여는 해당 전형을 정지시키거나 무효로 하고, 그 처분이 있는 날부터 5년간 전형 응시자격을 정지한다〈관세법 제165조(보세사의 자격 등) 제6항〉.

④⑤ 보세사의 근무이력 기록과 관리에 대한 내용이다〈보세사제도 운영에 관한 고시 제16조〉.

23 보세사 제도에 관한 설명 중 틀린 것은?

① 보세사는 타 업무를 겸임할 수 없다.

② 보세사는 해당 보세구역에 작업이 있는 시간에는 상주하여야 한다.

③ 보세사의 징계는 견책, 벌금, 3개월 범위 내 업무정지, 등록취소의 4종으로 한다.

④ 보세사는 직무와 관련하여 부당한 금품을 수수하거나 알선 · 중재하여서는 아니된다.

⑤ 보세사는 자기 명의를 타인에게 대여하여 그 명의를 사용하게 하여서는 아니된다.

TIP ④ 보세사의 징계는 견책, 6월의 범위 내 업무정지, 등록취소의 3종으로 한다〈보세사제도 운영에 관한 고시 제12조(보세사 징계) 제2항〉.

⑤ 보세사는 다른 사람에게 자신의 성명 · 상호를 사용하여 보세사 업무를 하게 하거나 그 자격증 또는 등록증을 빌려주어서는 아니 된다〈관세법 제165조의 2(보세사의 명의대여 등의 금지)〉.

※ 보세사의 의무 … 보세사는 세관장의 업무감독에 관련된 명령을 준수하여야 하고 세관공무원의 지휘를 받아야 한다〈보세사제도 운영에 관한 고시 제11조 제1항〉.

㉠ 보세사는 다른 업무를 겸임할 수 없다. 다만, 영업용 보세창고가 아닌 경우 보세화물 관리에 지장이 없는 범위 내에서 다른 업무를 겸임 할 수 있다.

㉡ 해당 보세구역에 작업이 있는 시간에는 상주하여야 한다. 다만, 영업용 보세창고의 경우에는 세관개청시간과 해당 보세구역내의 작업이 있는 시간에 상주하여야 한다.

㉢ 직무와 관련하여 부당한 금품을 수수하거나 알선 · 중개하여서는 아니 된다.

ANSWER 20.⑤ 21.⑤ 22.③ 23.③

24 **법규수행능력평가 결과 관세행정상 우대조치사항 중 개선이행업체의 조치사항으로 틀린 것은?**

① 보세운송신고 · 적하목록 정정 · 사용신고 자동수리를 제한한다.

② 관리대상화물 선별 또는 보세판매장 반입검사 완화조치를 제한한다.

③ 보세공장 등의 재고조사완화를 제한한다.

④ 보세화물 반출입 정정시 자동수리를 제한한다.

⑤ 개선이행계획서를 평가결과 통지서를 받은 날로부터 3월 이내에 제출하도록 한다.

TIP 세관장은 수출입물류업체에 대한 법규수행능력 평가결과가 D등급인 업체에 해당하는 경우에는 법규수행능력 향상을 위한 개선이행계획서를 평가결과 통지서를 받은 날부터 1월 이내에 제출하도록 하고 법규수행능력 평가시스템에 이를 등록하여 그 이행여부를 관리하여야 한다〈수출입물류업체에 대한 법규수행능력측정 및 평가관리에 관한 훈령 제17조(개선이행계획 권고 등) 제1항〉.

25 **법규수행능력 평가제도에 대한 설명으로 틀린 것은?**

① 법규수행능력평가의 목적은 보세화물을 취급하는 수출입물류업체의 수입화주의 권익보호, 관세행정 질서의 구현 및 관세법규의 성실이행을 목적으로 한다.

② 수출입물류업체는 지정장치장, 특허보세구역, 종합보세사업장, 보세운송업자, 화물운송주선업자, 항공사, 선박회사 및 자유무역지역 입주업체를 말하며, 종합인증우수업체는 제외한다.

③ 내부자율통제시스템이란 수출입물류업체가 관세법령 등에서 정하는 보세화물취급업무를 수행하기 위한 일련의 처리절차, 내부통제절차 등을 갖춘 자체시스템을 말한다.

④ 법규수행능력 측정 및 평가업무를 수행하는 점검요원은 점검업무와 관련하여 취득한 정보나 자료 그 밖에 영업상의 비밀 등을 타인에게 누설하여서는 아니 된다.

⑤ 세관장은 법규수행능력 점검대상 수출입물류업체에 대하여 서면(현지)점검 개시 5일 전까지 법규수행능력 점검통지서와 법규수행능력 평가항목 자율점검표를 송부하여야 하며, 불가피한 경우 유선통보 후 점검시 통지서를 교부할 수 있다.

TIP 세관장은 법규수행능력 점검대상 수출입물류업체에 대하여 서면(현지)점검 개시 7일 전까지 법규수행능력 점검통지서와 법규수행능력 평가항목 자율점검표를 송부하여야 하며, 점검일정상 불가피한 경우에는 유선통보 후 점검시 통지서를 교부할 수 있다〈수출입물류업체에 대한 법규수행능력측정 및 평가관리에 관한 훈령 제7조(점검계획의 사전통지와 자율점검) 제1항〉.

※ 「종합인증우수업체 공인 및 관리업무에 관한 고시」가 「수출입 안전관리 우수업체 공인 및 운영에 관한 고시」로 변경되었으나(2016.9.29), 「수출입물류업체에 대한 법규수행능력측정 및 평가관리에 관한 훈령」상에는 개정 내용이 반영되지 않아 '종합인증우수업체'로 규정하고 있다.

26 법규수행능력 평가제도에 관한 설명으로 틀린 것은?

① 세관장은 법규수행능력 현지점검을 실시한 때에는 수출입물류업체에 대한 보세구역운영상황의 점검, 자율관리보세구역에 대한 감독, 보세공장재고조사, 보세판매장 업무감독, 종합보세구역 반출입사항 및 재고조사, 보세운송업자 업무감독 및 자유무역지역 입주업체에 대한 재고관리상황의 조사 등을 생략할 수 있다.

② 수출입물류업체의 법규수행능력에 따라 90점 이상인 업체는 A등급, 80점 이상 90점 미만인 업체는 B등급, 70점 이상 80점 미만인 업체는 C등급, 70점 미만인 업체는 D등급, 평가미이행업체는 E등급으로 분류한다.

③ 수출입물류업체의 법규수행능력 평가 A등급인 업체는 법규수행능력 우수업체, B · C등급인 업체는 법규수행능력 양호업체, D등급인 업체는 법규수행능력 개선이행업체, E등급인 업체는 법규수행능력 평가미이행업체로 분류한다.

④ 법규수행능력 우수업체에 대하여는 세관장 권한의 대폭적 위탁, 관세 등에 대한 담보제공의 면제, 보세화물에 대한 재고조사 면제 등 자율관리 확대, 화물 C/S에 의한 검사비율의 축소 및 검사권한 위탁, 그 밖에 관세청장이 정하는 사항을 우대할 수 있다.

⑤ 법규수행능력 평가결과 개선이행업체와 평가미이행업체에 대해서는 보세운송신고 · 적하목록정정 · 사용신고 자동수리, 관리대상화물 선별 또는 보세판매장 반입검사 완화, 보세공장 등의 재고조사, 보세화물 반출입 정정시 자동수리, 그 밖에 세관장이 정하는 사항 등에 관한 관세 행정상 편의제도의 이용을 제한할 수 있다.

TIP 법규수행능력 평가결과 개선이행업체와 평가미이행업체에 대해서는 보세운송신고 · 적하목록정정 · 사용신고 자동수리, 관리대상화물 선별 또는 보세판매장 반입검사 완화, 보세공장 등의 재고조사, 보세화물 반출입 정정시 자동수리, 그 밖에 관세청장이 정하는 사항 등에 관한 관세 행정상 편의제도의 이용을 제한할 수 있다〈수출입물류업체에 대한 법규수행능력측정 및 평가관리에 관한 훈령 제16조(업체별 등급에 따른 관리) 제2항〉.

ANSWER 24.⑤ 25.⑤ 26.⑤

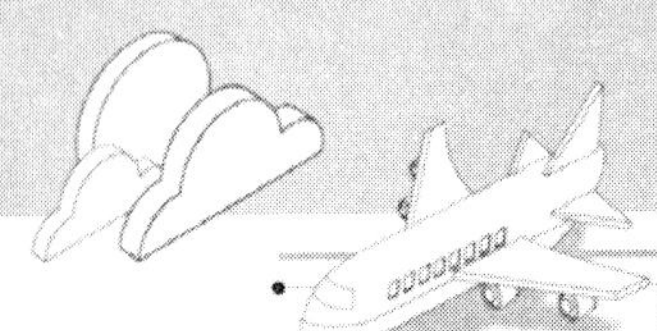

02 자유무역지역제도

제4과목 자율관리 및 관세벌칙

1 자유무역지역의 지정권자는?

① 관세청장
② 세관장
③ 한국관세물류협회장
④ 산업통상자원부장관
⑤ 기획재정부장관

TIP 자유무역지역이란 관세법 · 대외무역법 등 관계법률에 대한 특례와 지원을 통하여 자유로운 제조 · 물류 · 유통 및 무역활동 등을 보장하기 위한 지역으로서 중앙행정기관의 장이나 특별시장 · 광역시장 · 특별자치시장 · 도지사 또는 특별자치도지사는 대통령령으로 정하는 바에 따라 관계 중앙행정기관의 장 및 관계 시 · 도지사와의 협의를 거쳐 산업통상자원부장관에게 자유무역지역의 지정을 요청할 수 있다〈자유무역지역의 지정 및 운영에 관한 법률 제2조 제1호, 제4조(자유무역지역의 지정 등) 제1항〉.

2 다음 〈보기〉가 설명하는 것은?

> 〈보기〉
>
> 수출용원재료에 대하여 관세를 면제하고 수입통관절차 없이 지정된 장소에 반입한 후 제조, 가공을 거쳐 바로 수출할 수 있도록 허용한 지역으로서 유입된 외국자본 및 선진기술에다가 양질의 노동력이 결합되어 우리나라의 산업화 초기에 수출증대 및 국가경제발전에 많은 기여를 하였다.

① 자유무역지역
② 관세자유지역
③ 경제자유구역
④ 수출자유지역
⑤ 자율관리보세구역

TIP 1960년대 우리나라는 부존자원과 산업자본이 거의 없어 국내산업을 육성할 수 있는 여력이 없었다. 따라서 경제개발 5개년 계획의 진척과 더불어 외국인 투자촉진과 선진기술도입을 통한 고용 및 수출증대를 위하여 1970년도에 수출자유지역설치법(현 자유무역지역의 지정 및 운영에 관한 법률)을 제정하여 마산과 익산시에 수출자유지역을 설치 · 운영하였다.

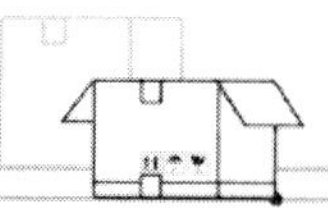

3 산업통상자원부장관이 특정지역을 자유무역지역으로 지정하기 위한 지정요청자가 아닌 것은?

① 중앙행정기관의 장
② 특별시장
③ 광역시장
④ 도지사 또는 특별자치도지사
⑤ 시 · 군 · 구청장

TIP 중앙행정기관의 장이나 특별시장 · 광역시장 · 특별자치시장 · 도지사 또는 특별자치도지사는 대통령령으로 정하는 바에 따라 관계 중앙행정기관의 장 및 관계 시 · 도지사와의 협의를 거쳐 산업통상자원부장관에게 자유무역지역의 지정을 요청할 수 있다〈자유무역지역의 지정 및 운영에 관한 법률 제4조(자유무역지역의 지정 등) 제1항〉.

4 다음은 자유무역지역의 지정을 위한 공항의 화물 처리능력 요건이다. ( ) 안에 들어갈 말로 적당한 것은?

- 연간 ( )만톤 이상의 화물을 처리할 수 있고, 정기적인 국제항로가 개설되어 있을 것
- 물류터미널 등 항공화물의 보관, 전시, 분류 등에 사용할 수 있는 지역 및 그 배후지의 면적이 ( )만제곱미터 이상이고, 배후지는 해당 공항과 접하여 있거나 전용도로 등으로 연결되어 있어 공항과의 물품 이동이 자유로운 지역으로서 화물의 보관, 포장, 혼합, 수선, 가공 등 공항의 물류기능을 보완할 수 있을 것

① 10, 10
② 10, 30
③ 30, 10
④ 30, 30
⑤ 30, 50

TIP 화물 처리능력 요건(자유무역의 지정 및 운영에 관한 법률 시행령 제4조(지정요건) 제1항)

산업단지	공항 또는 항만에 인접하여 화물을 국외의 반출 · 반입하기 쉬운 지역일 것
공항	• 연간 30만 톤 이상의 화물을 처리할 수 있고, 정기적인 국제항로가 개설되어 있을 것 • 물류터미널 등 항공화물의 보관, 전시, 분류 등에 사용할 수 있는 지역 및 그 배후지의 면적이 30만 제곱미터 이상이고, 배후지는 해당 공항과 접하여 있거나 전용도로 등으로 연결되어 있어 공항과의 물품 이동이 자유로운 지역으로서 화물의 보관, 포장, 혼합, 수선, 가공 등 공항의 물류기능을 보완할 수 있을 것
항만	• 연간 1천만 톤 이상의 화물을 처리할 수 있고, 정기적인 국제 컨테이너선박 항로가 개설되어 있을 것 • 3만 톤급 이상의 컨테이너선박용 전용부두가 있을 것 • 항만법 시행령에 따라 육상구역의 면적 및 그 배후지의 면적이 50만 제곱미터 이상이고, 배후지는 해당 항만과 접하여 있거나 전용도로 등으로 연결되어 있어 항만과의 물품 이동이 자유로운 지역으로서 화물의 보관, 포장, 혼합, 수선, 가공 등 항만의 물류기능을 보완할 수 있을 것
물류단지 및 물류터미널	• 연간 1천만 톤 이상의 화물을 처리할 수 있는 시설이나 설비를 갖추고 있을 것 • 반입물량의 100분의 50이상이 외국으로부터 반입되고, 외국으로부터 반입된 물량의 100분의 20 이상이 국외로 반출되거나 반출될 것으로 예상될 것 • 물류단지 또는 물류터미널의 면적이 50만 제곱미터 이상일 것

ANSWER 1.④ 2.④ 3.⑤ 4.④

5 **자유무역지역의 지정요건인 지역과 관련이 없는 것은?**

① 산업단지
② 공항 및 배후지
③ 물류터미널 및 물류단지
④ 항만 및 배후지
⑤ 철도역 및 철도부지

TIP 자유무역지역의 지정 요건〈자유무역지역의 지정 및 운영에 관한 법률 제5조〉.
㉠ 산업단지, 공항 및 배후지, 물류터미널 및 물류단지, 항만 및 배후지 지역 중 어느 하나에 해당하는 지역으로서 화물처리 능력 등의 기준에 적합한 것
㉡ 도로 등 사회간접자본시설이 충분히 확보되어 있거나 확보될 수 있을 것
㉢ 물품의 반입·반출을 효율적으로 관리하기 위하여 필요한 시설로서 대통령령이 정하는 시설이 설치되어 있거나 통제시설의 설치계획이 확정되어 있을 것

6 **자유무역지역 예정지역의 지정기간은?**

① 1년
② 3년
③ 5년
④ 7년
⑤ 10년

TIP 예정지역의 지정기간은 3년 이내로 한다. 다만, 산업통상자원부장관은 해당 예정지역에 대한 개발계획의 변경 등으로 지정기간의 연장이 불가피하다고 인정하는 경우에는 3년의 범위에서 지정기간을 연장할 수 있다〈자유무역지역의 지정 및 운영에 관한 법률 제7조(자유무역지역 예정지역의 지정 등) 제3항〉.

7 **자유무역지역 종류별 관리권자의 연결이 옳지 않은 것은?**

① 산업단지 : 산업통상자원부장관
② 공항 및 배후지 : 국토교통부장관
③ 물류터미널 : 국토교통부장관
④ 물류단지 : 시·도지사
⑤ 항만 및 배후지 : 해양수산부장관

TIP 산업단지는 산업통상자원부장관, 공항 및 배후지와 물류터미널 및 물류단지는 국토교통부장관, 항만 및 배후지는 해양수산부장관을 관리권자로 규정하고 있다〈자유무역지역의 지정 및 운영에 관한 법률 제8조(관리권자) 제1항〉.

8 자유무역지역의 구분관리 내용이 아닌 것은?

① 생산시설지구 ② 지식서비스시설지구
③ 물류시설지구 ④ 환경개선지구
⑤ 지원시설지구

TIP 자유무역지역 관리권자는 관리업무를 효율적으로 운영하기 위하여 자유무역지역을 그 기능 및 특성에 따라 생산시설지구, 지식서비스시설지구, 물류시설지구, 지원시설지구, 공공시설지구와 교육 · 훈련시설지구로 구분할 수 있다〈자유무역지역의 지정 및 운영에 관한 법률 제9조(자유무역지역의 구분)〉.

9 자유무역지역의 입주자격 대상자가 아닌 것은?

① 수출입거래를 주목적으로 하는 도매업종의 사업을 하려는 자
② 지식서비스산업에 해당하는 업종의 사업을 하려는 자
③ 국가기관 또는 국무총리령으로 정하는 공공기관
④ 입주기업체의 사업을 지원하는 업종의 사업을 하려는 자
⑤ 물품의 하역 · 운송 · 보관 · 전시 등의 사업을 하려는 자

TIP 입주자격〈자유무역지역 지정 및 운영에 관한 법률 제10조 제1항〉.
㉠ 수출을 주목적으로 하는 제조업종의 사업을 하려는 자로서 수출 비중 등이 대통령령으로 정하는 기준을 충족하는 자
㉡ 수출을 주목적으로 하려는 국내복귀기업으로서 복귀 이전 총매출액 대비 대한민국의 수출액을 제외한 매출액의 비중 등이 대통령령으로 정하는 기준을 충족하는 자
㉢ 제조업종 또는 지식서비스산업에 해당하는 업종의 사업을 하려는 외국인투자기업으로서 외국인투자비중 수출비중 등이 대통령령으로 정하는 기준을 충족하는 자. 다만, 국내 산업구조의 고도화와 국제경쟁력 강화를 위해 대통령령으로 정하는 업종에 해당하는 외국인투자기업에 대하여는 수출비중을 적용하지 아니한다.
㉣ 지식서비스산업에 해당하는 업종의 사업을 하려는 자로서 수출비중 등이 대통령령으로 정하는 기준을 충족하는 자
㉤ 수출입거래를 주목적으로 하는 도매업종의 사업을 하려는 자로서 수출입거래 비중 등이 대통령령으로 정하는 기준을 충족하는 자
㉥ 물품의 하역 · 운송 · 보관 · 전시 또는 그 밖에 대통령령으로 정하는 사업을 하려는 자
㉦ 입주기업체의 사업을 지원하는 업종으로서 대통령령으로 정하는 업종의 사업을 하려는 자
㉧ 대통령령으로 정하는 공공기관
㉨ 국가기관

ANSWER 5.⑤ 6.② 7.④ 8.④ 9.③

10 자유무역지역 입주계약을 체결할 수 없는 결격사유로서 틀린 것은?

① 미성년자, 피성년후견인, 피한정후견인

② 입주계약이 해지된 후 2년이 지나지 아니한 자

③ 이 법 또는 관세법을 위반하여 징역형의 실형을 선고받고 그 집행이 끝나거나 집행이 면제된 날부터 2년이 지나지 아니한 사람

④ 이 법 또는 관세법을 위반하여 징역형의 집행유예를 선고받고 그 유예기간 중에 있는 사람

⑤ 관세 또는 내국세를 체납한 자

TIP 자유무역지역 입주계약을 체결할 수 없는 결격사유〈자유무역지역 지정 및 운영에 관한 법률 제12조〉

㉠ 피성년후견인

㉡ 이 법 또는 「관세법」을 위반하여 징역형의 실형을 선고받고 그 집행이 끝나거나(집행이 끝난 것으로 보는 경우를 포함한다) 집행이 면제된 날부터 2년이 지나지 아니한 사람

㉢ 이 법 또는 「관세법」을 위반하여 징역형의 집행유예를 선고받고 그 유예기간 중에 있는 사람

㉣ 벌금형 또는 통고처분을 받은 자로서 그 벌금형 또는 통고처분을 이행한 후 2년이 지나지 아니한 자. 다만, 「관세법」에 따라 처벌된 법인 또는 개인은 제외

㉤ 관세 또는 내국세를 체납한 자

㉥ ㉠~㉤에 해당하는 사람을 임원(해당 법인의 자유무역지역의 운영업무를 직접 담당하거나 이를 감독하는 사람으로 한정한다)으로 하는 법인

㉦ 입주계약이 해지된 후 2년이 지나지 아니한 자

11 자유무역지역 입주계약 해지 사유 중 강제적 계약 해지 사유인 것은?

① 부정한 방법으로 입주계약을 체결한 경우

② 입주자격을 상실한 경우

③ 입주계약을 체결한 사업 외의 사업을 한 경우

④ 입주계약을 체결할 때 부여된 조건을 이행하지 아니한 경우

⑤ 입주계약의 결격사유에 해당하게 된 경우

TIP 자유무역지역 입주계약 해지〈자유무역지역의 지정 및 운영에 관한 법률 제15조〉

강제적 계약해지 사유	부정한 방법으로 입주계약을 체결한 경우
임의적 계약해지 사유	• 입주자격을 상실한 경우 • 입주계약을 체결한 사업 외의 사업을 한 경우 • 입주계약을 체결할 때 부여된 조건을 이행하지 아니한 경우 • 입주계약의 결격사유에 해당하게 된 경우 • 폐업한 경우

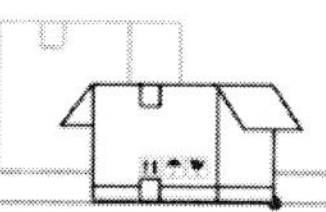

12 자유무역지역 입주기업체의 관리부호는 몇 자리 숫자인가?

① 4자리
② 5자리
③ 6자리
④ 8자리
⑤ 10자리

TIP 관리부호(장치장소부호)부여는 총 8자리 숫자로 부여한다〈자유무역지역 반출입물품의 관리에 관한 고시 별표1〉.

첫 번째 ~ 세 번째 자리	세관고유번호
네 번째 ~ 다섯 번째 자리	자유무역지역 업종별 고유번호
여섯 번째 ~ 여덟 번째 자리	세관별 업종별 일련부호

13 자유무역지역 외국물품 반입절차 중 하선신고 및 하선결과보고에 대한 설명으로 틀린 것은?

① 자유무역지역법에는 하선신고와 관련된 규정은 없으나 자유무역지역 입주기업체를 하선장소로 하여 하선신고가 가능하다.
② 하선신고는 운항선사 및 하역업체가 House B/L 단위 적하목록을 기준으로 하선장소를 기재한 하선신고서를 세관장에게 전자문서로 제출하여야 한다.
③ 하선장소가 부두밖 보세구역인 경우에는 등록된 보세운송차량으로 운송하여야 한다.
④ 하선장소 반입전에 하선장소를 변경하려는 때에는 변경내역과 변경사유를 기재한 하선장소 변경신고서를 세관장에게 서류 또는 전자문서로 제출하여야 한다.
⑤ 하선결과 물품이 적하목록과 상이할 때에는 하선작업 완료 후 익일까지 하선결과보고서를 세관장에게 전자문서로 제출하여야 한다.

TIP 운항선사(공동배선의 경우에는 용선선사를 포함한다) 또는 그 위임을 받은 하역업체가 화물을 하선하려는 때에는 MASTER B/L 단위의 적하목록을 기준으로 하역장소와 하선장소를 기재한 하선신고서를 세관장에게 전자문서로 제출하여야 한다〈보세화물 입출항 하선 하기 및 적재에 관한 고시 제15조(하선신고) 제1항〉.

ANSWER 10.① 11.① 12.④ 13.②

14 **자유무역지역 외국물품 반입에 관한 내용으로 틀린 것은?**

① 하선신고를 한 자는 입항일로부터 컨테이너 화물은 3일, 원목, 곡물, 원유 등 산물은 10일 이내에 하선장소에 반입하여야 한다.

② 반입신고는 Master B/L 단위로 하여야 한다.

③ 보세운송에 의하여 자유무역지역으로 반입되는 외국화물의 보세운송도착보고는 반입신고로 갈음한다.

④ 입주기업체는 반입된 물품이 반입예정정보와 품명, 수량이 다르거나 포장파손, 누출, 오염 등 물품에 이상이 있는 경우 즉시 세관장에게 보고하여야 한다.

⑤ 외국물품을 보관 또는 전시 등의 목적으로 일시적으로 반입(장치)하려는 자는 수출입화물시스템에서 정한 전자문서로 세관장에게 반입신고를 하여야 한다.

TIP 반입신고는 House B/L 단위로 하여야 하며, 하선장소로 지정된 입주기업체에 컨테이너 상태로 반입하는 경우에는 Master B/L 단위로 신고할 수 있다. 다만, 컨테이너보관창고(CY)에서 반출입되는 컨테이너화물에 대하여는 컨테이너 단위로 반입신고하여야 한다〈자유무역지역 반출입물품의 관리에 관한 고시 제7조(외국물품의 반입신고) 제4항〉.

15 **자유무역지역에서 내국물품의 국외반출에 대한 설명으로 ( ) 안에 들어갈 말로 적당한 것은?**

> 외국물품 등이 아닌 내국물품을 자유무역지역에서 외국으로 반출하고자 하는 경우에는 수출신고를 하여 그 수리를 받아야 하고, 수출신고수리일로부터 ( ) 이내에 외국무역선 등 운송수단에 적재하여야 하며, ( )의 범위 내에서 적재기간의 연장이 가능하다.

① 15일, 1년
② 15일, 2년
③ 30일, 1년
④ 30일, 2년
⑤ 7일, 6개월

TIP 외국물품등이 아닌 물품을 자유무역지역에서 국외로 반출하려는 자는 수출신고하여야 하며, 수출신고서의 처리 및 선(기)적 절차 등에 관하여는 「수출통관 사무처리에 관한 고시」를 준용한다〈자유무역지역 반출입물품의 관리에 관한 고시 제12조(수출신고)〉.

※ 수출물품의 적재〈수출통관 사무처리에 관한 고시 제45조〉… 수출자는 수출신고가 수리된 물품을 수출신고가 수리된 날부터 30일 이내에 우리나라와 외국간을 왕래하는 운송수단에 적재하여야 한다(제1항). 세관장은 적재기간 연장승인(신청)서를 접수한 때에는 연장승인신청사유 등을 심사하여 타당하다고 인정하는 경우에는 수출신고수리일로부터 1년의 범위내에서 적재기간 연장을 승인할 수 있다(제4항).

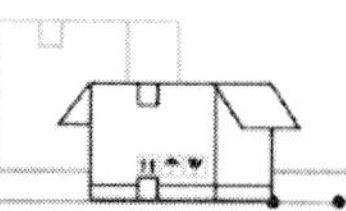

16 외국물품의 국외반출에 대한 설명으로 ( ) 안에 들어갈 말로 정확한 것은?

> 국외반출신고시 단순반송하거나 통관보류하여 국외반출하려는 물품 등에 대하여는 반송절차에 관한 고시를 준용하여 반송절차에 따라 반송신고수리일로부터 ( )일 이내에 외국무역선 등 운송수단에 적재하여야 한다.

① 5　　② 7
③ 10　　④ 15
⑤ 30

TIP 반송신고수리 세관장은 반송신고수리물품이 수리일로부터 30일을 경과하였을 때에는 적재여부를 확인하여 적재되지 아니한 경우에는 국외반출 또는 취하하도록 기간을 정하여 명령을 하여야 한다(반송절차에 관한 고시 제11조(적재확인)).

17 자유무역지역의 내국물품 반입규정의 내용으로 틀린 것은?

① 반입전제규정은 없다.
② 반입신고의무는 없다(임의신고).
③ 환급대상 내국물품의 경우 세관장에게 반입확인을 받아야 한다.
④ 장치기간은 없다.
⑤ 1년 이상 계속하여 내국물품만을 장치할 경우 세관장 승인사항이다.

TIP 내국물품 반입규정 비교

구분	특허보세구역	자유무역지역
반입전제조건	외국물품 장치에 방해 받지 않는 범위 내에서 장치가능	반입전제규정은 없으나, 내국물품만은 전용으로 보관하는 것은 국제물류 유치를 목적으로 하는 자유무역지역 취지에 위배된다.
반입신고의무	• 1년 이상 계속하여 내국물품 만을 장치할 경우 세관장 승인사항 • 동일한 보세창고에서 수입신고수리된 물품을 6월 이상 계속하여 장치할 경우에도 세관장 승인사항	• 없음(임의신고) • 환급(면세, 영세율) 대상 내국물품의 경우 세관장에게 반입확인을 받아야 함
장치기간	반입일 또는 수입신고수리일로부터 1년	없음

ANSWER 14.② 15.③ 16.⑤ 17.⑤

18 자유무역지역에서 보세운송에 대한 설명이다. (　)에 알맞은 숫자는?

> 자유무역지역에서 다른 자유무역지역 또는 관세영역 내 보세운송 장소에 해당하는 장소로 보세운송하려는 경우에는 보세운송에 관한 고시를 준용하며, 일반 해상화물의 보세운송기간은 10일(항공화물품은 5일)이나, 자유무역지역에서 제조, 가공한 물품의 경우 보세운송기간을 (　)일로 하며, (　)일 이내의 범위에서 연장할 수 있다.

① 3, 3　② 5, 5
③ 7, 7　④ 10, 10
⑤ 15, 15

TIP 외국물품 등을 자유무역지역에서 다른 자유무역지역 또는 관세법의 어느 하나에 해당하는 장소로 보세운송하려는 경우에는 보세운송에 관한 고시를 준용한다. 다만, 자유무역지역에서 제조 · 가공한 물품인 경우 보세운송기간을 7일로 하며 7일 이내의 범위에서 연장할 수 있다〈자유무역지역 반출입물품의 관리에 관한 고시 제17조(보세운송) 제1항〉.
※ **보세운송기간** … 보세운송물품은 신고수리(승인)일로부터 해상화물은 10일, 항공화물은 5일까지 목적지에 도착 하여야 한다. 다만, 세관장은 선박 또는 항공기 입항전에 보세운송신고를 하는 때에는 입항예정일 및 하선(기)장소 반입기간을 고려하여 5일 이내의 기간을 추가할 수 있다〈보세운송에 관한 고시 제6조〉.

19 자유무역지역에서의 물품의 보세운송 기간에 대한 설명으로 (　) 안에 들어갈 숫자는?

> 국외반출 신고가 수리된 물품으로서 선적하기 위한 보세운송은 수출신고서 서식을 사용하여 보세운송신고를 할 수 있으며, 보세운송기간은 (　)일 이내로 하며, 선(기)적은 국외반출신고가 수리된 날로부터 (　)일 이내에 선(기)적하여야 한다. 재해 등 부득이한 사유가 있는 경우에는 3월의 범위 내에서 연장이 가능하며, 선(기)적 허용기간 내에 선(기)적하지 아니한 경우 자유무역지역에 재반입한 후 국외반출신고수리 취하 등 필요한 조치를 취하게 된다.

① 5, 5　② 7, 7
③ 10,10　④ 15, 15
⑤ 30, 30

TIP 국외반출물품등의 보세운송 및 선 · 기적〈자유무역지역 반출입물품의 관리에 관한 고시 제18조〉
㉠ 국외반출신고가 수리된 물품을 선적하기 위하여 보세운송하는 경우에는 수출신고서 서식을 사용하여 보세운송신고할 수 있다.
㉡ 보세운송기간은 신고수리일부터 30일 이내로 하며, 선(기)적은 국외반출신고가 수리된 날부터 30일 이내에 선(기)적하여야 한다. 다만, 세관장은 재해 · 선(기)적 일정 변경 등 부득이한 사유로 기간 연장의 신청이 있는 때에는 3개월의 범위에서 그 기간을 연장할 수 있다.
㉢ 기간에 선(기)적 되지 아니한 경우 자유무역지역 관할지 세관장은 국외반출신고가 수리된 물품을 자유무역지역으로 재반입하게 한 후 국외반출신고수리 취하 등 필요한 조치를 취하여야 한다.

20 역외작업에 관한 설명으로 틀린 것은?

① 역외작업이란 입주기업체가 외국물품 등을 자유무역지역 이외 관세영역에서 가공 또는 보수하는 작업을 의미한다.

② 입주기업체는 역외작업의 범위, 반출기간, 대상물품, 반출장소를 정하여 세관장에게 역외작업신고를 하여야 한다.

③ 역외작업신고는 서류 및 전자문서로 할 수 있다.

④ 역외작업의 범위는 입주기업체가 전년도 원자재를 가공하여 수출한 금액의 80%범위 이내로 한다.

⑤ 역외작업의 대상물품은 원자재 또는 원자재의 제조 · 가공에 전용되는 시설재(금형을 포함한다)만 해당한다.

TIP 역외작업의 범위는 해당 입주기업체가 전년도에 원자재를 가공하여 수출한 금액의 100분의 60이내로 한다. 다만, 전년도 수출실적이 없거나 수출실적이 크게 증가되는 등의 사유로 전년도에 수출한 금액을 적용하는 것이 적합하지 아니하다고 인정되는 경우 역외작업의 범위는 다음과 같다〈자유무역지역의 지정 및 운영에 관한 법률 시행령 제24조(역외작업의 신고 등) 제2항〉

㉠ 해당 연도에 사업을 시작하여 전년도 수출실적이 없는 경우 : 사업을 시작한 날부터 반출신고한 날까지의 기간 중 수출실적이 가장 많은 달의 수출실적금액을 연간으로 환산한 금액의 100분의 60이내. 다만, 사업개시 이후 최초로 수출주문을 받은 경우에는 해당 수출주문량의 금액을 월평균 수출실적으로 보아 연간으로 환산한 금액의 100분의 60이내로 한다.

㉡ 반출신고한 달의 수출주문량의 금액이 전년도 월평균 수출액보다 100분의 150이상 증가한 경우 : 반출신고한 달의 수출주문량의 금액을 월평균 수출실적으로 보아 연간으로 환산한 금액의 100분의 60이내

㉢ 전년도에 천재지변 등 불가피한 사유로 수출실적이 100분의 50이하로 감소한 경우 : 해당 사유가 발생한 직전 달부터 과거 1년간 수출한 금액의 100분의 60이내

21 자유무역지역 입주업체에 대한 지원내용과 거리가 먼 것은?

① 세제지원
② 교통유발부담금의 면제
③ 장기간 임대 및 임대료 면제
④ 기술개발활동 지원 등
⑤ 물품관리의 자율화

TIP 임대료 감면 등〈자유무역지역의 지정 및 운영에 관한 법률 제20조〉

㉠ 관리권자 또는 지방자치단체의 장은 자유무역지역에 입주한 외국인투자기업을 「외국인투자 촉진법」에 따른 외국인투자지역에 입주한 외국인투자기업으로 보아 같은 법에 따라 임대료를 감면할 수 있다.

㉡ 관리권자 또는 지방자치단체의 장은 「조세특례제한법」에 따른 국내산업의 국제경쟁력강화에 긴요한 고도의 기술을 수반하는 사업을 하는 외국인투자기업에 대하여는 추가로 임대료를 감면할 수 있다.

ANSWER 18.③ 19.⑤ 20.④ 21.③

22 자유무역지역 역외작업의 원자재 반출기간은?

① 3개월 이내
② 6개월 이내
③ 1년 이내
④ 2년 이내
⑤ 3년 이내

TIP 역외작업 반출기간〈자유무역지역의 지정 및 운영에 관한 법률 시행령 제24조 제2항〉

원자재의 경우	1년 이내
시설재의 경우	같은 품목에 대하여 입주기업체와 역외작업 수탁업체 간에 체결된 계약기간의 범위로 하되, 그 기간은 3년을 초과할 수 없다. 다만, 세관장은 역외작업이 계약기간 내에 끝나지 아니하는 등 부득이한 사유로 반출기간을 연장할 필요가 있다고 인정할 때에는 3년의 범위에서 그 기간을 연장할 수 있다.

23 역외작업장소에서의 직반입 및 직반출 절차에 대한 내용으로 틀린 것은?

① 외국물품을 역외작업장소로 직접 반입하려는 자는 역외작업신고서 사본을 첨부하여 역외작업장소 관할세관장에게 보세운송신고를 하여야 한다. 이 경우 역외작업장소 관할세관장은 그 사실을 자유무역지역 발송지세관장에게 통보하여야 한다.
② 보세운송신고 물품의 반입신고는 자유무역지역 관할지 세관장에게 하여야 하며, 보세운송도착보고는 반입신고로 갈음한다.
③ 입주기업체가 수출 등으로 관세가 면제되거나 환급대상 내국물품을 역외작업장소로 직접 반입하려는 경우에는 자유무역지역 관할지 세관장에게 역외작업 신고서 사본을 첨부하여 반입신고를 하여야 한다.
④ 입주기업체가 역외작업장소에서 국외반출신고 또는 수입신고하려는 경우에는 자유무역지역 관할지 세관장에게 신고하여야 한다.
⑤ 자유무역지역 관할세관장은 역외작업신고물품에 대한 검사가 필요하다고 인정하는 때에는 역외작업장소 관할지 세관장에게 검사를 의뢰할 수 있다.

TIP 외국물품을 역외작업장소로 직접 반입하려는 자는 역외작업신고서 사본을 첨부하여 발송지세관장에게 보세운송신고를 하여야 한다. 이 경우 발송지세관장은 그 사실을 자유무역지역 관할지 세관장에게 통보하여야 한다〈자유무역지역 반출입물품의 관리에 관한 고시 제16조(역외작업장소에서의 반입 · 반출) 제1항〉.

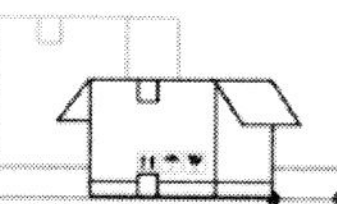

24 일시반출허가에 대한 내용으로 ( ) 안에 들어갈 말로 적당한 것은?

> 자유무역지역에 반입된 외국물품 등을 관세영역으로 일시반출하고자 하는 자는 세관장의 허가를 받아야 한다. 세관장은 일시반출을 허가하는 경우 ( )의 범위 내에서 기간을 정하여야 하며, 반출목적을 고려하여 물품의 수량 및 장소 등을 제한할 수 있다.

① 1개월　　② 3개월
③ 6개월　　④ 9개월
⑤ 1년

TIP 외국물품등의 일시반출입허가〈자유무역지역 반출입물품의 관리에 관한 고시 제14조 제1항, 제2항〉
㉠ 자유무역지역에 반입된 외국물품 등이 다음에 해당하는 경우로서 관세영역으로 일시반출하려는 자는 세관장의 허가를 받아야 한다.
- 수리, 전시, 검사 또는 불가피한 포장작업 등이 필요한 경우
- 관세영역의 물품을 무상으로 수리하는 경우(다만, 소모품 등 일시반출 후 재반입이 곤란한 물품은 제외)

㉡ 세관장은 ㉠에 따른 반출허가를 할 때는 6개월의 범위에서 기간을 정하여 하여야 하며 반출목적을 고려하여 물품의 수량 및 장소 등을 제한할 수 있다.

25 자유무역지역 반입물품의 장치기간에 대한 설명으로 ( ) 안에 들어갈 말로 적당한 것은?

> 자유무역지역에 반입된 물품에 대하여는 원칙적으로 장치기간에 대한 제한이 없으나, 예외적으로 부산항, 인천항 및 인천공항의 자유무역지역 중 관세청장이 정한 지역(주로 부두지역, 공항화물터미널)에 대하여는 물류신속을 위하여 장치기간을 ( )로 적용하여 제한적으로 적용하고 있다.

① 1개월　　② 3개월
③ 6개월　　④ 1년
⑤ 3년

TIP 자유무역지역에 반입된 물품에 대하여는 원칙적으로 장치기간에 대한 제한이 없으나, 예외적으로 부산항, 인천항 및 인천공항의 자유무역지역 중 관세청장이 정한 지역(주로 부두지역, 공항화물터미널)에 대하여는 물류신속을 위하여 장치기간을 3개월로 적용하여 제한적으로 적용하고 있다〈자유무역지역 반출입물품의 관리에 관한 고시 제19조(물품의 반출 및 장치기간에 대한 특례) 제2항, 별표3〉.

ANSWER 22.③ 23.① 24.③ 25.②

26 자유무역지역 장기 재고물품의 장치기간에 관한 설명이다. (　) 안에 들어갈 말은?

> 자유무역지역에 반입된 물품이 화주가 분명하지 않거나 수취를 거절할 경우 등 부득이한 사유로 장기간 동안 보관되어 물류흐름을 방해하고 입주업체의 관리비용만 가중됨에 따라 이를 해소하기 위하여 반입 후 (　)이 경과된 외국물품으로서 입주기업체가 매각을 요청하는 경우에는 세관장이 관세법령의 절차에 따라 매각할 수 있다.

① 1개월　② 3개월
③ 6개월　④ 9개월
⑤ 1년

TIP 입주기업체는 반입한 날부터 6개월이 경과한 외국물품이 다음의 어느 하나에 해당하는 경우 세관장에게 장기보관화물 매각승인(요청)서로 매각을 요청할 수 있다〈자유무역지역 반출입물품의 관리에 관한 고시 제19조(물품의 반출 및 장치기간에 대한 특례) 제5항〉.
㉠ 화주(貨主)가 분명하지 아니한 경우
㉡ 화주가 부도 또는 파산한 경우
㉢ 화주의 주소·거소 등 그 소재를 알 수 없는 경우
㉣ 화주가 수취를 거절하는 경우

27 자유무역지역 체화물품의 매각대상 물품에 대한 내용이다. (　) 안에 차례대로 들어갈 말은?

> • 부산항, 인천항 및 인천공항의 자유무역지역 중 물류신속화 지역반입물품은 반입일로부터 (　)이 경과한 물품(장치기간에 제한이 없는 물품은 제외)
> • 물류신속화 이외의 자유무역지역에 반입된 물품으로서 반입일로부터 (　)이 지난 외국물품에 대하여 입주업체가 화주불명 등으로 관할 세관장에 매각을 요청하는 물품

① 1개월, 1개월　② 1개월, 3개월
③ 1개월, 6개월　④ 3개월, 3개월
⑤ 3개월, 6개월

TIP 물류신속화 자유무역지역(부산항, 인천항, 인천공항 중)에 반입일로부터 3개월이 경과한 물품과, 그 밖의 자유무역지역에 반입되어 6개월이 경과한 물품으로 장치기간이 경과한 물품에 대하여는 화주, 반입자 또는 그 위임을 받은 자에게 외국물품의 반출통고를 하여야 하고, 반출통고 후 30일이 경과한 후 매각요청을 할 수 있다〈자유무역지역 반출입물품의 관리에 관한 고시 제19조(물품의 반출 및 장치기간에 대한 특례)〉.

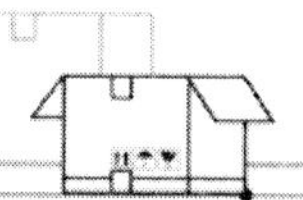

28 자유무역지역의 폐기명령 대상물품과 거리가 먼 것은?

① 사람의 생명이나 재산에 해를 끼칠 우려가 있는 물품
② 화물장치기간이 지난 물품
③ 실용시효가 경과되었거나 상품가치를 상실한 물품
④ 위조상품, 모조품, 그 밖에 지식재산권 침해 물품
⑤ 품명 미상의 물품으로서 반입 후 1년이 지난 물품

TIP 폐기명령 대상물품〈자유무역지역의 지정 및 운영에 관한 법률 제40조 제1항〉
㉠ 사람의 생명이나 재산에 해를 끼칠 우려가 있는 물품
㉡ 부패 또는 변질된 물품
㉢ 유효기간이 지난 물품
- 실용시효가 경과되었거나 상품가치를 상실한 물품
- 의약품 등으로서 유효기간이 만료되었거나 성분이 불분명한 경우

㉣ 그 밖에 관세청장이 정하는 다음의 물품
- 위조상품, 모조품, 그 밖에 지식재산권 침해물품
- 품명미상의 물품으로서 반입 후 1년이 지난 물품
- 검사 · 검역기준 등에 부적합하여 검사 · 검역기관에서 폐기대상으로 결정된 물품

29 자유무역지역에 반입된 물품이 폐기대상에 해당하는 경우의 폐기절차에 대한 내용으로 틀린 것은?

① 세관장은 자유무역지역에 반입된 물품이 폐기대상에 해당하는 경우 화주 등에게 국외반출 또는 폐기를 명할 수 있다.
② 폐기명령방법은 등기우편이나 인편으로 송달하여야 하며, 화주 등의 주소 또는 거소를 알 수 없는 등 부득이한 경우에는 관보 또는 게시판에 14일 이상 공고하여야 한다.
③ 물품폐기 전 통보할 시간적 여유가 없는 특별한 사정이 있는 때에는 세관장은 당해물품을 폐기한 후 지체 없이 화주 등에게 통보하여야 한다.
④ 폐기 또는 국외반출명령을 받은 화주 등은 자기의 비용으로 폐기 또는 국외반출하여야 한다.
⑤ 폐기명령을 받은 화주 등은 폐기하려는 날의 5일전까지 폐기예정통보를 하고, 폐기한 날부터 5일 이내에 폐기결과보고를 하여야 한다.

TIP 폐기명령을 받은 화주 등은 폐기하려는 날의 3일전까지 폐기예정통보를 하고, 폐기한 날부터 3일 이내에 폐기결과 보고를 하여야 한다〈자유무역지역 반출입물품의 관리에 관한 고시 제28조(폐기의 감독) 제2항〉.
①② 폐기명령의 통보에 대한 내용이다〈동 고시 제26조〉.
③④ 물품의 폐기에 대한 내용이다〈자유무역지역의 지정 및 운영에 관한 법률 제40조〉.

ANSWER 26.③ 27.⑤ 28.② 29.⑤

30 다음은 자유무역지역에 반입된 물품이 폐기대상이 된 경우 폐기의 대집행에 관한 설명이다. (   ) 안에 들어갈 말로 적당한 것은?

> 폐기명령을 받은 화주 등이 폐기명령을 이행하지 아니할 때에는 행정대집행법의 규정에 의하여 제3자에게 폐기하게 한다. 다만, 세관 자체적으로 폐기가 가능한 경우는 세관장이 직접 폐기할 수 있으며, 행정대집행을 하는 경우 세관장은 화주 등에게 대집행 비용액과 그 납기일을 정하여 납부를 명하며, 미납시에는 (   )에 의거 징수한다.

① 국세기본법
② 지방세법
③ 지방세기본법
④ 관세법
⑤ 국세징수법

TIP 대집행〈자유무역지역 반출입물품의 관리에 관한 고시 제27조〉
폐기명령을 받은 자가 기간이 지나도 이를 폐기하지 아니할 때에는 「행정대집행법」에 따라 제3자에게 폐기하게 하여야 한다. 다만, 폐기대상 물품의 종류, 수량, 폐기비용, 자연 · 생활환경 및 국민보건에 해가 되는 지의 여부 등을 고려하여 세관 자체적으로 폐기가 가능하다고 인정되는 물품은 세관장이 직접 폐기할 수 있다.
※ 대집행에 요한 비용은 국세징수법의 예에 의하여 징수할 수 있다〈행정대집행법 제6조 제1항〉.

31 자유무역지역의 지정 및 운영에 관한 법률에 의한 재고관리대상 물품과 거리가 먼 것은?

① 자유무역지역 안으로 반입한 물품
② 자유무역지역에서 사용 · 소비한 물품
③ 자유무역지역에서 생산한 물품
④ 자유무역지역으로부터 반출한 물품
⑤ 내국물품 등을 폐기한 후에 남은 경제적 무가치 물품

TIP 입주기업체는 다음의 물품에 대하여 관세청장이 정하여 고시하는 바에 따라 그 품명, 규격, 수량, 가격, 보수작업의 내용 등 재고관리에 필요한 사항을 기록 · 관리하여야 한다. 다만, 관세청장이 정하여 고시하는 금액 이하의 물품 등 대통령령으로 정하는 물품에 대하여는 그러하지 아니하다〈자유무역지역의 지정 및 운영에 관한 법률 제38조(재고기록 등) 제1항〉.
㉠ 자유무역지역 안으로 반입한 물품
㉡ 자유무역지역에서 사용 · 소비하거나 생산한 물품
㉢ 자유무역지역으로부터 반출한 물품
㉣ 외국물품 등을 폐기한 후에 남는 경제적 가치를 가진 물품

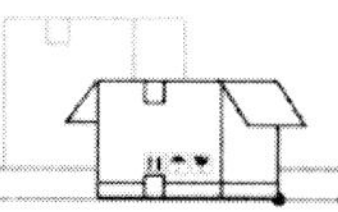

32 자유무역지역의 지정 및 운영에 관한 법률상 반출입 제한 물품의 규정을 위반한 경우의 벌칙은?

① 1년 이하의 징역 또는 1천만 원 이하의 벌금
② 3년 이하의 징역 또는 3천만 원 이하의 벌금
③ 5년 이하의 징역 또는 5천만 원 이하의 벌금
④ 7년 이하의 징역 또는 7천만 원 이하의 벌금
⑤ 10년 이하의 징역 또는 1억 원 이하의 벌금

TIP 제41조 제1항(물품의 반입 · 반출의 금지 등)을 위반하여 물품을 반입 또는 반출한 자는 7년 이하의 징역 또는 7천만 원 이하의 벌금에 처한다〈자유무역지역의 지정 및 운영에 관한 법률 제56조(벌칙)〉.

33 다음 〈보기〉 중 자유무역지역에 반출입이 금지되는 물품을 모두 고른 것은?

〈보기〉

㉠ 헌법질서를 문란하게 하거나 공공의 안녕질서 또는 풍속을 해하는 서적 · 간행물 · 도화 · 영화 · 음반 · 비디오물 · 조각물 및 그 밖에 이에 준하는 물품
㉡ 정부의 기밀을 누설하거나 첩보활동에 사용되는 물품
㉢ 화폐 · 채권 그 밖에 유가증권의 위조품, 변조품 및 모조품
㉣ 국민보건 또는 환경보전에 지장을 초래하는 사업장폐기물, 총기 등 무기류, 마약류, 상표권 또는 저작권 침해물 등 이와 유사한 물품

① ㉠㉡㉢
② ㉠㉡㉣
③ ㉠㉢㉣
④ ㉡㉢㉣
⑤ ㉠㉡㉢㉣

TIP 반출입이 제한되는 물품

구분	내용
반출입 금지물품 〈자유무역지역의 지정 및 운영에 관한 법률 제41조〉	• 헌법질서를 문란하게 하거나 공공의 안녕질서 또는 풍속을 해하는 서적 · 간행물 · 도화 · 영화 · 음반 · 비디오물 · 조각물 및 그 밖에 이에 준하는 물품 • 정부의 기밀을 누설하거나 첩보활동에 사용되는 물품 • 화폐 · 채권 그 밖에 유가증권의 위조품, 변조품 및 모조품
반출입 제한물품 〈자유무역지역의 지정 및 운영에 관한 법률 시행령 제29조〉	사업장 폐기물, 총기 등 불법무기류, 마약류, 상표권 또는 저작권 침해물품, 앞의 물품과 유사한 물품으로서 관세청장이 고시하는 물품

ANSWER 30.⑤ 31.⑤ 32.④ 33.①

34 자유무역지역의 지정 및 운영에 관한 법령상 재고관리 생략물품이 아닌 것은?

① 자유무역지역 안으로 반입한 물품
② 자유무역지역으로부터 반출한 물품
③ 자유무역지역에서 사용하거나 소비하려는 소비재 또는 소모품으로서 관세청장이 정하여 고시하는 물품
④ 내용연수 미경과 물품
⑤ 폐기한 후 경제적 가치를 가진 물품

TIP 입주기업체는 다음 물품에 대하여 관세청장이 정하여 고시하는 바에 따라 그 품명, 규격, 수량, 가격, 보수작업의 내용 등 재고관리에 필요한 사항을 기록·관리하여야 한다. 다만, 관세청장이 정하여 고시하는 금액 이하의 물품 등 대통령령으로 정하는 물품에 대하여는 그러하지 아니하다〈자유무역지역의 지정 및 운영에 관한 법률 제38조(재고기록 등) 제1항〉.
㉠ 자유무역지역 안으로 반입한 물품
㉡ 자유무역지역에서 사용·소비하거나 생산한 물품
㉢ 자유무역지역으로부터 반출한 물품
㉣ ㉢에 따라 외국물품등을 폐기한 후에 남는 경제적 가치를 가진 물품

35 자유무역지역의 지정 및 운영에 관한 법령상 재고조사 관련 설명으로 틀린 것은?

① 입주기업체는 물품관리를 위하여 재고관리 기록자료를 5년간 보존하여야 한다.
② 입주기업체는 회계연도 종료 3개월이 경과한 후 15일 이내에 입주기업체의 반출입물품의 관리에 대한 적정여부를 자체 점검하여야 한다.
③ 세관장은 입주기업체에 대한 재고조사시 조사개시일 10일 전에 조사개시통지서를 송부하여야 한다.
④ 세관장이 입주기업체에 대한 재고조사시 서면심사는 10일, 실지조사는 15일 이내에 완료하여야 한다.
⑤ 재고조사가 완료된 재고조사 대상기간에 대해서는 부정유출혐의 등의 경우를 제외하고는 반복조사할 수 없다.

TIP 세관장은 재고조사 대상으로 정하여진 입주기업체에 대하여 재고조사 개시일부터 10일 이전에 통지서를 입주기업체에게 송부하여야 하며, 재고조사 개시일부터 서면심사인 경우는 7일 이내, 실지조사인 경우는 10일 이내에 완료하여야 한다. 다만, 부득이하게 재고조사기간을 연장하려는 경우에는 7일 이내의 범위에서 연장할 수 있으며, 이미 재고조사가 완료된 "재고조사 대상기간"에 대해서는 부정유출혐의 등의 경우를 제외하고는 반복 조사할 수 없다〈자유무역지역 반출입물품의 관리에 관한 고시 제22조(재고관리상황의 조사) 제4항〉.

36 자유무역지역에 대한 설명으로 틀린 것은?

① 자유무역지역에 반입하기 이전의 외국무역선(기)의 입출항관리와 외국물품의 관리는 자유무역의 지정 및 운영에 관한 법률의 적용을 받는다.

② 산업통상자원부장관이 특정지역을 자유무역지역으로 지정하기 위해서는 중앙행정기관의 장이나 시·도지사의 요청이 있어야 한다.

③ 자유무역지역에 입주하여 사업을 영위하고자 하는 자에 대하여는 입주자격을 갖춘 후 관리권자와 입주계약을 체결하여야 한다.

④ 입주계약을 체결할 때는 관리권자는 외국인투자기업이나 국내산업의 국제경쟁력 강화에 긴요한 고도의 기술을 수반하는 사업을 하는 자 또는 수출을 주목적으로 하는 사업을 하는 자와 우선적으로 입주계약을 체결할 수 있다.

⑤ 관리권자는 입주기업체 또는 지원업체가 부정한 방법으로 입주계약을 체결한 경우에는 입주계약을 해지하여야 한다.

TIP 자유무역지역에 반입하기 이전의 외국무여선(기)의 입출항관리와 외국물품의 관리(적하목록의 제출, 하선하기신고 및 결과보고 등)는 관세법의 적용을 받는다〈자유무역지역 반출입물품의 관리에 관한 고시 제3조(적용범위) 제2항〉.

37 자유무역지역, 특허보세구역, 종합보세구역 등의 비교설명으로 틀린 것은?

① 특허보세구역에서는 내국물품반출입시 세관장에게 신고하여야 한다.

② 자유무역지역에서는 내국물품반출입시 환급 및 영세율 적용 물품만 신고한다.

③ 역외작업시 자유무역지역, 특허보세구역, 종합보세구역 공통으로 세관장에 신고하여야 한다.

④ 자유무역지역에서는 원칙적으로 장치기간에 제한이 없다.

⑤ 자유무역지역은 자유무역지역의 지정 및 운영에 관한 법률의 적용을 받는다.

TIP 자유무역지역과 종합보세구역에서의 역외작업은 세관장의 신고사항이며, 특허보세구역에서의 역외작업은 세관장의 허가사항이다.

ANSWER 34.④ 35.④ 36.① 37.③

38 자유무역지역과 관련된 내용으로 틀린 것은?

① 외국물품 등은 자유무역지역과 다른 자유무역지역 또는 관세법에서 보세운송이 가능한 구역으로 정한 장소간에 한하여 보세운송을 할 수 있다.

② 자유무역지역 입주기업체는 외국물품 등을 가공 또는 보수하기 위하여 관세영역으로 반출하려는 경우에는 그 가공 또는 보수작업의 범위, 반출기간, 대상물품, 반출장소를 정하여 세관장에게 신고하여야 한다.

③ 역외작업 대상물품은 원자재 또는 원자재의 제조 · 가공에 전용되는 시설재로 하며, 역외작업의 범위는 해당 입주기업체가 전년도 원자재를 가공하여 수출한 금액의 100분의 60 이내로 한다.

④ 역외작업의 반출기간은 원자재의 경우 6개월 이내로 하고, 시설재의 경우에는 같은 품목에 대하여 입주기업체와 역외작업 수탁업체간에 체결된 계약기간의 범위내로 하되, 그 기간은 3년을 초과할 수 없다.

⑤ 입주기업체는 자유무역지역에 반입된 외국물품 등을 물품의 수리, 견본품의 전시, 시험검사 등의 목적으로 관세영역으로 일시 반출하려는 경우에는 세관장의 허가를 받아야 한다.

TIP 역외작업의 반출기간은 원자재의 경우 1년 이내로 하고, 시설재의 경우에는 같은 품목에 대하여 입주기업체와 역외작업 수탁업체간에 체결된 계약기간의 범위내로 하되, 그 기간은 3년을 초과할 수 없다〈자유무역지역의 지정 및 운영에 관한 법률 시행령 제24조(역외작업의 신고 등) 제3항〉.
① 보세운송에 대한 설명이다〈동 법률 제36조〉.
② 역외작업에 대한 설명이다〈동 법률 제34조〉.
③ 역외작업 신고 등에 대한 설명이다〈동 법률 시행령 제24조 제2항〉.
⑤ 외국물품등의 일시 반출에 대한 설명이다〈동 법률 제33조〉.

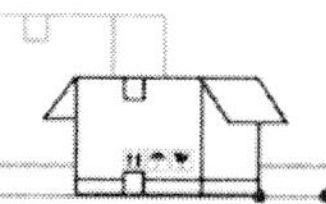

39 자유무역지역과 관련된 내용으로 옳지 않은 것은?

① 자유무역지역 안에 있는 물품 중에서 사람의 생명이나 재산을 해할 우려가 있는 물품, 부패 또는 변질된 물품 등에 해당하는 것은 세관장이 폐기처분할 수 있으며, 폐기비용은 화주 등이 부담한다.

② 자유무역지역 입주기업체는 물품관리를 위하여 수입신고필증, 수입거래 및 지적재산관 거래 관련 계약서, 국외반출신고필증, 수출신고필증 및 가격결정 관련 자료, 재고기록에 관한 장부 또는 자료보존매체, 실소요량 관련 자료를 3년간 보관하여야 한다.

③ 세관장에 의한 자유무역지역 입주기업체에 대한 재고조사는 서면심사 또는 실지조사의 방법으로 회계연도 종료 3월 이후 년 1회 실시를 원칙으로 한다.

④ 자유무역지역 입주기업체는 외국물품 등을 멸실 · 분실한 경우에는 세관장에게 신고하여야 한다.

⑤ 관세법상 수출입금지품목에 해당하는 물품은 자유무역지역으로 반입하거나 자유무역지역으로부터 반출할 수 없다.

TIP 자유무역지역 입주기업체는 물품관리를 위하여 수입신고필증, 수입거래 및 지적재산권 거래 관련 계약서, 국외반출신고필증, 수출신고필증 및 가격결정 관련 자료, 재고기록에 관한 장부 또는 자료보존매체, 실소요량 관련 자료를 5년간 보관하여야 한다(자유무역지역 반출입물품의 관리에 관한 고시 제23조(서류의 보관)).

ANSWER 38.④ 39.②

03 관세범 조사와 처분

제4과목 자율관리 및 관세벌칙

1 관세법상 양벌규정에 대한 설명으로 틀린 것은?

① 관세법의 규제대상에 관련되는 업무를 하는 자의 대리인 · 사용인 · 종업원 등이 그 업무를 수행함에 있어 그 행위가 관세법에 의한 처벌의 대상이 될 경우에는 그 사용인을 처벌함과 동시에 업무주체인 개인도 처벌한다.

② 양벌규정을 적용하는 목적은 업무주체의 감독의무를 부여하여 범죄를 미연에 방지하려는데 그 목적이 있다.

③ 사용인이 개인의 업무에 관하여 관세법 규정에 위반되는 행위를 한 때에는 그 행위자를 처벌하는 이외의 개인도 처벌하는데 대리인 · 사용인 · 종업원의 위반행위가 과태료처분에 해당되는 경우를 포함한다.

④ 업무중 개인에 대한 형벌은 타인의 위법행위에 대한 과실책임을 묻는 것이므로 고의범에 대하여 과하여지는 체형은 가할 수 없고 재산형인 벌금형을 과한다.

⑤ 대리인 · 사용인 · 종업원인 범인으로부터 몰수 또는 추징을 할 경우에는 업무 중 개인을 범인으로 간주하여 업무 중 개인으로부터 몰수 또는 추징한다.

TIP 양벌규정〈관세법 제279조〉

㉠ 법인의 대표자나 법인 또는 개인의 대리인, 사용인, 그 밖의 종업원이 그 법인 또는 개인의 업무에 관하여 벌칙에 해당하는 위반행위를 하면 그 행위자를 벌하는 외에 그 법인 또는 개인에게도 해당 조문의 벌금형을 과한다. 다만, 법인 또는 개인이 그 위반행위를 방지하기 위하여 해당 업무에 관하여 상당한 주의와 감독을 게을리하지 아니한 경우에는 그러하지 아니하다.

㉡ ㉠에서 개인은 다음 각 호의 어느 하나에 해당하는 사람으로 한정한다.

- 특허보세구역 또는 종합보세사업장의 운영인
- 수출 · 수입 또는 운송을 업으로 하는 사람

㉢ 관세사

㉣ 개항 안에서 물품 및 용역의 공급을 업으로 하는 사람

㉤ 국가관세종합정보망 운영사업자 및 전자문서중계사업자

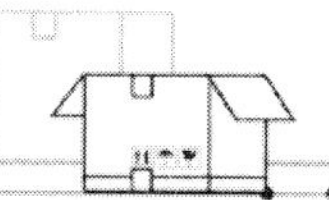

2 **범죄의 실행에 착수하여 행위를 종료하지 못하였거나 결과가 발생하지 아니한 범죄자를 무엇이라고 하는가?**

① 교사범
② 종범
③ 예비범
④ 미수범
⑤ 공범

TIP ① 교사범이란 타인을 교사하여 범죄를 실행하게 한 자를 말한다.
② 종범은 타인의 범죄 실행을 방조한 자를 말한다.
③ 예비범이란 범죄를 실행하기 위한 물적 형태의 준비를 하였으나 실행의 착수에 이르지 아니한 범인을 말한다.
⑤ 공범은 단독범 또는 정범에 대응하는 개념으로서 범행참가형태에 의한 분류로 넓은 의미의 공범은 범죄를 다수의 참가에 의해 수행하는 경우를, 좁은 의미의 공범은 정범의 범행에 가담하는 자를 말한다.

3 **몰수와 추징에 대한 설명으로 틀린 것은?**

① 몰수란 범죄행위에 제공하였거나 범죄로 생긴 물건 등에 대한 사회적 유통을 억제하고 범죄로 인한 재산적 이익을 회수하기 위하여 그 소유권을 박탈하는 재산형의 일종이다.
② 몰수는 주형에 부가하여 과하는 것이 원칙이나 예외적으로 몰수만을 과할 수 있다.
③ 현재 우리나라의 형법에 범죄행위에 제공한 물건과 범죄행위로 취득한 물건은 몰수가 가능하도록 규정해 놓고 있다.
④ 범죄로 발생한 물건의 전부 또는 일부를 몰수할 수 없을 때에는 그 몰수할 수 없는 물품의 범칙 당시의 국내도매가격에 상당한 금액을 범인으로부터 추징한다.
⑤ 국내도매가격이란 도매업자가 수입물품을 무역업자로부터 매수하여 국제시장에서 공정한 거래방법에 의하여 공개적으로 판매하는 가격을 말한다.

TIP 국내도매가격이란 도매업자가 수입물품을 무역업자로부터 매수하여 국내도매시장에서 공정한 거래방법에 의하여 공개적으로 판매하는 가격을 말한다.

ANSWER 1.③ 2.④ 3.⑤

4 **다음 중 몰수대상 물품이 아닌 것은?**

① 수입금지품목

② 수출금지품목

③ 범인이 소유 또는 점유하는 밀수출입죄 · 밀수품의 취득죄 해당 물품

④ 자유무역지역 반입제한 품목

⑤ 밀수출입죄에 사용하기 위해 특수가공한 물품

TIP 몰수의 대상은 범인이 소유하거나 점유하는 범칙물품 등으로 다음과 같다.

㉠ 수출입금지품목

㉡ 범인이 소유 또는 점유하는 밀수출입죄 · 밀수품의 취득죄 해당 물품

㉢ 소유자가 범죄에 사용된다는 정황을 알고 있을 때 밀수출입죄에 해당하는 물품을 운반, 적재 등에 전용되는 선박 등 운반기구

㉣ 밀수출입죄에 사용하기 위해 특수가공한 물품

5 **밀수출입죄에 전용되는 선박 · 자동차나 그 밖의 운반기구가 범죄에 사용된다는 정황을 알고 있을 때 물품의 몰수대상으로 틀린 것은?**

① 범죄 개연성이 큰 물품 운반기구

② 범죄물품을 적재하거나 적재하려고 한 경우

③ 범죄물품을 해상에서 인수 또는 취득하거나 인수 또는 취득하려고 한 경우

④ 검거를 기피하기 위하여 권한 있는 공무원의 정지명령을 받고도 정지하지 아니하거나 적재된 범죄물품을 해상에서 투기 · 파괴 또는 훼손한 경우

⑤ 범죄물품을 운반한 경우

TIP 밀수출입죄에 전용되는 선박 · 자동차나 그 밖의 운반기구는 그 소유자가 범죄에 사용된다는 정황을 알고 있고, 다음의 어느 하나에 해당하는 경우에는 몰수한다〈관세법 제272조(밀수 전용 운반기구의 몰수)〉.

㉠ 범죄물품을 적재하거나 적재하려고 한 경우

㉡ 검거를 기피하기 위하여 권한 있는 공무원의 정지명령을 받고도 정지하지 아니하거나 적재된 범죄물품을 해상에서 투기 · 파괴 또는 훼손한 경우

㉢ 범죄물품을 해상에서 인수 또는 취득하거나 인수 또는 취득하려고 한 경우

㉣ 범죄물품을 운반한 경우

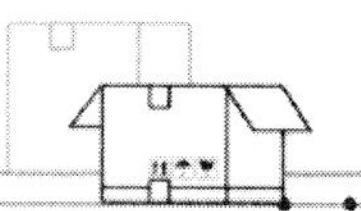

6 관세범의 특징과 거리가 먼 것은?

① 영리성
② 조직성
③ 전문성
④ 상습성
⑤ 보편성

TIP 관세범은 관세법 또는 관세법에 의한 명령에 위배하는 행위로서 관세법에 의하여 처벌되는 것으로 영리성, 조직성, 전문성, 상습성의 특징을 가진다.

7 관세법상 규정된 형의 종류를 모두 고른 것은?

> ㉠ 사형
> ㉡ 징역
> ㉢ 벌금
> ㉣ 몰수
> ㉤ 금고

① ㉠㉡㉢
② ㉡㉢㉣
③ ㉢㉣㉤
④ ㉠㉡㉢㉣
⑤ ㉡㉢㉣㉤

TIP 형법에서의 형의 종류는 사형, 징역, 금고, 자격상실, 자격정지, 벌금, 구류, 과료, 몰수 등 9종이 있으며, 관세법에서는 징역, 벌금, 몰수의 3종이 규정되어 있다.

8 관세법상 전자문서 위 · 변조 및 그 행사죄의 벌칙은?

① 1년 이상 10년 이하의 징역 또는 1억 원 이하의 벌금
② 1년 이상 7년 이하의 징역 또는 7천만 원 이하의 벌금
③ 1년 이상 5년 이하의 징역 또는 5천만 원 이하의 벌금
④ 1년 이상 3년 이하의 징역 또는 3천만 원 이하의 벌금
⑤ 1년 이상 2년 이하의 징역 또는 2천만 원 이하의 벌금

TIP 국가관세종합정보망이나 전자문서중계사업자의 전산처리설비에 기록된 전자문서 등 관련 정보를 위조 또는 변조하거나 위조 또는 변조에 정보를 행사한 자는 1년 이상 10년 이하의 징역 또는 1억 원 이하의 벌금에 처한다〈관세법 제268조의2(전자문서 위조 · 변조죄 등) 제1항〉.

ANSWER 4.④ 5.① 6.⑤ 7.② 8.①

9 다음 중 벌칙의 내용이 다른 하나는?

① 지정을 받지 아니하고 국가관세종합정보망을 운영한 자
② 관세청장의 지정을 받지 아니하고 전자문서 중계업무를 행한 자
③ 전자문서 등 관련 정보를 위조 또는 변조하거나 위조 또는 변조된 정보를 행사한 자
④ 기록된 전자문서 등 관련 정보를 훼손하거나 그 비밀을 침해한 자
⑤ 업무상 알게 된 전자문서 등 관련 정보에 관한 비밀을 누설하거나 도용한 국가관세종합정보망 운영사업자 또는 전자문서중계사업자의 임직원 또는 임직원이었던 사람

TIP 관세법령상 가장 무거운 1년 이상 10년 이하의 징역 또는 1억 원 이하의 벌금이다.
①②④⑤ 5년 이하의 징역 또는 5천만 원 이하의 벌금 대상이다〈관세법 제268조의2(전자문서 위조 · 변조죄 등)〉.

10 무자격자의 국가관세종합정보망 운영죄의 벌칙은?

① 1년 이하의 징역 또는 1천만 원 이하의 벌금
② 3년 이하의 징역 또는 3천만 원 이하의 벌금
③ 5년 이하의 징역 또는 5천만 원 이하의 벌금
④ 7년 이하의 징역 또는 7천만 원 이하의 벌금
⑤ 10년 이하의 징역 또는 1억 원 이하의 벌금

TIP 다음의 어느 하나에 해당하는 자는 5년 이하의 징역 또는 5천만 원 이하의 벌금에 처한다〈관세법 제268조의2(전자문서 위조 · 변조죄 등) 제2항〉.
㉠ 지정을 받지 아니하고 국가관세종합정보망을 운영하거나 관세청장의 지정을 받지 아니하고 전자문서중계업무를 행한 자
㉡ 국가관세종합정보망 또는 전자문서중계사업자의 전산처리설비에 기록된 전자문서 등 관련 정보를 훼손하거나 그 비밀을 침해한 자
㉢ 업무상 알게 된 전자문서 등 관련 정보에 관한 비밀을 누설하거나 도용한 국가관세종합정보망 운영사업자 또는 전자문서중계사업자의 임직원 또는 임직원이었던 사람

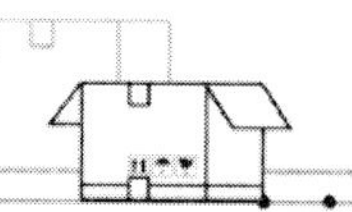

11 **관세법상 수출입의 금지대상 물품과 거리가 먼 것은?**

① 헌법질서를 문란하게 하는 물품
② 공공의 안녕질서를 해치는 물품
③ 정부의 기밀을 누설하는 물품
④ 그림의 위작, 모조품 등의 물품
⑤ 첩보활동에 사용되는 물품

TIP 수출입의 금지 … 다음의 어느 하나에 해당하는 물품은 수출하거나 수입할 수 없다〈관세법 제234조〉.
㉠ 헌법질서를 문란하게 하거나 공공의 안녕질서 또는 풍속을 해치는 서적 · 간행물 · 도화 · 영화 · 음반 · 비디오물 · 조각물 또는 그 밖에 이에 준하는 물품
㉡ 정부의 기밀을 누설하거나 첩보활동에 사용되는 물품
㉢ 화폐 · 채권이나 그 밖의 유가증권의 위조품 · 변조품 또는 모조품

12 **'전자문서 위조 · 변조죄 등'에 대한 설명으로 틀린 것은?**

① 국가관세종합정보망이나 전자문서중계사업자의 전산처리설비에 기록된 전자문서 등 관련 정보를 위조 또는 변조하거나 위조 또는 변조된 정보를 행사한 죄이다.
② 국가관세종합정보망 운영사업자란 국가관세종합정보망의 효율적인 운영을 위하여 대통령령으로 정하는 기준과 절차에 따라 국가관세종합정보망의 일부 또는 전부를 운영하는 자를 말한다.
③ 전자문서중계사업자란 전기통신사업법에 따른 전기통신사업자로서 전자신고 등이나 전자송달을 중계하는 업무 즉 전자문서중계업무를 수행하기 위하여 대통령령으로 정하는 기준과 절차에 따라 관세청장에 의해 지정을 받은 자를 말한다.
④ 전산처리설비란 주전산기 등 하드웨어, 소프트웨어 및 데이터베이스 등에 수록된 전자문서 등 관련 정보가 저장 · 유지 · 관리되는 설비를 말한다.
⑤ 전자문서 등 관련 정보란 사람의 지각에 의하여 인식할 수 있는 방식에 의하여 작성되어 컴퓨터 등에 의한 정보처리를 위하여 제공된 기록으로서 전자기록이며, 전기 또는 광학기록을 포함되지 않는다.

TIP 전자문서 등 관련 정보란 사람의 지각에 의하여 인식할 수 없는 방식에 의하여 작성되어 컴퓨터 등에 의한 정보처리를 위하여 제공된 기록을 말하며, 전자기록 뿐만 아니라 전기기록이나 광학기록을 포함한다.

ANSWER 9.③ 10.③ 11.④ 12.⑤

13 **수출입금지품에 대한 수출이나 수입한 자의 벌칙은?**

① 1년 이하의 징역 또는 1천만 원 이하의 벌금
② 3년 이하의 징역 또는 3천만 원 이하의 벌금
③ 5년 이하의 징역 또는 5천만 원 이하의 벌금
④ 7년 이하의 징역 또는 7천만 원 이하의 벌금
⑤ 10년 이하의 징역 또는 1억 원 이하의 벌금

TIP 수출입금지품에 대한 수출이나 수입한 자는 7년 이하의 징역 또는 7천만 원 이하의 벌금에 처하고 그 물품은 몰수하며 그 물품의 전부 또는 일부를 몰수할 수 없을 때에는 범칙 당시의 국내도매가격에 상당한 금액을 범인으로부터 추징한다〈관세법 제269조(밀수출입죄) 제1항, 제282조(몰수 · 추징)〉.

14 **다음 〈보기〉는 밀수출입죄의 벌칙 내용이다. (　) 안에 들어갈 말로 적당한 것은?**

〈보기〉
5년 이하의 징역 또는 관세액의 (　)배와 물품원가 중 높은 금액 이하에 상당하는 금액

① 3
② 5
③ 10
④ 30
⑤ 50

TIP 다음의 어느 하나에 해당하는 자는 5년 이하의 징역 또는 관세액의 10배와 물품원가 중 높은 금액 이하에 상당하는 벌금에 처한다〈관세법 제269조(밀수출입죄) 제2항〉.
㉠ 신고를 하지 아니하고 물품을 수입한 자(다만, 반출신고를 한 자는 제외)
㉡ 신고를 하였으나 해당 수입물품과 다른 물품으로 신고하여 수입한 자

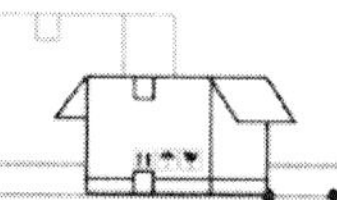

15 밀수출입죄에 대한 설명으로 옳지 않은 것은?

① 정부의 기밀을 누설하거나 첩보활동에 사용되는 물품을 수출입한 자는 7년 이하의 징역 또는 7천만원 이하의 벌금에 처한다.

② 신고를 하지 않고 물품을 수입한 자는 관세액의 10배와 물품원가 중 높은 금액 이하에 상당하는 벌금에 처한다.

③ 신고를 하지 아니하고 물품을 수출하거나 반송한 자는 4년 이하의 징역에 처한다.

④ 신고를 하였으나 해당 수출물품 또는 반송물품과 다른 물품으로 신고하여 수출한 자는 물품원가 이하에 상당하는 벌금에 처한다.

⑤ 화폐 · 채권의 변조품을 수출입 한 자는 7년 이하의 징역에 처한다.

TIP ③ 신고를 하지 아니하고 물품을 수출하거나 반송한 자는 3년 이하의 징역 또는 물품원가 이하에 상당하는 벌금에 처한다〈관세법 제269조(밀수출입죄) 제3항 제1호〉.

16 관세포탈죄의 벌칙은?

① 1년 이하의 징역 또는 포탈한 관세액의 2배와 물품원가 중 높은 금액 이하에 상당하는 벌금

② 2년 이하의 징역 또는 포탈한 관세액의 3배와 물품원가 중 높은 금액 이하에 상당하는 벌금

③ 3년 이하의 징역 또는 포탈한 관세액의 5배와 물품원가 중 높은 금액 이하에 상당하는 벌금

④ 5년 이하의 징역 또는 포탈한 관세액의 7배와 물품원가 중 높은 금액 이하에 상당하는 벌금

⑤ 7년 이하의 징역 또는 포탈한 관세액의 10배와 물품원가 중 높은 금액 이하에 상당하는 벌금

TIP 관세포탈의 경우는 3년 이하의 징역 또는 포탈한 관세액의 5배와 물품원가 중 높은 금액 이하에 상당하는 벌금에 처한다〈관세법 제270조(관세포탈죄 등) 제1항〉.

㉠ 세액결정에 영향을 미치기 위하여 과세가격 또는 관세율 등을 거짓으로 신고하거나 신고하지 아니하고 수입한 자

㉡ 세액결정에 영향을 미치기 위하여 거짓으로 서류를 갖추어 사전심사 · 재심사 및 재심사를 신청한 자

㉢ 법령에 따라 수입이 제한된 사항을 회피할 목적으로 부분품으로 수입하거나 주요 특성을 갖춘 미완성, 불완전한 물품이나 완제품을 부분품으로 분할하여 수입한 자

ANSWER 13.④ 14.③ 15.③ 16.③

17 **관세포탈죄에 대한 내용으로 옳지 않은 것은?**

① 관세포탈죄는 자신이 납부하여야 할 관세를 포탈한 자를 말하는 것이지, 실제로 관세를 포탈하는 행위를 한 자를 말하는 것이 아니다.

② 관세포탈죄의 대상은 관세부과대상 물품에 국한된다.

③ 관세포탈죄는 고의범이므로 관세를 포탈한다는 인식을 하고 의사가 있어야 한다.

④ 관세포탈행위의 실행을 착수하였으나 미수에 그친 자는 본 죄의 2분의 1을 감경하여 처벌한다.

⑤ 관세포탈죄는 3년 이하의 징역 또는 포탈 관세액의 5배와 물품원가 중 높은 금액 이하에 상당하는 벌금에 처한다.

TIP 관세포탈행위를 할 목적으로 예비를 한 자는 본 죄의 2분의 1을 감경하여 처벌하고, 실행에 착수하였으나 미수에 그친 자는 본 죄에 준하여 처벌하되 감경은 하지 않는다〈관세법 제271조(미수범 등)〉.

18 **부정수출입죄에 대한 내용으로 틀린 것은?**

① 부정수출입죄는 고의범이다.

② 부정수출입죄의 객체는 법령에 따라 수출에 필요한 허가 · 승인 · 추천 · 증명, 기타 조건을 구비하지 않았거나 부정한 방법으로 수입한 자이다.

③ 부정수입의 경우 1년 이하의 징역 또는 2천만 원 이하의 벌금에 처한다.

④ 부정감면 및 징수면탈은 3년 이하의 징역 또는 부정감면한 관세액의 5배 이하에 상당하는 벌금에 처한다.

⑤ 부정환급의 경우에는 3년 이하의 징역 또는 환급 받은 세액의 5배 이하에 상당하는 벌금에 처한다.

TIP 부정수입의 경우에는 3년 이하의 징역 또는 3천만 원 이하의 벌금에 처하고, 부정수출의 경우에는 1년 이하의 징역 또는 2천만 원 이하의 벌금에 처한다〈관세법 제270조(관세포탈죄 등) 제2항, 제3항〉.

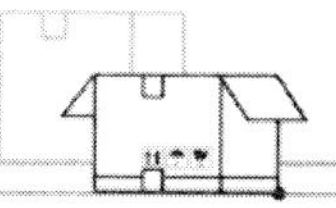

19 밀수품의 취득죄에 대한 내용으로 옳지 않은 것은?

① 밀수품 취득죄의 객체는 물품 자체 뿐만 아니라 그것을 매각한 대금, 교환한 재물 등을 포함한다.
② 해당 물품이 밀수품이라는 사실의 인식이 있으면 본 죄가 성립한다.
③ 밀수품 취득죄의 행위는 밀수품의 취득, 양도, 운반, 보관, 알선하거나 감정하는 행위이다.
④ 밀수품 취득죄를 범한 자는 3년 이하의 징역 또는 물품원가 이하에 상당하는 벌금에 처한다.
⑤ 미수범은 본 죄에 준하여 처벌된다.

TIP 밀수품의 취득죄 등〈관세법 제274조〉
㉠ 다음 각 호의 어느 하나에 해당되는 물품을 취득 · 양도 · 운반 · 보관 또는 알선하거나 감정한 자는 3년 이하의 징역 또는 물품원가 이하에 상당하는 벌금에 처한다.
- 밀수출입죄에 해당되는 물품
- 미완성 · 불완전한 물품

㉡ ㉠에 규정된 죄의 미수범은 본죄에 준하여 처벌한다.
㉢ ㉠에 규정된 죄를 저지를 목적으로 그 예비를 한 자는 본죄의 2분의 1을 감경하여 처벌한다.

20 부정환급죄에 대한 내용으로 옳지 않은 것은?

① 부정환급죄는 관세환급대상에 해당되지 않거나 요건을 갖추지 못하였음에도 부정한 방법으로 관세의 환급을 받음으로써 국가 재정권수입을 침해한 위법행위를 방지하고자 하는 것이다.
② 부정환급죄는 고의범이다.
③ 시로 다른 시기에 수회에 걸친 부정환급행위는 그 행위의 수법, 품목 등이 동일하다 하더라도 원칙적으로 별도로 각각 1개의 관세부정환급죄를 구성한다.
④ 부정환급액이 고액인 경우 특정범죄가중처벌법에 의한 가중처벌의 대상이 된다.
⑤ 부정환급액이 5천만 원 이상이면 무기 또는 5년 이상의 징역에 처한다.

TIP 부정환급액이 5천만 원 이상 2억 원 미만인 경우에는 3년 이상의 유기징역, 2억 원 이상이면 무기 또는 5년 이상의 징역에 처한다〈특정범죄 가중처벌 등에 관한 법률 제6조(「관세법」 위반행위의 가중처벌) 제4항〉.

ANSWER 17.④ 18.③ 19.① 20.⑤

21 **부정감면죄에 대한 설명으로 틀린 것은?**

① 부정감면죄는 수입통관 단계에서 고의적인 부정한 방법으로 관세를 면제받음으로써 성립한다.

② 감면을 받은 이후에 사정이 변하여 다시 관세를 세관에 납부하는 경우에는 면죄된다.

③ 부정감면죄는 3년 이하의 징역 또는 감면받거나 면탈한 관세액의 5배 이하에 상당하는 벌금에 처한다.

④ 부정감면죄에서 감면받은 세액이 5천만 원 이상이면 특정범죄 가중처벌 등에 관한 법률로 가중처벌한다.

⑤ 교사 · 방조범은 정범에 준하여 처벌하고 예비를 한 자는 본 죄의 2분의 1을 감경하고 미수범은 본 죄에 준하여 처벌한다.

TIP 감면을 받은 이후에 사정이 변하여 다시 관세를 세관에 납부하더라도 이미 성립한 범죄에 영향을 주지 않는다.

22 **체납처분면탈죄에 대한 내용으로 적절하지 않은 것은?**

① 고의범이다.

② 납세의무자 또는 납세의무자의 재산을 점유하는 자가 체납처분의 집행을 면탈할 목적으로 그 재산을 은닉 · 탈루하거나 거짓 계약을 하였을 때에는 3년 이하의 징역 또는 3천만 원 이하의 벌금에 처한다.

③ 압수물건의 보관자 또는 압류물건의 보관자가 그 보관한 물건을 은닉 · 탈루, 손괴 또는 소비하였을 때에도 3년 이하의 징역 또는 3천만 원 이하의 벌금에 처한다.

④ 사정을 알고도 이를 방조하거나 거짓 계약을 승낙한 자는 2년 이하의 징역 또는 2천만 원 이하의 벌금에 처한다.

⑤ 범죄행위를 할 때에 체납처분을 회피하거나 압수물품을 은닉한다는 것을 알고 있으면 족하고 이를 감행할 의사는 요하지 않는다.

TIP 체납처분면탈죄〈관세법 제275조의2〉

㉠ 납세의무자 또는 납세의무자의 재산을 점유하는 자가 체납처분의 집행을 면탈할 목적 또는 면탈하게 할 목적으로 그 재산을 은닉 · 탈루하거나 거짓 계약을 하였을 때에는 3년 이하의 징역 또는 3천만 원 이하의 벌금에 처한다.

㉡ 압수물건의 보관자 또는 「국세징수법」에 따른 압류물건의 보관자가 그 보관한 물건을 은닉 · 탈루 · 손괴 또는 소비하였을 때에도 3년 이하의 징역 또는 3천만 원 이하의 벌금에 처한다.

㉢ ㉠과 ㉡의 사정을 알고도 이를 방조하거나 거짓 계약을 승낙한 자는 2년 이하의 징역 또는 2천만 원 이하의 벌금에 처한다.

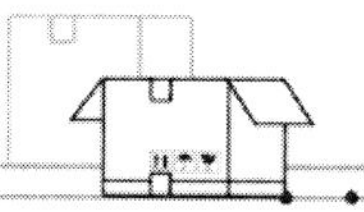

23 타인에 대한 명의대여죄에 대한 내용으로 옳지 않은 것은?

① 명의대여는 성명이나 상호를 사용하여 영업을 할 것을 타인에게 허락하는 것을 말한다.
② 명의대여죄의 목적은 관세를 회피하거나 강제집행을 면탈하는 행위를 근본적으로 방지하기 위한 것이다.
③ 명의대여죄는 고의범이다.
④ 명의를 대여할 때에 관세를 회피한다는 사실 등을 알고 있으며, 또한 감행할 의사를 가지고 있어야 한다.
⑤ 법정형은 2년 이하의 징역 또는 2천만 원 이하의 벌금이다.

TIP 관세의 회피 또는 강제집행의 면탈을 목적으로 타인에게 자신의 명의를 사용하여 납세신고를 할 것을 허락한 자는 1년 이하의 징역 또는 1천만 원 이하의 벌금에 처한다〈관세법 제275조의3(타인에 대한 명의대여죄)〉.

24 허위신고죄 등과 관련하여 "2천만 원 이하의 벌금" 대상이 아닌 것은?

① 적하목록 허위작성 또는 제출
② 보세구역 반입명령 위반
③ 자율심사결과 거짓 작성 제출
④ 특허 없이 특허보세구역 운영
⑤ 세관장의 의무 이행 요구 미이행

TIP ② 물품원가 또는 2천만 원 중 높은 금액 이하의 벌금 대상이다〈관세법 제276조(허위신고죄 등) 제2항〉.

ANSWER 21.② 22.⑤ 23.⑤ 24.②

25 허위신고죄 중 "물품원가 또는 2천만 원 중 높은 금액 이하의 벌금"의 벌칙 대상이 아닌 것은?

① 종합보세구역 사업장 무신고 운영

② 중지조치에 위반하여 종합보세기능 수행

③ 보세구역 반입명령 위반

④ 수입물품의 신고사항 허위신고

⑤ 적하목록 허위작성 또는 제출

TIP 다음의 어느 하나에 해당하는 자는 물품원가 또는 2천만 원 중 높은 금액 이하의 벌금에 처한다〈관세법 제276조(허위신고죄 등) 제2항〉.

㉠ 종합보세사업장의 설치 · 운영에 관한 신고를 하지 아니하고 종합보세기능을 수행한 자
㉡ 세관장의 중지조치를 위반하여 종합보세기능을 수행한 자
㉢ 보세구역 반입명령에 대하여 반입대상 물품의 전부 또는 일부를 반입하지 아니한 자
㉣ 신고하지 아니하거나 허위신고를 한 자
㉤ 보정신청 또는 수정신고를 할 때 허위로 신청하거나 신고한 자
㉥ 신고수리 전 신고된 물품을 반출하면 안되는 규정을 위반한 자

26 관세법상 질서위반행위에 따라 위반사항 조사 및 의견진술에 관한 설명으로 ( ) 안에 들어갈 숫자로 정확한 것은?

> 세관장은 위반행위가 발생하였다는 합리적인 의심이 들 때에는 위반자 · 위반사실 · 증거 등을 조사 · 확인하여 행정지도 또는 과태료의 부과여부를 결정하고, 과태료를 부과하려는 때에는 의견진술안내문을 미리 과태료 처분 대상자에게 통지하여 ( )일간의 기간을 정하여 의견을 제출할 기회를 주어야 하며, 지정된 기일까지 의견제출이 없는 경우에는 의견이 없는 것으로 본다.

① 3
② 5
③ 7
④ 10
⑤ 15

TIP 조사 및 의견진술〈관세법 등에 따른 과태료 부과징수에 관한 훈령 제9조〉

㉠ 위반행위가 발생하였다는 합리적 의심이 있는 때에는 세관장은 위반자 · 위반사실 · 증거 등을 조사 · 확인하고, 과태료 사건 조사보고서를 작성하여 행정지도 또는 과태료의 부과 여부를 결정하여야 하며, 조사방법 및 절차에 관하여 질서위반행위규제법을 준용한다.
㉡ 세관장이 과태료를 부과하려는 때에는 의견진술안내문을 미리 과태료 처분 대상자에게 통지하고, 15일의 기간을 정하여 의견을 제출할 기회를 주어야 한다. 이 경우 지정된 기일까지 의견 제출이 없는 경우에는 의견이 없는 것으로 본다.
㉢ 의견진술을 할 때 구술로 의견진술을 하는 경우에는 의견진술서에 진술한 의견내용을 정리하여 본인으로 하여금 확인하게 한 후 서명 또는 날인하게 한다.

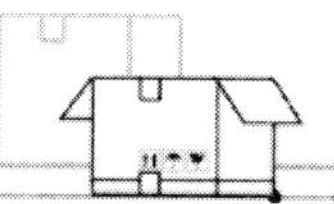

27 **관세법상 통고처분의 성격으로 틀린 것은?**

① 관세법에 대한 통고처분권자는 관세청장 또는 세관장이다.

② 범죄의 확증이 있어야 통고처분을 할 수 있다.

③ 통고처분은 형벌이 아니다.

④ 통고처분을 이행하지 않으면 사법절차를 진행한다.

⑤ 통고처분제도의 도입목적은 관세범이 윤리적 성격이 강한 자연범이기 때문이다.

TIP 관세범의 처벌에 통고처분제도를 도입한 이유는 관세범은 윤리적 성격이 강한 자연범이라기 보다는 국가의 재정수입확보에 협력하지 아니한 행정범의 성격이 강하다는 점에서 굳이 형벌에 의하여 제재를 가하는 것보다 부당이득의 환수, 국가재정수입확보, 행정상 의무이행확보의 차원에서 응분의 금전적 제재를 가하는 것이 본래의 목적을 달성하는데 효과적이라고 판단하기 때문이다.

28 **관세법상 과태료부과 처분의 내용이 다른 하나는?**

① 허가없이 선(기)용품 및 판매용품을 하역, 환적한 경우

② 보세공장, 종합보세구역 반입물품 신고 없이 사용한 경우

③ 종합보세구역 반입물품 이동 · 사용 · 처분사항 미기록시

④ 특허보세구역 특허사항 위반시

⑤ 외국물품과 내국운송신고 물품을 보세구역외에 장치한 경우

TIP ④ 200만 원 이하의 과태료 대상이다〈관세법 제277조(과태료) 제2항〉.
①②③⑤ 1천만 원 이하의 과태료 대상이다〈동 법 제277조 제4항〉.

ANSWER 25.⑤ 26.⑤ 27.⑤ 28.④

29 관세법상 과태료의 납부기한은 납부고지서를 받은 날로부터 며칠로 하는가?

① 10일
② 15일
③ 30일
④ 60일
⑤ 90일

TIP 과태료의 납부기한은 납부고지서를 받은 날부터 30일로 한다〈관세법 등에 따라 과태료 부과징수에 관한 훈령 제10조(부과통지 및 납부고지) 제3항〉.

30 통고처분제도에 대한 내용으로 틀린 것은?

① 통고처분은 요식행위로서 서면으로 작성하여야 하고 구두나 다른 방식으로는 할 수 없으며 처분한 자가 서명날인하여야 한다.
② 통고서의 고지는 통고서를 송달하는 방법으로 하여야 한다.
③ 관세청장이나 세관장은 범죄의 정상이 징역형에 처해질 것으로 인정될 때에는 통고처분에도 불구하고 즉시 고발하여야 한다.
④ 통고처분을 하면 공소의 시효가 정지되고 관세징수권의 소멸시효는 중단되며 통고요지를 이행하면 일사부재리의 법률효과가 발생한다.
⑤ 통고처분의 효력은 통고서가 발송된 때에 발생한다.

TIP 통고처분의 효력은 통고서가 상대방에게 도달하여야 효력이 발생하며, 그 도달일이 공소시효의 정지나 관세징수권소멸시효의 중단사유 발생일이 된다.
① 통고서에는 각 사항을 적고 처분을 한 자가 서명날인하여야 한다〈관세법 제314조(통고서의 작성) 제1항〉.
② 통고처분의 고지는 통고서를 송달하는 방법으로 하여야 한다〈동법 제315조(통고서의 송달)〉.
③ 관세청장이나 세관장은 관세범이 통고를 이행할 수 있는 자금이 없다고 인정되거나, 관세범인의 주소 및 거소가 분명하지 않거나 그 밖의 사유로 통고를 하기 곤란하다고 인정되는 경우 즉시 고발하여야 한다〈동법 제318조(무자력 고발)〉.
④ 관세범인이 통고의 요지를 이행하였을 때에는 동일사건에 대하여 다시 처벌을 받지 아니한다〈동법 제317조(일사부재리)〉.

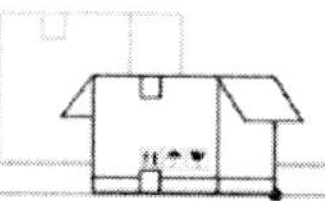

31 관세범 및 관세법상의 벌칙 등에 관한 내용으로 옳지 않은 것은?

① 관세범이란 관세법 또는 관세법에 따른 명령을 위반하는 행위로서 형법에 의하여 처벌되는 것을 말한다.
② 관세범을 벌금형으로 처할 때에는 형법 규정 일부의 적용이 배제된다.
③ 과태료는 관세형벌이 아닌 행정상의 질서위반행위에 대하여 제재로서 과하는 금전벌로서 일종의 행정처분이다.
④ 관세행정형벌은 관세법상 의무위반에 대한 제재로서 형법상 형명이 있는 형벌 즉 징역, 벌금, 몰수를 과하는 것이다.
⑤ 관세범에 관한 조사 · 처분은 세관공무원이 한다.

TIP 관세범이란 관세법 또는 관세법에 따른 명령을 위반하는 행위로서 이 법에 따라 형사처벌되거나 통고처분되는 것을 말한다〈관세법 제283조(관세범) 제1항〉.

32 관세법령상 벌칙에 대한 설명으로 틀린 것은?

① 그 정황을 알면서 밀수출입죄 · 관세포탈죄를 교사 · 방조한 자는 정범에 준하여 처벌하고 그 죄를 범할 목적으로 그 예비를 한 사람은 본 죄의 1/2을 감경하여 처벌한다.
② 밀수출입죄 · 관세포탈죄의 미수범은 본 죄에 준하여 처벌한다.
③ 관세법에서는 법인의 대표자 · 대리인 · 사용인 · 종업원이 법인의 업무에 관하여 관세법에서 정한 벌칙에 위반하는 행위를 한 때에는 그 행위자를 처벌하는 이외에도 법인도 처벌하도록 규정하고 있다.
④ 관세법에서는 법인의 대표자 · 대리인 · 사용인 · 종업원의 위반행위가 과태료 처분에 해당하는 경우에도 양벌규정에 의해 법인도 처벌한다.
⑤ 관세법상 밀수출입죄, 관세포탈죄, 교사범 · 예비범 · 미수범 및 밀수품의 취득죄의 죄를 범한 자는 정상에 따라 징역과 벌금을 병과할 수 있다.

TIP 대표자 · 대리인 · 사용인 · 종업원의 위반행위가 과태료 처분에 해당하는 경우에는 법인을 처벌하지 아니한다〈관세법 제279조(양벌규정) 제1항〉.

ANSWER 29.③ 30.⑤ 31.① 32.④

33 통고의 송달을 받은 날로부터 며칠 이내에 이행하지 않으면 고발하여야 하는가?

① 7일
② 10일
③ 15일
④ 30일
⑤ 60일

TIP 통고의 불이행과 고발 … 관세범인이 통고서의 송달을 받았을 때에는 그 날부터 15일 이내에 이를 이행하여야 하며, 이 기간 내에 이행하지 아니하였을 때에는 관세청장이나 세관장은 즉시 고발하여야 한다. 다만, 15일이 지난 후 고발이 되기 전에 관세범인이 통고처분을 이행한 경우에는 그러하지 아니하다〈관세법 제316조〉.

34 다음은 밀수출입죄에 대한 내용이다. ( ) 안에 차례대로 들어갈 숫자로 알맞은 것은?

> 밀수출입죄는 수입의 경우는 ( )년 이하의 징역 또는 관세액의 10배와 물품원가 중 높은 금액 이하에 상당하는 벌금에 처하고, 수출의 경우에는 ( )년 이하의 징역 또는 물품원가 이하에 상당하는 벌금에 처한다.

① 3, 1
② 3, 3
③ 5, 1
④ 5, 3
⑤ 5, 5

TIP 밀수출입죄는 수입의 경우는 5년 이하의 징역 또는 관세액의 10배와 물품원가 중 높은 금액 이하에 상당하는 벌금에 처하고, 수출의 경우에는 3년 이하의 징역 또는 물품원가 이하에 상당하는 벌금에 처한다〈관세법 제269조(밀수출입죄) 제2항, 제3항〉.

35 관세법령상 벌칙에 대한 설명으로 틀린 것은?

① 수입에 필요한 허가 등 조건을 갖추지 않거나 부정한 방법으로 갖추어 부정수입을 한 자는 3년 이하의 징역 또는 3천만 원 이하의 벌금에 처한다.

② 부정환급을 한 자는 3년 이하의 징역 또는 환급 받은 세액의 5배 이하에 상당하는 벌금에 처한다.

③ 관세포탈을 한 자는 3년 이하의 징역 또는 3천만 원 이하의 벌금에 처한다.

④ 신청 또는 신고를 할 때 부당하게 재물이나 재산상 이득을 취득하거나 제3자로 하여금 이를 취득하게 할 목적으로 물품의 가격을 조작하여 신청 또는 신고한 자는 2년 이하의 징역 또는 물품원가와 5천만 원 중 높은 금액 이하의 벌금에 처한다.

⑤ 관세법상 몰수대상은 수출입금지품목, 범인이 소유 또는 점유하는 밀수출입죄, 밀수품의 취득죄 해당 물품, 소유자가 범죄에 사용된다는 정황을 알고 있고 밀수출입죄에 해당하는 물품을 운반, 적재 등에 전용되는 선박 등 운반기구, 범죄 공용물품 등이다.

TIP 관세포탈을 한 자는 3년 이하의 징역 또는 포탈한 관세액의 5배와 물품원가 중 높은 금액 이하에 상당하는 벌금에 처한다〈관세법 제270조(관세포탈죄 등) 제1항〉.

36 다음은 밀수품취득자에 대한 벌칙 내용이다. (   ) 안에 들어갈 말로 적당한 것은?

> 밀수품취득자는 3년 이하의 징역 또는 그 물품 원가 이하에 상당하는 벌금에 처하고 범인이 소유 또는 점유하는 그 물품은 몰수하며 그 물품의 전부 또는 일부를 몰수할 수 없을 때에는 범칙 당시의 (   )에 상당한 금액을 범인으로부터 추징한다. 다만, 밀수입품을 감정한 자의 경우 몰수는 하되 몰수에 갈음한 추징은 제외한다.

① 국내도매가격
② 국내소매가격
③ 밀수입금액
④ 국제평균가격
⑤ 밀수품취득가격

TIP 몰수할 물품의 전부 또는 일부를 몰수할 수 없을 때에는 그 몰수할 수 없는 물품의 범칙 당시의 국내도매가격에 상당한 금액을 범인으로부터 추징한다. 다만, 물품을 감정한 자는 제외한다〈관세법 제282조(몰수·추징) 제3항〉.

ANSWER 33.③ 34.④ 35.③ 36.①

37 관세법령상 벌칙에 대한 설명으로 틀린 것은?

① 부정한 방법으로 적하목록을 작성하였거나 제출한 경우 2,000만 원 이하의 벌금에 처한다.
② 세관공무원의 질문에 대하여 허위의 진술을 하거나 그 직무의 집행을 거부 또는 기피한 자는 1,000만 원 이하의 벌금에 처한다.
③ 자율심사결과를 거짓으로 작성하여 제출한 경우 2,000만 원 이하의 벌금에 처한다.
④ 거짓이나 부정한 방법으로 특허를 받은 경우 2,000만 원 이하의 벌금에 처한다.
⑤ 거짓이나 부정한 방법으로 보세운송업자 등을 등록한 경우 1,000만 원 이하의 벌금에 처한다.

TIP 거짓이나 부정한 방법으로 보세운송업자 등을 등록한 경우 2천만 원 이하의 벌금에 처한다〈관세법 제276조(허위신고죄 등) 제3항 제6호〉.

38 과태료 부과에 대한 설명으로 ( ) 안에 들어갈 숫자로 정확한 것은?

> 세관장이 위반행위자에 대한 의견진술절차를 거친 후 과태료를 부과하는 경우 그 납부기한은 납부고지서를 받은 날부터 ( )일로 하며, 과태료 부과처분에 불복이 있는 자는 과태료 부과통지서 및 과태료 납부고지서를 받은 날부터 ( )일 이내에 이의제기를 할 수 있다.

① 15, 30
② 15, 60
③ 30, 30
④ 30, 60
⑤ 30, 90

TIP 과태료의 납부기한은 납부고지서를 받은 날부터 30일로 한다〈관세법 등에 따른 과태료 부과징수에 관한 훈령 제10조(부과통지 및 납부고지) 제4항〉. 과태료 부과처분에 불복이 있는 자는 질서위반행위규제법에 따라 과태료 부과 통지서 및 과태료 납부고지서를 받은 날부터 60일 이내에 이의제기를 할 수 있다〈동 훈령 제12조(이의제기와 법원 통보) 제1항〉.

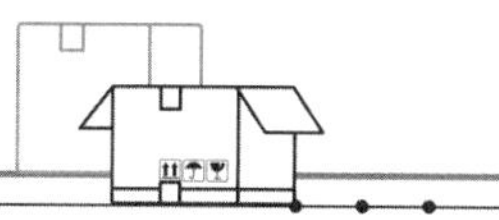

39 관세법령상 과태료에 대한 내용으로 틀린 것은?

① 특허보세구역의 특허사항을 위반한 운영인에게는 200만 원 이하의 과태료를 부과한다.
② 신고필증을 보관하지 아니한 자에게는 100만 원 이하의 과태료를 부과한다.
③ 유통이력을 신고하지 아니하거나 거짓으로 신고한 자에게는 200만 원 이하의 과태료를 부과한다.
④ 신고를 하지 아니하고 보세공장 외의 장소에서 작업을 한 자에게는 1천만 원 이하의 과태료를 부과한다.
⑤ 세관장의 명령이나 보완조치를 이행하지 아니한 자에게는 100만 원 이하의 과태료를 부과한다.

TIP 유통이력을 신고하지 아니하거나 거짓으로 신고한 자에게는 500만 원 이하의 과태료를 부과한다〈관세법 제277조(과태료) 제3항 제1호〉.

ANSWER 37.⑤ 38.④ 39.③

제5과목

수출입 안전관리

01 국경감시제도
02 세계 AEO 제도의 도입과 확산
03 AEO 제도 및 공인기준
04 AEO 공인신청과 심사
05 AEO 사후관리
06 AEO 공인 혜택

01 국경감시제도

제5과목 수출입 안전관리

1 관세선 등에 대한 설명으로 틀린 것은?

① 관세영역이란 수출입화물이 일정한 영토를 통과할 때 자국의 관세법규가 적용되는 지역을 의미한다.
② 관세선을 통과하는 외국화물에 대해서는 관세의 부과, 징수, 보세, 담보, 통관검사 등이 시행된다.
③ 관세선은 관세영역과 비관세지역과의 경계선을 말한다.
④ 관세영역과 통상 정치상의 국가영역은 반드시 일치한다.
⑤ 특정 국가의 경제 및 무역정책상 동일한 국가영역 내에서 관세영역을 달리하는 경우도 있다.

TIP 관세영역은 통상 정치상의 국가영역과 일치하나, 특정국가의 경제 및 무역정치상 동일한 국가영역 내에서 관세영역을 달리 하는 경우도 있으며(자유무역지역), 또는 국가 간의 협정에 의하여 국가영역이 다른 지역을 통합하여 동일한 관세영역을 설정하는 경우도 있다.

2 다음 중 관세법에 의한 개항으로 지정되지 않은 항구는?

① 인천항
② 제주항
③ 서귀포항
④ 여수항
⑤ 울산항

TIP 개항 항구〈관세법 시행령 제155조(개항의 지정) 제1항〉

관세법상의 개항	인천항, 부산항, 마산항, 여수항, 목포항, 군산항, 제주항, 동해·묵호항, 울산항, 통영항, 삼천포항, 장승포항, 포항항, 장항항, 옥포항, 광양항, 평택·당진항, 대산항, 삼척항, 진해항, 완도항, 속초항, 고현항, 경인항, 보령항

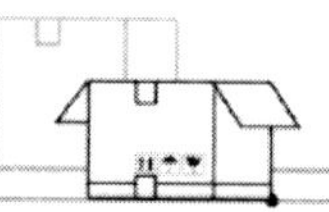

3 다음 중 관세법령상 개항 공항으로 지정되지 아니한 공항은?

① 광주공항
② 인천공항
③ 무안공항
④ 제주공항
⑤ 청주공항

TIP 개항 공항〈관세법 시행령 제155조(개항의 지정) 제1항〉

관세법령상의 개항공항	인천공항, 김포공항, 김해공항, 제주공항, 청주공항, 대구공항, 무안공항, 양양공항

4 관세법령상 개항지정요건에 대한 설명으로 틀린 것은?

① 선박의 입항 및 출항 등에 관한 법률 또는 항공법에 의하여 외국무역선(기)이 상시 입출항 할 수 있을 것
② 국내선과 구분되는 국제선 전용통로 및 그 밖에 출입국업무를 처리하는 행정기관의 업무수행에 필요한 인력 · 시설 · 장비를 확보할 수 있을 것
③ 정기여객기가 주 6회 이상 입항하거나 입항할 것으로 예상될 것
④ 여객기로 입국하는 여객수가 연간 1만 명 이상일 것
⑤ 외국무역선인 5천톤 급 이상의 선박이 연간 50회 이상 입항하거나 입항할 것으로 예상될 것

TIP 개항의 지정요건〈관세법 시행령 제155조의2〉

㉠ 「선박의 입항 및 출항 등에 관한 법률」 또는 「공항시설법」에 의하여 외국무역선(기)이 상시 입출항할 수 있을 것
㉡ 국내선과 구분되는 국제선 전용통로 및 그 밖에 출입국업무를 처리하는 행정기관의 업무수행에 필요한 인력 · 시설 · 장비를 확보할 수 있을 것
㉢ 공항 및 항구의 여객수 또는 화물량 등에 관한 다음의 구분에 따른 기준을 갖출 것
- 공항의 경우 : 다음의 어느 하나의 요건을 갖출 것
  - 정기여객기가 주 6회 이상 입항하거나 입항할 것으로 예상될 것
  - 여객기로 입국하는 여객수가 연간 4만 명 이상일 것
- 항구의 경우 : 외국무역선인 5천톤 급 이상의 선박이 연간 50회 이상 입항하거나 입항할 것으로 예상될 것

ANSWER 1.④ 2.③ 3.① 4.④

5 **개항의 특징으로 거리가 먼 것은?**

① 외국무역선(기)의 입출항이 자유롭다.
② 외국무역을 위한 절차상 필요기관인 세관 및 유관기관이 상주하고 있다.
③ 보세구역이 정비되어 있고 보세운송 관련 편의시설이 완비되어 있어 물품의 보관 · 운송이 용이하다.
④ 각종 시설 등이 잘 구비되어 있어 물품의 적재, 하역, 환적이 편리하다.
⑤ 다만 입출항에 따른 부담이 크다.

TIP 개항은 관세법에 의한 출입허가수수료 등이 부과되지 않는 등 입출항에 따른 부담이 적다는 것이 특징이다.

6 **다음은 개항이 아닌 지역에 대한 설명이다. (　　) 안에 들어갈 말로 적당한 것은?**

> 개항이 아닌 지역이란 관세법상 개항으로 지정되지 아니한 항구 · 공항 등을 말한다. 외국무역선(기)의 선(기)장이 개항이 아닌 지역에 출입하고자 하는 경우에는 당해 지역을 관할하는 세관장에게 신청서를 제출하고 개항이 아닌 지역에 대한 출입허가를 받아야 하며, 이 때에는 (　　　　　)이 정하는 바에 의하여 출입허가 수수료를 납부하여야 한다.

① 국토교통부령
② 해양수산부령
③ 기획재정부령
④ 산업통상부령
⑤ 대통령령

TIP 외국무역선의 선장이나 외국무역기의 기장은 개항이 아닌 지역에 대한 출입의 허가를 받으려면 기획재정부령으로 정하는 바에 따라 허가수수료를 납부하여야 한다〈관세법 제134조(개항 등에의 출입) 제2항〉.

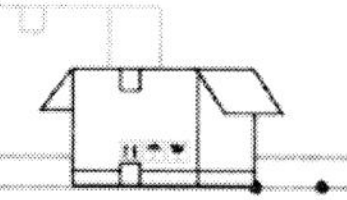

7 **외국무역선의 입출항에 대한 설명으로 틀린 것은?**

① 외국무역선은 세관장 허가 없이 개항이 아닌 지역에 출입을 할 수 없다.
② 외국무역선이 개항에 입항하면 세관장에게 입항보고를 하여야 하고 적하목록 등을 제출하여야 한다.
③ 외국무역선이 개항을 출항하고자 하는 때에는 세관장에게 출항허가를 받아야 한다.
④ 외국무역선에 물품을 입항절차 전에 물품을 하역하거나 환적할 수 있다.
⑤ 외국무역선에 승선하려면 세관장에게 신고를 하고 그 신고필증을 현장 세관공무원에게 제시하여야 한다.

TIP 외국무역선이나 외국무역기는 입항절차를 마친 후가 아니면 물품을 하역하거나 환적할 수 없다. 다만, 세관장의 허가를 받은 경우에는 그러하지 아니하다〈관세법 제140조(물품의 하역) 제1항〉.

8 **외국무역선의 입출항에 대한 내용으로 틀린 것은?**

① 선용품을 외국무역선에 하역하거나 환적하려면 세관장의 허가를 받아야 한다.
② 외국무역선이 개항의 바깥에서 물품을 하역하거나 환적하려는 경우에는 세관장의 허가를 받아야 하며 수수료를 납부하여야 한다.
③ 외국물품을 적재한 운송수단에서 다른 운송수단으로 물품을 환적하거나 사람을 이동시키는 경우 세관장의 허가를 받아야 한다.
④ 외국무역선에 승선하려면 세관장에게 신고를 하고 그 신고필증을 현장 세관공무원에게 제시하여야 한다.
⑤ 외국무역선은 세관장의 허가 없이 개항이 아닌 지역에 출입을 할 수 없다.

TIP **외국물품의 일시양륙 등** … 다음의 어느 하나에 해당하는 행위를 하려면 세관장에게 신고를 하고, 현장에서 세관공무원의 확인을 받아야 한다. 다만, 관세청장이 감시·단속에 지장이 없다고 인정하여 따로 정하는 경우에는 간소한 방법으로 신고 또는 확인하거나 이를 생략하게 할 수 있다〈관세법 제141조〉.
㉠ 외국물품을 운송수단으로부터 일시적으로 육지에1 내려 놓으려는 경우
㉡ 해당 운송수단의 여객·승무원 또는 운전자가 아닌 자가 타려는 경우
㉢ 외국물품을 적재한 운송수단에서 다른 운송수단으로 물품을 환적 또는 복합환적하거나 사람을 이동시키는 경우

ANSWER 5.⑤ 6.③ 7.④ 8.③

9 **외국무역선의 입항절차에 대한 내용으로 틀린 것은?**

① 외국무역선이 개항에 입항하였을 때에는 선장은 선용품의 목록, 여객명부, 승무원명부, 승무원 휴대품 목록과 적하목록을 첨부하여 지체없이 세관장에게 입항보고를 하여야 한다.
② 외국무역선은 선박국적증서와 최종 출발항의 출항면장 또는 이에 갈음할 서류를 제시하여야 한다.
③ 세관장은 감시, 단속에 지장이 없다고 인정될 때에는 선용품의 목록이나 승무원 휴대품목록의 첨부를 생략하게 할 수 있다.
④ 선장 등은 선박이 입항하기 24시간 전까지 입항예정 보고서를 세관장에게 제출하여야 한다.
⑤ 세관장이 필요로 하는 경우 여객명부는 선박 입항 1시간 전까지 제출하여야 한다.

TIP 선장 등은 세관장이 필요하다고 인정하는 경우 입항 전에 제출하는 여객명부를 선박 입항 30분 전까지 세관장에게 제출하여야 한다〈외국무역선의 입출항 전환 및 승선절차에 관한 고시 제5조(입항보고서 제출시기) 제3항〉.

10 **다음은 외국무역선의 출항허가신청에 관한 내용이다. (   ) 안에 들어갈 숫자가 바르게 나열된 것은?**

선장 등은 출항하기 (A)시간 전까지 출항예정허가신청서를 제출하여야 한다. 다만, 입항 후 (B)시간 이내에 출항하고자 하는 선박은 출항하기 (C)시간 전까지 제출하여야 한다.

	A	B	C
①	12	12	3
②	12	6	3
③	12	6	6
④	24	12	3
⑤	24	6	3

TIP 선장 등은 출항하기 12시간 전까지 출항예정허가신청서를 제출하여야 한다. 다만, 입항 후 12시간 이내에 출항하려는 선박은 출항하기 3시간 전까지 이를 제출하여야 한다〈외국무역선의 입출항 전환 및 승선절차에 관한 고시 제6조(출항허가신청서 제출시기) 제1항〉.

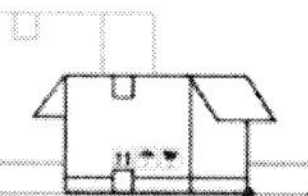

11 다음 〈보기〉는 간이입출항 절차에 대한 내용이다. (　) 안에 들어갈 숫자는?

> 〈보기〉
>
> 외국무역선이 개항에 입항하여 물품을 하역하지 아니하고 입항한 때부터 (　)시간 이내에 출항하는 경우 세관장은 관세법의 규정에 따른 적하목록, 선용품 목록, 여객명부, 승무원 명부, 승무원 휴대품목록 또는 적재물품의 목록의 제출을 생략하게 할 수 있다.

① 3　② 6
③ 12　④ 24
⑤ 48

TIP 외국무역선이나 외국무역기가 개항에 입항하여 물품(선용품 또는 기용품과 승무원의 휴대품은 제외한다)을 하역하지 아니하고 입항한 때부터 24시간 이내에 출항하는 경우 세관장은 적하목록, 선용품 또는 기용품의 목록, 여객명부, 승무원명부, 승무원 휴대품목록 또는 적재물품의 목록의 제출을 생략하게 할 수 있다〈관세법 제137조(간이 입출항절차) 제1항〉.

12 외국무역선의 개항이 아닌 지역에의 출입허가 등에 관한 내용으로 적절하지 않은 것은?

① 개항이 아닌 지역에 대한 출입의 허가를 받고자 하는 외국무역선의 선장은 출입허가신청서를 당해 지역을 관할하는 세관장에게 제출하여야 한다.
② 개항장이 아닌 지역의 출입허가신청서를 접수한 세관장은 외국무역선에 대한 출입사유에 해당하고 출입허가 수수료를 납부한 때에는 출입을 허가할 수 있다.
③ 세관장은 개항이 아닌 지역에 출입허가를 하려는 때에는 선박 및 화물의 종류 등을 고려하여 그 허가기간을 10일 이내로 하고, 기간연장이 필요한 경우에는 그 사유를 입증하는 서류를 징구하여 연장할 수 있다.
④ 입항예정지 관할세관장이 아닌 세관장이 출입허가신청을 접수한 경우에는 출입허가여부를 입항예정지 관할세관장과 협의하여야 하고, 출입허가를 한 경우에는 허가내역을 입항예정지 관할 세관장에게 지체 없이 통보하여야 한다.
⑤ 개항이 아닌 지역에 입항한 여객선이 원상을 회복하여 최초 입항예정항으로 출항할 때까지 전원 선내에 대기함을 원칙으로 한다.

TIP 세관장은 개항이 아닌 지역에 출입허가를 하려는 때에는 선박 및 화물의 종류 등을 고려하여 그 허가기간을 1개월 이내로 하고, 기간연장이 필요한 경우에는 그 사유를 입증하는 서류를 징구하여 연장할 수 있다〈외국무역선의 입출항 전환 및 승선절차에 관한 고시 제14조(출입허가) 제2항〉.

ANSWER 9.⑤ 10.① 11.④ 12.③

13 외국무역선의 개항장이 아닌 지역의 출입허가 사유로 적절하지 않은 것은?

① 물품의 하역
② 물품의 선적
③ 물품의 환적
④ 조업대기 또는 선박수리 예정
⑤ 강제입항, 급병환자 발생 등

TIP 개항장이 아닌 지역의 출입허가 사유〈외국무역선의 입출항 전환 및 승선절차에 관한 고시 제14조 제1항〉
㉠ 물품의 하역 또는 선적
㉡ 조업대기 또는 선박수리 예정
㉢ 관세법 시행규칙의 사유(강제입항, 급병환자 발생 등)가 발생하는 경우
㉣ 그 밖에 세관장이 감시단속에 지장이 없다고 인정하는 경우

14 개항이 아닌 지역에 출입한 여객선에 대하여 출입허가수수료를 징수하지 않아도 되는 것으로 틀린 것은?

① 법령의 규정에 의하여 강제로 입항하는 경우
② 급병환자를 위하여 일시 입항하는 경우
③ 조난선박의 인도를 위하여 일시 입항하는 경우
④ 개항이 거리상 멀어 가까운 인근 개항장 아닌 곳으로 입항을 선장이 결정한 경우
⑤ 조난화물 등의 하역을 위하여 일시 입항하는 경우

TIP 세관장은 다음의 어느 하나에 해당하는 사유가 있는 때에는 출입허가수수료를 징수하지 아니한다〈관세법 시행규칙 제62조(개항이 아닌 지역에 대한 출입허가수수료) 제2항〉.
㉠ 법령의 규정에 의하여 강제로 입항하는 경우
㉡ 급병환자, 항해 중 발견한 밀항자, 항해 중 구조한 조난자 · 조난선박 · 조난화물 등의 하역 또는 인도를 위하여 일시 입항하는 경우
㉢ 위험물품 · 오염물품 기타 이에 준하는 물품의 취급, 유조선의 청소 또는 가스발생선박의 가스제거작업을 위하여 법령 또는 권한 있는 행정관청이 정하는 일정한 장소에 입항하는 경우
㉣ 개항의 협소 등 입항여건을 고려하여 관세청장이 정하는 일정한 장소에 입항하는 경우

15 외국무역선과 내항선의 전환에 대한 설명으로 틀린 것은?

① 외국무역선을 내항선으로 전환하려면 선장은 세관장의 승인을 받아야 한다.
② 내항선을 외국무역선으로 전환하려면 선장은 세관장의 승인을 받아야 한다.
③ 전환승인을 받고자 하는 자는 승인신청시 필요서류를 세관장에게 제출하여야 한다.
④ 세관장은 전환승인 신청이 있는 때에는 당해 선박에 적재되어 있는 물품을 검사할 수 있다.
⑤ 동일 규모의 외국무역선과 내항선간에는 신고만으로 전환이 가능하다.

TIP 규모와 관계 없이 외국무역선을 내항선으로, 내항선을 외국무역선으로 전환하기 위해서는 세관장의 승인을 받아야 한다 〈외국무역선의 입출항 전환 및 승선절차에 관한 고시 제21조(전환승인 신청)〉.

16 외국무역선에서 내항선으로 전환승인 신청사유로 옳지 않은 것은?

① 사업계획변경으로 내항선에서 외국무역선으로 전환한 선박이 운항을 종료한 선박
② 폐선 또는 감축 예정인 외국무역선
③ 외항정기화물운송사업으로 등록된 선박
④ 장기간 운항계획 없이 정박 또는 수리예정인 선박
⑤ 외국무역선이 해양수산부장관으로부터 일시 국내운송을 위한 사업계획 변경신고수리를 받은 선박

TIP 선장 등은 다음의 어느 하나에 해당하는 경우에는 내항선 전환승인신청서를 세관장에게 제출하여 승인을 받아야 한다 〈외국무역선의 입출항 전환 및 승선절차에 관한 고시 제24조(전환승인 신청) 제1항〉.

㉠ 사업계획변경으로 내항선에서 외국무역선으로 전환한 선박이 운항을 종료한 선박
㉡ 폐선 또는 감축 예정인 외국무역선
㉢ 장기간 운항계획 없이 정박 또는 수리 예정인 선박
㉣ 외국무역선이 해양수산부장관으로부터 일시 국내운송을 위한 사업계획 변경신고수리를 받은 선
㉤ 그 밖에 외국무역선으로서의 자격이 만료되거나 상실된 선박

ANSWER 13.③ 14.④ 15.⑤ 16.③

17 외국무역기의 입출항에 대한 내용으로 적절하지 않은 것은?

① 외국무역기는 세관장 허가 없이 개항이 아닌 지역에 출입할 수 없다.
② 외국무역기는 개항에 입항하면 세관장에게 입항보고를 하여야 하고 적하목록 등을 제출하여야 한다.
③ 외국무역기가 개항을 출항하고자 하는 때에는 세관장에게 출항허가를 받아야 한다.
④ 외국무역기에 탑승하려면 세관장에게 신고하고 그 신고필증을 현장 세관공무원에게 제시하여야 한다.
⑤ 기용품을 외국무역기에 하역하거나 환적하려면 세관장에게 신고를 하여야 한다.

TIP 다음의 어느 하나에 해당하는 물품을 외국무역선 또는 외국무역기에 하역하거나 환적하려면 세관장의 허가를 받아야 하며, 하역 또는 환적허가의 내용대로 하역하거나 환적하여야 한다〈관세법 제143조(선용품 및 기용품의 하역 등) 제1항〉.
㉠ 선용품 또는 기용품
㉡ 외국무역선 또는 외국무역기 안에서 판매하는 물품

18 다음 중 관세청장이 지정하는 것을 모두 고른 것은?

㉠ 관세통로	㉡ 통관역	㉢ 통관장

① ㉠
② ㉡
③ ㉢
④ ㉠㉡
⑤ ㉡㉢

TIP 관세통로, 통관역, 통관장의 지정〈관세법 제148조〉

구분	내용
관세통로	관세통로는 육상국경으로부터 통관역에 이르는 철도와 육상국경으로부터 통관장에 이르는 육로 또는 수로 중에서 세관장이 지정한다.
통관역	통관역은 국외와 연결되고 국경에 근접한 철도역 중에서 관세청장이 지정한다.
통관장	통관장은 관세통로에 접속된 장소 중에서 세관장이 지정한다.

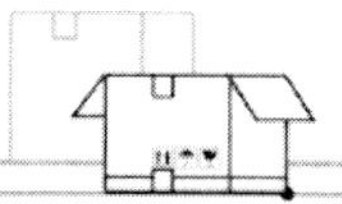

19 국경출입차량이 통관역이나 통관장에 도착하면 통관역장이나 차량의 운전자는 차량용품목록, 여객명부, 승무원명부 및 승무원 휴대품목록과 적하목록을 첨부하여 세관장에게 도착보고를 하여야 하는데 세관장이 감시 및 단속에 지장이 없다고 인정하여 첨부를 생략하여도 되는 목록에 해당하는 것은?

① 차량용품목록과 승무원 휴대품목록
② 차량용품목록과 적하목록
③ 여객명부와 승무원명부
④ 승무원명부와 승무원 휴대품목록
⑤ 여객명부와 적하목록

TIP 국경출입차량이 통관역이나 통관장에 도착하면 통관역장이나 도로차량(선박 · 철도차량 또는 항공기가 아닌 운송수단을 말한다)의 운전자는 차량용품목록 · 여객명부 · 승무원명부 및 승무원 휴대품목록과 관세청장이 정하는 적하목록을 첨부하여 지체 없이 세관장에게 도착보고를 하여야 하며, 최종 출발지의 출발허가서 또는 이를 갈음하는 서류를 제시하여야 한다. 다만, 세관장은 감시 · 단속에 지장이 없다고 인정될 때에는 차량용품목록이나 승무원 휴대품목록의 첨부를 생략하게 할 수 있다〈관세법 제149조(국경출입차량의 도착절차) 제1항〉.

20 다음 중 국경출입차량의 등록을 취소하거나 자동차운행승인 · 통행차량등록 증명서를 회수할 수 있는 사유로 거리가 먼 것은?

① 세관장이 지정한 운행통로, 운행지역, 운행기간을 위반한 경우
② 밀반출입 물품의 운반에 사용된 경우
③ 운전자가 상대측 관할구역에서 범법행위를 한 경우
④ 관세청장 또는 세관장의 지시를 위반한 경우
⑤ 허가된 수량 및 중량을 초과한 경우

TIP 세관장은 통행차량이 다음의 어느 하나에 해당하는 경우에는 그 등록을 취소하거나 자동차운행승인 · 통행차량등록 증명서를 회수할 수 있다〈남북간 통행차량의 등록 및 출입절차에 관한 고시 제7조(등록의 취소) 제1항〉.
㉠ 세관장이 지정한 운행통로, 운행지역 또는 운행기간을 위반한 경우
㉡ 통행차량이 밀반출입 물품의 운반에 사용된 경우
㉢ 통행차량의 운전자가 상대측 관할구역에서 범법행위를 한 경우
㉣ 그 밖에 관세청장 또는 세관장의 지시를 위반한 경우

ANSWER 17.⑤ 18.② 19.① 20.⑤

21 외국무역선(기)의 화물 하역에 관한 설명으로 틀린 것은?

① 외국무역선 또는 외국무역기는 입항절차를 마친 후가 아니면 물품을 하역하거나 환적할 수 없다.
② 외국무역선 또는 외국무역기에 물품을 하역하거나 환적하려면 세관장에게 신고하고 현장에서 세관 공무원의 확인을 받아야 한다.
③ 세관장은 감시 · 단속을 위하여 필요한 때에는 물품을 하역하는 장소 및 통로를 제한할 수 있으며 이 경우 관세청장이 하역통로를 지정하고 이를 공고하여야 한다.
④ 외국무역선 또는 외국무역기에는 내국물품을 적재할 수 없으며, 내항선 또는 내항기에는 외국물품을 적재할 수 없다.
⑤ 외국무역선이 개항의 바깥에서 물품을 하역하거나 환적하려는 경우에는 선장은 세관장의 허가를 받아야 하며, 이 경우 기획재정부령이 정하는 바에 따라 허가수수료를 납부하여야 한다.

TIP 세관장은 감시 · 단속을 위하여 필요한 때에는 물품을 하역하는 장소 및 통로와 기간을 제한할 수 있으며, 이 경우 하역통로는 세관장이 지정하고 이를 공고하여야 한다〈관세법 제140조(물품의 하역) 제5항, 시행령 제161조(물품의 하역 등의 허가신청) 제3항〉.

22 외국무역선의 선장 또는 선사는 적재항에서 화물이 본선에 적재되기 몇 시간 전까지 적하목록을 선박 입항예정지 세관장에게 전자문서로 제출하여야 하는가?

① 4시간
② 8시간
③ 12시간
④ 24시간
⑤ 48시간

TIP 적하목록 제출의무자는 적재항에서 화물이 선박에 적재되기 24시간 전까지 적하목록을 선박 입항예정지 세관장에게 전자문서로 제출하여야 한다. 다만, 중국 · 일본 · 대만 · 홍콩 · 러시아 극동지역 등(근거리 지역)의 경우에는 적재항에서 선박이 출항하기 전까지, 벌크화물의 경우에는 선박이 입항하기 4시간 전까지 제출하여야 한다〈보세화물 입출항 하선 하기 및 적재에 관한 고시 제8조(적하목록 제출) 제1항〉.

23 다음 중 용어의 설명이 틀린 것은?

① 환적화물 : 외국무역선(기)에 의하여 우리나라에 도착한 외국화물을 외국으로 반출하는 물품으로서 수출입 또는 반송신고대상이 아닌 물품
② Master B/L : 화물운송주선업자가 화주에게 직접 발행한 선하증권 또는 항공화물운송장
③ 산물 : 일정한 포장용기로 포장되지 않은 상태에서 운송되는 물품으로서 수량관리가 불가능한 물품
④ 하선(기)장소 : 선박 또는 항공기로부터 하역된 화물을 반입할 수 있는 보세구역
⑤ 하역 : 화물을 본선(기)에서 내리는 양륙 작업과 화물을 본선(기)에 올려 싣는 적재 작업

TIP 보세화물 입출항 하선 하기 및 적재에 관한 고시상의 용어해설

적하목록	선사 또는 항공사가 Master B/L의 내역을 기재한 선박 또는 항공기의 화물적재목록을 말하며, 화물운송주선업자가 House B/L의 내역을 기재한 경우에는 혼재화물적하목록이라 함
하역	화물을 본선(기)에서 내리는 양륙 작업과 화물을 본선(기)에 올려 싣는 적재 작업
하선(기)장소	선박 또는 항공기로부터 하역된 화물을 반입할 수 있는 보세구역
Master B/L	선박회사가 발행한 선하증권 또는 항공사가 발행한 항공화물운송장
House B/L	화물운송주선업자가 화주에게 직접 발행한 선하증권 또는 항공화물운송장
산물	일정한 포장용기로 포장되지 않은 상태에서 운송되는 물품으로서 수량관리가 불가능한 물품
화물관리번호	적하목록상 적하목록관리번호에 Master B/L 일련번호와 House B/L 일련번호를 합한 번호
환적화물	외국무역선(기)에 의하여 우리나라에 도착한 외국화물을 외국으로 반출하는 물품으로서 수출입 또는 반송신고대상이 아닌 물품
세관화물정보시스템	적하목록, 적재·하선(기), 보세운송신고, 보세구역반출입 등의 자료를 관리하는 세관운영시스템

24 세관장이 허가를 하거나 세관장에게 신고를 한 때에는 외국무역선 또는 외국무역기에 내국물품을 적재하거나 내항선 또는 내항기에 외국물품을 적재할 수 있다. 다음 중 적재할 수 있는 경우로 틀린 것은?

① 하역허가를 받은 경우
② 보세운송신고를 하거나 보세운송승인을 받은 경우
③ 내국운송신고를 하는 경우
④ 화주나 보세운송주선업자가 수수료를 납입한 경우
⑤ 수출신고가 수리된 경우

TIP 세관장은 다음에 해당하는 허가를 하거나 신고를 받은 때에는 외국무역선 또는 외국무역기에 내국물품을 적재하거나 내항선 또는 내항기에 외국물품을 적재하게 할 수 있다〈관세법 시행령 제161조(물품의 하역 등의 허가신청) 제5항〉.
㉠ 관세법의 규정에 의하여 하역허가를 받은 경우
㉡ 관세법의 규정에 의하여 보세운송신고를 하거나 보세운송승인을 받은 경우
㉢ 관세법의 규정에 의하여 내국운송신고를 하는 경우
㉣ 관세법의 규정에 의하여 수출신고가 수리된 경우

ANSWER 21.③ 22.④ 23.② 24.④

25 운항선사(용선선사 포함) 또는 그 위임을 받은 하역업체가 화물을 하선하려는 때에는 Master B/L 단위의 적하목록을 기준으로 하선장소를 기재한 하선신고서를 세관장에게 전자문서로 제출하여야 하는데, 세관장에게 서류로 하선신고를 할 수 있고 하선완료 후 익일까지 전자문서로 하역신고서를 제출하여도 되는 경우로 틀린 것은?

① B/L 단위로 구분하여 하선이 가능한 경우
② 검역을 위하여 분할 하선을 하여야 하는 경우
③ 검사대상으로 선별된 물품이 선상검사 후 하선을 하여야 하는 경우
④ 재난 등 긴급 하선을 하여야 하는 경우
⑤ 밀수품 등 부적절한 화물의 확인된 경우

TIP 운항선사(공동배선의 경우에는 용선선사를 포함한다) 또는 그 위임을 받은 하역업체가 화물을 하선하려는 때에는 MASTER B/L 단위의 적하목록을 기준으로 하역장소와 하선장소를 기재한 하선신고서를 세관장에게 전자문서로 제출하여야 한다. 다만 다음의 어느 하나에 해당하는 경우에는 세관장에게 서류로 하선신고를 할 수 있으며 하선작업 완료후 익일까지 하선신고서를 세관장에게 전자문서로 제출하여야 한다〈보세화물 입출항 하선 하기 및 적재에 관한 고시 제15조(하선신고) 제1항, 제2항〉.
㉠ B/L단위로 구분하여 하선이 가능한 경우
㉡ 검역을 위하여 분할 하선을 하여야 하는 경우
㉢ 입항전에 수입신고 또는 하선전에 보세운송신고한 물품으로서 검사대상으로 선별된 물품이 선상검사후에 하선하여야 하는 경우
㉣ 재난 등 긴급 하선하여야 하는 경우

26 물품의 하선장소 연결이 옳지 않은 것은?

① 컨테이너화물 : 부두 내 또는 부두 밖 컨테이너 보세장치장(CY)
② 냉동컨테이너화물 : 냉동시설을 갖춘 보세구역
③ 산물 등 기타화물 : 부두 밖 보세구역
④ 액체, 분말화물 : 해당 화물에 적합한 저장시설을 갖춘 보세구역
⑤ 부두 내에 보세구역이 없는 경우 : 세관장이 지정하는 장소

TIP 선사가 물품을 하선할 수 있는 장소는 다음의 장소로 한정한다. 다만, 부두내에 보세구역이 없는 세관의 경우에는 관할구역내 보세구역(보세구역외 장치허가 받은 장소를 포함한다) 중 세관장이 지정하는 장소로 한다〈보세화물 입출항 하선 하기 및 적재에 관한 고시 제15조(하선신고) 제3항〉.
㉠ 컨테이너화물 : 컨테이너를 취급할 수 있는 시설이 있는 부두내 또는 부두밖 컨테이너 보세장치장(CY라 하며, CFS를 포함한다). 다만, 부두사정상 컨테이너화물과 산물을 함께 취급하는 부두의 경우에는 보세구역 중 세관장이 지정한 장소
㉡ 냉동컨테이너화물 : ㉠을 준용하되 화주가 냉동컨테이너로부터 화물을 적출하여 반입을 원하는 경우 냉동시설을 갖춘 보세구역
㉢ 산물 등 기타화물 : 부두내 보세구역
㉣ 액체, 분말 등의 형태로 본선에서 탱크, 사이로 등 특수저장시설로 직송되는 물품 : 해당 저장시설을 갖춘 보세구역

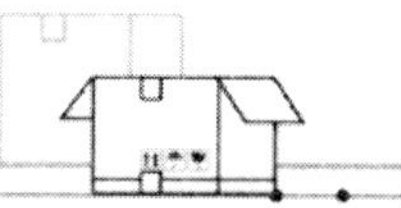

27 물품별로 하선작업 계획을 수립하여 하역장소 내에 구분하여 일시장치하여야 할 물품의 유형이 아닌 것은?

① 밀수품, 도난품
② 위험물품
③ 냉동 · 냉장물품
④ 하선장소 내에서 통관할 물품
⑤ 타지역으로 보세운송할 물품

TIP 선사가 하선작업을 할 때에는 다음의 어느 하나에 해당하는 물품별로 하선작업 계획을 수립하여 하역장소 내에 구분하여 일시장치하여야 한다〈보세화물 입출항 하선 하기 및 적재에 관한 고시 제15조(하선신고) 제5항〉.
㉠ 하선장소 내에서 통관할 물품
㉡ 하선장소 내 CFS 반입대상 물품
㉢ 타지역으로 보세운송할 물품
㉣ 세관장이 지정한 장치장에 반입할 검사대상화물
㉤ 냉동 · 냉장물품
㉥ 위험물품
㉦ 세관장이 별도로 화물을 분류하도록 지시한 물품

28 하선결과 보고 및 하선장소 반입기간에 대한 내용이다. (　) 안에 들어갈 숫자가 차례대로 바르게 나열된 것은?

> 하선신고를 한 자는 외항선박의 입항일로부터 컨테이너화물은 (　)일, 원목, 곡물, 원유 등 산물은 (　)일의 기간 내에 해당물품을 하선장소에 반입하여야 한다. 다만, 부득이한 사유로 지정기한 내에 반입이 곤란할 때에는 하선장소 반입기간 연장(신청)서를 제출하여 세관장으로부터 승인을 받아야 한다.

① 3, 5　② 3, 7
③ 3, 10　④ 5, 10
⑤ 5, 15

TIP 하선신고를 한 자는 입항일(외항에서 입항수속을 한 경우 접안일)로부터 컨테이너화물은 3일, 원목, 곡물, 원유 등 산물은 10일의 기간내에 해당물품을 하선장소에 반입하여야 한다. 다만, 부득이한 사유로 지정기한내에 반입이 곤란할 때에는 반입지연사유, 반입예정일자 등을 기재한 하선장소 반입기간 연장(신청)서를 세관장에게 제출하여 승인을 받아야 한다〈보세화물 입출항 하선 하기 및 적재에 관한 고시 제19조(하선장소 물품반입) 제1항〉.

ANSWER 25.⑤ 26.③ 27.① 28.③

29 하선장소 물품반입과 관련한 내용으로 틀린 것은?

① 반입즉시 House B/L단위로 세관장에게 전자문서로 물품반입신고를 하여야 한다.
② Master B/L 단위의 FCL 화물은 Master B/L 단위로 반입신고를 할 수 있다.
③ LCL 화물로서 해당 하선장소 내의 CFS에서 컨테이너 적출 및 반입작업하지 아니하는 물품은 House B/L 단위로 반입신고를 하여야 한다.
④ 원목, 곡물, 원유 등 산물은 입항일로부터 10일의 기간 내에 하선장소에 반입하여야 한다.
⑤ 하선장소 보세구역운영인(화물관리인)은 하선기한내 공컨테이너가 반입되지 않은 경우 세관장에게 즉시 보고하여야 한다.

TIP 하선장소를 관리하는 보세구역 운영인은 해당 보세구역을 하선장소로 지정한 물품에 한해 해당 물품의 반입 즉시 House B/L 단위로 세관장에게 전자문서로 물품반입신고를 하여야 하며, 창고내에 물품이 입고되는 과정에서 실물이 적하목록상의 내역과 상이함을 발견하였을 때에는 반입사고화물로 분류하여 신고하여야 한다. 다만, 다음의 어느 하나에 해당하는 물품은 Master B/L 단위로 반입신고를 할 수 있다〈보세화물 입출항 하선 하기 및 적재에 관한 고시 제19조(하선장소 물품반입) 제2항〉.
㉠ Master B/L 단위의 FCL화물
㉡ LCL화물로서 해당 하선장소내의 CFS내에서 컨테이너 적출 및 반입작업하지 아니하는 물품

30 항공화물의 적하목록 제출시기 중 근거리지역의 경우로 맞는 것은?

① 적재항에서 항공기가 출항하기 전까지
② 적재항에서 항공기가 출항하기 4시간 전까지
③ 적재항에서 항공기가 출항하기 2시간 전까지
④ 적재항에서 항공기가 출항하기 1시간 전까지
⑤ 적재항에서 항공기가 출항하기 30분 전까지

TIP 적하목록 제출의무자는 항공기가 입항하기 4시간 전까지 적하목록을 항공기 입항예정지 세관장에게 전자문서로 제출하여야 한다. 다만, 근거리 지역의 경우에는 적재항에서 항공기가 출항하기 전까지, 특송화물의 경우에는 항공기가 입항하기 1시간 전까지 제출하여야 한다〈보세화물 입출항 하선 하기 및 적재에 관한 고시 제21조(적하목록 제출) 제1항〉.

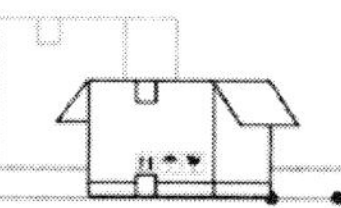

31 항공화물의 경우 수입화물의 하기에 대한 설명으로 틀린 것은?

① 항공사가 화물을 하기하려는 때에는 하기신고서를 세관장에게 전자문서로 제출하여야 한다.

② 하기장소는 항공기가 입항한 공항 항역내 보세구역에 한정한다.

③ 항공사는 하기결과를 전자문서로 당일보고를 원칙으로 하며, 당일보고가 곤란한 경우에는 익일 근무시간의 오전 중으로 이를 보고하여야 한다.

④ 운영인은 입항 후 24시간 이내에 해당 물품을 지정된 하기장소에 반입하여야 한다.

⑤ 보세구역 운영인은 해당 보세구역을 하기장소로 지정한 물품에 한해 반입 즉시 Master AWB 단위로 세관장에게 전자문서로 반입신고를 하여야 한다.

TIP 물품을 인수받은 보세구역 운영인은 해당 보세구역을 하기장소로 지정한 물품에 한해 해당물품의 반입 즉시 House AWB 단위로 세관장에게 전자문서로 물품반입신고를 하여야 하며, 창고 내에 물품을 입고하는 과정에서 실물이 적하목록상의 내역과 상이함을 발견하였을 때에는 반입사고화물로 분류하여 신고하여야 한다. 다만, House AWB이 없는 화물은 Master AWB 단위로 반입신고를 할 수 있다〈보세화물 입출항 하선 하기 및 적재에 관한 고시 제30조(하기장소의 물품반입) 제2항〉.

32 상시승선증의 유효기간은?

① 발급일로부터 3개월

② 발급일로부터 6개월

③ 발급일로부터 1년

④ 발급일로부터 3년

⑤ 발급일로부터 5년

TIP 상시승선(신고)증의 유효기간은 발급일로부터 3년으로 하고, 상시승선(신고)증의 유효기간을 연장하고자 하는 자는 유효기간 만료 30일 전까지 기간연장 신청을 하여야 한다〈외국무역선의 입출항 전환 및 승선절차에 관한 고시 제42조(상시승선증 유효기간)〉.

ANSWER 29.③ 30.① 31.⑤ 32.④

33 승선신고에 관련된 설명으로 틀린 것은?

① 외국무역선의 승선신고는 승무원가족 승선과 업무목적 승선으로 구분한다.
② 승무원가족 승선신고는 선박회사, 선장이 세관장에게 승선신고서를 제출하여야 한다.
③ 세관장은 승선신고서를 접수한 후 승선목적 등의 타당성을 검토한 후 수리하여야 한다.
④ 승선신고자는 외국무역선 승선과 관련하여 승선자의 안전에 관한 책임을 지고, 승선자가 관세법 및 출입국관리법 등 위반행위를 하지 않도록 필요한 조치를 하여야 한다.
⑤ 세관장은 승선허가 신청자가 최근 3년 이내 밀수전과가 있는 승무원에 대한 방문의 경우에는 승선을 제한할 수 있다.

TIP 다음의 어느 하나에 해당하는 경우에는 승선을 제한할 수 있다〈외국무역선의 입출항 전환 및 승선절차에 관한 고시 제36조(승선제한)〉.
㉠ 최근 1년 이내 밀수전과가 있는 승무원에 대한 방문
㉡ 우범선박으로 지정된 선박에 대한 방문
㉢ 마약 등 밀반입 우려가 있거나 수사상 필요하다고 세관장이 지정한 선박에 대한 방문
㉣ 선용품의 주문을 받기 위한 승선 등 그 목적이 불합리한 방문

34 상시승선증의 발급제한 대상자와 거리가 먼 것은?

① 상시승선(신고)증을 발급받으려는 자가 미성년자인 경우
② 상시승선(신고)증을 회수당한 자로서 회수한 날로부터 1년이 경과되지 아니한 경우
③ 상시승선(신고)증을 발급받으려는 자가 관세법을 위반하여 징역형의 집행유예를 선고 받고 그 유예기간 중에 있는 자
④ 관세법령에 의하여 처벌(통고처분 포함)을 받고 그 집행이 종료되거나 면제된 날로부터 1년이 경과되지 아니한 자
⑤ 상시승선(신고)증을 반납한 자로서 반납한 날로부터 1년이 경과되지 아니한 경우

TIP 세관장은 상시승선(신고)증을 발급받으려는 자가 다음에 해당되는 때에는 상시승선(신고)증의 발급을 제한할 수 있다〈외국무역선의 입출항 전환 및 승선절차에 관한 고시 제41조〉.
㉠ 미성년자
㉡ 관세법령에 의하여 처벌(통고처분 포함)을 받고 그 집행이 종료되거나 면제된 날로부터 1년이 경과되지 아니한 자
㉢ 상시승선(신고)증을 반납한 자로서 반납한 날로부터 1년이 경과되지 아니한 경우
㉣ 상시승선(신고)증을 회수당한 자로서 회수한 날로부터 1년이 경과되지 아니한 경우
㉤ 선용품공급자가 주문수령, 대금수납, 업무협의 등의 영업활동을 위하여 외국무역선에 타려는 경우

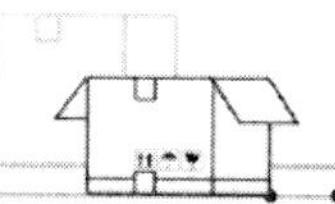

35 검색기검사대상화물이 아닌 것은?

① 실제와 다른 품명으로 수입할 가능성이 있는 화물
② 총기류 · 도검류 등 위해물품을 은닉할 가능성이 있는 화물
③ 물품 특성상 내부에 밀수품을 은닉할 가능성이 있는 화물
④ 반송 후 재수입되는 컨테이너 화물
⑤ 그 밖에 세관장이 검색기검사가 필요하다고 인정하는 화물

TIP 검색기검사화물과 즉시검사화물〈관리대상화물 관리에 관한 고시 제5조 제1항, 제2항〉

검색기 검사화물	• 총기류 · 도검류 등 위해물품을 은닉할 가능성이 있는 화물 • 물품 특성상 내부에 밀수품을 은닉할 가능성이 있는 화물 • 실제와 다른 품명으로 수입할 가능성이 있는 화물 • 그 밖에 세관장이 검색기검사가 필요하다고 인정하는 화물
즉시검사화물	• 실제와 다른 품명으로 수입할 가능성이 있는 화물로서 컨테이너 관리에 관한 고시에서 정한 LCL 컨테이너 화물 등 검색기검사로 우범성 판단이 곤란한 화물 • 수(중)량 차이의 가능성이 있는 화물 • 반송 후 재수입되는 컨테이너 화물 • 그 밖에 세관장이 즉시검사가 필요하다고 인정하는 화물

36 관리대상화물의 종류에 속하지 아니하는 것은?

① 세관장이 운항선사나 항공사가 제출한 적하목록을 심사하여 감시단속에 필요한 것으로 선별한 검색기검사화물 및 즉시검사화물
② 특급탁송물품
③ 이사물품
④ 우편화물
⑤ 보세판매장 판매용 물품

TIP 관리대상화물〈관리대상화물 관리에 관한 고시 제2조(정의) 제1호〉

㉠ 적하목록을 제출받은 세관장이 운항선사나 항공사가 제출한 적하목록을 심사하여 감시단속에 필요한 것으로 선별한 검색기검사화물 및 즉시검사화물
㉡ 특급탁송물품
㉢ 이사물품
㉣ 유치물품 및 예치물품
㉤ 보세판매장 판매용 물품

ANSWER 33.⑤ 34.③ 35.④ 36.④

37 선용품에 속하지 않는 것은?

① 음료
② 식품
③ 여행자휴대품
④ 연료
⑤ 소모품

TIP 선용품이란 음료, 식품, 연료, 소모품, 밧줄, 수리용 예비부분품 및 부속품, 집기, 그 밖에 이와 유사한 물품으로서 해당 선박에서만 사용되는 것을 말한다〈관세법 제2조(정의) 제10호〉.

38 테러경보의 구분이 옳게 나열된 것은?

① 관심, 주의, 경계, 심각
② 안정, 불안정, 위험, 심각
③ 안정, 중간, 심각, 위험
④ 위험, 위협, 완화, 안정
⑤ 안정, 완화, 위기, 위험

TIP 테러경보는 테러위협의 정도에 따라 관심 · 주의 · 경계 · 심각의 4단계로 구분한다〈국민보호와 공공안전을 위한 테러방지법 시행령 제22조(테러경보의 발령) 제2항〉.

39 폭발물 발견 시 조치요령으로 틀린 것은?

① 손대지 말고 세관, 경찰서 등 관계기관에 신속히 신고
② 100m 이상 소개 및 보호장벽 설치
③ 파편형성 물질 제거
④ 창문 폐쇄
⑤ 가연성물질 제거

TIP 창문을 폐쇄하는 것이 아니라 개방하여야 한다.

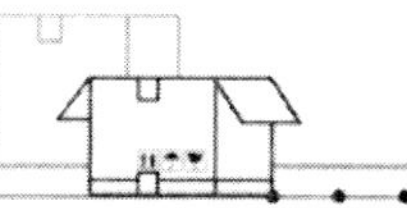

40 위해물품으로서 보고를 생략하여야 하는 경우가 아닌 것은?

① 세관에 수출입신고 한 물품
② 면세기관과 면세대상자가 미군 통관장교의 확인을 받아 수출입하는 물품
③ 선박용 또는 외항선원이 소지한 위해물품 중 입항수속 시 선박 내에 시봉조치하고 출항시 반출하는 물품
④ 양궁, 국궁, 행글라이더, 원격조정장비 등 위해용으로 사용이 가능한 물품
⑤ 항공기 보안승무원이 소지한 총포 중 입항 후 기내에 시봉조치하거나 사전 보안기관의 확인을 받아 반출입하는 물품

TIP 보고의 생략〈위해물품 보고 및 포상에 관한 훈령 제5조〉.
㉠ 세관에 수출입신고 한 물품
㉡ 면세기관과 면세대상자가 미군 통관장교의 확인을 받아 수출입하는 물품
㉢ 선박용 또는 외항선원이 소지한 위해물품 중 입항수속 시 선박 내에 시봉조치하고 출항시 반출하는 물품
㉣ 항공기 보안승무원이 소지한 총포 중 입항 후 기내에 시봉조치하거나 사전 보안기관의 확인을 받아 반출입하는 물품

41 다음 중 관세법의 규정에 의한 등록대상자가 아닌 것은?

① 보세운송업자
② 화물운송주선업자
③ 하역업자
④ 선용품공급업자
⑤ 수출입전문업자

TIP 관세법의 규정에 의한 등록대상자〈관세법 제222조(보세운송업자등의 등록 및 보고) 제1항〉
㉠ 보세운송업자
㉡ 화물운송주선업자
㉢ 하역업자
㉣ 선용품, 기용품, 차량용품, 선박·항공기 또는 철도차량 안에서 판매할 물품, 용역을 공급하는 자
㉤ 물품이나 용역을 제공하는 것을 업으로 하는 자
㉥ 상업서류나 그밖의 견본품 송달업자

ANSWER 37.③ 38.① 39.④ 40.④ 41.⑤

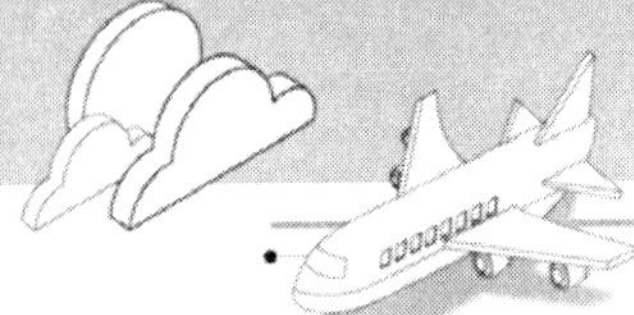

02 세계 AEO 제도의 도입과 확산

제5과목 수출입 안전관리

1 **AEO제도와 관련된 설명으로 틀린 것은?**

① AEO(Authorized Economic Operator)제도는 2005년 6월 세계관세기구총회에서 만장일치로 채택된 국제규범에서 규정하고 있는 민 · 관협력제도이다.
② AEO 제도란 AEO 공인을 위한 신청 · 심사 · 심의 등과 관련된 제반 절차를 포괄하는 개념이다.
③ AEO 명칭에 대해 우리나라의 경우 관세법에서 종합인증우수업체로 규정하고 있다.
④ AEO 제도는 2001년 발생한 9.11 테러 이후 미국이 공급망에 대한 보안을 강화하기 위해 도입한 무역안전 조치를 WCO 차원에서 수용하고 전체 회원국이 만장일치로 채택하면서 등장하였다.
⑤ AEO란 관세당국이 수출입신고 및 물품 취급과 관련하여 법규준수 및 안전관리가 우수하다고 공인한 무역업체 그 자체를 말한다.

TIP 관세법과 수출입 안전관리 우수업체 공인 및 운영에 관한 고시에서 수출입 안전관리 우수업체(Authorized Economic Operator : AEO)로 규정하고 있다.

2 **세관절차의 간소화와 조화를 통해 무역확대에 기여할 목적으로 채택된 협약은?**

① 개정 교토협약
② 통합공급망관리지침
③ 미국의 C-TPAT 제도
④ WCO SAFE Framework
⑤ 비엔나 협약

TIP 세관절차의 간소화 및 조화에 관한 국제협약 개정서의 정식명칭인 개정 교토협약은 세관절차의 간소화와 조화를 통해 무역확대에 기여할 목적으로 1973년 WCO 교토 총회에서 채택된 협약을 1999년에 개정한 것이다.

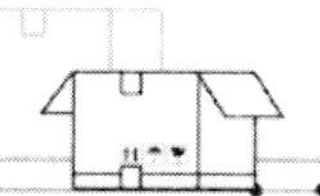

3 **관세법령상의 수출입 안전관리 기준의 내용으로 틀린 것은?**

① 관세법, 자유무역협정의 이행을 위한 관세법의 특례에 관한 법률, 대외무역법 등 수출입에 관련된 법령을 성실하게 준수하였을 것
② 연간 수출입물량 규모가 100억불 이상일 것
③ 관세 등 영업활동과 관련한 세금을 체납하지 않는 등 재무 건전성을 갖출 것
④ 수출입물품의 안전관리를 확보할 수 있는 운영시스템, 거래업체, 운송수단 및 직원교육체계 등을 갖출 것
⑤ 그 밖에 세계관세기구에서 정한 수출입 안전관리에 관한 표준 등을 반영하여 관세청장이 정하는 기준을 갖출 것

TIP 수출입 안전관리 기준〈관세법 시행령 제259조의2 제1항〉
㉠ 「관세법」, 「자유무역협정의 이행을 위한 관세법의 특례에 관한 법률」, 「대외무역법」 등 수출입에 관련된 법령을 성실하게 준수하였을 것
㉡ 관세 등 영업활동과 관련한 세금을 체납하지 않는 등 재무 건전성을 갖출 것
㉢ 수출입물품의 안전한 관리를 확보할 수 있는 운영시스템, 거래업체, 운송수단 및 직원교육체계 등을 갖출 것
㉣ 그 밖에 세계관세기구에서 정한 수출입 안전관리에 관한 표준 등을 반영하여 관세청장이 정하는 기준을 갖출 것

4 **컨테이너보안협정 및 선적 24시간 전 적하목록 제출제도 등을 도입한 것은?**

① 개정 교토협약
② 통합공급망관리지침
③ 미국의 C-TPAT 제도
④ WCO SAFE Framework
⑤ ISCM 관한 지침

TIP 미국 관세청은 9.11 테러 사태 이후 미국관세청이 현재의 근무위치에서 임무를 수행하는 것으로는 테러 방지를 할 수 없다고 보았으며, 세관의 보안 경계를 미국으로 수출하는 물품의 해외 출발지점으로 확대시킬 필요가 있다고 판단하였다. 미국의 C-TPAT 제도는 테러방지를 위한 세관과 무역업계간 협력제도로 이로 인해 컨테이너보안협정 및 선적 24시간 전 적하목록제출제도 등을 도입하게 되었다.

ANSWER 1.③ 2.① 3.② 4.③

5 AEO 제도의 특징과 거리가 먼 것은?

① 신속과 함께 안전이 담보되는 정확한 세관절차
② 수출입의 획기적 증대와 유치산업의 보호
③ 물품중심의 위험관리에서 기업중심의 위험관리
④ 국제협력을 통해 세관영역을 국내에서 국외로 확장
⑤ 특정시점 · 장소에서의 단편적 관리에서 흐름중심의 통합관리

TIP AEO 제도의 일반적 특징
㉠ 신속과 함께 안전이 담보되는 정확한 세관절차
㉡ 물품중심의 위험관리에서 기업중심의 위험관리
㉢ 국제협력을 통해 세관영역을 국내에서 국외로 확장
㉣ 특정시점 · 장소에서의 단편적 관리에서 흐름중심의 통합관리

6 다음 중 국가공인제도를 모두 고른 것은?

㉠ AEO
㉡ ISPS Code
㉢ 상용화주제
㉣ ISO 28000
㉤ TAPA

① ㉠㉡㉢
② ㉠㉢㉣
③ ㉠㉣㉤
④ ㉡㉢㉣
⑤ ㉢㉣㉤

TIP 공인주체에 따른 공급망 안전 인증제도 구분

국가공인제도	• AEO • ISPS Code(국제항해선박 및 항만시설) • 상용화주(항공화물운송주선업자)
민간인증제도	• ISO 28000(국제항해선박 및 항만시설) • TAPA(화물운송주선업자, 창고, 운송인)

7 다음 인증제도 중 강제적인 공인제도는?

① ISPS Code　　② AEO
③ ISO 28000　　④ TAPA
⑤ 상용화주제

TIP 법정의무부여 여부에 따른 인증제도 구분

강제적 공인제도	ISPS Code
임의적 공인제도	• AEO • ISO 28000 • TAPA • 상용화주제

8 AEO 제도와 ISO 28000의 비교설명으로 틀린 것은?

① AEO 인증주체는 국가기관인 관세청이다.
② ISO 28000는 민간인증기관이 인증주체이다.
③ AEO 인증과 ISO 28000인증을 받은 업체는 외국에서 통관상의 혜택을 받을 수 있다는 공통점을 가진다.
④ AEO 제도는 법인 단위별로 심사하기 때문에 공인 심사시 법인의 모든 사업장이 포함되어 공인된다.
⑤ ISO 28000인증은 각 회사(사업장) 단위별로 인증되어 심사의 내용과 결과를 정부에서 일관성 있게 관리하기 어렵다.

TIP AEO 제도는 국가기관인 관세청이 인증의 주체로서 공인하는 반면, ISO는 민간인증기관이 인증의 주체가 된다. 그러므로 ISO 28000 인증을 받은 업체는 국가 간 상호인정의 대상이 될 수 없고 외국에서 통관상의 혜택을 받을 수 없다.

ANSWER 5.② 6.① 7.① 8.③

9 국제표준기구 기술위원회가 마련한 규격으로 기업이 준수해야 하는 보안경영시스템 인증기준은?

① ISPS Code
② AEO
③ ISO 28000
④ TAPA
⑤ 상용화주제

TIP ISO 28000은 국제표준기구 기술위원회가 마련한 규격으로 기업이 준수해야 하는 보안경영시스템 인증기준이다.

10 SAFE Framework의 주요 내용이 아닌 것은?

① 화물이 수출되기 이전에 해당 전산정보를 WCO 통관데이터 모델에 제공한다.
② 세관 – 민간기업간 대테러 협력프로그램이다.
③ 위험도가 높은 화물 및 보안위협의 확인을 위한 위험관리체제를 구축한다.
④ 화물의 발생 또는 출발 항만에서 위험도가 높은 화물 또는 컨테이너의 점검시 비파괴적 검색장비를 사용하도록 한다.
⑤ 동일한 수출입 안전관리기준을 도입하기 위한 기준을 제공한다.

TIP ② 미국의 C-TPAT에 대한 설명이다.

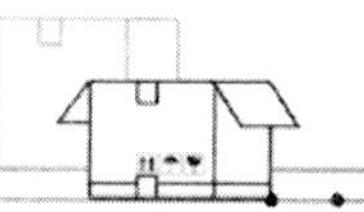

11 다음 (　) 안에 들어갈 용어는?

> (　　　　　　　　)는 서로 다른 국가들 간에 시행되는 AEO 제도에 대해 각국의 세관간에 인정해 줌으로써 한 국가에서 AEO 인증을 받은 수출입업체가 상대방 국가에서도 통관상의 혜택을 받을 수 있도록 하는 국가간 협정이다.

① CDM(세관데이터모델)
② MRA(상호인정협정)
③ UCR(화물식별번호)
④ CSI(컨테이너안전협정)
⑤ C-TPAT(대테러 민간협력프로그램)

- 세관 데이터 모델(Customs Data Model ; CDM) : 수출입신고사항의 국제표준 모델로 세계관세기구가 전자상거래 발달로 인한 무역업계의 무역원활화와 각국 세관 간 원활한 정보교류를 목적으로, 수출입신고시 신고항목을 표준화 및 간소화하고 신고내용의 전자적 배치 등을 국제적으로 통일하기 위해 제정하였다.
- 상호인정협정(Mutual Recognition Agreement ; MRA) : 개별 국가의 기준, 자격, 면허요건 및 절차 등을 상호 인정하는 2개국 또는 복수국가 간 협정이다. 상품 · 서비스 · 전문직 분야 등에 적용된다. AEO 제도를 시행중인 세관 간에 상호인정협정을 하게 되면 우리나라 관세청에서 인증을 받은 AEO수출업체가 수입국의 세관에서 AEO 인증을 받은 것과 유사한 효과를 발생시켜 통관상의 혜택을 받게 되며, 체약국의 AEO도 우리나라에서 인증받은 AEO와 유사한 통관상의 혜택을 제공받게 된다.
- 화물식별번호(Unique Consignment Reference ; UCR) : 화물식별번호로 WCO의 주도로 제안된 화물고유식별체계이다.
- 컨테이너 안전협정(Container Security Initiative ; CSI) : 선박의 출항하기 전에 출항할 국가에서 컨테이너에 관한 안전을 확인한 후 상대국가로 수출하자는 취지로 미국이 9.11사태이후 이를 주도하고 있다.
- 대테러민간협력프로그램(Customs-Trade Partnership Against Terrorism ; C-TPAT) : 테러 등의 위해물품의 국내유입을 차단하기 위하여 민관협력의 자발적 프로그램에서 출발하였으며, 2006년 10월 SAFE PORT ACT 제정으로 법적기반을 마련하였다. 신청가능업체는 수출업체를 제외한 10개 공급 망 당사자이며, 안전관리수준에 따라 T1,T2,T3 3단계로 구분하여 각각 차별화된 혜택을 부여한다.

ANSWER 9.③ 10.② 11.②

03 AEO 제도 및 공인기준

제5과목 수출입 안전관리

1 수출입 안전관리 우수업체 공인 및 운영에 관한 고시의 적용대상이 아닌 것은?

① 수입업체
② 관세사
③ 화물관리인
④ 컨테이너 제작업체
⑤ 화물운송주선업자

TIP 적용대상〈수출입 안전관리 우수업체 공인 및 운영에 관한 고시 제3조(공인부문) 제1항〉
㉠ 수출 또는 반송을 업으로 하는 자(수출업체)
㉡ 수입을 업으로 하는 자(수입업체)
㉢ 통관업을 행하는 자(관세사)
㉣ 보세구역운영인 및 지정장치장의 화물을 관리하는 자(화물관리인)
㉤ 보세운송업자
㉥ 화물운송주선업자
㉦ 하역업자
㉧ 외국무역선을 소유하거나 운항하여 보세화물을 취급하는 자(선박회사)
㉨ 외국무역기를 소유하거나 운항하여 보세화물을 취급하는 자(항공사)

2 수출입 안전관리 우수업체 공인기준과 등급에 관한 설명으로 (　) 안에 올바른 숫자는?

> 수출입 안전관리 우수업체는 법규준수 및 내부통제시스템 평가점수가 (　)점 이상이고, 재무건전성 및 안전관리의 기준을 충족하여야 하며 등급별 기준은 수출입 안전관리 우수업체 심의위원회의 심의결과를 고려하여 A, AA, AAA의 3개 등급으로 구분한다.

① 50
② 60
③ 70
④ 80
⑤ 90

TIP 수출입 안전관리 우수업체로 공인을 받기 위해서는 공인기준 중에서 필수적인 기준을 충족하여야 한다〈수출입 안전관리 우수업체 공인 및 운영에 관한 고시 제4조(공인기준) 제3항〉.
㉠ 법규 준수도가 80점 이상일 것. 다만, 중소 수출기업은 심의위원회를 개최하는 날을 기준으로 직전 2개 분기 연속으로 해당 분기단위의 법규준수도가 80점 이상인 경우도 충족한 것으로 본다.
㉡ 내부통제시스템 기준의 평가점수가 80점 이상일 것
㉢ 재무건정성 기준을 충족할 것
㉣ 안전관리 기준 중에서 충족이 권고되는 기준의 평가점수가 70점 이상일 것

3 **수출입 안전관리 우수업체 공인절차에 대한 설명으로 틀린 것은?**

① 수출입 안전관리 우수업체 공인절차는 수출입 안전관리 우수업체 공인을 원하는 업체의 신청을 받아 서류심사와 현장심사를 통하여 업체의 공인기준 준수 여부를 심사하고, 수출입 안전관리 우수업체 심의위원회의 심의를 거쳐 수출입 안전관리 우수업체로 공인하는 일련의 절차를 의미한다.

② 수출입 안전관리 우수업체로 공인받으려고 하는 업체는 수출입 안전관리 우수업체 공인신청서와 함께 자체평가표, 수출입 관리현황 설명서와 그 증빙서류, 사업자등록증, 법인등기부등본, 대표이사 및 관리책임자의 인적사항명세서, 수출입 관리 관련 우수사례 보유내역을 제출하여야 한다.

③ 신청업체는 제출서류의 적정성 등에 관하여 사전확인을 받고자 하는 경우 공인신청전에 수출입 안전관리 우수업체 예비심사 신청서를 관세청장에게 제출하여야 한다.

④ 수출입 안전관리 우수업체 공인신청서가 접수되면 관세청장은 제출된 서류를 토대로 신청서가 접수된 날부터 30일 이내에 서류심사를 실시한다.

⑤ 수출입 안전관리 우수업체 공인신청을 하기 위해서는 AEO 고시에서 규정하고 있는 바에 따라 관리책임자가 16시간 이상의 공인 전 교육을 받아야 한다.

TIP 관세청장은 공인심사 신청서를 접수한 날부터 60일 이내에 신청업체의 수출입 관리현황이 공인기준에 적합한지 등에 대하여 서류심사를 하여야 한다. 이 경우 위탁받은 기관으로 하여금 서류심사를 수행하게 할 수 있다〈수출입 안전관리 우수업체 공인 및 운영에 관한 고시 제8조(서류심사) 제1항〉.

4 **AEO 공인유효기간에 대한 내용으로 ( ) 안의 숫자로 정확한 것은?**

수출입 안전관리 우수업체 공인의 유효기간은 관세청장이 수출입 안전관리 우수업체 증서를 교부한 날부터 ( )년으로 한다.

① 1
② 2
③ 3
④ 4
⑤ 5

TIP 수출입 안전관리 우수업체 공인의 유효기간은 관세청장이 증서를 교부한 날부터 5년으로 한다. 종합심사 결과에 따른 새로운 유효기간은 당초 유효기간 만료일의 다음날부터 시작한다〈수출입 안전관리 우수업체 공인 및 운영에 관한 고시 제13조(공인의 유효기간) 제1항, 제2항〉.

ANSWER 1.④ 2.④ 3.④ 4.⑤

5 AEO 공인기준의 4가지 영역에 속하지 아니하는 것은?

① 법규준수도
② 경영의 효율성
③ 내부통제시스템
④ 재무건전성
⑤ 안전관리

TIP 수출입 안전관리 우수업체로 공인을 받기 위해서는 공인기준 중에서 필수적인 기준을 충족하여야 한다〈수출입 안전관리 우수업체 공인 및 운영에 관한 고시 제4조(공인기준) 제3항〉.

㉠ 법규 준수도가 80점 이상일 것. 다만, 중소 수출기업은 심의위원회를 개최하는 날을 기준으로 직전 2개 분기 연속으로 해당 분기단위의 법규준수도가 80점 이상인 경우도 충족한 것으로 본다.
㉡ 내부통제시스템 기준의 평가점수가 80점 이상일 것
㉢ 재무건정성 기준을 충족할 것
㉣ 안전관리 기준 중에서 충족이 권고되는 기준의 평가점수가 70점 이상일 것

6 다음은 AEO 공인기준 영역 중 재무건전성에 대한 설명이다. (　) 안에 들어갈 숫자는?

재무건전성은 기업의 국세와 지방세의 체납여부, 재무상황 등을 평가하는 기준으로서, 관세 등의 체납이 없고 부채비율이 동조업종 평균의 (　)% 이하이거나 신용평가 등급이 투자적격 이상 또는 매출증가 등으로 성실한 법규준수의 이행이 가능할 정도의 재정을 유지하여야 한다.

① 50
② 100
③ 200
④ 300
⑤ 500

TIP 신청업체는 재무제표에 대한 감사보고서의 감사의견이 적정이거나, 일부한정으로서 관세청장이 재정건전성에 미치는 영향이 경미하다고 판단하는 경우이어야 하며, 부채비율이 동종업종의 평균 부채비율의 200%이하이거나 외부신용평가기관의 신용평가 등급이 투자적격 이상 또는 매출 증가 등으로 성실한 법규준수의 이행이 가능할 정도의 재정을 유지하여야 한다〈수출입 안전관리 우수업체 공인 및 운영에 관한 고시 별표1〉.

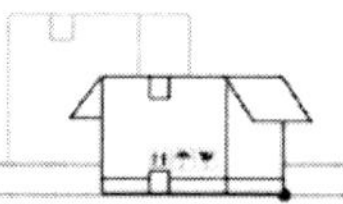

7 **보세구역운영인 부문 공인기준 중 재무건전성에 대한 설명으로 틀린 것은?**

① 신청업체와 신청인이 관세 등 국세와 지방세의 체납이 없어야 한다.
② 재무제표에 대한 감사보고서의 감사의견이 한정의견 이상이어야 한다.
③ 부채비율이 동종업종의 평균 부채비율의 200%이하이어야 한다.
④ 외부신용평가기관의 신용평가등급이 투자적격 이상을 유지하여야 한다.
⑤ 성실한 법규준수의 이행이 가능할 정도의 재정을 유지하여야 한다.

TIP 주식회사의 외부감사에 관한 법률의 적용 대상업체인 경우 재무제표에 대한 검사보고서의 감사의견이 적정이어야 한다〈수출입 안전관리 우수업체 공인 및 운영에 관한 고시 별표1〉.

8 **보세구역운영인 부문 공인기준 중 내부통제시스템에 대한 설명으로 틀린 것은?**

① 운영인은 최고경영자의 법규준수와 안전관리에 대한 경영방침과 이를 이행하기 위한 세부목표를 수립하여야 한다.
② 운영인은 법규준수와 안전관리를 위한 조직과 인력을 확보하고, 관세행정 관련 활동에 적극 참여하여야 한다.
③ 운영인은 법규준수와 안전관리를 위하여 수출입물품 취급 관련 자격증 소지자와 경험자를 근무하도록 하여야 한다.
④ 운영인은 내부통제활동에 대하여 주기적으로 평가하고 개선하는 절차를 마련하여야 한다.
⑤ 운영인은 물품 취급 및 보관지역을 감시하기 위하여 순찰하여야 한다.

TIP ⑤ 안전관리 중 안전관리 중 출입통제 관리에 대한 내용이다〈수출입 안전관리 우수업체 공인 및 운영에 관한 고시 별표1〉.

ANSWER 5.② 6.③ 7.② 8.⑤

9 **보세구역운영인 부문 공인기준에서 법규준수에 대한 내용으로 틀린 것은?**

① 법규준수기준은 수출입 안전관리 우수업체 및 공인신청업체의 관세행정 법규준수 이력을 평가하기 위한 기준이다.

② 신청업체와 신청인(관리책임자 포함)이 관세법 제175조(결격사유)에 해당하지 않아야 한다.

③ 신청업체와 신청인(관리책임자 포함)이 벌금형 선고를 받은 사실이 있는 경우에는 벌금형 선고 후 2년이 경과하여야 한다.

④ 수출입 안전관리 우수업체 공인을 위해서는 법규준수 점수가 최소한 70점 이상이어야 한다.

⑤ 업체별 통합 법규준수도의 평가대상기간은 최근 2년으로 하되, 측정은 매분기마다 주기적으로 한다.

TIP ※ 평가대상기간과 주기〈통합 법규준수도 평가와 운영에 관한 고시 제7조〉

㉠ 업체별 통합 법규준수도의 평가 대상기간은 최근 2년(8분기)으로 한다. 다만, 법규준수도의 개선여부 등을 확인하기 위하여 필요한 경우에는 분기별 실적으로 평가할 수 있다.

㉡ 업체별 통합 법규준수도의 평가주기는 매 분기로 한다.

※ 보세구역운영인 공인기준〈법규준수〉

㉠ 신청업체와 신청인(관리책임자를 포함한다)이 운영인의 결격사유(관세법 제175조)에 해당하지 않아야 한다.

㉡ 신청업체와 신청인이 전자문서 위조·변조죄로 벌금형 또는 통고처분을 받은 사실이 있는 경우에는 벌금형을 선고받거나 통고처분을 이행한 후 2년이 경과하여야 한다.

㉢ 신청업체와 신청인이 「자유무역협정의 이행을 위한 관세법의 특례에 관한 법률」, 「대외무역법」에서 수출입 관련 법령을 위반하여 벌칙조항 중 징역형이 규정된 조항에 따라 벌금형 이상을 선고받은 사실이 있는 경우에는 징역형 종료 또는 벌금형 선고 후 2년이 경과하거나 집행유예 기간이 만료 되어야 한다. 다만, 각 법령의 양벌규정에 따라 처벌된 개인 또는 법인은 제외한다.

㉣ 신청업체와 신청인이 관세법 허위신고죄로 벌금형 선고를 받은 사실이 있는 경우에는 벌금형 선고 후 2년이 경과하여야 한다.

㉤ 신청업체는 통합법규준수도시스템 또는 현장심사를 통하여 측정한 관세행정 법규준수도가 수출입 안전관리 우수업체 공인기준을 충족하여야 한다.

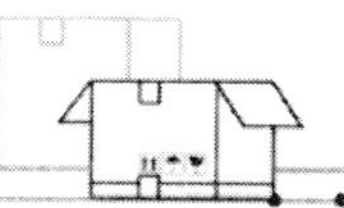

10 보세구역운영인 부문 공인기준 중 안전관리의 내용에 속하지 않는 것은?

① 인사 관리
② 재무비율 관리
③ 운송수단 등 관리
④ 출입통제 관리
⑤ 교육과 훈련

TIP 안전관리 기준은 거래업체 관리, 운송수단 등 관리, 출입통제 관리, 인사관리, 취급절차 관리, 정보기술 관리, 시설과 장비 관리, 교육과 훈련 8가지로 구성되어 있다〈수출입 안전관리 우수업체 공인 및 운영에 관한 고시 별표1〉.

11 AEO 제도에 대한 설명으로 틀린 것은?

① 공인기준 가이드라인상 위험평가란 위험의 발생가능성과 심각성에 기초하여 우선순위를 결정하는 체계적인 방법이다.
② 공인기준 가이드라인상 기록이란 수행된 활동으로 얻어진 결과 또는 수행된 활동의 증거 제공을 기술하는 문서이다.
③ 보세구역운영인은 교육과 훈련 측면에서 법규준수와 안전관리를 위하여 수출입물류업무에 대한 교육을 실시하여야 한다.
④ 보세구역운영인은 취급절차 관리 측면에서 수출입물품의 운송, 취급, 보관, 반출입과 관련된 절차를 준수하기 위해 비인가된 물품과 사람의 접근을 통제하는 안전관리조치를 하여야 한다.
⑤ 공인기준 가이드라인상 기록방법은 대장, 내부품의서, 메일 출력물 등 업체의 형편에 따라 다양한 형태가 될 수 있으며, 동 가이드라인에서 기록의 유지기간은 1년 이상이어야 한다.

TIP 공인기준 가이드라인상 기록방법은 대장, 내부품의서, 메일 출력물 등 업체의 형편에 따라 다양한 형태가 될 수 있으며, 동 가이드라인에서 기록의 유지기간은 3년 이상이어야 한다.

ANSWER 9.④ 10.② 11.⑤

04 AEO 공인신청과 심사

1 AEO 공인신청 결격사유 확인에 대한 설명으로 틀린 것은?

① 신청업체와 신청인이 법규준수 기준에서 규정하고 있는 법령의 위반 등 결격사유에 해당되는 것이 없는지 확인하여야 한다.

② 관세청에서 측정하는 통합법규준수도 점수가 신청기준인 70점 이상(공인기준은 80점 이상)인지에 대해서도 확인해야 한다.

③ 신청업체와 신청인이 관세 등 국세와 지방세의 체납이 없는지 확인해야 한다.

④ 재무제표에 대한 감사보고서의 감사의견이 적정인지, 부채비율은 동종업종의 평균부채비율의 200% 이하이거나 신용평가등급이 투자적격 이상을 유지하는 등에 대해서 확인하여야 한다.

⑤ 공인신청 기업의 관리책임자가 8시간 이상의 공인 전 교육을 이수하였는지 여부도 확인하여야 한다.

TIP 수출입 안전관리 우수업체 공인 및 운영에 관한 고시 제16조의2 제1항에서는 공인신청 업체의 관리책임자가 16시간 이상의 공인 전 교육을 이수하도록 규정하고 있기 때문에, 공인신청을 준비하는 업체에서는 공인신청 전에 관리책임자가 교육을 모두 이수했는지에 대해서도 확인해야 한다.

2 AEO 공인심사권자는?

① 관세청장
② 세관장
③ 기획재정부장관
④ 행정자치부장관
⑤ 한국무역협회장

TIP 공인심사란 수출입 안전관리 우수업체 공인과 관련하여 관세청장이 실시하는 예비심사, 서류심사, 현장심사 및 재심사를 의미한다.

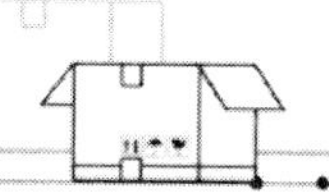

3 **AEO 고시에 의한 서류심사기간(신청서 접수한 날부터)과 현장심사기간(심사 개시일부터)은 각각 며칠 이내에 하여야 하는가?**

① 30일
② 45일
③ 60일
④ 90일
⑤ 120일

- 관세청장은 공인심사 신청서를 접수한 날부터 60일 이내에 신청업체의 수출입 관리현황이 공인기준에 적합한지 등에 대하여 서류심사를 하여야 한다. 이 경우 위탁받은 기관으로 하여금 서류심사를 수행하게 할 수 있다〈수출입 안전관리 우수업체 공인 및 운영에 관한 고시 제8조(서류심사) 제1항〉.
- 관세청장은 현장심사 개시일부터 60일 이내에 그 심사를 완료하여야 한다. 다만, 효율적인 심사 및 기간 내 심사 목적 달성을 위해 사안에 따라 심사기간 연장, 심사대상 사업장 별도 지정 등 탄력적으로 현장심사를 실시할 수 있다〈동 고시 제9조(현장심사) 제5항〉.

4 **AEO 예비심사에 관한 설명으로 옳지 않은 것은?**

① 중소 수출기업이 예비심사를 신청한 경우에는 다른 신청업체에 우선하여 예비심사를 할 수 있다.
② 예비심사는 서류심사 및 현장심사 기간에 포함되며, 심사자와 공인신청 준비업체가 자유롭게 준비사항 등에 대해 협의할 수 있는 상담 성격의 심사라고 할 수 있다.
③ 관세청장은 예비심사를 지정된 기관에 위탁할 수 있다.
④ 관세청장은 예비심사 결과에 대한 적정성을 확인하고 신청업체에 예비심사 결과를 통보하여야 한다.
⑤ 위탁받은 기관은 신청서를 접수한 날로부터 20일 이내에 심사를 마치고 관세청장에게 제출하여야 한다.

TIP 예비심사〈수출입 안전관리 우수업체 공인 및 운영에 관한 고시 제7조의2〉

㉠ 신청업체는 공인 또는 종합심사를 신청하기 전에 예비심사를 희망하는 경우에는 예비심사 신청서를 관세청장에게 제출하여야 한다.
- 공인심사 신청서의 기재방법과 첨부서류의 종류 및 내용 안내
- 공인기준 일부에 대한 예시적 검증
- 그 밖에 수출입 안전관리 우수업체 공인과 관련한 일반적인 사항에 대한 자문 · 상담

㉡ 관세청장은 ㉠에 따른 예비심사를 「수출입 안전관리 우수업체 심사업무 수탁기관의 지정과 운영에 관한 고시」에 따라 지정된 기관에 위탁할 수 있다.
㉢ 관세청장은 중소 수출기업이 예비심사를 신청한 경우에는 다른 신청업체에 우선하여 예비심사를 할 수 있다.
㉣ ㉡에 따라 심사를 위탁받은 기관은 예비심사 신청서를 접수한 날로부터 20일 이내에 심사를 마치고, 그 결과를 관세청장에게 제출하여야 한다.
㉤ 관세청장은 예비심사 결과의 적정성을 확인하고 신청업체에게 예비심사 결과를 통보하여야 한다.

ANSWER 1.⑤ 2.① 3.③ 4.②

5 공인등급의 조정절차에 대한 설명이다 옳지 않은 것은?

① 관세청장은 수출입 안전관리 우수업체가 4분기 연속으로 공인등급별 기준을 충족하는 경우 공인등급의 조정 신청을 받아 상향할 수 있다.

② 수출입 안전관리 우수업체가 갱신이 아닌 때에 공인등급의 조정을 신청하는 경우 공인의 유효기간이 2년 이상 남아있어야 한다.

③ 수출입 안전관리 우수업체가 공인등급의 조정을 신청하자고 할 때에는 공인등급 조정 신청서를 관세청장에게 제출하여야 한다.

④ 관세청장은 필요한 경우 서류 확인 등 간소한 방법으로 수출입 안전관리 우수업체가 공인등급별 기준을 충족하는지 확인가능하다.

⑤ 관세청장은 해당 공인등급별 기준을 충족하지 못할 경우 공인등급을 낮출 수 있다.

TIP 관세청장은 수출입 안전관리 우수업체가 4개 분기 연속으로 공인등급별 기준을 충족하는 경우에는 공인등급의 조정 신청을 받아 상향할 수 있다. 다만, 수출입 안전관리 우수업체가 갱신이 아닌 때에 공인등급의 조정을 신청하는 경우 공인의 유효기간이 1년 이상 남아있어야 한다〈수출입 안전관리 우수업체 공인 및 운영에 관한 고시 제5조의2(공인등급의 조정절차) 제1항〉.

6 다음은 AEO 서류심사에 대한 설명이다. ( ) 안에 들어갈 숫자는?

- 관세청장은 공인심사 신청서를 접수한 날로부터 ( )일 이내에 서류심사를 마쳐야 한다.
- 관세청장은 신청업체가 제출한 서류를 통해서 공인기준을 충족하는지를 확인하기 어려운 경우에는 ( )일의 범위 내에서 신청업체에게 보완을 요구할 수 있다.

① 30, 30
② 30, 60
③ 60, 30
④ 60, 60
⑤ 60, 90

TIP
- 관세청장은 공인심사 신청서를 접수한 날로부터 60일 이내에 서류심사를 마쳐야 한다〈수출입 안전관리 우수업체 공인 및 운영에 관한 고시 제8조(서류심사) 제1항〉.
- 관세청장은 신청업체가 제출한 서류를 통해서 공인기준을 충족하는지를 확인하기 어려운 경우에는 30일의 범위 내에서 신청업체에게 보완을 요구할 수 있다. 이 경우 관세청장은 보완을 요구할 사항을 가급적 한꺼번에 요구하여야 하며, 보완기간은 심사기간에 포함하지 아니한다〈동 고시 제2항〉.

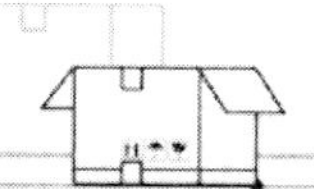

7 서류심사기간 및 보완요구 등에 대한 설명으로 틀린 것은?

① 보완 요구서를 송부하기 전에 신청업체의 요청이 있을 경우 소명할 수 있는 기회를 줄 수 있다.
② 신청업체의 제출서류 등으로 심사사항이 확인이 곤란할 경우에는 신청업체에게 보완을 요구할 수 있다.
③ 보완을 요구할 때에는 보완 요구서에 보완사항, 보완을 요구하는 이유 및 보완기한 등을 구체적으로 기재하여 신청업체에 통보한다.
④ 보완기간은 심사기간에 포함하지 않는다.
⑤ 관세청장은 보완기간을 모두 합하여 3개월이 넘지 않는 범위 내에서 보완기간을 연장할 수 있다.

TIP 신청업체는 천재지변, 주요 사업장의 이전, 법인의 양도, 양수, 분할 및 합병 등 부득이한 사유로 보완에 장시간이 걸리는 경우에는 보완기간의 연장을 신청할 수 있다. 이 경우 관세청장은 보완기간을 모두 합하여 180일이 넘지 않는 범위 내에서 보완기간을 연장할 수 있다〈수출입 안전관리 우수업체 공인 및 운영에 관한 고시 제8조(서류심사) 제5항〉.

8 AEO 공인신청의 기각사유로 옳지 않은 것은?

① 공인심사 결과 공인 기준에 미달하는 경우로서 보완 요구의 실익이 없는 경우
② 특별한 사유 없이 지정기간 내에 보완하지 않거나 보완하였음에도 불구하고 공인기준에 미달하는 경우
③ 제출한 자료가 허위로 판명된 경우
④ 공인신청 후 신청업체의 법규준수 점수가 70점 미만으로 하락한 경우
⑤ 중소 수출기업의 공인신청 후 법규준수도 점수가 80점 미만으로 하락한 경우

TIP 공인신청의 기각사유〈수출입 안전관리 우수업체 공인 및 운영에 관한 고시 제12조의2〉

㉠ 서류심사 또는 현장심사 결과 공인기준에 미달한 경우로서 보완 요구의 실익이 없는 경우
㉡ 공인심사를 할 때에 제출한 자료가 거짓으로 작성된 경우
㉢ 관세청장이 보완을 요구하였으나, 천재지변 등 특별한 사유 없이 보완 요구기간 내에 보완하지 아니하거나 보완을 하였음에도 불구하고 공인기준을 충족하지 못한 경우
㉣ 형사 및 사법절차 진행중인 사유가 현장심사를 마친 날로부터 1년을 넘어서도 확정되지 않고 계속 진행되는 경우
㉤ 공인기준 준수 개선 계획을 제출하지 않거나, 공인기준 준수 개선 완료 보고를 하지 않은 경우
㉥ 공인유보업체를 재심사한 결과, 공인기준을 충족하지 못한 것으로 확인된 경우
㉦ 공인신청 후 신청업체의 법규준수도 점수가 70점미만(중소 수출기업은 60점미만)으로 하락한 경우
㉧ 교육이수 확인서를 제출하지 않은 경우

ANSWER 5.② 6.③ 7.⑤ 8.⑤

9 AEO 현장심사에 대한 설명으로 틀린 것은?

① 관세청장은 현장심사를 계획할 경우 심사 일정, 심사 참여자, 세부 절차 및 방법 등을 미리 신청업체와 협의하여야 한다.
② 관세청장은 서류심사가 완료된 업체에 대해서 현장심사를 할 필요가 없다.
③ 관세청장은 현장심사를 시작한 날로부터 60일 이내에 그 심사를 마쳐야 한다.
④ 관세청장은 필요한 경우 신청업체의 국내 또는 해외 거래업체를 현장심사 할 수 있다.
⑤ 신청업체의 사업장 방문하는 기간을 연장하고자 할 때에는 연장사유와 연장기간을 신청업체에게 미리 통보해야 한다.

TIP 관세청장은 서류심사 결과가 완료된 업체에 대하여 직원면담, 현장방문 등을 통해 수출입 관리현황이 신청업체가 제출한 자료와 일치하는지 등을 현장심사하여야 한다〈수출입 안전관리 우수업체 공인 및 운영에 관한 고시 제9조(현장심사) 제1항〉.

10 다음 중 수출입 안전관리 우수업체 심의원회의 심의사항이 아닌 것은?

① 수출입 안전관리 우수업체의 공인
② 수출입 안전관리 우수업체의 등급조정
③ 공인유보업체의 지정
④ 수출입 안전관리 우수업체 공인의 취소
⑤ 수출입 안전관리 우수업체 업무정지

TIP 수출입 안전관리 우수업체 심의위원회의 심의사항〈수출입 안전관리 우수업체 공인 및 운영에 관한 고시 제27조 제1항〉
㉠ 수출입 안전관리 우수업체의 공인 및 갱신
㉡ 수출입 안전관리 우수업체의 공인등급 조정
㉢ 공인과 갱신을 유보하는 업체의 지정
㉣ 공인과 갱신을 유보한 업체의 공인심사 및 종합심사의 신청 기각
㉤ 수출입 안전관리 우수업체 공인의 취소
㉥ 그 밖에 관세청장이 수출입 안전관리 우수업체 제도의 운영 등에 관하여 심의위원회에 부치는 사항

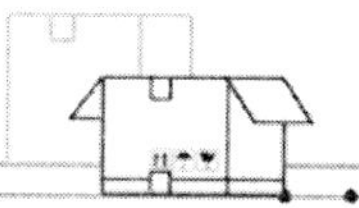

11 공인유보업체 지정 및 재심사에 관한 내용으로 틀린 것은?

① 관세청장은 AEO 심의위원회의 심의를 거쳐 공인유보업체로 지정할 수 있다.
② 공인유보업체는 지정일로부터 30일 이내에 공인기준(법규준수) 개선 계획을 제출해야 한다.
③ 공인유보업체는 공인기준개선계획을 제출한 날로부터 60일 이내에 개선완료보고서를 제출해야 한다.
④ 공인유보업체는 개선계획의 이행을 완료한 경우 개선완료보고서를 제출하고 공인기준 충족여부에 대한 재심사를 신청할 수 있다.
⑤ 공인유보업체에 대한 재심사기간은 신청일로부터 60일 이내에 마쳐야 한다.

TIP 공인이 유보된 업체는 그 결정을 받은 날로부터 30일 이내에 관세청장에게 공인기준 준수 개선 계획서를 제출하고 그 제출한 날로부터 180일 내에 공인기준 준수 개선 완료 보고서를 제출하여야 한다〈수출입 안전관리 우수업체 공인 및 운영에 관한 고시 제11조(공인 및 공인의 유보) 제3항〉.

12 공인을 유보할 수 있는 경우로 옳지 않은 것은?

① 신청업체가 나머지 공인기준은 모두 충족하였으나, 법규준수도 점수 기준을 충족하지 못한 경우
② 신청업체가 수입하는 물품의 과세가격 결정방법이나 품목분류 및 원산지 결정에 이견이 있음에도 불구하고 사전심사를 신청한 경우
③ 신청업체가 공인부문별 공인기준 중에서 법규준수의 결격에 해당하는 형사 및 사법절차가 진행 중인 경우
④ 신청업체가 사회적 물의 등을 일으켰으나 해당 사안이 공인의 결격에 해당하는지를 판단하는데 추가적으로 사실을 확인하거나 심의를 위한 충분한 법리검토가 필요한 경우
⑤ 심의위원회에서 공인의 유보가 필요하다고 인정하는 경우

TIP 신청업체가 수입하는 물품의 과세가격 결정방법이나 품목분류 및 원산지 결정에 이견이 있음에도 불구하고 사전심사를 신청하지 않은 경우〈수출입 안전관리 우수업체 공인 및 운영에 관한 고시 제11조(공인 및 공인의 유보) 제2항 제2호〉

ANSWER 9.② 10.⑤ 11.③ 12.②

05 AEO 사후관리

제5과목 수출입 안전관리

1 **다음은 수출입 안전관리 우수업체에 대한 설명이다. ( ) 안에 차례대로 들어갈 숫자는?**

> 수출입 안전관리 우수업체 공인의 유효기간은 ( )년으로 하며, 공인을 유지하기 위해서는 유효기간 만료 ( )개월 전에 갱신을 위한 종합심사를 신청하여야 한다.

① 5, 6
② 3, 5
③ 3, 3
④ 6, 5
⑤ 5, 5

TIP ㉠ 수출입 안전관리 우수업체 공인의 유효기간은 관세청장이 증서를 교부한 날부터 5년으로 한다〈수출입 안전관리 우수업체 공인 및 운영에 관한 고시 제13조(공인의 유효기간) 제1항〉.
㉡ 공인을 갱신하고자 하는 수출입 안전관리 우수업체는 유효기간 만료 6개월 전까지 수출입 안전관리 우수업체(공인, 종합)심사신청서와 첨부 서류를 관세청장에게 전자문서로 제출하여 종합심사를 신청하여야 한다〈동 고시 제19조(종합심사) 제1항〉.

2 **기업상담전문관(AM)이 담당하는 업무가 아닌 것은?**

① 공인기준 준수 개선 계획의 이행 확인
② 공인기준 충족하는지에 대한 주기적 확인
③ 법규준수 향상을 위한 정보 제공 및 상담 · 자문
④ 세관장을 대신한 전반적인 업무 대행
⑤ 정산업체의 수입세액 정산보고서 확인 및 점검

TIP 기업상담전문관 업무〈수출입 안전관리 우수업체 공인 및 운영에 관한 고시 제21조 제2항〉
㉠ 공인기준을 충족하는지에 대한 주기적 확인
㉡ 공인기준 준수 개선 계획의 이행 확인
㉢ 수입신고에 대한 보정심사 등 관세행정 신고사항에 대한 수정 · 정정 및 그 결과의 기록유지
㉣ 변동사항, 정기 자체평가, 세관협력도의 확인 및 점검
㉤ 법규준수 향상을 위한 정보 제공 및 상담 · 자문
㉥ 정산업체의 수입세액 정산보고서 확인 및 점검
㉦ 기업 프로파일 관리

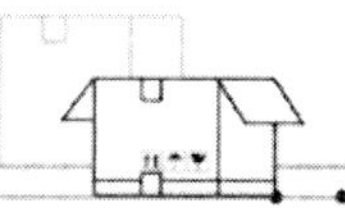

3 다음 ( ) 안에 들어갈 말로 가장 적절한 것은?

> 관세청장은 국제선박보안증서를 교부받은 국제항해선박소유자와 항만시설적합확인서를 교부받은 항만시설소유자에 대하여 ( )으로부터 세부 심사내용을 제공받아 확인한 결과 공인기준을 충족한 부분에 대하여는 심사의 일부를 생략할 수 있다.

① 행정안전부장관
② 국토교통부장관
③ 해양수산부장관
④ 문화체육관광부장관
⑤ 국방부장관

TIP 관세청장은 국제선박보안증서를 교부받은 국제항해선박소유자와 항만시설적합확인서를 교부받은 항만시설소유자에 대하여 해양수산부장관으로부터 세부 심사내용을 제공받아 확인한 결과 공인기준을 충족한 부분에 대하여는 심사의 일부를 생략할 수 있다〈수출입 안전관리 우수업체 공인 및 운영에 관한 고시 제10조(심사의 일부 생략 등) 제1항〉.

4 수출입 안전관리 우수업체의 정기 자체평가의 실시 및 제출에 대한 내용으로 틀린 것은?

① 공인 후 매년 1회씩 공인받은 달에 공인기준에 대한 수출입 관리현황을 자체평가한다.
② 자체평가를 실시하고 익월 말까지 정기 자체평가서를 관세청장에게 제출해야 한다.
③ 수출입 안전관리 우수업체가 적용대상별로 공인일자가 다른 경우 공인일자가 가장 빠른 적용대상을 기준으로 정기 자체평가를 하고, 자체평가서를 동시에 제출할 수 있다.
④ 관세청장은 수출입 안전관리 우수업체가 종합심사를 신청한 경우 유효기간 만료연도의 자체평가를 면제할 수 있다.
⑤ 수출입 안전관리 우수업체가 특별한 사유없이 자체평가서의 제출기한 경과일로부터 1개월 이내에 제출하지 아니한 경우에는 6개월의 범위 내에서 특례의 전부 또는 일부의 적용이 정지될 수 있다.

TIP 수출입 안전관리 우수업체는 공인 후 매년 공인받은 달에 정기 자체평가서를 자율점검하고 익월 15일까지 관세청장에게 제출하여야 한다. 다만, 수출입 안전관리 우수업체가 적용대상별로 공인일자가 다른 경우 공인일자가 가장 빠른 적용대상을 기준으로 정기 자체평가하고 자체평가서를 동시에 제출할 수 있다〈수출입 안전관리 우수업체 공인 및 운영에 관한 고시 제18조(정기 자체 평가) 제1항〉.

ANSWER 1.① 2.④ 3.③ 4.②

5 **수출입 안전관리 우수업체의 변동사항 보고를 30일 내로 하여야 하는 경우가 아닌 것은?**

① 양도, 양수 등으로 인한 법적지위의 변경
② 대표자, 수출입 관련 업무 담당 임원 및 관리책임자의 변경
③ 소재지 이전, 사업장 신설 · 증설 · 확장 · 축소 · 폐쇄 등
④ 사업내용의 변경 또는 추가
⑤ 범칙행위, 부도 등 공인유지에 중대한 영향을 미치는 경우

TIP 수출입 안전관리 우수업체는 다음의 어느 하나에 해당하는 사유가 발생한 경우에는 30일 이내에 수출입 관리현황 변동사항을 작성하여 관세청장에게 보고하여야 한다. 다만, 변동사항이 범칙행위, 부도 등 공인유지에 중대한 영향을 미치는 경우에는 지체 없이 보고하여야 한다〈수출입 안전관리 우수업체 공인 및 운영에 관한 고시 제17조 제1항〉.
㉠ 양도, 양수, 분할, 합병 등으로 인한 법적 지위의 변경
㉡ 대표자, 수출입 관련 업무 담당 임원 및 관리책임자의 변경
㉢ 소재지 이전, 사업장 신설 · 증설 · 확장 · 축소 · 폐쇄 등
㉣ 사업내용의 변경 또는 추가
㉤ 화재, 침수, 도난, 불법유출 등 수출입화물 안전관리와 관련한 특이사항

6 **수출입 안전관리 우수업체의 정기 자체평가 심사권자로 틀린 것은?**

① 관세청장이 지정한 비영리법인(관리책임자 교육기관)
② 수출입 안전관리 우수업체 인증을 받은 관세사무소 또는 관세법인 · 통관취급법인 등에 소속된 관세사
③ 수출입 안전관리 우수업체로 공인을 받은 보세구역운영인 등에 소속된 자로서 최근 5년 이내에 공인 전 교육을 받은 보세사
④ 관세청장이 지정한 교육기관에서 시행하는 AEO 교육을 최근 5년 이내에 35시간 이상을 받은 관세사
⑤ 중소기업기본법에 따른 중소기업의 경우에는 수출입관련 업무에 3년 이상 종사한 경력이 있고 관리책임자 교육을 이수한 해당 업체 소속 관리책임자

TIP 수출입 안전관리 우수업체 정기 자체평가 심사권자〈수출입 안전관리 우수업체 공인 및 운영에 관한 고시 제18조 제3항〉

원칙	• 관세청장이 지정한 비영리법인 • 수출입 안전관리 우수업체 공인을 받은 관세사무소 또는 관세법인 · 통관취급법인 등에 소속된 자로서 최근 5년 이내에 공인 전 교육을 받은 관세사 • 관세청장 또는 관세청장이 지정한 교육기관이 시행하는 AEO 교육을 최근 5년 이내에 35시간 이상을 받은 관세사 • 수출입 안전관리 우수업체로 공인을 받은 보세구역운영인 등에 소속된 자로서 최근 5년 이내에 공인 전 교육을 받은 보세사(보세구역운영인 부문에 한정한다) • 관세청장 또는 관세청장이 지정한 교육기관이 시행하는 수출입 안전관리 우수업체 제도 교육과정을 최근 5년 이내에 35시간 이상 받은 보세사(보세구역운영인 부문에 한정한다)
예외	「중소기업기본법」에 따른 중소기업은 수출입 관련 업무에 1년 이상 근무한 경력이 있고 관리책임자 교육을 받은 해당 업체 소속 관리책임자

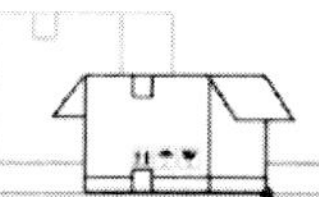

7 **수출입 안전관리 우수업체 공인의 종합심사를 받은 업체의 유효기간은?**

① 1년 ② 3년
③ 5년 ④ 7년
⑤ 10년

TIP 공인의 유효기간〈수출입 안전관리 우수업체 공인 및 운영에 관한 고시 제13조〉
㉠ 수출입 안전관리 우수업체 공인의 유효기간은 증서상의 발급한 날로부터 5년으로 한다. 다만, 심의위원회에서 수출입 안전관리 우수업체 공인의 취소를 결정하였을 때에는 해당 결정을 한 날에 공인의 유효기간이 끝나는 것으로 본다.
㉡ 종합심사가 진행 중이거나 종합심사에 따른 공인의 갱신 전에 5년이 끝나는 경우에도 해당 공인은 유효한 것으로 본다. 다만, 다음에 해당하는 경우에는 그 사유가 발생한 날에 공인의 유효기간이 끝나는 것으로 본다.
- 신청업체가 종합심사 신청을 철회하는 경우
- 종합심사 신청이 각하 또는 기각되는 경우
㉢ 종합심사에 따라 갱신된 공인의 유효기간은 기존 공인의 유효기간이 끝나는 날의 다음날부터 시작한다.
㉣ 관세청장이 공인의 유효기간 중에 공인등급을 조정하는 경우에 공인의 유효기간은 조정 전의 유효기간으로 한다.

8 **수출입 안전관리 우수업체의 종합심사에 대한 설명으로 틀린 것은?**

① 공인을 갱신하고자 하는 수출입 안전관리 우수업체는 유효기간 만료 6개월 전까지 수출입 안전관리 우수업체심사신청서와 첨부서류를 관세청장에게 전자문서로 제출하여야 한다.
② 관세청장은 종합심사 신청이 있는 때에는 수출입 안전관리 우수업체의 공인 분야에 따라 서류심사와 현장심사를 구분하여 실시한다.
③ 관세청장은 종합심사 결과, 공인등급의 하향 조정이 예상되는 경우에는 현장심사 결과를 보고한 날에 공인기준 준수 개선을 요구하여야 한다.
④ 종합심사는 관세청에서 실시하는 법인심사, 기획심사, 외환조사 등의 기업심사제도 중의 하나이다.
⑤ 수출입 안전관리 우수업체가 여러 공인부문에서 걸쳐 공인을 받은 경우에는 공인일자가 가장 빠른 공인부문을 기준으로 종합심사를 함께 신청할 수 있다.

TIP 종합심사는 관세청에서 실시하는 법인심사, 기획심사, 외환조사 등의 기업심사제도와는 그 성격이 매우 다른 것이다.

ANSWER 5.⑤ 6.⑤ 7.③ 8.④

9 정산보고에 따른 확인 관세사는 최소 몇 명 이상 선임하여야 하는가?

① 10인
② 9인
③ 7인
④ 4인
⑤ 2인

TIP 정산보고의 확인〈수출입 안전관리 우수업체 공인 및 운영에 관한 고시 제18조의3조〉
㉠ 정기 수입세액 정산보고의 정확한 검증 및 성실한 납세를 위하여 전문지식을 갖춘 관세사의 검증 확인을 받아야 한다.
㉡ 정산업체는 ㉠에 따른 정산보고 확인 관세사를 최소 2인 이상 선임하여야 하며, 다음에 해당하는 관세사는 선임할 수 없다.
- 정산업체에 소속된 관세사
- 정산업체를 위해 물품의 수출입 신고 및 환급청구 등 업무를 하는 신고인 관세사
- 그 밖에 수입세액 정산보고 확인업무 수행이 부적절하다고 관세청장이 지정하는 경우

㉢ 정산업체는 ㉡에 따라 관세사를 선임하는 경우에는 신고인 관세사와 동일한 사무소 또는 법인에 소속된 관세사는 50%를 초과하여 선임할 수 없다.
㉣ ㉡,㉢에 따라 확인 관세사를 선임한 정산업체는 정산보고 확인관세사 선임신고서를 기업상담전문관에게 제출하여야 하며, 선임관세사를 변경하고자 하는 경우 정산보고 확인관세사 선임변경신고서를 기업상담전문관에게 제출하여야 한다.
㉤ 기업상담전문관은 ㉠에 따른 관세사의 확인결과 등에 대해서 평가할 수 있다.

10 다음 괄호 안에 들어갈 말로 가장 적절한 것은?

> 기업상담전문관은 수출입 안전관리 우수업체가 공인기준을 충족하지 못하거나 분기단위 법규준수도가 최근 2분기 연속으로 해당 업체의 공인등급별 기준 아래로 떨어진 경우에 공인기준 개선을 요구해야하며 이 경우 관세청장에게 보고하여야 한다.

① 법무부장관
② 국무총리
③ 국회의장
④ 행정안전부장관
⑤ 관세청장

TIP 기업상담전문관은 수출입 안전관리 우수업체가 공인기준을 충족하지 못하거나 분기단위 법규준수도가 최근 2분기 연속으로 해당 업체의 공인등급별 기준 아래로 떨어진 경우에 공인기준 개선을 요구해야하며 이 경우 관세청장에게 보고하여야 한다〈수출입 안전관리 우수업체 공인 및 운영에 관한 고시 제21조(기업상담전문관의 지정 · 운영) 제3항〉.

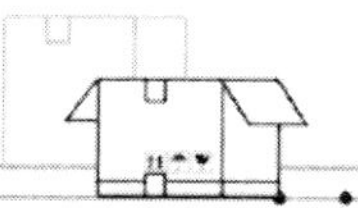

11 **수출입 안전관리 우수업체 심의위원회의 심의사항에 관한 내용으로 가장 옳지 않은 것은?**

① 공인유보업체의 지정

② 수출입 안전관리 우수업체의 공인

③ 수출입 안전관리 우수업체 공인의 취소

④ 관세청장의 특례적용 허가

⑤ 수출입 안전관리 우수업체의 등급조정

TIP **수출입 안전관리 우수업체 심의위원회의 심의사항**〈수출입 안전관리 우수업체 공인 및 운영에 관한 고시 제27조 1항〉

㉠ 수출입 안전관리 우수업체의 공인 및 갱신

㉡ 수출입 안전관리 우수업체의 공인등급 조정

㉢ 공인과 갱신을 유보하는 업체의 지정

㉣ 공인과 갱신을 유보한 업체의 공인심사 및 종합심사의 신청 기각

㉤ 수출입 안전관리 우수업체 공인의 취소

㉥ 그 밖에 관세청장이 수출입 안전관리 우수업체 제도의 운영 등에 관하여 심의위원회에 부치는 사항

12 **다음 내용을 읽고 괄호 안에 들어갈 말로 가장 적절한 것은?**

> 관세청장은 수출입 안전관리 우수업체 공인을 취소하려는 때에는 사전에 해당업체에 통보하여 의견을 청취하는 등 해명할 수 있는 기회를 주어야 하는데, 이러한 의견을 청취하려는 때에는 의견 청취 예정일 (　) 전까지 해당업체에게 의견 청취 계획을 서면으로 통지하여야 하며 수출입 안전관리 우수업체가 정당한 사유 없이 의견 청취에 응하지 아니한 때에는 의견 진술을 포기한 것으로 본다.

① 1일　　② 3일

③ 5일　　④ 7일

⑤ 10일

TIP 관세청장은 수출입 안전관리 우수업체 공인을 취소하려는 때에는 사전에 해당업체에 통보하여 의견을 청취하는 등 해명할 수 있는 기회를 주어야 하는데, 이러한 의견을 청취하려는 때에는 의견 청취 예정일 10일 전까지 해당업체에게 의견 청취 계획을 서면으로 통지하여야 하며 수출입 안전관리 우수업체가 정당한 사유 없이 의견 청취에 응하지 아니한 때에는 의견 진술을 포기한 것으로 본다〈수출입 안전관리 우수업체 공인 및 운영에 관한 고시 제26조(청문) 1항, 2항〉.

ANSWER 9.⑤ 10.⑤ 11.④ 12.⑤

13 **종합심사 결과 법규준수 개선계획에 대한 설명으로 틀린 것은?**

① 관세청장은 종합심사결과 법규준수도의 하락으로 공인등급의 하향 조정이 예상되거나 법규준수도가 공인기준 미만인 경우에는 종합심사 종료일로부터 90일 이내에 법규준수 개선계획을 제출하도록 요구하여야 한다.

② 관세청장은 신청업체가 나머지 공인기준은 모두 충족하였으나, 법규준수도 점수 기준을 충족하지 못한 경우 공인을 유보할 수 있다.

③ 관세청장은 재심사를 신청한 날로부터 60일 이내에 마쳐야 한다.

④ 법규준수 개선계획을 제출한 업체는 제출일부터 90일 이내에 법규준수 개선 완료보고서를 제출하여야 한다.

⑤ 관세청장은 공인유보업체를 재심사한 결과, 공인기준을 충족하지 못한 것으로 확인된 경우 공인신청을 기각할 수 있다.

TIP 수출입 안전관리 우수업체가 공인기준을 충족하지 못하거나 법규준수도의 하락으로 공인등급의 하향 조정이 예상되는 경우에는 공인기준 준수 개선을 요구받은 날로부터 30일 이내에 관세청장에게 공인기준 준수 개선 계획을 제출하고, 그 제출일로부터 90일 이내에 개선완료 보고서를 제출하여야 한다〈수출입 안전관리 우수업체 공인 및 운영에 관한 고시 제17조(변동사항 보고) 제4항〉.

※공인 및 공인의 유보〈수출입 안전관리 우수업체 공인 및 운영에 관한 고시 제11조〉

㉠ 관세청장은 현장심사를 마친 후 심의위원회의 심의를 거쳐 공인기준을 충족한 업체를 수출입 안전관리 우수업체로 공인하고 수출입 안전관리 우수업체 증서(이하 "증서"라 한다)를 발급한다.

㉡ 관세청장은 신청업체가 다음에 해당하는 경우에는 심의위원회의 심의를 거쳐 공인을 유보할 수 있다.

- 신청업체가 나머지 공인기준은 모두 충족하였으나, 법규준수도 점수 기준을 충족하지 못한 경우
- 신청업체가 수입하는 물품의 과세가격 결정방법이나 품목분류 및 원산지 결정에 이견이 있음에도 불구하고 사전심사를 신청하지 않은 경우(수입부문에만 해당한다)
- 신청업체가 공인부문별 공인기준 중에서 법규준수의 결격에 해당하는 형사 및 사법절차가 진행 중인 경우
- 신청업체가 사회적 물의 등을 일으켰으나 해당 사안이 공인의 결격에 해당하는지를 판단하는데 추가적으로 사실을 확인하거나 심의를 위한 충분한 법리검토가 필요한 경우
- 그 밖에 심의위원회에서 공인의 유보가 필요하다고 인정하는 경우

㉢ ㉡에 따라 공인이 유보된 업체는 그 결정을 받은 날로부터 30일 이내에 관세청장에게 공인기준 준수 개선 계획서를 제출하고 그 제출한 날로부터 180일 내에 공인기준 준수 개선 완료 보고서를 제출하여야 한다.

㉣ 관세청장은 ㉢에도 불구하고 공인기준을 충족하지 못한 사항이 경미한 경우에는 공인이 유보된 업체에게 공인기준 준수 개선 계획서 제출을 생략하고, 바로 공인기준 준수 개선 완료 보고서를 제출하게 할 수 있다.

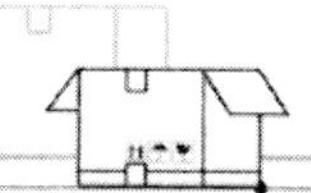

14 공인등급에 대한 설명으로 옳지 않은 것은?

① A등급은 법규준수도가 80점 이상인 업체이다.

② AA등급은 법규준수도가 90점 이상인 업체이다.

③ 필수 공인기준을 충족하고 법규준수도가 95점 이상이면 AAA등급이다.

④ 관세청장은 공인부문에 해당하는 거래업체 중에서 수출입 안전관리 우수업체의 비율이 높은 경우 공인등급 결정 시 우대할 수 있다.

⑤ 관세청장의 공인등급 결정에 이의가 있는 경우에는 세관장을 통해 관세청장에게 재심의를 요청할 수 있다.

TIP 수출입 안전관리 우수업체 공인등급〈수출입 안전관리 우수업체 공인 및 운영에 관한 고시 제5조 제1항〉

㉠ A등급 : 법규준수도가 80점 이상인 업체

㉡ AA등급 : 법규준수도가 90점 이상인 업체

㉢ AAA등급 : 종합심사를 받은 업체 중에서 법규준수도가 95점 이상이고, 다음 각 목의 어느 하나에 해당하는 업체

- 수출입 안전관리와 관련하여 다른 업체에 확대하여 적용할 수 있는 우수사례가 있는 업체. 이 경우 해당 우수사례는 공인등급을 상향할 때에 한번만 유효하다.
- 중소기업이 수출입 안전관리 우수업체로 공인을 받는데 지원한 실적이 우수한 업체
- 정기 수입세액 정산업체로 지정되어 최근 정산연도의 확정된 정산결과가 우수한 업체

15 수출입 안전관리 우수업체에 대한 설명으로 틀린 것은?

① 수출입 안전관리 우수업체 공인의 유효기간은 증서상의 발급한 날로부터 5년으로 한다.

② 공인기준 준수 개선 계획을 제출하지 않거나, 공인기준 준수 개선 완료 보고를 하지 않은 경우 관세청장은 공인신청을 기각할 수 있다.

③ 관리책임자란 수출입 안전관리 우수업체 직원으로 수출입 관리현황 설명서 및 정기자체평가서 작성, 관련 직원 교육, 세관 등 유관기관과 수출입 관리 관련 정보의 교류, 기타 법규준수도 향상을 위한 지원 등을 점검하고 관리하는 관계인을 의미한다.

④ 보세구역운영인의 수출입 관리책임자는 관세사 또는 보세사이다.

⑤ 수출입 안전관리 우수업체 공인후의 경우 수출입 관리책임자는 격년 8시간 이상 교육을 받아야 한다.

TIP 보세구역운영인의 수출입 관리책임자는 보세사만이 가능하다〈수출입 안전관리 우수업체 공인 및 운영에 관한 고시 별표4〉.

ANSWER 13.① 14.③ 15.④

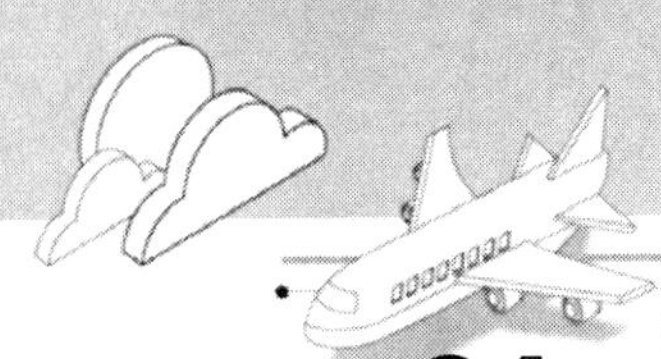

06 AEO 공인 혜택

제5과목 수출입 안전관리

1 AEO 공인업체에게 부여되는 혜택과 거리가 먼 것은?

① 수출 및 수입검사 간소화 및 심사 면제
② 절차 편의 또는 간소화
③ 자금부담 완화
④ 자율관리보세구역 이상 혜택, 특허 갱신기간 연장
⑤ 관세 경감 및 유효기간 연장

TIP AEO 공인업체에게 부여되는 혜택 등

구분	주요 혜택
검사간소화 및 심사면제	• 수출 및 수입검사 선별비율 최소화 또는 면제 • 세관 선별 검사시 우선검사 • 기획심사, 법인심사, 외국환검사, 사전세액심사, 건별보정심사 등 면제
절차편의 또는 간소화	• 서류제출 대상 축소 • 업체의 자율정정 항목 확대 • ERP에 의한 수출입신고 허용, 전자통관 심사허용 • 제증명서 P/L 발급, 원산지증명서 자동발급, 자율사후관리 허용
자금부담 완화	• 담보제공, 월별 납부 및 월별 보정 허용
특허 혜택	• 자율관리보세구역 이상 혜택, 특허 갱신기간 연장 • 정기점검 완화 • 보세운송 일괄신고 및 일반간이보세운송업자 혜택 등 제공
기타 대표자 우대 등	• 국제공항 전용검사대, 승무원 전용통로 입출국 심사, CIP 라운지 이용 • 과태료, 통고처분 납부금액 경감 • 법규 위반시 형벌 보다 행정질서벌 우선 고려 • 세관 AEO 담당자(기업상담전문관) 지정 및 관세업무 지원

2 AEO 기업에 대한 공통적인 혜택의 내용 중 부문별 혜택의 연결이 옳지 않은 것은?

① 법규위반시 제재 경감 : 과태료, 통고처분 납부금액 경감
② 자율적 기업운영 : 기획심사, 법인심사, 외국환검사 제외
③ 자금부담 완화 : 법규 위반시 형벌보다 행정질서벌 우선 고려
④ 절차 편의 : ERP에 의한 수출입 및 화물신고 허용
⑤ 대표자 우대 : 여행자 검사대상 선별 제외

TIP AEO 기업에 대한 공통 혜택

구분	주요혜택
법규위반시 제재 경감	• 과태료, 통고처분 납부금액 경감 • 법규 위반시 형벌보다 행정질서벌 우선 고려
자금부담 완화	• 중소기업 병역지정업체 추천시 5점 가산
자율적 기업운영	• 기획심사, 법인심사, 외국환검사 제외 • 기업상담전문관 지정 및 관세업무 지원 • 기업상담전문관을 통한 전산감사 확인사항 시정
절차 편의	•·ERP에 의한 수출입 및 화물신고 허용
대표자 우대	• 여행자 검사대상 선별 제외 • 국제공항 전용검사대, 승무원 전용통로 입출국 심사 • CIP 라운지 이용

3 **보세구역운영인 부문의 수출입 안전관리 우수업체(AEO)에 제공되는 혜택이 아닌 것은?**

① 법규위반 시 과태료, 통고처분 납부금액 경감
② 법규위반 시 형벌보다 행정질서 벌 우선 고려
③ 관할지세관 화물담당부서에서의 보세공장 재고조사 생략
④ 반입정지 기간을 50% 범위 내에서 하향조정 가능
⑤ 특허갱신기간을 10년으로 연장

TIP 통관절차 등의 혜택〈수출입 안전관리 우수업체 공인 및 운영에 관한 고시 별표2〉

적용 부문	특례기준	수출입 안전관리 우수업체		
		A	AA	AAA
보세 구역 운영인	「특허보세구역 운영에 관한 고시」 제7조에 따른 특허 갱신기간 연장 • 공인 수출입업체의 자가용 보세창고의 경우에도 동일혜택 적용	6년	8년	10년
	「특허보세구역 운영에 관한 고시」 제7조에 따른 특허 갱신시 본부세관 특허심사위원회 심사 생략 및 해당세관에서 자체 심사 • 공인 수출입업체의 자가용 보세창고의 경우에도 동일혜택 적용	○	○	○
	「보세화물관리에 관한 고시」 제16조에 따른 분기별 자체 재고조사 후 연1회 세관장에게 보고	○	○	○
	「자율관리보세구역 운영에 관한 고시」에 따른 자율관리보세구역 운영인 이상의 혜택 (제10조에 따른 정기감사 생략 등)	○	○	○
	「특허보세구역 운영에 관한 고시」 제18조 제3항에 따른 반입정지 기간을 50% 범위 내에서 하향조정 가능	×	○	○

ANSWER 1.⑤ 2.③ 3.③

2020년도 기출문제

2020년도 기출문제

부록 – 기출문제분석

<제1과목> 수출입통관절차

1 **관세법상 신고서류 보관기간을 나열한 것이다. 틀린 것은?**

① 수입신고필증 : 5년

② 수출신고필증 : 3년

③ 보세화물 반출입에 관한 자료 : 3년

④ 수입물품 과세가격 결정에 관한 자료 : 5년

⑤ 보세운송에 관한 자료 : 2년

TIP 보세화물 반출입에 관한 자료 : 2년

※ 신고서류의 보관기간〈관세법 시행령 제3조〉

㉠ 해당 신고에 대한 수리일부터 5년

- 수입신고필증
- 수입거래관련 계약서 또는 이에 갈음하는 서류
- 제237조에 따른 지식재산권의 거래에 관련된 계약서 또는 이에 갈음하는 서류
- 수입물품 가격결정에 관한 자료

㉡ 해당 신고에 대한 수리일부터 3년

- 수출신고필증
- 반송신고필증
- 수출물품 · 반송물품 가격결정에 관한 자료
- 수출거래 · 반송거래 관련 계약서 또는 이에 갈음하는 서류

㉢ 당해 신고에 대한 수리일부터 2년

- 보세화물반출입에 관한 자료
- 적하목록에 관한 자료
- 보세운송에 관한 자료

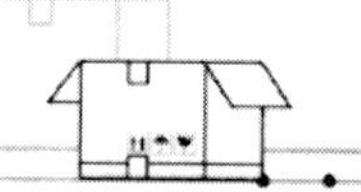

2 다음 설명 중 틀린 것은?

① 입항전수입신고가 수리된 물품은 우리나라에 도착된 것으로 보아 이를 외국으로 반출하는 경우에는 수출에 해당된다.
② 외국물품과 내국물품을 혼용하여 만든 제품은 모두 외국으로부터 우리나라에 도착된 외국물품으로 본다.
③ 보세구역 장치기간을 경과하여 매각한 물품은 수입신고수리 절차를 거치지 아니하였지만 관세법상 내국물품으로 간주한다.
④ 보수작업으로 외국물품에 부가된 내국물품은 외국물품으로 본다.
⑤ 잠정가격신고 후에 확정가격신고시 세액이 증가하는 경우에는 가산세를 면제한다.

TIP 외국물품과 내국물품을 혼용한 때에는 그로써 생긴 제품중에서 그 원료 또는 재료중 외국물품의 가격(종량세물품인 경우에는 수량을 말한다)이 차지하는 비율에 상응하는 분을 외국으로부터 우리나라에 도착된 물품으로 본다〈관세법 시행령 제204조(외국물품과 내국물품의 혼용에 관한 승인) 제4항〉.

3 수출입 금지 물품이 아닌 것은?

① 헌법질서를 문란하게 하는 물품
② 세액을 허위로 기재한 물품
③ 공공의 안녕질서 또는 풍속을 해치는 물품
④ 정부의 기밀을 누설하거나 첩보활동에 사용되는 물품
⑤ 화폐 · 채권이나 그 밖에 유가증권의 위조품 · 변조품 또는 모조품

TIP 수출입의 금지〈관세법 시행령 제234조〉
㉠ 헌법질서를 문란하게 하거나 공공의 안녕질서 또는 풍속을 해치는 서적 · 간행물 · 도화, 영화 · 음반 · 비디오물 · 조각물 또는 그 밖에 이에 준하는 물품
㉡ 정부의 기밀을 누설하거나 첩보활동에 사용되는 물품
㉢ 화폐 · 채권이나 그 밖의 유가증권의 위조품 · 변조품 또는 모조품

ANSWER 1.③ 2.② 3.②

4 **도난물품이나 분실물품에 대하여 관세법에서 정한 납세의무자가 아닌 자는?**

① 보세구역 운영인
② 보세운송신고인
③ 물품보관인
④ 물품점유자
⑤ 물품취급인

TIP 도난물품이나 분실물품인 경우에는 다음 각 목에 규정된 자가 관세의 납세의무자가 된다〈관세법 제19조(납세의무자) 제1항 제10호〉.
㉠ 보세구역의 장치물품 : 화물관리인
㉡ 보세운송물품 : 보세운송을 신고하거나 승인을 받은 자
㉢ 그 밖의 물품 : 그 보관인 또는 취급인

5 **서류제출대상으로 선별된 수입신고건에 대하여는 제출서류를 스캔 등의 방법으로 전자 이미지화하거나 무역서류의 전자제출을 이용하여 통관시스템에 전송하는 것이 원칙이다. 그럼에도 불구하고 종이서류로 제출하여야 하는 것은?**

① 송품장
② 가격신고서
③ 선하증권(B/L) 부본이나 항공화물운송장(AWB) 부본
④ 킴벌리프로세스증명서
⑤ 원산지증명서

TIP 다음 각 호의 어느 하나에 해당하는 경우에는 종이서류를 제출하여야 한다〈수입통관 사무처리에 관한 고시 제15조(수입신고시 제출서류) 제2항〉.
㉠ 킴벌리프로세스증명서 제출대상물품(원본)
㉡ 일시수입통관증서(A.T.A Carnet)에 의한 일시수입물품(원본)
㉢ SOFA 협정 적용대상물품(원본 또는 주한미군에서 전자서명하여 교부한 증명서)

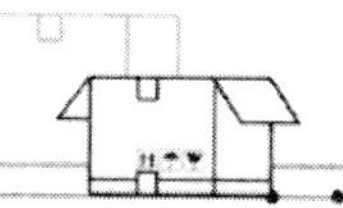

6 수출입물품 검사에 대한 설명으로 틀린 것은?

① 세관공무원은 수출입물품에 대하여 검사할 수 있다.
② 화주는 수입신고하려는 물품에 대하여 수입신고전 확인할 수 있다.
③ 세관장은 적법한 물품검사로 인하여 물품에 손실이 발생한 경우 그 손실을 입은 자에게 보상하여야 한다.
④ 세관장은 다른 법령에서 정한 물품의 성분, 품질 등에 대한 안전성 검사를 할 수 있다.
⑤ 세관장은 물품의 화주 및 신고인이 검사에 참여할 것을 신청할 경우 화중에 한하여 참여를 허용할 수 있다.

TIP 세관장은 검사입회신청서를 제출받은 경우 검사일시와 장소를 적은 검사입회신청(통보)서를 신고인에게 발급하여야 한다. 법에 따른 검사입회는 신고인이나 그 소속 종사자가 하여야 한다. 세관장이 검사입회통보서를 발급하여도 검사일시에 수입화주나 신고인(그 소속 종사자를 포함한다)이 입회하지 아니한 때에는 장치장소의 관리인이나 그를 대리하는 소속종사자의 입회하에 검사를 실시한다〈수입통관 사무처리에 관한 고시 제31조(검사절차 등)〉.

7 관세법상 심사청구에 관한 설명으로 틀린 것은?

① 심사청구는 해당 처분을 한 것을 안 날부터 120일 이내에 제기하여야 한다.
② 심사청구는 불복하는 사유를 심사청구서에 적어 해당 처분을 하였거나 하였어야 하는 세관장을 거쳐 관세청장에게 하여야 한다.
③ 이의신청을 거친 후 심사청구를 하려는 경우에는 이의신청에 대한 결정을 통지받은 날부터 90일 이내에 하여야 한다.
④ 해당 심사청구서를 제출받은 세관장은 이를 받은 날부터 7일 내에 그 심사청구서에 의견서를 첨부하여 관세청장에게 보내야 한다.
⑤ 우편으로 기한 내에 제출한 심사청구서가 청구기간이 지나 세관장 또는 관세청장에게 도달한 경우에는 그 기간의 만료일에 청구된 것으로 본다.

TIP 심사청구는 해당 처분을 한 것을 안 날(처분하였다는 통지를 받았을 때에는 통지를 받은 날을 말한다)부터 90일 이내에 제기하여야 한다〈관세법 제121조(심사청구기간) 제1항〉.

ANSWER 4.④ 5.④ 6.⑤ 7.①

8 **고액 · 상습체납자의 명단 공개에 대한 설명이다. (　　)안에 들어갈 내용을 맞게 나열한 것은?**

> 관세청장은 체납발생일부터 (　　)이 지난 관세 및 내국세등이 (　　)이상인 체납자에 대하여는 그 인적사항과 체납액 등을 공개할 수 있다. 다만, 체납관세등에 대하여 이의신청 · 심사청구 등 불복청구가 진행중이거나 체납액의 일정금액 이상을 납부한 경우 등 대통령령으로 정하는 사유에 해당하는 경우에는 그러하지 아니하다.

① 6월, 1억 원
② 6월, 2억 원
③ 1년, 2억 원
④ 1년, 1억 원
⑤ 3년, 3억 원

TIP 관세청장은 체납발생일부터 1년이 지난 관세 및 내국세등이 2억 원 이상인 체납자에 대하여는 그 인적사항과 체납액 등을 공개할 수 있다. 다만, 체납관세등에 대하여 이의신청 · 심사청구 등 불복청구가 진행 중이거나 체납액의 일정금액 이상을 납부한 경우 등 대통령령으로 정하는 사유에 해당하는 경우에는 그러하지 아니하다〈관세법 제116조의2(고액 · 상습체납자의 명단 공개) 제1항〉.

9 **관세법 제231조 규정에 의한 환적물품 등의 원산지 허위표시물품 유치에 대한 설명으로 틀린 것은?**

① 세관장은 원산지표시 수정 등 필요한 조치사항이 이행된 경우에는 물품의 유치를 즉시 해체하여야 한다.
② 세관장은 유치사실을 통지할 때에는 이행기간을 정하여 원산지 표시의 수정 등 필요한 조치를 멸할 수 있다. 이 경우 지정한 이행기간 내에 명령을 이행하지 아니하면 매각한다는 뜻을 함께 통지하여야 한다.
③ 세관장은 외국물품을 유치할 때에는 그 사실을 그 물품의 화주나 그 위임을 받은 자에게 통지하여야 한다.
④ 유치하는 외국물품은 세관장이 관리하는 장소에 보관하여야 한다. 다만, 세관장이 필요하다고 인정할 때에는 그러하지 아니하다.
⑤ 일시적으로 육지에 내려지거나 다른 운송수단으로 환적 또는 복합환적되는 외국물품 중 원산지를 최종 수입국으로 허위 표시한 물품은 유치할 수 있다.

TIP 일시적으로 육지에 내려지거나 다른 운송수단으로 환적 또는 복합환적되는 외국물품 중 원산지를 우리나라로 허위 표시한 물품은 유치할 수 있다〈관세법 제231조(환적물품 등에 대한 유치 등) 제1항〉.

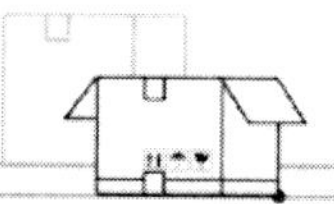

10 **외국에 거주하는 친인척이 국내거주자에게 무상으로 기증하는 수입물품이 있을 때, 이에 대하여 세관장이 부과 · 징수할 수 있는 조세가 아닌 것은?**

① 개별소비세
② 주세
③ 증여세
④ 교육세
⑤ 농어촌특별세

TIP 수입물품에 대하여 세관장이 부과 · 징수하는 조세는 부가가치세, 지방소비세, 담배소비세, 지방교육세, 개별소비세, 주세, 교육세, 교통 · 에너지 · 환경세 및 농어촌특별세다〈관세법 제4조(내국세 등의 부과 · 징수) 제1항〉.

11 **세관장이 수입신고서 심사결과 해당 물품을 통관보류할 수 있는 경우가 아닌 것은?**

① 수입신고서 기재사항 중 중요한 사항이 미비되어 보완이 필요한 경우
② 해당 물품에 대한 가격신고서 내용 중 일부사항이 기재누락된 경우
③ 관세법칙 혐의로 고발되거나 조사를 받는 경우
④ 관세법 제246조의3에 따른 안전성 검사가 필요한 경우
⑤ 국세징수법 제30조의2에 따라 세관장에게 체납처분이 위탁된 해당 체납자가 수입하는 경우

TIP 통관의 보류〈관세법 제237조〉
㉠ 수출 · 수입 또는 반송에 관한 신고서의 기재사항에 보완이 필요한 경우
㉡ 제출서류 등이 갖추어지지 아니하여 보완이 필요한 경우
㉢ 관세법에 따른 의무사항을 위반하거나 국민보건 등을 해칠 우려가 있는 경우
㉣ 관세법에 따른 안전성 검사가 필요한 경우
㉤ 「국세징수법」 에 따라 세관장에게 체납처분이 위탁된 해당 체납자가 수입하는 경우
㉥ 그 밖에 이 법에 따라 필요한 사항을 확인할 필요가 있다고 인정하여 대통령령으로 정하는 경우

ANSWER 8.③ 9.⑤ 10.③ 11.②

12 세관장이 수입신고수리전 반출을 승인할 수 있는 경우가 아닌 것은?

① 조달사업에 관한 법률에 따른 비축물자로 신고된 물품으로 실수요자가 결정되지 아니한 경우
② 해당 물품에 대한 품목분류 또는 세율결정에 오랜 시간이 걸리는 경우
③ 완성품의 세 번으로 수입신고 수리를 받고자 하는 물품이 미조립상태로 분할 선적 수입된 경우
④ 특혜세율을 적용받기 위한 원산지 확인에 필요한 원산지증명서를 세관장에게 제출하지 못한 경우
⑤ 수입통관 시 법령에 따른 허가 · 승인 · 표시 또는 그 밖의 조건 등 구비조건을 증명하는데 오랜시간이 걸리는 경우

TIP 수입통관에 곤란한 사유가 없는 물품으로서 다음 각 호의 어느 하나에 해당하는 경우에는 법에 따른 세관장이 신고수리전반출을 승인할 수 있다〈수입통관 사무처리에 관한 고시 제38조(신고수리전 반출) 제1항〉.
㉠ 완성품의 세번으로 수입신고수리 받고자 하는 물품이 미조립상태로 분할선적 수입된 경우
㉡ 「조달사업에 관한 법률」에 따른 비축물자로 신고된 물품으로서 실수요자가 결정되지 아니한 경우
㉢ 사전세액심사 대상물품(부과고지물품을 포함한다)으로서 세액결정에 오랜 시간이 걸리는 경우
㉣ 품목분류나 세율결정에 오랜 시간이 걸리는 경우
㉤ 수입신고시 「관세법 시행령」에 따라 원산지증명서를 세관장에게 제출하지 못한 경우

13 관세에 대한 설명으로 틀린 것은?

① 관세법상 납세의무자와 실질적인 조세부담자가 다른 간접세에 해당한다.
② 국가가 일정한 과세기간에 따라 일정시점에 조세를 부과한는 정기세에 해당한다.
③ 납세의무자의 의사와 관계없이 관세법 또는 조약에 의거 강제적으로 부과징수하는 조세이다.
④ 자유무역의 장애요소가 될 수 있다.
⑤ 부가가치세 등과 같은 소비세적 성격이 있다.

TIP 과세대상이 수입물품, 물품이 관세영역을 통과하는 경우에만 부과되며, 수입행위가 이루어질 때마다 부과되는 특수한 성격을 지닌다.

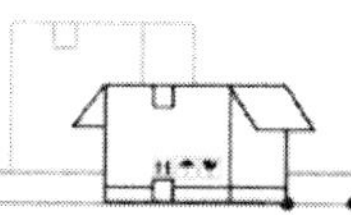

14 간이세율 적용에 대한 설명으로 틀린 것은?

① 외국을 오가는 운송수단의 승무원이 휴대하여 수입하는 물품은 간이세율을 적용할 수 있다.
② 탁송품은 간이세율을 적용할 수 있다.
③ 종량세가 적용되는 물품은 간이세율을 적용하지 아니한다.
④ 관세율이 무세인 물품은 간이세율을 적용하지 아니한다.
⑤ 우편물은 모두 간이세율을 적용할 수 있다.

TIP 세관장은 다음 각 호의 요건을 모두 갖춘 물품에 대하여는 우편물신고서 또는 송품장 등을 기초로 간이세율을 적용하여 과세할 수 있다〈국제우편물 수입통관 사무처리에 관한 고시 제10조(현장과세) 제1항〉.
㉠ 우편물이 「대외무역법」에 따른 수출입의 승인을 받은 것이거나 그 밖에 대통령령으로 정하는 기준에 해당하는 것일 때
㉡ 수취인의 주소 · 성명이 명확한 물품
㉢ 세액산출에 어려움이 없는 물품으로 물품가격이 미화 1,000달러 이하인 물품

15 관세법의 목적에 대한 설명이다. (　　)안에 들어갈 용어를 맞게 나열한 것은?

> 이 법은 관세의 부과 · 징수 및 수출입물품의 통관을 (　　)하게 하고 (　　)수입을 확보함으로써 (　　)경제의 발전에 이바지함을 목적으로 한다.

① 신속, 관세, 국가
② 신속, 관세, 국민
③ 적정, 조세, 국민
④ 적정, 관세, 국민
⑤ 정확, 조세, 국가

TIP 이 법은 관세의 부과 · 징수 및 수출입물품의 통관을 적정하게 하고 관세수입을 확보함으로써 국민경제의 발전에 이바지함을 목적으로 한다.

ANSWER 12.⑤ 13.② 14.⑤ 15.④

16 **보세구역에 반입된 수입물품의 수입신고의무에 관한 설명으로 틀린 것은?**

① 신고의무기간의 미준수에 따른 가산세 대상물품은 보세구역의 종류와 물품의 특성을 감안하여 관할 세관장이 정한다.

② 신고의무기간은 보세구역 반입일부터 30일 이내이다.

③ 신고의무기간 내에 수입의 신고를 하지 아니한 경우에는 해당 물품의 과세가격의 100분의 2에 상당하는 금액의 범위에서 가산세를 징수한다.

④ 신고지연가산세는 500만원을 초과할 수 없다.

⑤ 관세법 별표 관세율표 상 관세가 무세인 국제운송을 위한 컨테이너는 수입신고를 생략한다.

TIP 신고기한을 경과하여 수입 또는 반송신고를 한 때에는 법에 따라 가산세를 징수한다〈보세화물관리에 관한 고시 제34조(가산세) 제1항〉.

17 **과세물건 확정의 시기에 대한 설명으로 틀린 것은?**

① 수입신고가 수리되기 전에 소비하거나 사용하는 물품(관세법 제239조에 따라 소비 또는 사용을 수입으로 보지 않는 물품은 제외한다) : 해당 물품을 소비하거나 사용한 때

② 도난물품 또는 분실물품 : 해당 물품이 도난되거나 분실된 때

③ 보세운송 신고를 하거나 승인을 받아 보세운송하는 외국물품이 지정된 기간내에 목적지에 도착하지 아니하여 관세를 징수하는 물품

④ 우편으로 수입되는 물품(정식 수입신고 대상물품은 제외한다) : 통관 우체국에 도착한 때

⑤ 관세법 제253조 제1항에 따른 수입신고전 즉시반출신고를 하고 반출한 물품 : 수입신고전 즉시반출신고를 한 때

TIP 보세운송 신고를 하거나 승인을 받아 보세운송하는 외국물품이 지정된 기간내에 목적지에 도착하지 아니하여 관세를 징수하는 물품은 보세운송을 신고하거나 승인받은 때가 과세물건 확정의 시기이다.

※ 과세물건 확정의 시기〈관세법 제16조〉

㉠ 선용품 및 기용품의 하역 등에 따라 관세를 징수하는 물품 : 하역을 허가받은 때

㉡ 보수작업에 따라 관세를 징수하는 물품 : 보세구역 밖에서 하는 보수작업을 승인받은 때

㉢ 장치물품의 폐기에 따라 관세를 징수하는 물품 : 해당 물품이 멸실되거나 폐기된 때

㉣ 보세공장 외 작업 허가에 따라 관세를 징수하는 물품 : 보세공장 외 작업, 보세건설장 외 작업 또는 종합보세구역 외 작업을 허가받거나 신고한 때

㉤ 보세운송기간 경과 시의 징수에 따라 관세를 징수하는 물품 : 보세운송을 신고하거나 승인받은 때

㉥ 수입신고가 수리되기 전에 소비하거나 사용하는 물품 : 해당 물품을 소비하거나 사용한 때

㉦ 수입신고전의 물품 반출에 따른 수입신고전 즉시반출신고를 하고 반출한 물품 : 수입신고전 즉시반출신고를 한 때

㉧ 우편으로 수입되는 물품(정식 수입신고 대상물품 제외한다) : 통관우체국에 도착한 때

㉨ 도난물품 또는 분실물품 : 해당 물품이 도난되거나 분실된 때

㉩ 이 법에 따라 매각되는 물품 : 해당 물품이 매각된 때

㉪ 수입신고를 하지 아니하고 수입된 물품(제1호부터 제10호까지에 규정된 것은 제외한다) : 수입된 때

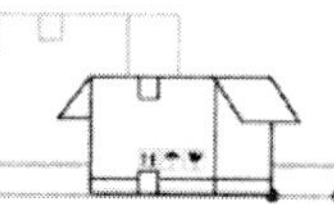

18 첨부서류 없이 신고서에 수입신고사항을 기재하는 간이신고 대상물품이 아닌 것은?

① 국내거주자가 수취하는 해당 물품의 총 가격이 미화 150달러 이하의 물품으로서 자가사용 물품으로 인정되는 면세대상물품

② 외교행낭으로 반입되는 면세대상물품

③ 해당 물품의 총 과세가격이 미화 250불 이하의 면세되는 상용견품

④ 설계도 중에서 수입승인이 면제되는 것

⑤ 외국환거래법에 따라 금융기관이 외환업무를 영위하기 위하여 수입하는 지급수단

TIP 신고서에 의한 간이신고〈수입통관 사무처리에 관한 고시 제71조〉

㉠ 국내거주자가 수취하는 해당 물품의 총 가격이 미화 150달러 이하의 물품으로서 자가사용 물품으로 인정되는 면세대상물품

㉡ 해당 물품의 총 과세가격이 미화 250불 이하의 면세되는 상용견품

㉢ 설계도중 수입승인이 면제되는 것

㉣ 「외국환거래법」에 따라 금융기관이 외환업무를 영위하기 위하여 수입하는 지급수단

19 수출 심사 및 검사에 대한 설명으로 틀린 것은?

① 전자통관심사란 수출신고를 하면 세관 직원의 심사없이 수출통관시스템에서 전자적 방식으로 심사하는 것을 말한다.

② 심사란 심고된 세 번과 신고가격 등 신고사항의 적정여부, 법령에 의한 수출요건의 충족 여부 등을 확인하기 위하여 관련서류(전자 이미지 포함)나 분석결과를 검토하는 것을 말한다.

③ 자율정정이란 심사나 검사대상으로 선별되지 아니한 신고건에 대하여 화주 또는 신고인이 자율적으로 통관시스템을 이용하여 정정하는 것을 말한다.

④ 물품검사란 수출신고된 물품 이외에 은닉된 물품이 있는지 여부와 수출신고사항과 현품의 일치여부를 확인하는 것을 말한다.

⑤ 적재지검사란 수출신고를 한 물품의 소재지에 방문하여 검사하는 것을 말한다.

TIP 적재지검사란 수출물품이 선적되는 적재지 보세구역 또는 적재지 관할 세관장이 별도로 정하는 장소에서 검사하는 것을 말한다.

ANSWER 16.① 17.③ 18.② 19.⑤

20 원산지표시 보수작업에 대한 설명으로 틀린 것은?

① 수입자등이 수입물품의 원산지표시 보수작업을 하고자 하는 때에는 보수 작업승인(신청)서를 세관장에게 제출하여야 한다.

② 원산지가 표시되지 않은 물품의 원산지표시 보수작업을 신청 받은 세관장은 원산지증명서 또는 원산지 증빙서류에 의하여 원산지를 확인한 뒤 이를 승인하여야 한다.

③ 수입자등은 보수작업을 완료한 경우 세관공무원 또는 관세사의 확인을 받아야 한다.

④ 보수작업을 확인한 세관공무원등은 보수작업 완료 후에 상태를 촬영하여 전자통관시스템에 등록하고 통보하여야 한다.

⑤ 보수작업신청, 승인, 작업완료 확인 내역 등록 및 통보는 전자통관시스템에 의하여 할 수 있다.

TIP 수입자 등은 보수작업을 완료한 경우 세관공무원 또는 보세사의 확인을 받아야 한다〈원산지제도 운영에 관한 고시 제17조(원산지표시 보수작업) 제3항〉.

21 관세법상 용어에 대한 설명으로 맞는 것은?

① 관세법 제244조 제1항에 따라 입항전수입신고가 수리된 물품은 외국물품이다.

② 외국의 선박 등이 공해상에서 채집한 수산물로서 수입신고가 수리된 것은 외국물품이다.

③ 수출신고가 수리되었으나 선박에 적재되지 않은 물품은 내국물품이다.

④ 복합환적이란 입국 또는 입항하는 운송수단의 물품을 다른 세관의 관할구역으로 운송하여 출국 또는 출항하는 운송수단으로 옮겨 싣는 것을 말한다.

⑤ 통관이란 관세법에 따른 절차를 이행하여 물품을 수출·수입하는 것을 말하며 반송은 포함되지 않는다.

TIP ① 관세법 제244조 제1항에 따른 입항전수입신고가 수리된 물품은 내국물품이다.
② 외국으로부터 우리나라에 도착한 물품(외국의 선박 등이 공해에서 채집하거나 포획한 수산물 등을 포함한다)으로서 수입의 신고가 수리되기 전의 것이 외국물품이다.
③ 입항전수입신고가 수리된 물품은 내국물품이다.
⑤ 통관이란 이 법에 따른 절차를 이행하여 물품을 수출·수입 또는 반송하는 것을 말한다.

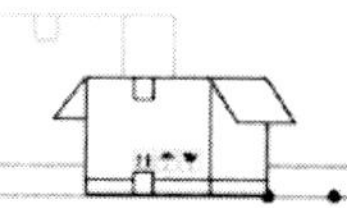

22 **과세가격을 결정하는 경우 외국통화로 표시된 가격을 내국통화로 환산할 때 기준으로 하는 환율은?**

① 대고객 전신환 매입율
② 대고객 현찰 매입율
③ 은행간 전신환율
④ 대고객 전신환 매도율
⑤ 재정환율

TIP 과세환율 … 관세법에 따라 관세평가분류원장은 주요 외국환은행이 전주 월요일부터 금요일까지 매일 최초 고시하는 대고객 전신환매도율을 평균하여 과세환율을 결정하며, 대고객 전신환매도율이 제공되지 않는 경우에는 대고객 현찰 매도율을 평균하여 과세환율을 결정한다〈수입물품 과세가격 결정에 관한 고시 제3조〉.

23 **관세의 과세표준 및 과세물건 확정의 시기에 대한 설명이다. (　　)안에 들어갈 용어를 맞게 나열한 것은?**

> 관세의 관세표준은 수입물품의 (　　) 또는 (　　)으로 한다.
> 관세는 수입신고(입항전수입신고를 포함한다)하는 때의 물품의 (　　)과 (　　)에 따라 부과한다.

① 가격, 수량, 가격, 수량
② 수량, 중량, 수량, 중량
③ 가격, 수량, 성질, 수량
④ 수량, 중량, 가격, 수량
⑤ 가격, 수량, 규격, 수량

TIP
- 관세의 과세표준은 수입물품의 가격 또는 수량으로 한다〈관세법 제15조〉.
- 관세는 수입신고(입항전수입신고를 포함한다)를 하는 때의 물품의 성질과 그 수량에 따라 부과한다〈동법 제16조〉.

ANSWER 20.③ 21.④ 22.④ 23.③

24 수입신고 각하 사유에 해당되지 않은 것은?

① 사위 기타 부정한 방법으로 신고한 경우
② 재해 기타 부득이한 사유로 수입물품이 멸실되었거나 세관의 승인을 얻어 폐기하려는 경우
③ 멸각, 폐기, 공매, 국고귀속이 결정된 경우
④ 출항전 신고나 입항전 신고의 요건을 갖추지 못한 경우
⑤ 출항전 신고나 입항전 신고한 화물이 도착하지 아니한 경우

TIP 신고의 각하〈수입통관 사무처리에 관한 고시 제19조〉
㉠ 사위 기타 부정한 방법으로 신고한 경우
㉡ 멸각, 폐기, 공매 · 경매낙찰, 몰수확정, 국고귀속이 결정된 경우
㉢ 출항전신고나 입항전신고의 요건을 갖추지 아니한 경우
㉣ 출항전신고나 입항전신고한 화물이 도착하지 아니한 경우
㉤ 기타 수입신고의 형식적 요건을 갖추지 못한 경우

25 특송물품에 대한 신고구분 및 수입신고 등의 설명으로 틀린 것은?

① 국내거주자가 수취하는 자가 사용물품 또는 면세되는 상용견품 중 물품가격이 미화 150달러(미합중국과의 협정에 해당하는 물품은 미화 200달러)이하에 해당하는 물품은 목록통관특송물품이다.
② 물품가격이 미화 150달러(미합중국과의 협정에 해당하는 물품은 미화 200달러)를 초과하고 2,000달러 이하인 물품은 간이신고특송물품이다.
③ 물품가격이 미화 2,000달러를 초과하는 물품은 일반수입신고특송물품이다.
④ 우리나라가 체결한 자유무역협정에 따른 원산지증명 면제대상물품에 대하여 협정관세를 적용받고자 하는 자는 구매처(국가) 가격정보가 담긴 구매영수증 등을 세관장에게 제출하여야 한다.
⑤ 목록통관특송물품을 수입통관 하려는 때에는 관세사, 관세법인, 통관취급법인이나 수입화주는 통관목록을 세관장에게 제출하여야 한다.

TIP 신고구분 … 특송업체가 목록통관 특송물품을 수입통관 하려는 때에는 통관목록 작성요령에 따라 작성한 통관목록을 세관장에게 제출하여야 한다〈특송물품 수입통관 사무처리에 관한 고시 제8조〉.

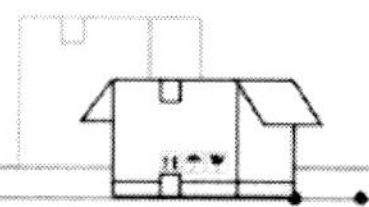

<제2과목> 보세구역관리

1 **특허보세구역의 수용능력 증감에 대한 설명 중 틀린 것은?**

① 운영인은 수용능력을 증감할 필요가 있는 경우 세관장의 승인을 얻어야 한다.
② 특허작업 능력을 변결할 운영시설의 관계도면과 공사내역서를 세관장에게 제출하여야 한다.
③ 운영시설의 증축은 수용능력 증감에 해당하지만, 수선은 해당하지 않는다.
④ 특허를 받은 면적의 범위 내에서 수용능력 변경은 신고로써 승인을 얻은 것으로 본다.
⑤ 수용능력에 대한 공사를 준공한 운영인은 그 사실을 지체 없이 세관장에게 통보하여야 한다.

TIP **수용능력증감 등의 변경** … 특허보세구역의 운영인이 그 장치물품의 수용능력을 증감하거나 그 특허작업의 능력을 변경할 설치 · 운영시설의 증축, 수선 등의 공사를 하고자 하는 때에는 그 사유를 기재한 신청서에 공사내역서 및 관계도면을 첨부하여 세관장에게 제출하여 그 승인을 얻어야 한다〈관세법 시행령 제191조〉.

2 **( )안에 들어갈 내용으로 맞는 것은?**

> 보세구역은 지정보세구역 · 특허보세구역 및 (①)으로 구분하고, 지정보세구역은 지정장치장 및 (②)(으)로 구분하며, 특허보세구역은 (③) · 보세공장 · 보세전시장 · (④) 및 보세판매장으로 구분한다.

	(①)	(②)	(③)	(④)
①	종합보세구역	세관검사장	보세창고	보세건설장
②	합동보세구역	세관검사장	보세장치장	보세건설장
③	종합장치구역	세관장치장	보세창고	보세건설장
④	종합보세구역	보세건설장	보세창고	세관검사장
⑤	합동보세구역	보세창고	세관검사장	보세건설장

TIP **보세구역의 종류** … 보세구역은 지정보세구역 · 특허보세구역 및 종합보세구역으로 구분하고, 지정보세구역은 지정장치장 및 세관검사장으로 구분하며, 특허보세구역은 보세창고 · 보세공장 · 보세전시장 · 보세건설장 및 보세판매장으로 구분한다〈관세법 제154조〉.

ANSWER 24.② 25.⑤ / 1.③ 2.①

3 보세구역 물품의 반출입에 관한 설명 중 틀린 것은?

① 보세구역에 물품을 반입하거나 반출하려는 자는 대통령으로 정하는 바에 따라 세관장에게 신고하여야 한다.

② 보세구역에 물품을 반입하거나 반출하려는 경우, 세관공무원은 해당 물품을 검사할 수 있다.

③ 세관장은 보세구역에 반입할 수 있는 물품의 종류를 제한할 수 있다.

④ 관세청장이 정하는 보세구역에 반입되어 수입신고가 수리된 물품은 장치기간에도 불구하고 수입신고 수리일부터 15일 이내에 해당 물품을 보세구역으로부터 반출하여야 한다.

⑤ 수입신고 수리된 물품이 보세구역의 외국물품 장치에 방해가 되지 않는 경우 세관장의 반출기간 연장 승인을 받지 않아도 반출기한이 연장된다.

TIP 수입신고수리물품의 반출 … 관세청장이 정하는 보세구역에 반입되어 수입신고가 수리된 물품의 화주 또는 반입자는 그 수입신고 수리일부터 15일 이내에 해당 물품을 보세구역으로부터 반출하여야 한다. 다만, 외국물품을 장치하는 데에 방해가 되지 아니하는 것으로 인정되어 세관장으로부터 해당 반출기간의 연장승인을 받았을 때에는 그러하지 아니하다 〈관세법 제157조의2〉.

4 특허보세구역 물품반입 정지사용가 아닌 것은?

① 운영인 또는 그 종업원의 관리소홀로 해당 보세구역에서 밀수행위가 발생한 때

② 운영인 또는 그 종업원이 합법가장 밀수를 인지하고도 세관장에게 보고하지 아니하고 보관 또는 반출할 때

③ 운영인이 특허보세구역을 운영하지 아니하거나 30일이상 계속하여 운영을 휴지하고자 한 때에 세관장에게 통보하지 않은 경우

④ 장치물품에 대한 관세를 납부할 자력이 없다고 인정되는 경우

⑤ 운영인은 최근 1년 동안 3회 이상 경고처분을 받은 때

TIP 세관장은 특허보세구역 운영인이 다음 각 호의 어느 하나에 해당하는 경우에는 기간을 정하여 보세구역에의 물품반입을 정지하여야 한다〈특허보세구역운영에 관한 고시 제18조(행정제재) 제3항〉.

㉠ 장치물품에 대한 관세를 납부할 자력이 없다고 인정되는 경우
㉡ 본인 또는 그 사용인이 법 또는 법에 따른 명령을 위반한 경우. 다만, 동조 규정에 의하여 경고처분을 받은 경우는 제외한다.
㉢ 해당 시설의 미비 등으로 특허보세구역 설영의 목적을 달성하기 곤란하다고 인정되는 경우
㉣ 운영인 또는 그 종업원이 합법가장 밀수를 인지하고도 세관장에게 보고하지 아니하고 보관 또는 반출한 때
㉤ 세관장의 시설구비 명령을 미이행하거나 보관화물에 대한 중대한 관리소홀로 보세화물의 도난, 분실이 발생한 때
㉥ 운영인 또는 그 종업원의 관리소홀로 해당 보세구역에서 밀수행위가 발생한 때
㉦ 운영인이 최근 1년 동안 3회 이상 경고처분을 받은 때

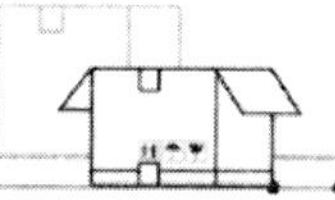

5 보세전시장에 반입이 허용되는 외국물품의 범위에 해당하지 않은 것은?

① 보세전시장에 설치될 전시관, 사무소, 창고, 건조물의 건설유지 또는 철거를 위하여 사용될 물품
② 박람회 등의 주최자 또는 국내 대행자가 보세전시장에서 그 업무수행을 위하여 사용할 물품
③ 보세전시장에서 불특정다수의 관람자에게 오락용으로 관람시키거나 사용하게 할 물품
④ 보세전시장에서 불특정다수의 관람자에게 판매할 것을 목적으로 하는 물품
⑤ 보세전시장에서 불특정다수의 관람자에게 증여할 것을 목적으로 하는 물품

TIP 반입물품의 범위<보세전시장 운영에 관한 고시 제9조>

㉠ 건설용품 : 해당 보세전시장에 설치될 전시관, 사무소, 창고, 그 밖의 건조물의 건설유지 또는 철거를 위하여 사용될 물품을 말하며, 여기에는 시멘트, 도료류, 접착제, 볼트, 합판 등의 건축자재와 토목기계, 건축기계, 각종 공구 및 이에 사용될 연료나 기계류 등이 포함된다.
㉡ 업무용품 : 해당 박람회 등의 주최자 또는 출품자가 보세전시장에서 그 업무수행을 위하여 사용할 물품을 말하며 여기에는 사무소 또는 전시관에 비치된 가구, 장식품, 진열용구, 사무용비품 및 소모품 등이 포함된다.
㉢ 오락용품 : 해당 보세전시장에서 불특정다수의 관람자에게 오락용으로 관람시키거나 사용하게 할 물품을 말하며 영화필름, 슬라이드, 회전목마 등이 포함된다.
㉣ 전시용품 : 해당 보세전시장에서 전시할 물품을 말한다.
㉤ 판매용품 : 해당 보세전시장에서 불특정다수의 관람자에게 판매할 것을 목적으로 하는 물품을 말하며, 판매될 물품이 전시할 기계류의 성능실연을 거쳐서 가공 · 제조되는 것인 때에는 이에 사용될 원료도 포함된다.
㉥ 증여물품 : 해당 보세전시장에서 불특정다수의 관람자에게 증여할 것을 목적으로 하는 물품을 말하며, 다음과 같은 것이 이에 포함된다.

- 광고용의 팸플릿(pamphlet), 카탈로그(catalog), 포스터(poster) 또는 이와 유사한 인쇄물
- 관세가 면제될 진정견본
- 관세가 면제될 소액 증여품

6 영업용 보세창고 특허요건으로 틀린 것은?

① 지붕이 있고 주의에 벽을 가진 지상건축물로서 고내면적이 500㎡ 이상이어야 한다.
② 건물의 용도가 건축법상 보관하려는 보세화물의 보관에 적합하여야 한다.
③ 해당 창고시설을 임차하고 있는 경우, 신청일 현재 잔여 임차기간이 중장기적 사업계획을 추진할 수 있을 만큼 충분하여야 한다.
④ 특허신청인은 내부화물관리 규정을 작성하여 세관장에게 제출하여야 한다.
⑤ 화물반출입, 통관절차 이행 및 화물관리업무를 위하여 필요한 장비와 설비를 갖추어야 한다.

TIP 지붕이 있고 주위에 벽을 가진 지상건축물로서 고내면적이 1,000㎡ 이상이어야 한다<특허보세구역운영에 관한 고시 제10조(영업용 보세창고의 요건) 제1항>.

ANSWER 3.⑤ 4.③ 5.② 6.①

7 **보세공장의 설치 · 운영 특허 제한사유에 대한 설명으로 틀린 것은?**

① 위험물품을 취급하는 경우 관세청장의 별도 승인을 받지 아니한 자
② 라벨표시, 용기변경, 단순조립 등 보수작업만을 목적으로 하는 경우
③ 폐기물을 원재료로 하여 제조 · 가공하려는 경우
④ 손모율이 불안정한 농 · 수 · 축산물을 원재료로 하여 제조 · 가공하려는 경우
⑤ 보세작업의 전부를 장외작업에 의존할 경우

TIP 특허의 제한〈보세공장 운영에 관한 고시 제8조 제2항〉
㉠ 보수작업만을 목적으로 하는 경우
㉡ 폐기물을 원재료로 하여 제조 · 가공하려는 경우
㉢ 손모율이 불안정한 농 · 수 · 축산물을 원재료로 하여 제조 · 가공하려는 경우
㉣ 보세작업의 전부를 장외작업에 의존할 경우

8 **보세구역 운영인이 세관장에게 지체없이 보고해야 할 사유에 해당하지 않는 것은?**

① 관세법 제175조 및 제179조 제1항에 의거 운영인의 결격사유와 특허의 효력상실 사유가 발생한 때
② 도난, 화재, 침수, 기타사고가 발생할 우려가 있을 때
③ 보세구역에 장치한 물품이 선적서류, 보세운송신고필증 또는 포장 등에 표기된 물품과 상이한 사실을 발견한 때
④ 보세구역에 종사하는 직원을 채용하거나 면직한 때
⑤ 보세구역의 건물, 시설 등에 관하여 소방서 등 행정관청으로부터 시정명령을 받은 때

TIP 운영인은 다음 각 호의 사유가 발생한 때에는 지체 없이 세관장에게 보고 하여야 한다〈특허보세구역운영에 관한 고시 제17조(운영인의 의무)〉.
㉠ 관세법 제175조 및 제179조 제1항에 의거 운영인의 결격사유와 특허의 효력상실 사유가 발생한 때
㉡ 도난, 화재, 침수, 기타사고가 발생한 때
㉢ 보세구역에 장치한 물품이 선적서류, 보세운송신고필증 또는 포장등에 표기된 물품과 상이한 사실을 발견한 때
㉣ 보세구역에 종사하는 직원을 채용하거나 면직한 때
㉤ 보세구역의 건물, 시설등에 관하여 소방서등 행정관청으로부터 시정명령을 받은 때

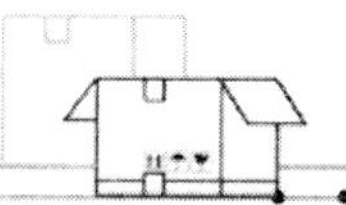

9 **영업용 보세창고 신규특허와 관련하여 세관장이 관할 지역의 수출입 물동량 요건을 적용해야 하는 경우에 해당하는 것은?**

① 국가 산업의 일환으로 조성되는 공항만 및 물류단지
② 다른 세관 관할로 보세창고 소재지를 이동하는 경우
③ 해당 지역 최초로 특수화물을 장치하기 위한 경우
④ 기존 보세창고를 인수하는 경우
⑤ 집단화 물류시설에 입주하는 경우

TIP 세관장은 다음 각 호의 어느 하나에 해당하는 경우에는 관할 지역의 수출입 물동량 요건을 적용하지 아니할 수 있다〈특허보세구역운영에 관한 고시 제10조(영업용보세창고의 요건) 제4항〉.
㉠ 승계신고 대상인 상속인 또는 승계법인
㉡ 제12조 제2항 또는 제3항에 해당하는 경우
㉢ 국가 산업의 일환으로 조성되는 공항만, 물류단지
㉣ 동일세관 관할 내에서 보세창고 소재지를 단순 이동(변경)하는 경우
㉤ 수출입 안전관리 우수 공인업체(보세구역운영인) 공인기준에 준하는 요건 등을 본부세관별로 설정•운영하는 경우
㉥ 해당 지역 최초로 특수화물을 장치하기 위한 경우
㉦ 기존 보세창고를 인수하는 경우
㉧ 집단화 물류시설에 입주하는 경우
㉨ 수출입화물의 유통구조 개선 및 물류비 절감 등을 위해 조성된 컨테이너 내륙물류기지(ICD)

10 **세관장이 특허보세구역 운영인에게 주의처분할 수 있는 경우로 틀린 것은?**

① 도난, 화재, 침수, 기타사고 발생과 관련하여 지체없이 보고하지 아니한 때
② 보세구역 수용능력 증감 관련 세관장에게 승인을 받지 아니한 때
③ 특허보세구역 특허수수료를 납부하지 아니한 때
④ 보세화물 반입 즉시 반입신고서를 제출하지 아니한 때
⑤ 보세창고 운영상황을 다음 해 2월말까지 세관장에게 보고하지 아니한 때

TIP 세관장은 다음 각 호의 어느 하나에 해당하는 경우에는 주의처분을 할 수 있으며, 1년 이내에 주의처분을 3회 받은 때에는 경고 1회로 한다. 다만, 현장점검, 감사 등의 결과에 따라 적발된 수개의 동일 위반사항에 대해서는 1건으로 처분할 수 있다〈특허보세구역운영에 관한 고시 제18조(행정제재) 제1항〉.
㉠ 제17조 제2항 제2호 · 제3호 · 제4호 · 제5호, 제4항, 제20조 제1항을 위반한 경우
㉡ 「보세화물관리에 관한 고시」 제5조 제4항, 제9조 제1항 · 제3항 · 제5항, 제10조 제1항 · 제2항 · 제3항 · 제5항, 제11조, 제12조 제5항, 제13조 제3항, 제17조 제2항, 제32조를 위반한 경우

ANSWER 7.① 8.① 9.② 10.②

11 수입활어장치장의 시설요건에 대한 설명으로 틀린 것은?

① 수조외벽은 각각의 수조가 물리적 · 영구적으로 분리되는 구조이어야 하며 수조사이에 활어가 이동할 수 없도록 충분한 높이를 갖추어야 한다.
② 폐쇄회로 텔레비전(CCTV)은 각각의 출입구와 2개의 수조당 1대이상 설치하여야 하며 활어의 검량 감시용 이동식 폐쇄회로 텔레비전(CCTV)을 1대이상 보유하여야 한다.
③ 영상녹화시설은 폐쇄회로 텔레비전(CCTV) 영상을 상시 녹화할 수 있고 녹화된 영상을 30일 이상 보관할 수 있는 감시장비를 보유하여야 한다.
④ 폐사어를 장치할 수 있는 냉동 · 냉장 보관시설은 필요시 설치하여 보유할 수 있다.
⑤ 세관장이 폐쇄회로 텔레비전(CCTV) 영상을 인터넷 망을 통해 실시간으로 확인할 수 있도록 폐쇄회로 텔레비전(CCTV) 인터넷 망 접속권한 부여 등의 조치를 하여야 한다.

TIP 운영인등은 폐사어를 별도의 냉동 · 냉장시설에 B/L별로 구분하여 보관하여야 한다〈수입활어 관리에 관한 특례고시 제12조(폐사어의 관리)〉.

12 보세건설장 물품관리에 관한 설명으로 틀린 것은?

① 운영인은 보세건설장에 외국물품을 반입하였을 때에는 사용 전에 해당 물품의 수입신고를 하여야 한다.
② 운영인은 수입신고한 물품을 사용한 건설공사가 완료된 때에는 보세건설장 완료보고서를 세관장에게 제출하여야 한다.
③ 운영인이 보세건설장에 물품을 반출입하려는 경우 세관장에게 반출입신고를 하여야 한다.
④ 운영인은 보세건설장 작업이 종료한 때에는 수입신고한 물품 중 잉여물품을 세관장에게 보고하여야 하며, 세관장은 잉여물품에 대하여 관세와 내국세 징수 등 해당 세액을 결정하여야 한다.
⑤ 운영인은 보세건설장에서 건설된 시설의 전부 또는 일부를 수입신고 후 가동할 수 있다.

TIP 보세건설품의 가동제한 … 운영인은 보세건설장에서 건설된 시설의 전부 또는 일부를 법에 따른 수입신고가 수리되기전에 가동할 수 없다. 다만, 세관장의 승인을 받고 시험목적으로 일시 가동한 경우에는 그러하지 아니하다〈보세건설장 관리에 관한 고시 제14조〉.

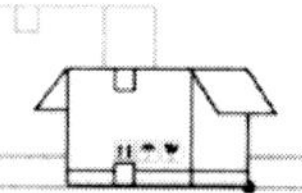

13 보세판매장 운영에 관한 고시에서 규정하는 용어의 정의로 틀린 것은?

① 출국장면세점이란 출국장에서 출국인 및 통과여객기(선)에 의한 임시체류인에게 판매하는 보세판매장을 말한다.

② 판매장이란 판매물품을 실제로 판매하는 장소인 매장을 말하며 계단 · 에스컬레이터 · 사무실 등 물품판매와 직접 관련 없는 공용시설은 제외한다.

③ 인도장이란 시내면세점 및 전자상거래에 의하여 판매한 물품을 구매자에게 인도하기 위한 곳으로 출국장 보세구역내 설치장소, 항공화물탁송보세구역 등을 말한다.

④ 보세판매장 협의단체란 운영인의 공정한 상거래질서를 자율적으로 확립하고 보세판매장제도의 발전을 위하여 설립된 비영리법인을 말한다.

⑤ 통합물류창고란 보세판매장 협의단체장이 회원사의 원활한 보세화물관리와 물류지원을 위하여 보세판매장의 보관창고와 동일한 기능을 수행하기 위해 설치한 곳을 말한다.

TIP 판매장이란 판매물품을 실제로 판매하는 장소인 매장과 계단 · 에스컬레이터 · 화장실 · 사무실 등 물품판매와 직접 관련이 없는 공용시설을 말한다.

14 세관장이 지정보세구역으로 지정할 수 있는 구역이 아닌 것은?

① 국가가 소유하거나 관리하는 토지

② 지방자치단체가 소유하거나 관리하는 건물

③ 공공기관이 소유하거나 관리하는 토지나 건물

④ 공항시설을 관리하는 법인이 소유하거나 관리하는 토지나 건물

⑤ 항만시설을 관리하는 법인이 소유하거나 관리하는 토지나 건물

TIP 세관장은 다음 각 호의 어느 하나에 해당하는 자가 소유하거나 관리하는 토지 · 건물 또는 그 밖의 시설을 지정보세구역으로 지정할 수 있다〈관세법 제166조(지정보세구역의 지정) 제1항〉.

㉠ 국가
㉡ 지방자치단체
㉢ 공항시설 또는 항만시설을 관리하는 법인

ANSWER 11.④ 12.⑤ 13.② 14.③

15 특허보세구역의 특허취소 사유에 대한 설명으로 틀린 것은?

① 세관장은 특허보세구역 운영인이 거짓이나 그 밖의 부정한 방법으로 특허를 받은 경우에는 특허를 취소하여야 한다.
② 세관장은 특허보세구역 운영인이 1년 이내에 3회 이상 물품반입 등의 정지처분을 받은 경우 특허를 취소할 수 있다.
③ 세관장은 특허보세구역 운영인이 2년이상 물품의 반입실적이 없어서 세관장이 특허보세구역의 설치목적을 달성하기 곤란하다고 인정하는 경우 특허를 취소할 수 있다.
④ 세관장은 특허보세구역 운영인이 관세법 제177조의2를 위반하여 명의를 대여한 경우 특허를 취소하여야 한다.
⑤ 세관장은 해당시설의 미비 등으로 특허보세구역의 설치 목적을 달성하기 곤란하다고 인정되는 경우 특허를 취소할 수 있다.

TIP 특허보세구역의 특허취소 사유〈관세법 제178조 제2항〉
㉠ 거짓이나 그 밖의 부정한 방법으로 특허를 받은 경우
㉡ 운영인의 결격 사유 중 어느 하나에 해당하게 된 경우
㉢ 최근 1년 동안 3회 이상 물품반입의 정지처분(과징금 부과처분을 포함한다)을 받은 경우
㉣ 2년 이상 물품의 반입실적이 없는 경우

16 특허보세구역 특허의 효력 상실에 대한 설명으로 틀린 것은?

① 운영인이 특허보세구역을 운영하지 아니하게 된 경우 그 효력은 상실한다.
② 특허보세구역의 특허기간이 만료한 경우 특허의 효력은 상실한다.
③ 운영인이 해산하거나 사망한 경우 특허의 효력은 상실한다.
④ 특허보세구역 특허의 효력이 상실되었을 때에는 운영인은 해당 특허보세구역에 있는 외국물품을 지체없이 수입통관 하여야 한다.
⑤ 특허보세구역의 특허가 취소된 경우에는 특허의 효력은 상실한다.

TIP 특허보세구역의 설치·운영에 관한 특허는 다음에 해당하면 그 효력을 상실한다〈관세법 제179조(특허의 효력상실 및 승계) 제1항〉.
㉠ 운영인이 특허보세구역을 운영하지 아니하게 된 경우
㉡ 운영인이 해산하거나 사망한 경우
㉢ 특허기간이 만료한 경우
㉣ 특허가 취소된 경우

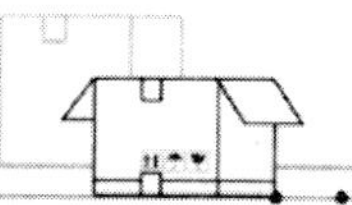

17 **보세공장의 제품과세와 원료과세에 대한 설명 중 틀린 것은?**

① 외국물품이나 외국물품과 내국물품을 원료로 하거나 재료로 하여 작업하는 경우 그로써 생긴 물품은 외국으로부터 우리나라에 도착한 것을 본다.

② 세관장의 승인을 받고 외국물품과 내국물품을 혼용하는 경우에는 그로써 생긴 제품 중 해당 외국물품의 수량 또는 가격에 상응하는 것은 외국으로부터 우리나라에 도착한 물품으로 본다.

③ 보세공장에서 제조된 물품을 수입하는 경우 사용신고 전에 미리 세관장에게 물품의 원료인 외국물품의 과세 적용을 신청한 경우에는 사용신고를 할 때의 그 원료의 성질과 수량에 따라 관세를 부과한다.

④ 보세공장에 대하여는 1년의 범위 내에서 원료별, 제품별 또는 보세공장 전체에 대하여 원료과세 신청을 할 수 있다.

⑤ 원료과세는 최근 2년간 생산되어 판매된 물품 중 수출된 물품의 가격비율이 100분의 50미만인 경우에만 적용할 수 있다.

TIP 원료과세는 최근 2년간 생산되어 판매된 물품 중 수출된 물품의 가격비율이 100분의 50 이상인 경우에만 적용할 수 있다〈보세공장 운영에 관한 고시 제12조의2(원료과세)〉.

18 **보세판매장 판매한도에 대한 설명이다. (　　)안에 들어갈 내용을 순서대로 나열한 것은?**

> 보세판매장의 운영인이 외국에서 국내로 입국하는 사람에게 물품 ((①)은 제외한다)을 판매하는 때에는 (②)의 한도에서 판매해야 한다.

	(①)	(②)
①	담배 · 향수 · 술	미화 600달러
②	담배 · 향수 · 술	미화 1,000달러
③	화장품 · 향수 · 술	미화 600달러
④	담배 · 향수 · 술	미화 1,000달러
⑤	담배 · 향수 · 술	미화 600달러

TIP 운영인은 입국인에게 미화 600달러 이하의 구매한도 범위 내에서 물품을 판매하여야 한다. 이 경우 술 · 담배 · 향수는 별도 면세범위 내에서만 판매할 수 있다〈보세판매장 운영에 관한 고시 제5조(구매자 및 구매총액) 제5항〉.

ANSWER 15.⑤ 16.④ 17.⑤ 18.①

19 보세구역에 장치된 물품에 대한 해체 · 절단 등의 작업에 관한 설명으로 맞는 것은?

① 보세구역에 장치된 물품은 그 현상을 유지하기 위하여 필요한 작업과 그 성질을 변하지 아니하게 하는 범위에서 분할 · 합병 등을 할 수 있다.

② 해체 · 절단 등의 작업을 하려는 자는 세관장에게 신고하여야 한다.

③ 세관장은 해체 · 절단 등의 신청을 받은 날로부터 7일 이내에 허가여부를 신청인에게 통지하여야 한다.

④ 해체 · 절단 등의 작업을 할 수 있는 물품의 종류는 세관장이 정한다.

⑤ 세관장은 수입신고한 물품에 대하여 필요하다고 인정될 때에는 화주 또는 그 위임을 받은 자에게 해체 · 절단 등의 작업을 명할 수 있다.

TIP 해체 · 절단 등의 작업〈관세법 제159조〉

㉠ 보세구역에 장치된 물품에 대하여는 그 원형을 변경하거나 해체 · 절단 등의 작업을 할 수 있다.

㉡ 해체 · 절단 등의 작업을 하려는 자는 세관장의 허가를 받아야 한다.

㉢ 세관장은 허가의 신청을 받은 날부터 10일 이내에 허가 여부를 신청인에게 통지하여야 한다.

㉣ 세관장이 ㉢에서 정한 기간 내에 허가 여부 또는 민원 처리 관련 법령에 따른 처리기간의 연장을 신청인에게 통지하지 아니하면 기간이 끝난 날의 다음 날에 허가를 한 것으로 본다.

㉤ 해체 · 절단 등의 작업을 할 수 있는 물품의 종류는 관세청장이 정한다.

㉥ 세관장은 수입신고한 물품에 대하여 필요하다고 인정될 때에는 화주 또는 그 위임을 받은 자에게 해체 · 절단 등의 작업을 명할 수 있다.

20 외국으로 출국하는 내국인의 보세판매장 판매한도 금액으로 맞는 것은?

① 미화 2,000달러

② 미화 3,000달러

③ 미화 4,000달러

④ 미화 5,000달러

⑤ 미화 6,000달러

TIP 운영인은 출국하는 내국인에게 미화 5,000달러 이하의 구매한도 범위 내에서 물품을 판매하여야 한다〈보세판매장 운영에 관한 고시 제5조(구매자 및 구매총액) 제4항〉.

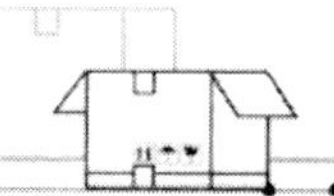

21 **종합보세구역에서 세관장이 내국물품 반출입신고를 생략하게 할 수 있는 물품이 아닌 것은?**

① 관세법 제185조 제2항의 규정에 의하여 세관장의 허가를 받고 내국물품만을 원료로 하여 제조 · 가공 등을 하는 경우 그 원료 또는 재료

② 관세법 제188조 단서의 규정에 의한 혼용작업에 소요되는 원재료

③ 관세법 제196조의 규정에 의한 보세판매장에서 판매하고자 하는 물품

④ 관세법 제190조의 규정에 의한 보세전시장에서 판매하고자 하는 물품

⑤ 당해 내국물품이 외국에서 생산된 물품으로서 종합보세구역안의 외국물품과 구별되는 필요가 있는 물품(보세전시장의 기능을 수행하는 경우에 한한다)

TIP 내국물품 반출입신고의 생략〈관세법 시행규칙 제70조〉

㉠ 세관장의 허가를 받고 내국물품만을 원료로 하여 제조 · 가공 등을 하는 경우 그 원료 또는 재료

㉡ 혼용작업에 소요되는 원재료

㉢ 보세판매장에서 판매하고자 하는 물품

㉣ 당해 내국물품이 외국에서 생산된 물품으로서 종합보세구역안의 외국물품과 구별되는 필요가 있는 물품(보세전시장의 기능을 수행하는 경우에 한한다)

22 **보세판매장 운영인의 의무에 대한 설명으로 틀린 것은?**

① 시내면세점 운영인은 해당 보세판매장에 중소 · 중견기업 제품 매장을 설치하여야 한다.

② 운영인은 면세물품의 교환 · 환불절차 및 유의사항을 팜플렛, 인터넷홈페이지와 게시판 등을 통하여 홍보하여야 한다.

③ 외화로 표시된 물품을 표시된 외화 이외의 통화로 판매하는 때에는 해당 물품을 판매하는 날의 전일의 관세법에 의한 기준환율 또는 재정환율을 적용한다.

④ 운영인은 해당 월의 보세판매장의 업무사항을 다음 달 7일까지 보세판매장 반출입물품 관리를 위한 전산시스템을 통하여 세관장에게 보고하여야 한다.

⑤ 보세판매장에 근무하는 소속직원과 판촉사원 등이 보세판매장 협의단체에서 주관하는 교육을 연 1회 이상 이수하도록 하여야 한다.

TIP 운영인이 외화로 표시된 물품을 표시된 외화이외의 통화로 판매하는 때에는 다음 각 호의 사항을 준수하여야 한다〈보세판매장 운영에 관한 고시 제3조(운영인의 의무) 제4항〉.

㉠ 해당 물품을 판매하는 날의 전일(최종 고시한 날을 말한다)의 「외국환거래법」에 의한 기준환율 또는 재정환율을 적용

㉡ 당일 적용하는 환율을 소수점 이하 3자리에서 버린 후, 소수점 이하 2자리까지 표시

㉢ 당일 적용환율을 정문입구 또는 구매자가 잘 볼 수 있는 곳(전자상거래에 의한 판매는 인터넷 홈페이지)에 게시

ANSWER 19.⑤ 20.④ 21.④ 22.③

23 **보세구역에 장치된 물품에 이상이 있는 경우 세관장에게 제출해야 하는 이상신고서에 기재할 내용이 아닌 것은?**

① 해당 물품의 품명 · 규격 · 수량 및 가격
② 당해 물품의 포장의 종류 · 번호 및 개수
③ 장치장소 및 장치사유
④ 장치하는 물품의 종류 및 수용능력
⑤ 발견연원일, 이상의 원인 및 상태

TIP **물품이상의 신고** … 보세구역이 아닌 장소에 장치된 물품에 이상이 있는 때에는 다음 각호의 사항을 기재한 신고서를 세관장에게 제출하여야 한다〈관세법 시행령 제182조〉.

㉠ 장치장소 및 장치사유
㉡ 수입물품의 경우 당해 물품을 외국으로부터 운송하여 온 선박 또는 항공기의 명칭 또는 등록기호 · 입항예정연월일 · 선하증권번호 또는 항공화물운송장번호
㉢ 해당 물품의 내외국물품별 구분과 품명 · 규격 · 수량 및 가격
㉣ 당해 물품의 포장의 종류 · 번호 및 개수
㉤ 장치장소
㉥ 발견연월일
㉦ 이상의 원인 및 상태

24 **지정장치장에 반입한 물품의 보관책임에 대한 설명 중 틀린 것은?**

① 반입한 물품은 지정장치장의 소유자가 보관 책임을 진다.
② 세관장은 지정장치장의 질서유지와 화물의 안전관리를 위하여 필요하다고 인정할 때는 화물관리인을 지정할 수 있다.
③ 세관장이 관리하는 시설이 아닌 경우에는 시설의 소유자나 관리자와 협의하여 화물관리인을 지정하여야 한다.
④ 화물관리인은 화물관리에 필요한 비용을 화주로부터 징수할 수 있다.
⑤ 화물관리인이 화주로부터 징수하는 비용의 요율에 대하여는 세관장의 승인을 받아야 한다.

TIP 지정장치장에 반입한 물품은 화주 또는 반입자가 그 보관의 책임을 진다〈관세법 제172조(물품에 대한 보관책임) 제1항〉.

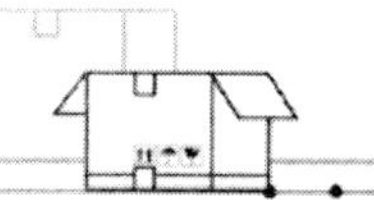

25 보세공장에 대한 설명으로 틀린 것은?

① 보세공장에서 내국물품만을 원료로 하거나 재료로 하여 제조 · 가공하거나 그 밖에 이와 비슷한 작업을 하고자 하는 자는 세관장의 허가를 받아야 한다.

② 세관장은 내국작업 허가의 신청을 받은 날부터 10일 이내에 허가 여부를 신청인에게 통지하여야 한다.

③ 세관장이 내국작업 허가의 신청을 받은 날부터 10일 이내에 신청인에게 민원 처리 관련 법령에 따른 처리기간의 연장을 통지하지 아니하면 그 기간이 끝난 날의 다음 날에 허가한 것으로 본다.

④ 보세공장 중 수압하는 물품을 제도 · 가공하는 것을 목적으로 하는 보세공장의 업종은 기획재정부령으로 정하는 바에 따라 제한할 수 있다.

⑤ 보세공장에 반입되어 사용신고한 외국물품은 다른 법령에 따라 허가 · 승인 · 표시를 갖출 필요가 있는 물품임을 증명하지 않아도 된다.

TIP 사용신고를 한 외국물품이 다음 각 호의 법률에 따라 수입요건을 갖출 필요가 있는 물품인 경우에는 세관장에게 그 요건을 갖춘 것임을 증명하여야 한다〈보세공장 운영에 관한 고시 제18조(사용신고 및 검사) 제2항〉.

㉠ 「마약류관리에관한법률」
㉡ 「식물방역법」
㉢ 「야생생물 보호 및 관리에 관한 법률」
㉣ 「총포 · 도검 · 화약류 등의 안전관리에 관한 법률」
㉤ 「수산생물질병관리법」
㉥ 「가축전염병예방법」
㉦ 「폐기물의 국가 간 이동 및 그 처리에 관한 법률」
㉧ 「약사법」(오 · 남용우려 의약품 한정)
㉨ 「수입식품안전관리특별법」
㉩ 「통신비밀보호법」
㉪ 「화학물질관리법」(금지물질, 제한물질에 한함)
㉫ 「방위사업법」

ANSWER 23.④ 24.① 25.⑤

<제3과목> 보세화물관리

1 환적화물의 처리절차에 대한 설명으로 틀린 것은?

① 컨테이너에서 적출하지 않고 동일한 목적지로 보세운송하는 LCL화물은 House B/L 단위로 보세운송 신고를 하여야 한다.

② 환적화물을 보세운송하려는 자는 입항 선박 또는 항공기의 House B/L단위로 세관장에게 보세운송 신고를 하여야 한다.

③ 보세운송 물품이 컨테이너화물(LCL화물을 포함한다)인 경우에는 최초도착지 보세구역 운영인(보세사를 포함한다)의 확인을 받아 컨테이너를 개장하여야 한다.

④ 일괄운송 환적화물의 운송기한은 하선신고일부터 7일로 한다.

⑤ 보수작업 신청인이 보수작업을 완료할 때에는 보수작업 완료보고서를 세관장에게 제출하고 그 확인을 받아야 한다.

TIP 컨테이너에서 적출하지 아니하고 동일한 목적지로 보세운송하는 LCL화물은 Master B/L 단위로 신고할 수 있다〈환적화물 처리절차에 관한 특례고시 제7조(보세운송) 제1항 제2호〉.

2 적하목록 정정신청을 생략할 수 있는 대상으로 틀린 것은?

① 산물(예 : 광물과 원유 등)로서 그 중량의 과부족이 5%이내인 경우

② 용적물품(예 : 원목 등)으로서 그 용적의 과부족이 5%이내인 경우

③ 포장파손이 용이한 물품(예 : 비료 등) 및 건습에 따라 중량의 변동이 심한 물품(예 : 펄프 등)으로서 그 중량의 과부족이 5%이내인 경우

④ 포장단위 물품으로서 수량의 과부족이 10%이내이고 포장상태에 이상이 없는 경우

⑤ 적하목록 이상사유가 단순 기재오류 등으로 확인되는 경우

TIP 포장단위 물품으로서 중량의 과부족이 10%이내이고 포장상태에 이상이 없는 경우〈보세화물 입출항 하선 하기 및 적재에 관한 고시 제13조(적하목록 정정생략) 제1항〉

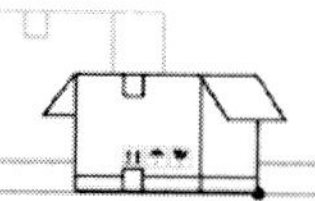

3 **보세화물 반출통고의 주체에 대한 설명으로 틀린 것은?**

① 자가용보세창고에 반입한 물품의 반출통고는 화물관리인이 화주 등에게 한다.
② 보세공장에 반입한 물품의 반출통고는 관할세관장이 화주 등에게 한다.
③ 보세구역외장치장에 반입한 물품의 반출통고는 관할세관장이 화주 등에게 한다.
④ 영업용보세창고에 반입한 물품의 반출통고는 보세구역운영인이 화주 등에게 한다.
⑤ 지정장치장에 반입한 물품의 반출통고는 화물관리인이 화주 등에게 한다.

TIP 보세전시장, 보세건설장, 보세판매장, 보세공장, 보세구역외장치장, 자가용보세창고에 반입한 물품에 대해서는 관할세관장이 화주나 반입자 또는 그 위임을 받은 자에게 반출통고 한다〈보세화물장치기간 및 체화관리에 관한 고시 제6조(반출통고의 주체, 대상 및 내용) 제1항〉.

4 **과세법상 운송수단에 대한 설명으로 틀린 것은?**

① 외국무역선이나 외국무역기는 개항에 한정하여 운항할 수 있다. 다만, 개항이 아닌 지역에 출입의 허가를 받은 경우에는 그러하지 아니한다.
② 세관장은 외국무역선이 개항에 입항하여 입항절차를 마친 후 다시 우리나라의 다른 개항에 입항할 때에는 서류제출의 생략 등 간소한 절차로 입출항하게 할 수 있다.
③ 세관장은 개항이 아닌 지역에 대한 출입허가의 신청을 받은 날부터 14일 이내에 허가 여부를 신청인에게 통지하여야 한다.
④ 외국무역선이나 외국무역기가 개항을 출항하려면 선장이나 기장은 출항하기 전에 세관장에게 출항허가를 받아야 한다.
⑤ 외국무역선의 선장 또는 외국무역기의 기장은 개항이 아닌 지역에 출입허가를 받을려면 허가수수료를 납부하여야 한다.

TIP 세관장은 개항이 아닌 지역에 대한 출입허가의 신청을 받은 날부터 10일 이내에 허가 여부를 신청인에게 통지하여야 한다〈관세법 제134조(개항 등에의 출입) 제3항〉.

ANSWER 1.① 2.④ 3.① 4.⑤

5 **외국물품의 장치기간 경과물품 매각처분 등에 대한 설명으로 틀린 것은?**

① 세관장은 수출입 또는 반송할 것이 확실하다고 인정하는 경우에만 4개월의 범위에서 필요한 기간을 정하여 매각처분을 보류할 수 있다.

② 세관장은 매각처분 보류사유의 해소여부를 수시로 확인하여 그 사유가 해제된 때에는 즉시 매각처분을 하여야 한다.

③ 세관장은 매각처분 보류결정을 한 경우에는 세관화물정보시스템에 공매보류등록을 하여야 한다.

④ 매각처분을 보류하려는 자는 장치기간 경과물품 매각처분 보류신청서를 세관장에게 낙찰 후 반출 진까지 제출하여 그 승인을 받아야 한다.

⑤ 화주의 의무는 다하였으나 통관지연의 귀책사유가 국가에 있는 경우 세관장은 매각처분을 보류할 수 있다.

TIP 매각처분을 보류하려는 자는 장치기간 경과물품 매각처분 보류신청(승인)서에 다음 각 호의 서류를 첨부하여 세관장에게 제출하고 입찰 전까지 그 승인을 받아야 한다〈보세화물장치기간 및 체화관리에 관한 고시 제10조(매각처분 보류요청) 제1항〉.

㉠ 사유서

㉡ 송품장 등 화주임을 증명하는 서류

㉢ 그 밖에 세관장이 사실 확인을 위하여 필요하다고 인정하는 서류

6 **세관장이 매각물품에 대하여 수의계약을 할 수 있는 것은?**

① 1회 이상 경쟁입찰에 붙여도 매각되지 아니하는 경우(단독 응찰한 경우를 포함한다)로서 다음 회의 입찰에 체감될 예정가격 이상의 응찰자가 없을 때

② 1회 공매의 매각예정가격이 100만원 미만일 때

③ 경쟁입찰 방법으로 매각함이 공익에 반하는 때

④ 공매절차가 종료된 물품을 국고귀속 예정통고 후에 최종 예정가격이상으로 매수하려는 자가 있을 때

⑤ 부패 등의 우려 물품으로서 5일 이내에 매각되지 아니하면 상품가치가 저하될 우려가 있을 때

TIP 수의계약〈보세화물장치기간 및 체화관리에 관한 고시 제22조〉.

㉠ 1회 이상 경쟁입찰에 붙여도 매각되지 아니한 경우(단독 응찰한 경우를 포함한다)로서 다음 회의 입찰에 체감될 예정가격 이상의 응찰자가 있을 때

㉡ 공매절차가 종료된 물품을 국고귀속 예정통고 전에 최종예정가격 이상의 가격으로 매수하려는 자가 있을 때

㉢ 부패, 손상, 변질 등의 우려가 있는 물품으로서 즉시 매각되지 아니하면 상품가치가 저하될 우려가 있을 때

㉣ 1회 공매의 매각예정가격이 50만원 미만인 때

㉤ 경쟁입찰 방법으로 매각함이 공익에 반하는 때

7 보세운송 물품검사에 대한 설명으로 틀린 것은?

① 세관장은 보세운송신고한 물품의 감시단속을 위하여 필요하다고 인정하면 화물관리공무원에게 검사하게 할 수 있다.
② 세관장은 물품검사시 신고인 또는 화중의 입회가 필요한 경우 입회하게 할 수 있다.
③ 세관장은 신고인 또는 화주로부터 입회요청을 받은 때에는 입회하게 할 수 있다.
④ 세관장은 개장검사를 실시한 경우 그 결과를 세관화물정보시스템에 등록하여야 한다.
⑤ 개장검사결과 이상화물이 발견되었을 때에는 인지한 부서에서 즉시 조사전담부서로 고발 의뢰하여야 한다.

TIP 세관장은 개장검사를 실시한 경우, 그 결과를 세관화물정보시스템에 등록하여야 하며, 이상화물이 발견되었을 때에는 인지한 부서에서 즉시 자체조사와 통고처분 등 적절한 조치를 취하여야 한다. 이때 「관세범칙 등에 대한 통고처분 및 고발에 관한 시행세칙」에서 고발하도록 정한 경우에는 즉시 조사전담부서로 고발의뢰하여야 한다. 다만, 이상이 없는 것으로 나타난 경우에는 신속한 보세운송을 위하여 필요한 조치를 하여야 한다〈보세운송에 관한 고시 제28조(물품검사) 제4항〉.

8 보세구역에 장치된 물품의 보수작업에 대한 설명으로 틀린 것은?

① 외국물품은 수입될 물품의 보수작업 재료로 사용할 수 있다.
② 관세가 무세인 외국물품은 수입될 물품의 보수재료로 사용할 수 없다.
③ 보수작업이 곤란하다고 세관장이 인정한 경우에는 기간과 장소를 지정받아 보세구역 밖에서 보수작업이 가능하다.
④ 세관장은 보수작업의 승인신청을 받은 날부터 10일이내에 승인 여부를 신청인에게 통지하여야 한다.
⑤ 간단한 세팅 등 단순한 조립작업은 보수작업으로 할 수 있다.

TIP 보수작업〈관세법 제158조〉
㉠ 보세구역에 장치된 물품은 그 현상을 유지하기 위하여 필요한 보수작업과 그 성질을 변하지 아니하게 하는 범위에서 포장을 바꾸거나 구분 · 분할 · 합병을 하거나 그 밖의 비슷한 보수작업을 할 수 있다. 이 경우 보세구역에서의 보수작업이 곤란하다고 세관장이 인정할 때에는 기간과 장소를 지정받아 보세구역 밖에서 보수작업을 할 수 있다.
㉡ ㉠에 따른 보수작업을 하려는 자는 세관장의 승인을 받아야 한다.
㉢ 세관장은 ㉡에 따른 승인의 신청을 받은 날부터 10일 이내에 승인 여부를 신청인에게 통지하여야 한다.
㉣ 세관장이 ㉢에서 정한 기간 내에 승인 여부 또는 민원 처리 관련 법령에 따른 처리기간의 연장을 신청인에게 통지하지 아니하면 그 기간(민원 처리 관련 법령에 따라 처리기간이 연장 또는 재연장된 경우에는 해당 처리기간을 말한다)이 끝난 날의 다음 날에 승인을 한 것으로 본다.
㉤ ㉠에 따른 보수작업으로 외국물품에 부가된 내국물품은 외국물품으로 본다.
㉥ 외국물품은 수입될 물품의 보수작업의 재료로 사용할 수 없다.
㉦ ㉠ 후단에 따라 보수작업을 하는 경우 해당 물품에 관한 반출검사 등에 관하여는 제187조제4항 · 제5항 및 제7항을 준용한다.

ANSWER 5.④ 6.③ 7.⑤ 8.①

9 **해상수입화물의 하선절차에 대한 설명으로 틀린 것은?**

① 하선장소가 부두밖 보세구역인 경우에는 등록된 보세운송차량으로 운송하여야 한다.

② 세관장은 신속한 화물처리를 위해 세관화물정보시스템에서 자동으로 하선신고 수리할 수 있다.

③ 원목, 곡물, 원유 등 산물은 입항일로부터 15일 이내에 하선장소에 반입하여야 한다.

④ 적하목록에 기재하지 아니하고 하선한 화물은 오송화물로 처리한다.

⑤ 하선장소 보세구역운영인(화물관리인)은 하선기한내 공컨테이너가 반입되지 않은 경우 세관장에게 즉시 보고하여야 한다.

TIP 컨테이너 화물은 3일, 원목, 곡물, 원유 등 산물은 10일 이내에 하선장소에 반입하여야 한다〈보세화물 입출항 하선하기 및 적재에 관한 고시 제19조(하선장소 물품반입) 제1항〉.

10 **보세화물의 관리 · 감독에 대한 설명으로 틀린 것은?**

① 수입신고수리물품 반출의무 보세구역에 장치된 수입화물은 수입신고 수리일로부터 15일 이내에 해당 보세구역에서 반출하여야 하며, 이를 위반한 경우에는 해당 보세구역 운영인에게 과태료가 부과된다.

② 장치물품을 수입신고 이전에 확인하고자 하는 화주는 세관장의 승인을 받아야 하며, 물품확인은 화물관리 세관공무원 또는 보세사 입회하에 실시하여야 한다.

③ 보세판매장에서 판매할 물품을 공급하기 위하여 제품검사, 선별, 기능보완 등 이와 유사한 작업이 필요한 경우에는 세관장에게 보수작업 승인신청을 할 수 있다.

④ 수입고철의 해체, 절단 등의 작업을 하려는 자는 세관장에게 허가를 받아야 한다.

⑤ 보세구역에 장치된 외국물품이 멸실된 경우 운영인, 화물관리인 또는 보관인은 품명, 규격 · 수량 및 장치장소, 멸실 연월일과 멸실 원인 등을 기재한 신고서를 세관장에게 제출하여야 한다.

TIP 수입신고수리물품의 반출의무 … 화물분류기준에 따른 장치장소 중 보세구역에 반입된 물품이 수입신고가 수리된 때에는 그 수리일로부터 15일 이내에 해당 보세구역에서 반출하여야 하며 이를 위반한 경우에는 해당 수입화주를 조사한 후 과태료를 부과한다. 다만, 다음과 같은 경우(반출기간 연장승인을 받은 경우)에는 그러하지 아니하다〈보세화물관리에 관한 고시 제19조〉.

㉠ 정부 또는 지방자치단체가 직접 수입하는 물품

㉡ 정부 또는 지방자치단체에 기증되는 물품

㉢ 외교관 면세물품 및 SOFA 적용 대상물품

㉣ 「수입통관사무처리에 관한 고시」 따른 간이한 신고대상물품

㉤ 원목, 양곡, 사료 등 벌크화물, 그 밖에 세관장이 반출기간연장승인이 필요하다고 인정하는 물품

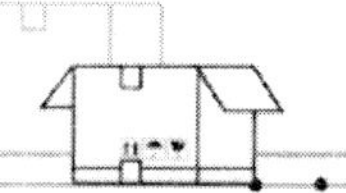

11 **보세운송 승인기준에 대한 설명으로 틀린 것은?**

① 비금속설은 도착지가 실화주의 자가용 창고로서 비금속설을 처리할 수 있는 용광로 또는 압연실을 갖추고 있고, 수입화주가 보세운송 승인신청을 하는 경우에만 승인할 수 있다.
② 통관이 보류되거나 수입신고 수리를 할 수 없는 물품은 반송을 위하여 선적지 하선장소로 보세운송하는 경우에만 승인할 수 있다.
③ 귀석·반귀석·귀금속·한약재·의약품·향료 등 부피가 작고 고가인 물품은 수출품목 제조용 원재료 또는 세관장이 지정한 보세구역으로 운송하는 물품에만 승인을 할 수 있다.
④ 해체용 선박, 활어, 중고자동차 등 특정물품은 통관지세관으로 보세운송하는 경우에만 승인을 할 수 있다.
⑤ 보세운송된 물품 중 다른 보세구역 등으로 재보세운송하려는 물품은 세관장이 부득이 하다고 인정하는 경우에만 승인을 할 수 있다.

TIP 비금속설은 다음 각 목의 어느 하나에 해당하는 경우에만 할 수 있다〈보세운송에 관한 고시 제31조(승인기준) 제1항 제4호〉.
㉠ 도착지가 비금속설만을 전용으로 장치하는 영업용 보세창고로서 간이보세운송업자가 승인신청하는 경우
㉡ 도착지가 실화주의 자가용 보세창고로서 비금속설을 처리할 수 있는 용광로 또는 압연시설을 갖추고 있고 간이보세운송업자가 보세운송 승인신청을 하는 경우
㉢ 도착지가 비금속설을 장치할 수 있도록 보세구역외장치허가를 받은 장소로서 간이보세운송업자가 승인신청하는 경우
㉣ 컨테이너로 운송하는 경우로서 보세화물 관리상 문제가 없다고 세관장이 인정하는 경우

12 **보세운송절차에 대한 설명으로 틀린 것은?**

① 항공사가 개항간 입항적하목록 단위로 일괄하여 항공기로 보세운송하려는 수입화물은 세관장에게 신고하여야 한다.
② 보세운송 중에 물품이 도난 등으로 멸실된 경우 정해진 관세를 징수할 수 있다.
③ 송유관을 통해 운송하는 석유제품 및 석유화학제품에 대하여는 보세운송절차를 생략할 수 있다.
④ 보세운송신고를 하려는 자는 화물관리번호가 부여된 이후에 할 수 있다.
⑤ 여행자 휴대품 중 반송되는 물품의 보세운송절차는 반송절차에 관한 고시에서 정하는 바에 따른다.

TIP 여행자 휴대품 중 반송되는 물품의 보세운송 절차는 「여행자 및 승무원 휴대품 통관에 관한 고시」에서 정하는 바에 따른다〈보세운송에 관한 고시 제47조(보세운송 절차) 제3항〉.

ANSWER 9.③ 10.① 11.① 12.⑤

13 **보세구역에 반입되는 물품 중 장치기간 규정을 적용받지 않는 물품은?**

① 여행자 또는 승무원의 휴대품으로서 유치 또는 예치된 물품 및 습득물

② 검역물품

③ 보세창고 반입물품

④ 보세판매장 반입물품

⑤ 지정장치장 반입물품

TIP 외국물품과 내국운송의 신고를 하려는 내국물품은 보세구역이 아닌 장소에 장치할 수 없다. 다만, 다음 각 호의 어느 하나에 해당하는 물품은 그러하지 아니하다〈관세법 제155조(물품의 장치) 제1항〉.

㉠ 수출신고가 수리된 물품

㉡ 크기 또는 무게의 과다나 그 밖의 사유로 보세구역에 장치하기 곤란하거나 부적당한 물품

㉢ 재해나 그 밖의 부득이한 사유로 임시로 장치한 물품

㉣ 검역물품

㉤ 압수물품

㉥ 우편물품

14 **해상수입화물의 하선장소 물품반입에 대한 설명으로 틀린 것은?**

① LCL화물을 하선장소의 CFS내에 컨테이너 적출 및 반입작업을 하려는 때에는 당해 컨테이너의 내장화물 적출사실을 세관장에게 신고하고 Master B/L 단위로 물품반입 신고를 하여야 한다.

② 컨테이너 화물의 하선신고를 한 자는 입항일(외항에서 입항수속을 한 경우 접안일)로부터 3일 이내에 해당 물품을 하선장소에 반입하여야 한다.

③ 입항전수입신고수리 또는 하선전보세운송신고수리가 된 물품을 하선과 동시에 차상반출하는 경우에는 반출입 신고를 생략할 수 있다.

④ 하선장소 보세구역운영인(화물관리인)은 하선기한내 공컨테이너가 반입되지 않은 경우 세관장에게 즉시 보고하여야 한다.

⑤ 하선장소의 물품반입 지정기간 이내에 반입이 곤란할 때에는 반입지연 사유, 반입예정일자 등을 기재한 하선장소 반입기간 연장(신청)서를 세관장에게 제출하여 승인을 받아야 한다.

TIP LCL화물이 Master B/L 단위로 반입신고된 후 사정변경 등의 사유로 해당 하선장소의 CFS내에 컨테이너 적출 및 반입작업을 하려는 때에는 당해 컨테이너의 내장화물 적출사실을 세관장에게 신고하고 House B/L 단위로 물품반입 신고를 하여야 한다〈보세화물 입출항 하선 하기 및 적재에 관한 고시 제19조(하선장소 물품반입) 제3항〉.

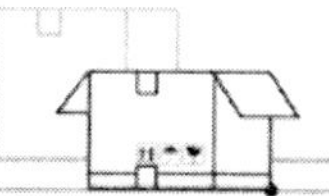

15 세관장이 국고귀속 조치를 보류할 수 있는 물품이 아닌 것은?

① 특수용도에만 한정되어 있는 물품으로서 국고귀속 조치 후에도 공매낙찰 가능성이 없는 물품
② 폐기 또는 반송대상 물품
③ 법 위반으로 조사 중인 물품
④ 국고귀속 조치를 할 경우 인력과 예산부담을 초래하여 국거에 손실이 야기된다고 인정되는 물품
⑤ 국가기관에서 수입하는 물품

TIP 세관장은 다음 각 호의 어느 하나에 해당하는 물품에 대하여 국고귀속 조치를 보류할 수 있다〈보세화물장치기간 및 체화관리에 관한 고시 제38조(국고귀속의 보류)〉.
㉠ 국가기관(지방자치단체 포함)에서 수입하는 물품
㉡ 「공공기관의 운영에 관한법률」에 따른 공기업, 준정부기관, 그밖의 공공기관에서 수입하는 물품으로서 국고귀속 보류요청이 있는 물품
㉢ 법 위반으로 조사 중인 물품
㉣ 이의신청, 심판청구, 소송 등 쟁송이 제기된 물품
㉤ 특수용도에만 한정되어 있는 물품으로서 국고귀속 조치 후에도 공매낙찰 가능성이 없는 물품
㉥ 국고귀속 조치를 할 경우 인력과 예산부담을 초래하여 국고에 손실이 야기된다고 인정되는 물품
㉦ 부패, 손상, 실용시효가 경과하는 등 국고귀속의 실익이 없다고 인정되는 물품
㉧ 그 밖에 세관장이 국고귀속을 하지 아니하는 것이 타당하다고 인정되는 물품

16 화물운송주선업자 등록의 유효기간으로 맞는 것은?

① 1년
② 2년
③ 3년
④ 4년
⑤ 5년

TIP 화물운송주선업자의 등록기간은 3년으로 하며, 갱신할 수 있다〈화물운송주선업자의 등록 및 관리에 관한 고시 제4조(등록신청 및 심사) 제4항〉.

ANSWER 13.② 14.② 15.③ 16.①

17 **항공사가 공항내 현도장 보세구역을 하기장소로 결정하는 물품이 아닌 것은?**

① 입항 전 또는 하기장소 반입전에 수입신고가 수리된 물품

② 화물의 관리자가 즉시 반출을 요구하는 물품

③ 하기장소 반입전에 보세운송 신고가 수리되었거나 타세관 관할 보세구역으로 보세운송할 물품

④ 검역대상물품(검역소에서 인수하는 경우)

⑤ 수입신고절차가 생략되는 B/L제시 인도물품

TIP 다음 각 목의 어느 하나에 해당하는 물품은 즉시 반출을 위하여 공항내 현도장 보세구역으로 한다. 다만, 세관장이 계류장 인도대상 물품으로 지정한 물품과 화물의 권리자가 즉시 반출을 요구하는 물품은 현도장 보세구역에 반입하지 않고 계류장내에서 직접 반출할 수 있다〈보세화물 입출항 하선 하기 및 적재에 관한 고시 제28조(하기신고) 제3항〉.

㉠ 입항 전 또는 하기장소 반입전에 수입신고가 수리된 물품

㉡ 하기장소 반입전에 보세운송 신고가 수리되었거나 타세관 관할 보세구역으로 보세운송할 물품으로 화물분류가 결정된 물품

㉢ 검역대상물품(검역소에서 인수하는 경우)

㉣ 「수입통관 사무처리에 관한 고시」에 따른 B/L제시인도물품(수입신고생략물품)

18 **적하목록 정정신청 기간과 관련하여 (　　)안에 들어갈 내용으로 맞는 것은?**

> ㉠ 하선(기)결과 이상보고서 및 반입결과 이상보고서가 제출된 물품은 보고서 제출일로부터 (　　)일 이내
> ㉡ 수입화물의 적하목록을 정정신청하려는 경우는 선박(항공기) 입항일로부터 (　　)일 이내
> ㉢ 수출화물의 적하목록을 정정신청하려는 경우 해당 수출물품을 적재한 선박, 항공기가 출항한 날로부터 해상화물은 (　　)일 이내, 항공화물은 (　　)일 이내

	㉠	㉡	㉢
①	15	30	60, 90
②	7	60	90, 60
③	7	30	60, 90
④	10	30	90, 60
⑤	15	60	90, 60

TIP 하선장소 물품반입〈보세화물 입출항 하선 하기 및 적재에 관한 고시 제12조 제3항〉

㉠ 하선결과 이상보고서 및 반입결과 이상보고서가 제출된 물품 : 보고서 제출일로부터 15일 이내

㉡ 기타의 사유로 적하목록을 정정하고자 하는 경우에는 항공기 입항일부터 60일 이내

㉢ 적하목록 정정신청은 해당 수출물품을 적재한 선박, 항공기가 출항한 날로부터 다음 각호에서 정하는 기간내에 하여야 한다.

- 해상화물 : 90일
- 항공화물 : 60일

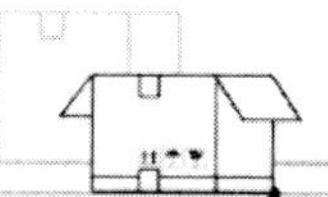

19 보세구역외 장치 등에 대한 설명으로 틀린 것은?

① 보세구역의 장치허가 수수료는 허가건수 단위로 징수한다. 이 경우 동일모선으로 수입된 동일화주의 화물을 동일장소에 반입하는 때에는 1건의 보세구역외 장치로 허가할 수 있다.

② 보세구역외 장치의 허가기간은 원칙적으로 1년의 범위내에서 세관장이 필요하다고 인정하는 기간으로 정한다.

③ 다량의 산물로서 보세구역에 장치 후 다시 운송하는 것이 불합리하다고 인정하는 물품은 보세구역외 장치할 수 있다.

④ 세관장은 보세구역외 장치허가를 받으려는 물품(환적화물도 포함)에는 일정기준에 해당하는 경우 담보제공을 생략하게 할 수 있다.

⑤ 보세구역의 장치담보액은 수입통관시 실제 납부하여야 할 관세 등 제세상당액으로 한다.

TIP 보세구역외장치의 허가기간은 6개월의 범위내에서 세관장이 필요하다고 인정하는 기간으로 정하며, 허가기간이 종료한 때에는 보세구역에 반입하여야 한다〈보세화물관리에 관한 고시 제8조(보세구역외 장치의 허가기간 등) 제1항〉.

20 보세화물관리에 관한 고시에서 정한 보세구역외 장치물품의 담보생략 기준에 해당하지 않는 것은?

① 제조업체가 수입하는 수출용원자재(농 · 축 · 수산물은 제외)

② 무세물품(부가가치세 등 부과대상은 제외)

③ 재수출물품 중 관세가 면제될 것이 확실하다고 세관장이 인정하는 물품

④ 정부용품

⑤ 방위산업용물품

TIP 보세구역외장치 담보생략 기준〈보세화물관리에 관한 고시 제8조 제1항〉

구분	내용
물품별	• 제조업체가 수입하는 수출용원자재(농·축·수산물은 제외) • 무세물품(부가가치세 등 부과대상은 제외) • 방위산업용물품 • 정부용품 • 재수입물품 중 관세가 면제될 것이 확실하다고 세관장이 인정하는 물품
업체별	• 정부, 정부기관, 지방자치단체, 「공공기관의 운영에 관한 법률」제5조에 따른 공기업·준정부기관그 밖의 공공기관 • 「관세 등에 대한 담보제공과 정산제도 운영에 관한 고시」에 의하여 지정된 신용담보업체, 담보제공 특례자 및 담보제공 생략자 • 그 밖에 관할구역 내의 외국인투자업체, 제조업체로서 세관장이 관세채권 확보에 지장이 없다고 판단하는 업체

ANSWER 17.② 18.⑤ 19.② 20.③

21 **수출물품의 적재신고에 따른 물품목록 제출시기에 대한 설명으로 틀린 것은?**

① 해상화물은 해당 물품을 선박에 적재하기 24시간 전까지 제출하여야 한다.

② 근거리 지역의 경우 해당 물품을 선박에 적재하기 전까지 제출하되 선박이 출항하기 30분 전까지 최종 마감하여 제출하여야 한다.

③ 공컨테이너의 경우 출항하기 전까지 제출하여야 한다.

④ 선상 수출신고물품의 경우 출항 익일 12시까지 제출하여야 한다.

⑤ 공항의 화물터미널에서 B/L상의 중 · 수량을 확정하는 경우 항공기의 출항 익일 세관 근무시간까지 1회에 한하여 물품목록의 해당항목을 정정할 수 있다.

TIP 선상 수출신고에 해당하는 물품의 경우에는 출항 익일 24시까지 제출할 수 있다〈보세화물 입출항 하선 하기 및 적재에 관한 고시 제37조(적재신고) 제2항〉.

22 **공매물품의 낙찰취소 사유에 대한 설명으로 틀린 것은?**

① 낙찰자가 지정된 기일까지 대금잔액을 납입하지 않는 경우

② 낙찰자가 특별한 사유 없이 공매조건을 이행하지 않는 경우

③ 공매낙찰 전에 해당 물품이 수출, 반송 또는 수입신고수리가 된 경우

④ 부패, 손상, 변질 등의 우려가 있는 물품으로서 즉시 매각되지 아니하면 상품가치가 저하될 우려가 있는 경우

⑤ 착오로 인하여 예정가격, 공매조건 등의 결정에 중대하고 명백한 하자가 있는 경우

TIP 공매용품의 낙찰취소 사유〈보세화물장치기간 및 체화관리에 관한 고시 제21조〉

㉠ 낙찰자가 지정된 기일까지 대금잔액을 납입하지 않는 경우
㉡ 낙찰자가 특별한 사유 없이 공매조건을 이행하지 않는 경우
㉢ 공매낙찰 전에 해당 물품이 수출, 반송 또는 수입신고수리가 된 경우
㉣ 착오로 인하여 예정가격, 공매조건 등의 결정에 중대하고 명백한 하자가 있는 경우

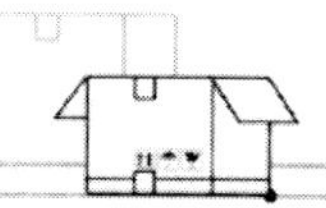

23 체화물품의 폐기비용 및 대집행 등에 대한 설명으로 틀린 것은?

① 폐기명령을 받은 화주, 반입자 또는 그 위임을 받은 자는 동 물품을 자기비용으로 폐기 또는 반송하여야 한다.
② 폐기명령 대상물품에 대한 공시송달은 공고한 날부터 7일을 경과함으로써 그 효력이 발생한다.
③ 폐기처분은 소각(열에너지화 작업 등으로 소각하는 것을 포함한다) 또는 매몰 등의 방법으로 처리하여야 한다.
④ 세관장은 예산 편성시 폐기처분 대집행에 소용되는 연간 예상비용을 예산에 계상하여야 한다.
⑤ 행정대집행법에 따라 비용납부명령서를 받은 자가 납기내에 납부하지 아니하는 때에는 행정절차법에 따라 징수한다.

TIP 비용납부명령서를 받은 자가 납기내에 납부하지 아니하는 때에는 「국세징수법」에 따라 징수하며, 그 비용을 징수하였을 때에는 국고수입으로 한다〈보세화물장치기간 및 체화관리에 관한 고시 제41조(폐기비용 및 대집행) 제6항〉.

24 화물운송주선업자의 등록요건에 대한 설명으로 틀린 것은?

① 관세 및 국세의 체납이 없을 것
② 화물운송주선업자 등록이 취소된 후 1년이 지났을 것
③ 자본금 3억 원 이상을 보유한 법인(법인이 아닌 경우에는 자산평가액이 6억 원 이상)일 것
④ 물류정책기본법에 따른 국제물류주선업의 등록을 하였을 것
⑤ 혼재화물적하목록 제출 등을 위한 전산설비를 갖추고 있을 것

TIP 화물운송주선업자의 등록요건〈화물운송주선업자의 등록 및 관리에 관한 고시 제3조〉
㉠ 「관세법」에 따른 운영인의 결격사유의 어느 하나에 해당하지 아니할 것
㉡ 「물류정책기본법」에 따른 국제물류주선업의 등록을 하였을 것
㉢ 관세 및 국세의 체납이 없을 것
㉣ 화물운송주선업자 등록이 취소된 후 2년이 지났을 것
㉤ 자본금 3억 원 이상을 보유한 법인(법인이 아닌 경우에는 자산평가액이 6억 원 이상)일 것
㉥ 법 또는 법에 따른 세관장의 명령에 위반하여 관세범으로 조사받고 있거나 기소 중에 있지 아니할 것
㉦ 혼재화물적하목록 제출 등을 위한 전산설비를 갖추고 있을 것

ANSWER 21.④ 22.④ 23.⑤ 24.②

25 일반간이보세운송업자 지정 등에 대한 설명으로 맞는 것은?

① 지정요건 중 자본금은 5천만 원 이상인 법인이다.

② 지정요건 중 법규수행능력평가는 직전 A등급 이상인 법인이다.

③ 지정요건 중 담보(부동산은 제외)는 5천만 원 이상 제공한 자이다.

④ 지정기간은 2년으로 하되 갱신할 수 있다.

⑤ 갱신신청은 지정기간 만료 10일 전까지 하여야 한다.

TIP ④ 지정기간은 3년으로 하되 갱신할 수 있다〈보세운송에 관한 고시 제14조(지정신청)〉.

⑤ 일반간이보세운송업자 지정을 갱신하려는 자는 지정기간 만료 15일 전까지 하여야 한다〈동 고시 제15조(갱신신청)〉.

※ 지정요건〈보세운송에 관한 고시 제13조〉

㉠ 자본금이 1억원 이상인 법인

㉡ 5천만원 이상의 인·허가 보증보험에 가입한 자이거나, 담보(부동산은 제외)를 5천만원 이상 제공한 자. 다만, 다음 요건을 모두 갖춘 일반간이보세운송업자 2인 이상의 연대보증으로 담보를 갈음할 수 있다.

- 일반간이보세운송업자로 지정된 날로부터 2년이 경과한 자
- 법의 규정 또는 명령을 위반하여 처벌받은 사실이 없거나, 위반사항이 경미하여 세관장이 감시단속상 문제가 없다고 인정하는 자
- 총 보증액이 1억 5천만원을 초과하지 않은 자

㉢ 공인된 수출입 안전관리 우수업체(AEO : Authorized Economic Operator) 또는 직전 법규수행능력평가 B등급 이상인 법인. 다만, 일반간이보세운송업자 지정 신청을 하려는 업체가 직전 연도 법규수행능력평가를 받지 않은 경우에는 지정신청 전에 세관장에게 법규수행능력평가를 요청할 수 있다.

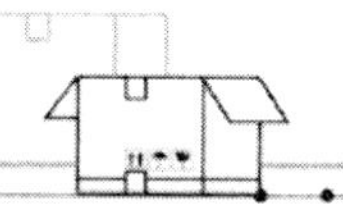

<제4과목> 수출입안전관리

1 **수출입 안전관리 우수업체 관리책임자의 공인 전 · 후 교육에 대한 설명으로 틀린 것은?**

① 공인 전에 수출입관리책임자는 16시간 이상의 교육을 받아야 한다.
② 공인 전 교육의 유효기간은 해당 교육을 받은 날로부터 5년이다.
③ 공인 후에 총괄책임자는 매 2년 마다 4시간 이상의 교육을 받아야 한다.
④ 관리책임자가 변경된 경우에는 변경된 날로부터 1년 이내에 해당 교육을 받아야 한다.
⑤ 관세청장이 별도로 지정하는 수출입 안전관리 우수업체 제도 관련 행사 등에 참석하는 경우에는 해당 교육시간으로 인정할 수 있다.

TIP 관리책임자가 변경된 경우에는 변경된 날로부터 180일 이내에 해당 교육을 받아야 한다〈수출입 안전관리 우수업체 공인 및 운영에 관한 고시 제16조의2(관리책임자 교육 등) 제1항〉.

2 **수출입 안전관리 우수업체의 사후관리 등에 대한 설명으로 틀린 것은?**

① 수출입 안전관리 우수업체의 수출입관리책임자는 공인 후 매 2년마다 8시간 이상의 교육을 받아야 한다.
② 총괄책임자는 수출입 안전관리를 총괄하며, 의사 결정 권한이 있는 대표자 또는 임원으로 한다.
③ 수출입 안전관리 우수업체는 범칙행위, 부도 등 공인유지에 중대한 영향을 미치는 변동사항이 발생한 경우에는 지체없이 관세청장에게 보고하여야 한다.
④ 수출입 안전관리 우수업체가 여러 공인부분에 걸쳐 공인을 받은 경우에는 공인일자가 가장 늦은 공인부분을 기준으로 자체 평가서를 함께 제출할 수 있다.
⑤ 중소기업기본법에 따른 중소기업은 수출입 관련 업무에 1년 이상 근무한 경력이 있고 관세청장이 정한 교육을 받은 해당 업체 소속 관리책임자의 확인을 받아 자체평가서를 제출할 수 있다.

TIP 수출입 안전관리 우수업체가 여러 공인부문에서 걸쳐 공인을 받은 경우에는 공인일자가 가장 빠른 공인부문을 기준으로 자체 평가서를 함께 제출할 수 있다〈수출입 안전관리 우수업체 공인 및 운영에 관한 고시 제18조(정기 자체평가) 제1항〉.

ANSWER 25.③ / 1.④ 2.④

3 **보세구역운영인의 수출입 안전관리 우수업체 공인기준에 대한 설명으로 틀린 것은?**

① 운영인은 부채비율이 동종업종의 평균 부채비율의 300% 이하로 성실한 법규준수의 이행이 가능할 정도의 재정을 유지하여야 한다.

② 운영인은 법령에 허용하는 범위내에서 채용예정자에 대한 이력을 점검하여야 한다.

③ 운영인은 컨테이너에 밀항자를 은닉하는 것으로 알려진 외국의 항구로부터 선박 및 컨테이너가 반입되었을 경우에는 정밀검색하는 절차를 마련하여야 한다.

④ 운영인은 회사정보에 대한 부적절한 접근, 조작 및 교환을 포함한 정보기술의 오·남용을 확인할 수 있는 시스템을 마련하여야 한다.

⑤ 운영인은 수출입물품에 대한 안전관리 유지 등에 대해 직원들에게 교육하여야 한다.

TIP 부채비율이 동종업계 평균의 200% 이내이거나 투자적격 업체이어야 한다.

4 **수출입 안전관리 우수업체 공인 신청시 제출해야 하는 서류가 아닌 것은?**

① 수출입 안전관리 우수업체 공인심사 신청서

② 공인기준을 충족하는지를 자체적으로 평가한 수출입 관리현황 자체평가표

③ 자체 측정한 법규준수도 평가표

④ 법인등기부등본

⑤ 대표자 및 관리책임자의 인적사항 명세서

TIP 수출입 안전관리 우수업체로 공인을 받고자 심사를 신청하는 업체는 수출입 안전관리 우수업체 공인심사 신청서에 다음 각 호의 서류를 첨부하여 전자문서로 관세청장에게 제출하여야 한다. 다만, 첨부서류 중에서 「전자정부법」에 따라 행정기관간 공동이용이 가능한 서류는 신청인이 정보의 확인에 동의하는 경우에는 그 제출을 생략할 수 있다〈수출입 안전관리 우수업체 공인 및 운영에 관한 고시 제6조(공인신청) 제1항〉.

㉠ 공인기준을 충족하는지를 자체적으로 평가한 수출입 관리현황 자체평가표(법규준수도를 제외한다)

㉡ 수출입 관리현황 설명서와 그 증빙서류

㉢ 사업자등록증 사본

㉣ 법인등기부등본

㉤ 대표자 및 관리책임자의 인적사항 명세서

㉥ 수출입 안전관리와 관련한 우수사례(우수사례가 있는 경우에만 해당한다)

㉦ 지정된 교육기관이 발행한 관리책임자 교육이수 확인서. 다만, 관리책임자의 교체, 사업장 추가 등 불가피한 경우에는 현장심사를 시작하는 날까지 제출할 수 있다.

㉧ 상호인정의 혜택관련 영문 정보(제23조에 따라 국가간 상호인정의 혜택을 받기를 희망하는 경우에만 해당한다)

㉨ 신청일을 기준으로 최근 2년 이내에 세관장으로부터 관세조사를 받은 경우에 법에 따른 관세조사 결과통지서(수입부문에만 해당한다). 다만, 해당 관세조사가 진행 중인 경우에는 법에 따른 관세조사 계획통지서

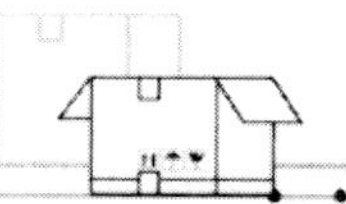

5 **수출입 안전관리 우수업체 공인심사 신청에 대한 각하 사유가 맞게 나열된 것은?**

> ㈎ 공인기준을 충족하는지를 자체적으로 평가한 수출입 관리현황 자체평가표(법규준수도를 제외한다)를 제출하지 않은 경우
> ㈏ 관세조사 결과로 법규준수도 점수가 하락하여 법인단위 법규 준수도가 70점미만(중소 수출기업은 60점 미만)인 경우
> ㈐ 지방세의 체납이 있는 경우
> ㈑ 공인부문별 공인기준 중에서 안전관리 기준을 충족하지 못한 경우
> ㈒ 대표자 및 관리책임자의 인적사항 명세서를 제출하지 않은 경우

① ㈎㈐㈑
② ㈏㈑㈒
③ ㈏㈐㈒
④ ㈎㈐㈒
⑤ ㈎㈐㈑㈒

TIP 관세청장은 신청업체가 공인심사를 신청하였을 때에 다음 각 호의 어느 하나에 해당하는 경우에는 그 신청을 각하한다〈수출입 안전관리 우수업체 공인 및 운영에 관한 고시 제6조(공인신청) 제4항〉.
㉠ 법에서 정한 서류를 제출하지 않은 경우
㉡ 공인부문별 공인기준 중에서 법규준수 기준을 충족하지 못한 경우
㉢ 공인부문별 공인기준 중에서 재무건전성 기준을 충족하지 못한 경우

6 **수출입 안전관리 우수업체는 변동사항보고 점검 결과에 따라 공인기준준수 개선 완료보고서를 제출하여야 한다. 관세청장이 이를 검토한 후 취할 수 있는 조치가 아닌 것은?**

① 공인등급 조정
② 현장 심사
③ 공인의 유보
④ 공인신청의 기각
⑤ 혜택의 정지

TIP 관세청장은 공인기준 준수 개선 완료 보고서를 검토한 후 공인등급의 조정, 공인의 취소, 공인의 유보, 공인신청의 기각, 혜택의 정지 등 필요한 조치를 할 수 있다〈수출입 안전관리 우수업체 공인 및 운영에 관한 고시 제17조(변동사항 보고) 제6항〉.

ANSWER 3.① 4.③ 5.④ 6.②

7 **수출입 안전관리 우수업체의 혜택적용 정지사유에 해당하지 않는 것은?**

① 수출입 관련 법령의 양벌규정에 따라 벌금 또는 통고처분을 받은 경우
② 공인의 유효기간 중에 공인기준 미충족 등으로 보완요구를 3회 이상 받은 경우
③ 관리책임자가 교육을 받도록 권고받은 이후에 특별한 사유없이 교육을 받지 않은 경우
④ 정기 자체평가서를 제출기한으로부터 1개월 이내에 제출하지 아니한 경우
⑤ 수출입 안전관리 우수업체가 공인증서를 반납하는 경우

TIP 수출입 안전관리 우수업체가 공인증서를 반납하는 경우 공인을 취소한다〈수출입 안전관리 우수업체 공인 및 운영에 관한 고시 제25조의2(공인의 취소)〉.

8 **보세구역운영인의 수출입 안전관리 우수업체 공인기준 중 안전관리 기준에 대한 설명으로 틀린 것은?**

① 운영인은 컨테이너와 트레일러 등의 이상 여부를 확인하고, 손상된 컨테이너와 트레일러 등을 식별하여 세관장 및 관련 외국 관세당국에 보고하는 절차를 마련하여야 한다.
② 운영인은 컨테이너와 트레일러 등에 비인가된 물품이나 사람의 침입을 방지하기 위해 봉인을 관리하고, 손상된 봉인을 식별하여 세관장 및 관련 외국 관세당국에 보고하는 절차를 마련하여야 한다.
③ 운영인은 물품 보관장소 및 컨테이너와 트레일러 등에 대하여 주기적으로 점검하는 절차를 마련하여야 한다.
④ 운영인은 권한이 없거나 신원이 확인되지 않은 사람에 대하여 검문과 대응하는 절차를 마련하여야 한다.
⑤ 운영인은 물품을 수하인 등에게 인계할 때 검수하여야 하며, 물품의 불일치 또는 부적절한 인계 등이 발생하였을 경우 세관장 및 관련 외국관세당국에 보고하는 절차를 마련하여야 한다.

TIP 운영인은 물품을 수하인 등에게 인계할 때 검수하여야 하며, 물품의 불일치 또는 부적절한 인계 등이 발생하였을 때에는 즉시 세관장에게 보고하여야 한다〈수출입 안전관리 우수업체 공인 및 운영에 관한 고시 별표1〉.

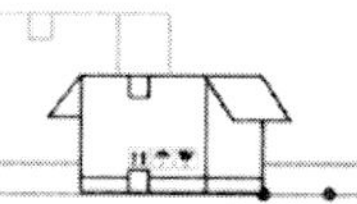

9 **수출입 안전관리 우수업체 공인 및 운영에 관한 설명으로 틀린 것은?**

① 관세청장은 통관절차 등의 혜택을 효과적으로 제공하기 위하여 수출입안전관리 우수업체의 대표자 또는 수출입관리책임자를 대상으로 수출입안전관리 우수업체 카드를 발급할 수 있다.

② 관세청장은 수출입 안전관리 우수업체가 국가간 상호인정 혜택을 받을 수 있도록 업체 명단, 유효기간 등 공인정보를 상대국 관세당국에 제공할 수 있다.

③ 수출입 안전관리 우수업체는 공인이 취소된 경우에 지체없이 관세청자에게 고인증서를 반납하여야 한다.

④ 관세청장은 종합심사 결과 공인이 유보된 경우에도 공인 유보의 사유가 경미하다고 판단되는 경우에는 혜택을 부여할 수 있다.

⑤ 관세청장은 수출입 안전관리 우수업체가 공인의 유효기간 중에 보완요구를 3회 이상 받은 경우에는 혜택의 전부 또는 일부의 적용을 정지할 수 있다.

TIP 관세청장은 통관절차 등의 혜택을 효과적으로 제공하기 위하여 수출입 안전관리 우수업체의 대표자 또는 총괄책임자를 대상으로 수출입 안전관리 우수업체 카드를 발급할 수 있다〈수출입 안전관리 우수업체 공인 및 운영에 관한 고시 제30조(수출입 안전관리 우수업체 카드) 제1항〉.

10 **수출입 안전관리 우수업체의 공인을 유보할 수 있는 사유에 해당하지 않는 것은?**

① 신청업체가 나머지 공인기준은 모두 충족하였으나 재무건전성 기준을 충족하지 못한 경우

② 신청업체가 수입하는 물품의 과세가격 결정방법에 이견이 있음에도 불구하고 사전심사를 신청하지 않은 경우 (수입부분에만 해당)

③ 신청업체가 공인기준 중에서 법규준수의 결격에 해당하는 형사 및 사법절차가 진행중인 경우

④ 신청업체가 사회적 물의 등을 일으켰으나 사실확인 등 심의를 위한 충분한 법리검토가 필요한 경우

⑤ 수출입 안전관리 우수업체 심의위원회에서 공인유보가 필요하다고 인정하는 경우

TIP 관세청장은 신청업체가 다음 각 호의 어느 하나에 해당하는 경우에는 심의위원회의 심의를 거쳐 공인을 유보할 수 있다〈수출입 안전관리 우수업체 공인 및 운영에 관한 고시 제11조(공인 및 공인의 유보) 제2항〉.

㉠ 신청업체가 나머지 공인기준은 모두 충족하였으나, 법규준수도 점수 기준을 충족하지 못한 경우

㉡ 신청업체가 수입하는 물품의 과세가격 결정방법이나 품목분류 및 원산지 결정에 이견이 있음에도 불구하고 법 및 「자유무역협정관세법」에 따른 사전심사를 신청하지 않은 경우(수입부문에만 해당한다)

㉢ 신청업체가 공인부문별 공인기준 중에서 법규준수의 결격에 해당하는 형사 및 사법절차가 진행 중인 경우

㉣ 신청업체가 사회적 물의 등을 일으켰으나 해당 사안이 공인의 결격에 해당하는지를 판단하는데 추가적으로 사실을 확인하거나 심의를 위한 충분한 법리검토가 필요한 경우

㉤ 그 밖에 심의위원회에서 공인의 유보가 필요하다고 인정하는 경우

ANSWER 7.⑤ 8.⑤ 9.① 10.①

11 **보세구역운영인의 수출입 안전관리 우수업체 공인기준 중 내부통제시스템 기준에 대한 설명으로 틀린 것은?**

① 운영인은 법규준수와 안전관리를 위하여 수출입물품 취급 관련 자격증소지자와 경험자를 근무하도록 하여야 한다.

② 운영인은 법규준수와 안전관리 관련 업무 처리에 부정적 영향을 주는 위험요소의 식별, 평가, 관리대책의 수립, 개선 등을 포함한 절차를 마련하여야 한다.

③ 운영인은 수출입물품의 보관내역과 이와 관련된 보관 수수료 등을 추척할 수 있는 운영체계를 구축하고, 세관장으로부터 요청받을 경우 접근을 허용하여야 한다.

④ 운영인은 법규준수와 안전관리 업무에 대한 정보가 관련 부서에 공유되지 않도록 보안에 최선을 다해야 한다.

⑤ 운영인은 내부통제활동에 대하여 주기적으로 평가하고 개선하는 절차를 마련하여야 한다.

TIP 수입업체는 법규준수와 안전관리 업무에 대한 정보가 관련 부서에 공유되도록 하여야 한다〈수출입 안전관리 우수업체 공인 및 운영에 관한 고시 별표1〉.

12 **수출입 안전관리 우수업체 공인표지에 대한 설명으로 틀린 것은?**

① 수출입 안전관리 우수업체 공인표지는 1개의 디자인으로 되어 있다.

② 수출입 안전관리 우수업체 공인의 유효기간 동안 관세청장이 정한 공인표지를 서류 또는 홍보물 등에 표시할 수 있다.

③ 수출입 안전관리 우수업체는 공인표지를 홍보물에 표시하는 경우 공인표지를 임의로 변경할 수 없다.

④ 수출입 안전관리 우수업체 공인 신청업체는 공인표지를 사용할 수 없다.

⑤ 수출입 안전관리 우수업체가 아닌 자가 공인표지를 사용하고자 할 때에는 관세청장의 사전승인을 받아야 한다.

TIP 수출입 안전관리 우수업체의 공인표지는 1개의 기본 디자인과 3개의 응용 디자인으로 되어 있다.

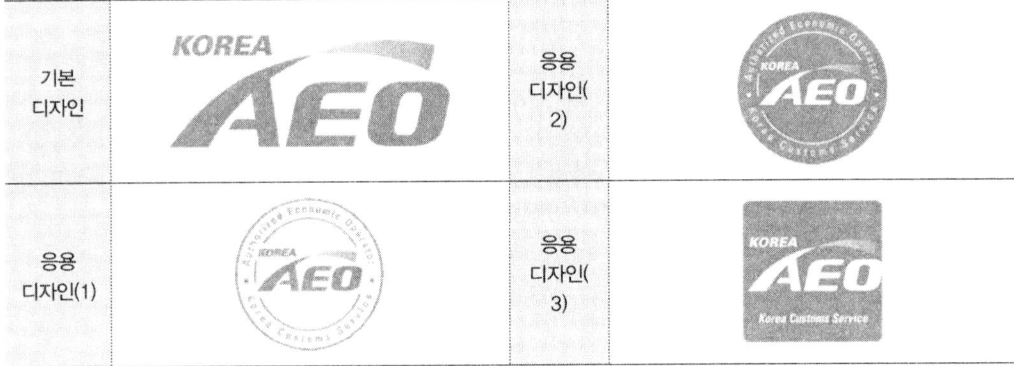

기본 디자인	KOREA AEO	응용 디자인(2)	KOREA AEO
응용 디자인(1)	KOREA AEO	응용 디자인(3)	KOREA AEO Korea Customs Service

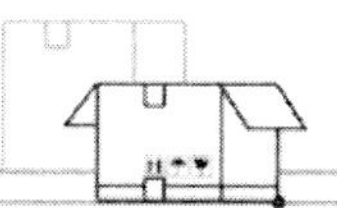

13 **수출입 안전관리 우수업체 관리책임자의 업무에 해당하지 않는 것은?**

① 직원에 대한 수출입 안전관리 교육

② 정보교환, 회의참석 등 수출입 안전관리 관련 관세청 및 세관과의 협업

③ 세액 등 통관적법성 준수 관리

④ 정기 자체평가, 변동사항 보고 등 공인기준 준수 관련 업무

⑤ 기업 프로파일 관리

TIP 관리책임자는 다음 각 호에 해당하는 업무를 담당한다〈수출입 안전관리 우수업체 공인 및 운영에 관한 고시 제16조(관리책임자의 지정 및 역할) 제3항〉.

㉠ 정기 자체평가, 변동사항 보고, 공인 또는 종합심사 수감 등 공인기준 준수관련 업무
㉡ 직원에 대한 수출입 안전관리 교육
㉢ 정보 교환, 회의 참석 등 수출입 안전관리 관련 관세청 및 세관과의 협업
㉣ 세액 등 통관적법성 준수 관리
㉤ 그 밖에 업체의 법규준수 향상을 위한 활동

14 **수출입 안전관리 우수업체의 변동사항 보고에 관한 설명으로 틀린 것은?**

① 양도, 양수, 분할, 합병 등에 의한 법적지위의 변경이 있으면 수출입관리현황 변동사항 보고서를 작성하여 관세청장에게 보고하여야 한다.

② 소재지 이전, 사업장 신설 등이 발생한 경우 수출입관리현황 변동사항 보고서를 작성하여 관세청장에게 보고하여야 한다.

③ 관세청장은 변동사항 점검 결과 법규준수도 하락으로 공인등급 하향조정이 예상되는 경우에는 공인기준 준수개선을 요구하여야 한다.

④ 공인기준 준수 개선을 요구받은 수출입 안전관리 우수업체는 요구받은 날로부터 30일 이내에 공인기준 준수 개선계획을 제출하여야 한다.

⑤ 관세청장은 공인기준을 충족하지 못한 사항이 경미한 경우에는 공인기준준수 완료보고서의 제출을 생략하게 할 수 있다.

TIP 관세청장은 공인기준을 충족하지 못한 사항이 경미한 경우에는 공인기준 준수 개선 계획의 제출을 생략하고, 해당 요구를 받은 날로부터 30일 이내에 공인기준 준수 개선 완료 보고서를 제출하게 할 수 있다〈수출입 안전관리 우수업체 공인 및 운영에 관한 고시 제17조(변동사항 보고) 제5항〉.

ANSWER 11.④ 12.① 13.⑤ 14.⑤

15 수출입 안전관리 우수업체의 공인 취소에 대한 설명으로 맞는 것은?

① 수출입 안전관리 우수업체가 수출입 관련 법령을 위반한 경우 처벌의 확정 여부를 구분하지 않고 공인 취소 절차를 진행한다.

② 관세법 제276조(허위신고죄 등)에 따라 통고처분을 받은 경우 공인취소 절차를 진행한다.

③ 수출입 안전관리 우수업체가 정기 자체평가와 관련하여 거짓자료를 제출한 경우 공인취소 절차를 진행한다.

④ 종합심사 결과 공인기준을 충족하지 못하는 수출입 안전관리 우수업체에게 공인기준 준수 개선 또는 자료제출을 요구(통관적법성 관련 자료 제출을 요구하는 경우는 제외) 하였으나 정당한 이유 없이 이행하지 않는 경우 공인취소 절차를 진행한다.

⑤ 수출입 안전관리 우수업체가 최근 2년 이내에 혜택 적용의 정지 처분을 3회 이상 받은 경우 공인취소 절차를 진행한다.

TIP ① 수출입 안전관리 우수업체가 수출입 관련 법령을 위반한 경우 처벌의 확정 여부를 구분하지 않고 혜택의 전부 또는 일부의 적용을 정지할 수 있다.
② 관세법 제276조에 따라 통고처분을 받은 경우 혜택의 전부 또는 일부의 적용을 정지할 수 있다.
④ 관세청장은 공인기준 준수 개선 완료 보고서를 검토한 후 공인등급의 조정, 공인의 취소, 공인의 유보, 공인신청의 기각, 혜택의 정지 등 필요한 조치를 할 수 있다.
⑤ 공인의 유효기간 내에 혜택 적용의 정지 처분을 5회 이상 받은 경우 공인취소 절차를 진행한다.

16 선용품에 대한 설명 중 틀린 것은?

① 보세구역 운영인은 외국 선용품등을 보세구역에 반입한 때에는 관할지 세관장에게 반입한 때에는 관할지 세관장에게 반입등록서를 제출하여야 한다. 다만, 공급자등이 하선완료 보고하였거나 보세운송하여 도착보고한 물품은 반입 등록한 것으로 갈음한다.

② 선내판매품이란 여객선에서 여행자 및 승무원에게 판매되는 물품을 말한다.

③ 선용품등의 적재등은 해당 허가를 받은 자가 직접 이행하여야 한다.

④ 공급자등은 적재등을 완료한 때에는 다음날 12시까지 관할 세관장에게 보고하여야 한다. 다만, 보고기한 내에 해당 선박이 출항하는 때에는 출항허가 전까지 보고하여야 한다.

⑤ 선용품 보세운송기간은 보세운송신고수리(승인)일로부터 15일 이내에서 실제 운송에 필요한 기간으로 한다.

TIP 공급자등이 외국 선용품등을 보세구역에 반입한 때에는 관할지 세관장에게 반입등록서를 제출하여야 한다. 다만, 공급자등이 하선완료보고 하였거나 보세운송하여 도착보고한 물품은 반입등록한 것으로 갈음한다〈선용품등 관리에 관한 고시 제4조(반입등록)〉.

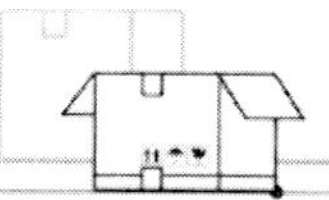

17 **수출입 안전관리 우수업체 공인심사에 대한 설명으로 틀린 것은?**

① 종합심사 대상 업체는 종합심사를 신청하기 전에 예비심사를 신청할 수 있다.
② 관세청장은 수출입 안전관리 우수업체 공인심사 시 서류심사를 지정된 기관에 위탁할 수 있다.
③ 중소 수입기업이 예비심사를 신청할 경우에는 다른 신청업체에 우선하여 예비심사를 할 수 있다.
④ 관세청장은 국제선박보안증서를 발급받은 국제항해선박소유자에 대하여 별도의 확인절차를 받아 공인기준을 충족한 부분에 대해서는 심사를 생략할 수 있다.
⑤ 관세청장은 중소 수출기업의 규모 및 법규준수도 점수 등을 고려하여 내부통제시스템 기준 중에서 위험평가 부분에 대한 공인심사를 간소하게 할 수 있다.

TIP 관세청장은 중소 수출기업이 예비심사를 신청한 경우에는 다른 신청업체에 우선하여 예비심사를 할 수 있다〈수출입 안전관리 우수업체 공인 및 운영에 관한 고시 제7조의2(예비심사) 제3항〉.

18 **수출입 안전관리 우수업체로 공인을 신청할 수 없는 자는?**

① 관세법 제241조에 따른 수입자(수입부분)
② 관세법 제172조에 따른 지정장치장의 화물을 관리하는 자(보세구역 운영인부문)
③ 관세법 제222조 제1항 제2호에 해당하는 화물운송주선업자(화물운송주선업부문)
④ 관세법 제222조 제1항 제3호에 해당하는 자(하역업부문)
⑤ 관세법 제199조의2에 따른 환급창구운영사업자(수출부문)

TIP 수출입 안전관리 우수업체(AEO)로 공인을 신청할 수 있는 자는 다음 각 호와 같다〈수출입 안전관리 우수업체 공인 및 운영에 관한 고시 제3조(공인부문) 제1항〉.
㉠ 「관세법」 제241조에 따른 수출자(수출부문)
㉡ 법 제241조에 따른 수입자(수입부문)
㉢ 「관세사법」 제2조 또는 제3조에 따른 통관업을 하는 자(관세사부문)
㉣ 법 제2조 제16호에 해당하는 자 또는 법 제172조에 따른 지정장치장의 화물을 관리하는 자(보세구역운영인부문)
㉤ 법 제222조 제1항 제1호에 해당하는 자(보세운송업부문)
㉥ 법 제222조 제1항 제2호 및 제6호에 해당하는 자(화물운송주선업부문)
㉦ 법 제222조 제1항 제3호에 해당하는 자(하역업부문)
㉧ 법 제2조 제6호에 따른 외국무역선을 소유하거나 운항하여 법 제225조에 따른 보세화물을 취급하는 자(선박회사부문)
㉨ 법 제2조 제7호에 따른 외국무역기를 소유하거나 운항하여 법 제225조에 따른 보세화물을 취급하는 자(항공사부문)

ANSWER 15.③ 16.① 17.③ 18.⑤

19 **수출입 안전관리 우수업체의 종합심사에 대한 설명으로 틀린 것은?**

① 수출입 안전관리 우수업체가 공인을 갱신하고자 할 때에는 공인의 유효기간이 끝나기 6개월 전까지 수출입 안전관리 우수업체 종합심사 신청서를 관세청장에게 제출하여야 한다.

② 수출입 안전관리 우수업체가 여러 공인부문에 걸쳐 공인을 받은 경우에는 공인일자가 가장 빠른 공인부문을 기준으로 종합심사를 함께 신청할 수 있다.

③ 관세청장은 종합심사를 할 때에는 수출입 안전관리 우수업체의 공인부문별로 서류심사와 현장심사의 순으로 구분하여 실시한다.

④ 수입업체의 종합심사 범위에는 통관적법성 확인대상 분야〈법규준수와 관련된 과세가격, 품목분류, 원산지, 환급, 감면, 외환, 보세화물 관리, 사후관리 및 통관요건에 대한 세관장 확인업무 등)를 포함할 수 있다.

⑤ 종합심사 중 현장심사를 할 때에 통관적법성 검증을 위하여 수출입안전관리 우수업체의 사업장을 직접 방문하는 기간은 방문을 시작한날로부터 30일 이내로 한다.

TIP 관세청장은 종합심사 중 현장심사를 할 때에 통관적법성 검증을 위하여 수출입 안전관리 우수업체의 사업장을 직접 방문하는 기간은 방문을 시작한 날로부터 15일 이내로 한다〈수출입 안전관리 우수업체 공인 및 운영에 관한 고시 제19조(종합심사) 제6항〉.

20 **정기 수입세액 정산업체의 신청 및 지정에 대한 설명으로 틀린 것은?**

① 관세청장은 수출입 안전관리 우수업체가 신고납부한 세액의 적정성 및 수출입 관련 법령 준수 여부 등을 스스로 점검하고자 하는 경우에는 정기 수입세액 정산업체로 지정하여 정산보고를 하게 할 수 있다.

② 정산업체로 지정받고자 하는 수출입 안전관리 우수업체는 정기 수입세액 정산업체 지정 신청서를 기업상담 전문관에게 제출하여야 한다.

③ 정기 수입세액 정산업체로 지정받은 경우에도 매년 정기 자체평가서를 제출해야 한다.

④ 최근 2년 이내 수출입 안전관리 우수업체 혜택 적용의 정지를 2회 이상 받은 경우에는 정산업체로 지정하지 않을 수 있다.

⑤ 수출입 관련 법령 위반혐의로 조사가 진행되는 경우에는 정산업체로 지정하지 않을 수 있다.

TIP 정산업체로 지정받은 경우에는 정기 자체평가를 면제한다〈수출입 안전관리 우수업체 공인 및 운영에 관한 고시 제18조의2(정기 수입세액 정산보고) 제8항〉.

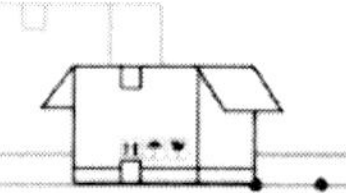

21 개항에 대한 설명으로 틀린 것은?

① 개항이란 외국무역선이나 외국무역기가 자유로이 출입할 수 있는 항구 또는 공항으로서 대통령으로 지정한다.

② 개항의 시설기준은 관세청장이 정한다.

③ 물품의 하역이나 환적이 용이한 항구 및 하역시설이 갖추어져 있다.

④ 외국무역선이나 외국무역기가 개항을 출입하는 경우에는 출입허가수수료가 없어 경제적으로 부담이 적다.

⑤ 외국무역선이나 외국무역기는 개항에 한정하여 운항할 수 있으며, 개항이 아닌 지역에 출입하고자 하는 경우에는 세관장의 허가를 받아야 한다.

TIP 개항의 시설기준 등에 관하여 필요한 사항은 대통령령으로 정한다〈관세법 제133조(개항의 지정)〉.

22 외국무역선(기)의 입항절차에 대한 설명으로 틀린 것은?

① 기장은 외국무역기가 공항에 착륙한 때에는 지체 없이 세관장에게 입항보고를 하여야 한다. 다만, 여객명부는 항공기 입항 30분 전까지 세관장에게 제출하여야 한다.

② 선장 등은 외국에서 선박을 수리하였거나 선용품을 구입하였을 때에는 입항보고 시 그 사실을 세관장에게 제출하여야 한다.

③ 선장 등은 선박이 입항하기 24시간 전까지 입항예정(최초)보고서를 세관장에게 제출하여야 한다.

④ 직전 출항국가 출항부터 입항까지 운항 소요시간이 24시간 이하인 경우에는 직전 출항국가에서 출항하는 즉시 입항예정(최초)보고서를 제출하여야 한다.

⑤ 개항에 입항하여 입항절차를 마친 후 다시 우리나라의 다른 개항에 입항할 때에는 서류제출의 생략 등 간소한 절차로 입·출항할 수 있으며 항내의 다른 장소로 별도의 신고없이 이동할 수 있다.

TIP 세관장은 외국무역선이나 외국무역기가 개항에 입항하여 법에 따른 절차를 마친 후 다시 우리나라의 다른 개항에 입항할 때에는 서류제출의 생략 등 간소한 절차로 입출항하게 할 수 있다〈관세법 제137조(간이 입출항 절차) 제2항〉.

ANSWER 19.⑤ 20.③ 21.② 22.⑤

23 수출입 안전관리 우수업체 공인신청에 대한 기각 사유에 해당하지 않은 것은?

① 예비심사 결과 공인기준을 충족하지 못하였으며 보완 요구의 실익이 없는 경우

② 공인심사를 할 때에 제출한 자료가 거짓으로 작성된 경우

③ 관세청장이 보완을 요구하였으나, 천재지변 등 특별한 사유 없이 보완 요구기간 내에 보완하지 아니하거나 (통관적법성 검증과 관련한 자료제출 및 보완 요구도 포함한다) 보완을 하였음에도 불구하고 공인기준을 충족하지 못한 경우

④ 공인이 유보된 업체가 정해진 기간내에 공인기준 준수 개선 계획을 제출하지 않거나, 공인기준 준수 개선 완료보고를 하지 않은 경우

⑤ 공인신청 후 법규준수도 점수가 70점 미만(중소 수출기업은 60점 미만)으로 하락한 경우

TIP 서류심사 또는 현장심사 결과, 공인기준을 충족하지 못하였으며 보완 요구의 실익이 없는 경우 기각할 수 있다.

※ 공인신청의 기각〈수출입 안전관리 우수업체 공인 및 운영에 관한 고시 제12조의2〉

㉠ 서류심사 또는 현장심사 결과, 공인기준을 충족하지 못하였으며 보완 요구의 실익이 없는 경우

㉡ 공인심사를 할 때에 제출한 자료가 거짓으로 작성된 경우

㉢ 관세청장이 보완을 요구하였으나, 천재지변 등 특별한 사유 없이 보완 요구기간 내에 보완하지 아니하거나(통관적법성 검증과 관련한 자료제출 및 보완 요구도 포함한다) 보완을 하였음에도 불구하고 공인기준을 충족하지 못한 경우

㉣ 현장심사를 마친 날로부터 1년을 넘어서도 확정되지 않고 계속 진행되는 경우. 다만, 이 경우 최소한 1심 판결이 유죄로 선고되어야 한다.

㉤ 공인기준 준수 개선 계획을 제출하지 않거나, 공인기준 준수 개선 완료 보고를 하지 않은 경우

㉥ 공인유보업체를 재심사한 결과, 공인기준을 충족하지 못한 것으로 확인된 경우

㉦ 공인신청 후 신청업체의 법규준수도 점수가 70점미만(중소 수출기업은 60점미만)으로 하락한 경우

㉧ 교육이수 확인서를 제출하지 않은 경우

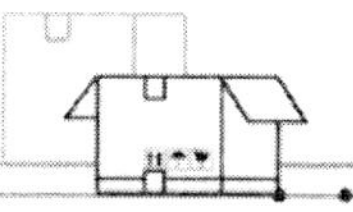

24 관리대상화물 검사에 대한 설명으로 틀린 것은?

① 세관장은 화주가 요청하는 경우 검색기 검사화물로 선별된 화물의 검사방법을 즉시검사 화물로 변경할 수 있다.

② 세관장은 검사대상화물에 대하여 적하목록 심사가 완료된 때에 적하목록 제출자에게 검사대상으로 선별된 사실을 통보하여야 한다.

③ 세관장은 검색기검사를 실시한 결과 이상이 없는 것으로 판단된 경우에는 선사가 지정하는 하선장소로 신속히 이동될 수 있도록 조치하여야 한다.

④ 세관장은 검사대상화물 중 우범성이 없거나 검사의 실익이 적다고 판단되는 화물은 검사대상화물 지정을 직권으로 해제할 수 있다.

⑤ 세관장이 검색기 검사결과 정밀 검사가 필요하다고 인정하는 때에는 화주가 요청하는 보세창고에서 정밀검사를 실시하여야 한다.

TIP 검색기검사화물, 반입후검사화물, 수입신고후검사화물 및 감시대상화물의 하선(기)장소는 「보세화물 입출항 하선 하기 및 적재에 관한 고시」에 따라 선사(항공사)가 지정한 장소로 한다〈관리대상화물 관리에 관한 고시 제6조(검사대상화물의 하선(기) 장소) 제1항〉.

25 관세통로, 통관역, 통관장의 지정권자를 나열한 것으로 맞는 것은?

① 관세청장 세관장 세관장

② 세관장 관세청장 세관장

③ 세관장 관세청장 관세청장

④ 관세청장 관세청장 세관장

⑤ 세관장 세관장 관세청장

TIP ㉠ 관세통로는 육상국경으로부터 통관역에 이르는 철도와 육상국경으로부터 통관장에 이르는 육로 또는 수로 중에서 세관장이 지정한다.
㉡ 통관역은 국외와 연결되고 국경에 근접한 철도역 중에서 관세청장이 지정한다.
㉢ 통관장은 관세통로에 접속한 장소 중에서 세관장이 지정한다.

ANSWER 23.① 24.⑤ 25.②

<제5과목> 자율관리 및 관세법칙

1 **자율관리 보세구역의 감독에 관한 내용으로 틀린 것은?**

① 자율점검표에는 자율관리 보세구역 지정요건 충족여부를 포함하여야 한다.
② 자율점검표에는 관세청장이 절차생략 준수 여부를 포함하여야 한다.
③ 자율점검표에는 운영인 등의 의무사항 준수 여부를 포함하여야 한다.
④ 자율점검표를 미제출하는 경우에는 정기검사를 하여야 한다.
⑤ 자율점검표 제출기한은 회계연도 종료 3개월이 지난 후 20일 이내이며, 보세구역 운영상황 및 재고조사 결과와 함께 제출하려는 경우 다음해 2월말까지 제출할 수 있다.

TIP 운영인은 회계연도 종료 3개월이 지난 후 15일 이내에 자율관리 보세구역 운영 등의 적정여부를 자체 점검하고, 다음 각 호의 사항을 포함하는 자율점검표를 작성하여 세관장에게 제출하여야 한다. 다만, 운영인이 자율점검표를 「특허보세구역 운영에 관한 고시」에 의한 보세구역 운영상황 및 「보세화물 관리에 관한 고시」 에 의한 재고조사 결과와 함께 제출하려는 경우, 자율점검표를 다음 해 2월말까지 제출할 수 있다〈자율관리 보세구역 운영에 관한 고시 제10조(자율관리 보세구역에 대한 감독) 제1항〉.

2 **자율관리 보세구역 운영에 관한 내용 중 틀린 것은?**

① 운영인 등은 해당보세구역에서 반출입된 화물에 대한 장부를 2년간 보관하여야 한다.
② 세관장은 운영인 등과 보세사가 보세화물관리에관한 의무사항을 불이행한 때에는 사안에 따라 경고처분 등의 조치를 할 수 있다.
③ 세관장은 보세사에게 경고처분 하였을 때에는 관세청장에게 보고하여야 한다.
④ 세관장은 자율관리 보세구역의 운영실태 및 보세사의 관계법령 이행여부 등을 확인하기 위하여 연 1회 정기 감사를 실시하여야 한다.
⑤ 세관장은 정기 감사 결과 이상이 있을 경우에는 시정명령 등 필요한 조치를 하고 그 결과를 관세청장에게 보고하여야 한다.

TIP 세관장은 보세사에게 경고처분을 하였을 때에는 한국관세물류협회장에게 통보하여야 한다〈자율관리 보세구역 운영에 관한 고시 제11조(행정제재) 제2항〉.

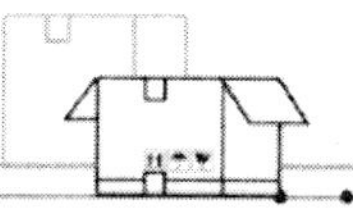

3 **일반 자율관리 보세구역에 부여하는 혜택으로 틀린 것은?**

① 단일 보세공장 소재지 관할구역에 보관창고 증설 허용
② 벌크화물의 사일로(silo) 적입을 위한 포장제거 작업의 경우 보수작업 신청(승인) 생략
③ 재고조사 및 보고의무를 분기별 1회에서 연 1회로 완화
④ 보세구역 운영상황에 대한 세관공무원의 점검 생략
⑤ 보세구역 반입물품에 대해 세관장에게 수입신고 전 확인 신청 생략

TIP 우수 자율관리 보세구역에 부여하는 혜택이다.
※ 일반 자율관리 보세구역에 부여하는 혜택〈자율관리 보세구역 운영에 관한 고시 제7조(절차생략 등) 제1항〉
㉠ 「식품위생법」 제10조, 「건강기능식품에 관한 법률」 제17조 및 「축산물 위생관리법」 제6조, 「의료기기법」 제20조 및 「약사법」 제56조, 「화장품법」 제10조 및 「전기용품 및 생활용품 안전관리법」 제9조 · 제18조 · 제25조 · 제29조에 따른 표시작업(원산지표시 제외)과 벌크화물의 사일로(silo)적입을 위한 포장제거작업의 경우 법 제158조에 따른 보수작업 신청(승인) 생략
㉡ 「보세화물 관리에 관한 고시」 제16조에 따른 재고조사 및 보고의무를 분기별 1회에서 년 1회로 완화
㉢ 「특허보세구역 운영에 관한 고시」 제22조에 따른 보세구역 운영상황의 점검생략
㉣ 「보세화물 관리에 관한 고시」 제17조에 따른 장치물품의 수입신고 전 확인신청(승인) 생략

4 **자율관리 보세구역 운영인의 의무를 설명한 것으로 틀린 것은?**

① 보세구역에 작업이 있을 때에는 보세사를 상주근무하게 하여야 한다.
② 보세사를 해고하였을 때에는 세관장에게 즉시 통보하여야 한다.
③ 운영인은 절차생략에 따른 물품 반출입 상황 등을 보세사로 하여금 기록 · 관리하게 하여야 한다.
④ 보세사가 보세구역을 이탈한 경우에는 업무대행자를 지정하여 보세사 업무를 수행할 수 있으며 이 경우 지체 없이 세관장에게 보고하여야 한다.
⑤ 보세구역 반출입물품과 관련한 수입 및 수출 등에 관해 세관공무원의 자료요구가 있으면 협조하여야 한다.

TIP 운영인 등은 보세사가 아닌 자에게 보세화물관리 등 보세사의 업무를 수행하게 하여서는 아니 된다. 다만, 업무대행자를 지정하여 사전에 세관장에게 신고한 경우에는 보세사가 아닌 자도 보세사가 이탈시 보세사 업무를 수행할 수 있다〈자율관리 보세구역 운영에 관한 고시 제9조(운영인 등의 의무) 제1항 제1호〉.

ANSWER 1.⑤ 2.③ 3.① 4.④

5 보세사의 징계에 대한 내용으로 틀린 것은?

① 보세사가 관세법이나 이 법에 따른 명령을 위반한 경우에는 징계사유에 해당된다.
② 보세사가 직무 또는 의무를 이행하지 아니하는 경우에는 징계사유에 해당된다.
③ 경고처분을 받은 보세사가 1년내에 다시 경고처분을 받는 경우에는 징계사유에 해당된다.
④ 징계의 종류에는 견책, 감봉, 6월의 범위내 업무정지가 있다.
⑤ 세관장은 보세사가 연간 6월의 범위내 업무정지를 2회 받으면 등록 취소하여야 한다.

TIP 징계의 종류에는 견책, 6월의 범위내 업무정지, 등록취소가 있다〈보세사제도 운영에 관한 고시 제12조(보세사 징계)〉.

6 자율관리 보세구역 지정취소 사유에 해당하지 않는 것은?

① 보세화물을 자율적으로 관리할 능력이 없거나 부적당하다고 세관장이 인정하는 경우
② 보세화물 관리를 위한 보세사를 채용하지 않은 때
③ 화물의 반출입, 재고관리 등 실시간 물품관리가 가능한 전산시스템이 구비되지 않은 경우
④ 장치물품에 대한 관세를 납부할 자금 능력이 없어 물품 반입이 정지된 때
⑤ 운영인 등이 보세구역 반출입 물품과 관련한 생산, 판매, 수입 및 수출 등에 관한 세관공무원의 자료 요구 또는 현장 확인 시에 협조하지 않는 경우

TIP 자율관리 보세구역 지정취소 사유〈자율관리 보세구역 운영에 관한 고시 제5조〉

㉠ 특허보세구역의 운영인이 다음 각 호의 어느 하나에 해당하는 경우
- 장치물품에 대한 관세를 납부할 자금능력이 없다고 인정되는 경우
- 본인이나 그 사용인이 이 법 또는 이 법에 따른 명령을 위반한 경우
- 해당 시설의 미비 등으로 특허보세구역의 설치 목적을 달성하기 곤란하다고 인정되는 경우
- 그 밖에 제1호부터 제3호까지의 규정에 준하는 것으로서 대통령령으로 정하는 사유에 해당하는 경우

㉡ 보세사가 아닌 자에게 보세화물관리 등 보세사의 업무를 수행하게 한 때
㉢ 규정한 기간까지 보세사를 채용하지 않을 때
㉣ 자율관리보세구역 지정요건을 충족하지 못한 경우
㉤ 그 밖에 보세화물을 자율적으로 관리할 능력이 없거나 부적당하다고 세관장이 인정하는 경우

7 **자율관리 보세구역의 지정신청과 갱신에 관한 내용 중 틀린 것은?**

① 자율관리 보세구역으로 지정을 받으려는 사람은 자율관리 보세구역 지정신청서를 세관장에게 제출하여야 한다.

② 신청서류는 우편 또는 FAX 등 정보통신망 등을 이용하여 제출할 수 있다.

③ 지정 신청을 받은 세관장은 자율관리 보세구역 관련 규정에 따른 지정 요건을 검토하여 보세화물관리 및 세관 감시감독에 지장이 없다고 판단되는 경우 해당 보세구역의 특허기간을 지정기간으로 하여 자율관리 보세구역을 지정한다.

④ 특허의 갱신과 자율관리 보세구역 갱신을 통합하여 신청한 경우 자율관리 보세구역 갱신 심사기간은 특허보세구역 갱신 심사기간에 따른다.

⑤ 세관장은 자율관리 보세구역 운영인 등에게 갱싱 신청과 절차에 관한 사항을 지정기간 만료 1개월 전에 문서, 전자메일, 전화, 휴대폰 문자 전송 방법 등으로 미리 알려야 한다.

TIP 세관장은 자율관리보세구역 운영인 등에게 다음 각 호의 사항을 지정기간 만료 2개월 전에 문서, 전자메일, 전화, 휴대폰 문자전송 방법 등으로 미리 알려야 한다〈자율관리 보세구역 운영에 관한 고시 제4조(지정신청 및 갱신) 제4항〉.

8 **보세사의 직무 및 의무에 대한 내용으로 틀린 것은?**

① 보세사는 보세구역안에 장치된 물품의 관리 및 취급에 대한 입회 · 확인업무를 수행한다.

② 보세사는 보세구역의 종류에 관계없이 관세법 제321조(세관의 업무시간 및 물품취급시간)제1항에 따른 세관개청시간과 해당 보세구역내의 작업이 있는 시간에 해당 보세구역에 상주하여야 한다.

③ 보세사는 영업용 보세창고가 아닌 경우 보세화물 관리에 지장이 없는 범위 내에서 타업무를 겸임할 수 있다.

④ 보세사는 환적화물 컨테이너 적출입시 입회 · 감독 업무를 수행한다.

⑤ 보세사는 보수작업과 화주의 수입신고전 장치물품 확인시 입회 · 감독 업무를 수행한다.

TIP 해당 보세구역에 작업이 있는 시간에는 상주하여야 한다. 다만, 영업용 보세창고의 경우에는 법에 따른 세관개청시간과 해당 보세구역내의 작업이 있는 시간에 상주하여야 한다〈보세사제도 운영에 관한 고시 제11조(보세사의 의무) 제1항 제2호〉.

ANSWER 5.④ 6.⑤ 7.⑤ 8.②

9 **자유무역지역 반출입물품의 관리에 관한 고시상의 용어에 대한 설명 중 틀린 것은?**

① 반입신고란 물품을 자유무역지역으로 반입하기 위한 신고로서 관세법 제157조의 보세구역 반입신고(사용소비신고를 포함한다)를 의미한다.

② 사용소비신고란 외국물품을 고유한 목적 또는 용도에 사용 또는 소비하기 위하여 반입신고 하는 것을 말한다.

③ 국외반출신고란 외국물품 등을 국외반출하기 위한 신고로서 관세법의 반송신고와 동일한 성격의 신고를 말한다.

④ 보수란 해당 물품의 HS품목분류의 변화를 가져오는 보존작업, 선별, 분류, 용기변경, 포장, 상표부착, 단순조립, 검품, 수선 등의 활동을 말한다.

⑤ 잉여물품이란 제조 · 가공작업으로 인하여 발생하는 부산물과 불량품, 제품생산 중단 등의 사유로 사용하지 아니하는 원재료와 제품 등을 말한다.

TIP 보수란 해당 물품의 HS품목분류의 변화를 가져오지 아니하는 보존 작업, 선별, 분류, 용기변경, 포장, 상표부착, 단순조립, 검품, 수선 등의 활동(원산지를 허위로 표시하거나, 지식재산권을 침해하는 행위는 제외한다)을 말한다〈자유무역지역 반출입물품의 관리에 관한 고시 제2조(정의) 제4호〉.

10 **자유무역지역의 물품 반입 · 반출에 대한 내용으로 틀린 것은?**

① 입주기업체외의 자가 외국물품을 자유무역지역 안으로 반입하려는 경우 수입신고를 하고 관세 등을 내야 한다.

② 자유무역지역에서 외국물품 등의 전부 또는 일부를 원재료로 하여 제조 · 가공 · 조립 · 보수 등의 과정을 거친 후 그 물품을 관세영역으로 반출하려는 경우 수입신고를 하고 관세 등을 내야 한다.

③ 외국물품 등이 아닌 내국물품을 자유무역지역에서 관세영역으로 반출하려는 자는 내국물품 반출확인서를 세관장에게 제출하여야 한다.

④ 외국물품 등을 자유 무역지역에서 국외로 반출하려는 자는 국외반출신고서를 세관장에게 수출통관시스템을 이용하여 전자문서로 제출하여야 한다.

⑤ 외국물품 등이 아닌 물품을 자유무역지역에서 국외로 반출하려는 자는 수출신고를 하여야 한다.

TIP 외국물품등이 아닌 물품을 자유무역지역에서 국외로 반출하려는 자는 「관세법」 제241조에 따라 수출신고하여야 하며, 수출신고서의 처리 및 선(기)적 절차 등에 관하여는 「수출통관 사무처리에 관한 고시」를 준용한다〈자유무역지역 반출입물품의 관리에 관한 고시 제12조(수출신고)〉.

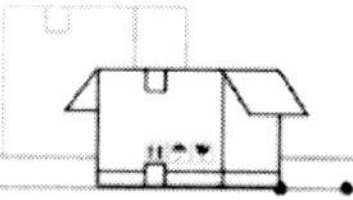

11 **보세화물의 안전관리를 위한 자유무역지역의 시설통제요건으로 틀린 것은?**

① 외곽울타리 및 외국물품의 불법유출 · 도난방지를 위한 과학감시장비
② 감시종합상황실과 화물차량통제소
③ 세관공무원이 24시간 상주근무에 필요한 사무실 및 편의시설
④ 컨테이너트레일러를 부착한 차량이 1대 이상 동시에 접속하여 검사할 수 있는 검사대
⑤ 차량의 출입 및 회차 등이 자유로울 수 있는 충분한 면적

TIP 검사장은 컨테이너트레일러를 부착한 차량이 3대 이상 동시에 접속하여 검사할 수 있는 규모인 400㎡ 이상의 검사대, 검사물품 보관창고 등 검사를 용이하게 할 수 있는 시설을 갖추어야 한다〈자유무역지역 반출입물품의 관리에 관한 고시 제4조(통제시설의 기준)〉.

12 **자유무역지역에 반출입이 금지 또는 제한되는 물품이 아닌 것은?**

① 품명미상 물품으로 1년이 지난 물품
② 원산지 미표시 물품
③ 사업장 폐기물
④ 검역기관에서 폐기대상으로 결정된 물품
⑤ 위조상품

TIP 자유무역지역에 반출입이 금지 또는 제한되는 물품〈자유무역지역 반출입물품의 관리에 관한 법률 시행령 제29조(반출입제한물품 등 보고)〉

㉠ 헌법질서를 문란하게 하거나 공공의 안녕질서 또는 풍속을 해치는 서적 · 간행물 · 도화, 영화 · 음반 · 비디오물 · 조각물 또는 그 밖에 이에 준하는 물품
㉡ 정부의 기밀을 누설하거나 첩보활동에 사용되는 물품
㉢ 화폐 · 채권이나 그 밖의 유가증권의 위조품 · 변조품 또는 모조품
㉣ 사업장폐기물 등 폐기물
㉤ 총기 등 불법무기류
㉥ 마약류
㉦ 「상표법」에 따른 상표권 또는 「저작권법」에 따른 저작권을 침해하는 물품
㉧ 관세청장이 정하여 고시하는 물품

- 반입예정정보와 품명, 수량이 다르거나 포장파손, 누출, 오염 등 물품에 이상이 있는 경우
- 자유무역지역에 반출입되는 외국물품의 원산지가 허위표시된 경우
- 자유무역지역에 반출입되는 물품이 상표권 및 저작권을 침해하는 물품인 경우

ANSWER 9.④ 10.③ 11.④ 12.②

13 자유무역지역 통제시설에 대한 설명이다. (　　)안에 들어갈 내용을 순서대로 나열한 것은?

> 관리권자는 (　　)과 협의를 거쳐 자유무역지역에 통제시설을 설치하고, 그 운영시기를 공고하여야 한다. 또한 자유무역지역을 출입하는 사람 및 자동차에 대한 기록을 (　　)일 동안 관리하여야 하고 (　　)이 출입기록을 요청하는 경우 특별한 사유가 없으면 이에 따라야 한다.

① 국토교통부장관, 60, 세관장
② 관세청장, 60, 관세청장
③ 관세청장, 90, 세관장
④ 세관장, 90, 관세청장
⑤ 국토교통부장관, 90, 관세청장

TIP 관리권자는 관세청장과 협의를 거쳐 자유무역지역에 통제시설을 설치하고, 그 운영시기를 공고하여야 한다. 또한 자유무역지역을 출입하는 사람 및 자동차에 대한 기록을 90일 동안 관리하여야 한다. 세관장이 출입기록을 요청하는 경우 특별한 사유가 없으면 이에 따라야 한다〈자유무역지역 지정 및 운영에 관한 법률 제27조(통제시설의 설치)〉.

14 자유무역지역 업무 절차 중에 청문을 하여야 하는 경우는?

① 물품 반입정지시
② 물품 폐기시
③ 장치기간 경과 물품 통보시
④ 역외작업 허가 기각시
⑤ 재고가 부족한 물품의 관세 등 징수시

TIP 청문〈자유무역지역 지정 및 운영에 관한 법률 제54조〉
㉠ 관리권자는 입주계약을 해지하려면 청문을 하여야 한다.
㉡ 세관장이 반입정지를 하려면 청문을 하여야 한다.

15 법규수행능력 우수업체의 우대조치에 대한 설명으로 틀린 것은?

① 보세화물에 대한 재고조사 면제 등 자율관리 확대
② 화물 C/S에 의한 검사비율의 축소
③ 관세 등 납부기한 연장
④ 관세 등에 대한 담보제공의 면제
⑤ 세관장 권한의 대폭적 위탁

TIP 세관장은 법규수행능력우수업체에 대하여는 다음 각호와 같은 우대 등의 조치를 취할 수 있다〈수출입물류업체에 대한 법규수행능력측정 및 평가관리에 관한 훈령 제16조(업체별 등급에 따른 관리) 제1항〉.
㉠ 세관장 권한의 대폭적 위탁
㉡ 관세 등에 대한 담보제공의 면제
㉢ 보세화물에 대한 재고조사 면제 등 자율관리 확대
㉣ 화물C/S에 의한 검사비율의 축소 및 검사권한 위탁
㉤ 기타 관세청장이 정하는 사항

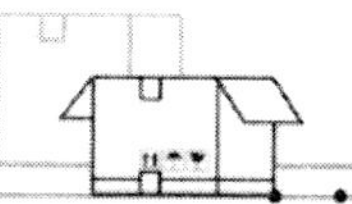

16 **관세법 제282조(몰수 · 추징)에 대한 설명으로 틀린 것은?**

① 금지품 밀수출입죄의 경우에는 그 물품을 몰수한다.
② 세관장의 허가를 받아 보세구역이 아닌 장소에 장치한 외국물품을 밀수입한 경우에는 몰수를 하지 않을 수 있다.
③ 보세구역에 반입신고를 한 후 반입한 외국물품을 밀수입한 경우에는 몰수를 하지 않을 수 있다.
④ 밀수입 물품 중 몰수의 실익이 없는 물품으로서 대통령령으로 정하는 물품은 몰수를 하지 않을 수 있다.
⑤ 밀수출죄의 경우에는 범인이 소유하거나 점유하는 그 물품을 몰수해야 하난 예비범은 몰수를 하지 않을 수 있다.

TIP 밀수출입죄(그 죄를 범할 목적으로 예비를 한 자를 포함한다)의 경우에는 그 물품을 몰수한다.

17 **관세법상 통고처분에 대한 설명으로 맞는 것은?**

① 벌금에 상당하는 금액은 해당 벌금 최고액의 100분의 10으로 한다.
② 형법상의 벌금을 통고하는 것이다.
③ 통고처분을 하면 공소의 시효는 정지된다.
④ 통고의 요지를 이행하였어도 동일사건에 대하여 다시 조사 후 처벌을 받을 수 있다.
⑤ 벌금 50만원 미만인 경우 관세범칙조사심의위원회의 심의 · 의결을 거쳐 통고처분 면제를 할 수 있다.

TIP 통고처분〈관세법 제311조〉

① 벌금에 상당하는 금액은 해당 벌금 최고액의 100분의 30으로 한다.
② 관세법상의 통고처분은 과태료적 성격이 강하다.
④ 관세범인이 통고의 요지를 이행하였을 때에는 동일사건에 대하여 다시 처벌을 받지 아니한다.
⑤ 관세청장이나 세관장은 통고처분 대상자의 연령과 환경, 법 위반의 동기와 결과, 범칙금 부담능력과 그 밖에 정상을 고려하여 법에 따른 관세범칙조사심의위원회의 심의 · 의결을 거쳐 통고처분을 면제할 수 있다. 이 경우 관세청장이나 세관장은 관세범칙조사심의위원회의 심의 · 의결 결과를 따라야 한다.
⑤ 세관공무원은 관세범이 있다고 인정할 때에는 범인, 범죄사실 및 증거를 조사하여야 한다.

ANSWER 13.③ 14.① 15.③ 16.⑤ 17.③

18 **관세법의 조사와 처분에 관한 내용으로 맞는 것은?**

① 관세법에 관한 사건에 대하여는 관세청장이나 세관장의 고발이 없으면 검사는 공소를 제기할 수 없다.

② 다른 수사기관이 관세범의 현행범인을 체포하였을 때에는 조사 후 세관에 인도하여야 한다.

③ 관세범의 현행범인이 그 장소에 있을 때에는 반드시 세관공무원만 체포할 수 있다.

④ 관세범에 관한 조사 · 처분은 관세청장 또는 세관장이 한다.

⑤ 세관장은 관세범이 있다고 인정할 때에는 범인, 범죄사실 및 증거를 조사하여야 한다.

TIP ② 세관공무원이 관세범의 현행범인을 발견하였을 때에는 즉시 체포하여야 한다. 범인을 체포한 자는 지체 없이 세관공무원에게 범인을 인도하여야 한다.
③ 관세범의 현행범인이 그 장소에 있을 때에는 누구든지 체포할 수 있다.
④ 관세범에 관한 조사 · 처분은 세관공무원이 한다.

19 **세관장이 피의자나 관계인에게 통고한 후 매각하여 그 대금을 보관하거나 공탁할 수 있는 압수물이 아닌 것은?**

① 부패 또는 손상되거나 그 밖에 사용할 수 있는 기간이 지날 우려가 있는 경우

② 보관하기가 극히 불편하다고 인정되는 경우

③ 처분이 지연되면 상품가치가 크게 떨어질 우려가 있는 것

④ 피의자나 관계인이 매각을 요청하는 경우

⑤ 유효기간이 지난 것

TIP 관세청장이나 세관장은 압수물품이 다음 각 호의 어느 하나에 해당하는 경우에는 피의자나 관계인에게 통고한 후 매각하여 그 대금을 보관하거나 공탁할 수 있다. 다만, 통고할 여유가 없을 때에는 매각한 후 통고하여야 한다〈관세법 제303조(압수와 보관) 제3항〉.
㉠ 부패 또는 손상되거나 그 밖에 사용할 수 있는 기간이 지날 우려가 있는 경우
㉡ 보관하기가 극히 불편하다고 인정되는 경우
㉢ 처분이 지연되면 상품가치가 크게 떨어질 우려가 있는 경우
㉣ 피의자나 관계인이 매각을 요청하는 경우

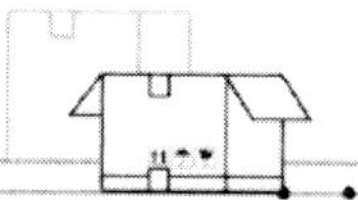

20 **관세법 제275조에 따라 징역과 벌금을 병과할 수 있는 대상이 아닌 것은?**

① 밀수품을 취득하려다 미수에 그친 자
② 관세의 회피 또는 강제집행의 면탈을 목적으로 타인에게 자신의 명의를 사용하여 납세신고를 할 것을 허락한 자
③ 세액결정에 영향을 미치기 위하여 과세가격을 거짓으로 신고하여 수입하려다 예비에 그친 자
④ 부정한 방법으로 관세의 감면을 받은 자
⑤ 관세법 제241조 제1항에 따라 신고를 하지 아니하고 물품을 수입한 행위를 방조한 자

TIP 관세법 제275조에 따라 징역과 벌금을 병과할 수 있는 범죄는 밀수출입죄, 관세포탈죄, 미수범, 밀수품의 취득죄이다. ②는 타인에 대한 명의대여죄에 해당한다.

21 **관세법 제279조(양벌규정)는 개인의 대리인, 사용인, 그 밖의 종업원이 그 개인의 업무와 관련하여 관세법을 위반한 경우 행위자를 처벌하는 이외에 개인에게도 해당 조문의 벌금형을 과하도록 규정하고 있다. 개인의 양벌 규정에 해당하지 않는 사람은?**

① 종합보세사업장의 운영인
② 관세사
③ 보세사
④ 개항장안에서 물품 및 용역의 공급을 업으로 하는 사람
⑤ 보세판매장의 운영인

TIP 개인은 다음 각 호의 어느 하나에 해당하는 사람으로 한정한다〈관세법 제279조(양벌규정) 제2항〉.
㉠ 특허보세구역 또는 종합보세사업장의 운영인
㉡ 수출 · 수입 또는 운송을 업으로 하는 사람
㉢ 관세사
㉣ 개항 안에서 물품 및 용역의 공급을 업으로 하는 사람
㉤ 국가관세종합정보망 운영사업자 및 전자문서중계사업자

ANSWER 18.① 19.⑤ 20.② 21.③

22 관세법 제276조(허위신고죄 등)에 해당하지 않는 것은?

① 보세구역 반입명령에 대하여 반입대상 물품의 전부 또는 일부를 반입하지 아니한 자
② 세관공무원의 질무에 대하여 거짓 진술을 한 자
③ 종합보세사업장의 설치 · 운영에 관한 신고를 하지 아니하고 종합보세 기능을 수행한 자
④ 체납처분의 집행을 면탈할 목적으로 그 재산을 은닉 · 탈루한 납세의무자
⑤ 부정한 방법으로 적하목록을 작성하였거나 제출한 자

TIP ④ 체납처분면탈죄에 해당한다. 납세의무자 또는 납세의무자의 재산을 점유하는 자가 체납처분의 집행을 면탈할 목적 또는 면탈하게 할 목적으로 그 재산을 은닉 · 탈루하거나 거짓 계약을 하였을 때에는 3년 이하의 징역 또는 3천만 원 이하의 벌금에 처한다〈관세법 제275조의2(체납처분면탈죄 등)〉.

23 다음 중 (　　)안에 들어갈 말은?

관세법상 몰수할 물품의 전부 또는 일부를 몰수할 수 없을 때에는 그 몰수할 수 없는 물품의 범칙 당시의 (　　)에 상당한 금액을 범인으로부터 추징한다.

① 국내 도매가격
② 과세가격
③ 국내 소매가격
④ 실제지급가격
⑤ 법정기준가격

TIP 몰수할 물품의 전부 또는 일부를 몰수할 수 없을 때에는 그 몰수할 수 없는 물품의 범칙 당시의 국내 도매가격에 상당한 금액을 범인으로부터 추징한다〈관세법 제282조(몰수 · 추징) 제3항〉.

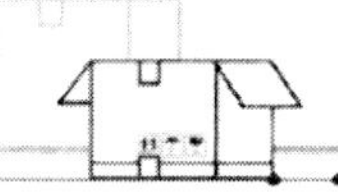

24 관세법상 그 위반행위에 대한 처벌이 과태료 부과 대상이 아닌 것은?

① 특허보세구역의 특허사항을 위반한 운영인
② 크기 또는 무게의 과다와 그밖의 사유로 보세구역에 장치하기 곤란하거나 부적당한 물품을 세관장의 허가를 받지 않고 보세구역외의 장치한 경우
③ 보세구역에 장치된 물품을 세관장의 허가없이 그 원형을 절단하거나 해체, 절단 작업을 한 경우
④ 밀수출 등 불법 행위 발생 우려가 높거나 감시단속상 필요하다고 인정하여 대통령령으로 정하는 물품을 관세청장이 정하는 장소에 반입하지 않고 제241조 제1항에 따른 수출의 신고를 한 경우
⑤ 세관공무원이 관세법 제265조에 의거 물품, 운송수단, 장치장소 및 관계장부 서류를 검사 또는 봉쇄하려는 조치를 거부한 자

TIP 세관공무원이 관세법 제265조에 의거 물품, 운송수단, 장치장소 및 관계장부 서류를 검사 또는 봉쇄하려는 조치를 거부한 자는 1천만 원 이하의 벌금에 처한다〈관세법 제276조(허위신고죄 등) 제4항〉.

25 밀수입죄에 대한 설명으로 맞는 것은?

① 수입신고를 하였으나 해당수입물품과 다른 물품으로 신고하여 수입한 자는 밀수입죄로 처벌한다.
② 밀수입죄를 방조한 자는 본죄의 2분의1을 감경하여 처벌한다.
③ 밀수입죄를 범할 목적으로 그 예비를 한 자는 본죄에 준하여 처벌한다.
④ 법령에 따라 수입이 제한된 사항을 회피할 목적으로 부분품으로 수입하는 경우 밀수입죄를 적용한다.
⑤ 밀수입죄의 경우 범인이 소유한 물품은 몰수 대상이 아니다.

TIP ② 밀수입죄를 방조한 자는 정범(正犯)에 준하여 처벌한다〈관세법 제271조(미수범 등) 제1항〉.
③ 밀수입죄를 범할 목적으로 그 예비를 한 자는 본죄의 2분의 1을 감경하여 처벌한다〈동법 제271조 제3항〉.
④ 법령에 따라 수입이 제한된 사항을 회피할 목적으로 부분품으로 수입하거나 주요 특성을 갖춘 미완성 · 불완전한 물품이나 완제품을 부분품으로 분할하여 수입한 자는 관세포탈죄를 적용한다〈동법 제270조(관세포탈죄 등)〉.
⑤ 밀수입죄에 사용하기 위하여 특수한 가공을 한 물품은 누구의 소유이든지 몰수하거나 그 효용을 소멸시킨다. 밀수입죄에 해당되는 물품이 다른 물품 중에 포함되어 있는 경우 그 물품이 범인의 소유일 때에는 그 다른 물품도 몰수할 수 있다〈동법 제273조(범죄에 사용된 물품의 몰수 등)〉.

ANSWER 22.④ 23.① 24.⑤ 25.①

2021 공무원 시험에 대비하는

서원각 공무원 시리즈

파워특강 | 5/7/10개년 기출문제 | 전과목 총정리

파워특강 시리즈

공시가 처음인 수험생이라면!

· 기출문제와 연계해 체계적으로 정리한 핵심이론
· 출제예상문제 + 최신 기출문제로 충분한 문제풀이 가능!

5/7/10개년 기출문제 시리즈

시험 출제경향이 궁금하다면!

· 최신 기출문제부터 과년도 기출문제까지~
· 5/7/10개년으로 다양하게 구성! 원하는 도서를 PICK!

전과목 총정리 시리즈

전과목을 한 번에 정리하고 싶다면!

· 필수 5과목이 단 한 권에~
· 전과목을 빠르게 정리해 보고 싶다면 추천!